冯骥才

文化保护

行动卷

◎冯骥才 著

青岛出版社

文|化|保|护

行动卷

城市文化保护 — 民间文化保护

行动卷

我欣赏丹纳的"为思想而活着",我自己也说过"以思想立",但是我不喜欢把思想像花枝一样漂漂亮亮插脑袋上。既然它们来自大地和生活,就该回到大地和生活里生根开花。所以我说过,思想是有足的,行动是要有头脑的;行动的意义与思想的力量相互证实。只有行动才能使我们看见自己的思想,所以我说要做行动的知识分子。

在一九九四年天津老城面临拆除时,我选择的不是坐在书斋里思考和写文章,而是思考和行动,组织同道者去调查与记录老城的历史文化遗存。在二〇〇一年北师大"中国民俗学建设和人才培养专题研讨会"上,我说:"你研究民俗,可是你研究的对象在瓦解、濒危,面临消亡。你是医生,病人病危,你是只叫喊呼救还是动手抢救?你的书桌是不是应该放到田野上去?"于是,我们发动的"中国民间文化遗产抢救工程"就开始了。

十多年来,我的工作是由一连串实实在在的田野行动贯穿起来的。我在中国民间文艺家协会任职主席,使我有条件去组织全国性的文化行动。这些行动都是我们这一代文化人与时代共命运的壮举。有的行动是关乎几十亿字的民间文学,有的行动是关乎遍及全国的年画产地和上万张木版年画,有的行动则关乎一个民族的文化家底(比如羌)。于是在本卷中,我选择十多年来一些影响巨大的行动,大都是我们发起的、或倡导的、或组织的。每个部分都包含三个方面:一是文章与讲话,二是言论与报道,三是图片文献,以呈现每个行动的缘起、思考、理念、过程和方式。应该说,二十年,我在文化保护方面三个阶段——一九九四年至二〇〇〇年城市文化遗产抢救,二〇〇一年至二〇一一年民间文化遗产抢救,二〇一二年至今传统村落保护——所做的最重要的工作都在这里。虽然,现存的资料、所写下的文字终还有限,还远不够完整与充分,但从中却能看到我们那些思想的价值与行动的意义。

目 录

民间文化保护

到民间去！

面对着全球性的流行文化狂潮一般的冲击，我们何去何从？我们不能总是一边抱怨这种麦当劳式的快餐食品，无益于精神的强健，一边又无所措手足。我们的文化正在迅速地粗鄙化，愈来愈失去自我的重心与文化的尊严。就像沙尘暴肆虐的日子——我们只是关上窗子和戴上口罩吗？

我们应该从哪里做起？

毫无疑问，我们应该回到我们的根上，回到我们文化的根基与原点上，回到我们的母体文化中。只有在那里，才能找到我们鲜明的文化个性，我们的文化血型，以及骄傲和自尊的依据。其实，这是世界所有先发的现代化国家都早已经明白的道理。无论是法国人还是日本人，都怡然自得地生活在自己的文化传统中。而我们的作家却今天把自己化装为马尔克斯，明天克隆出一个或几个昆德拉；文化市场上今天刮"台风"，明天又闹"寒（韩）流"。

我们自汉唐以来的那种雍容大气、雄厚与深邃，跑到哪里去了？难道我们就用当前这种轻飘飘、眉目不清、大杂烩的文化与世界碰撞吗？

可是，当我们回到自己的文化上，就会强烈感受到它的困境。尤其是民间文化。它正在遭受冷遇、歧视、破坏，正在濒危和消亡。我们的文化根基不但被动摇着，而且已经松动与瓦解。等到全国的城镇盖满了小洋楼之后，我们的文化就会无所凭藉！

于是，刻不容缓的首要使命是抢救。

民间文化的传衍性质是口传心授。它一直是以接力的方式一代代传承下来，只要中断，便是终结。因此我说，我们当代文化人一个时代性的使命，就是抢救。那就是将于今尚存的文化遗产，不论是活态的还是濒危的，都要进行彻底的普查与盘点，严格和细致的分类与整理，把它们牢牢掌握起来。如果我们不做，后人就会永远失去这笔巨大而珍贵的文化遗产；而我们做了多少，后人就会拥有多少。

为此，我们的口号是：到民间去！

我们不能一边在城市里指责流行文化的横冲直撞，一边坐等着自己母体文化的消亡。暂时先离开我们的书斋吧。在广阔的田野和乡村里，我们一定会被母体文化的困境激起强烈的救助之情，也一定会感受到中华文化鲜活而迷人的生命力。

我们当代文化人的书桌应该是大地；我们身上寻呼机的号码应该是120；而手中的笔从来都是我们的心。

如今，这项工作已在燕赵大地上开始。许许多多文化人已经走向民间。他们的文化责任感令我们钦佩。我们希望更多的人加入他们的队伍——到民间去！回到母体文化中去！

因为，养育了我们的母体文化现在需要我们。

二〇〇三年八月十九日

思想与行动

在巴黎罗丹纪念馆静谧的院中，我举着一把黑布伞凝视着那座世人皆知的思想者的雕像。细密的秋雨淋着他铜绿色赤裸的肩背，亮光光寒冷的雨水沿着他的臂膀和手流到双腿上，但他一动不动，紧张的思想使他忘却一切。于是，在我眼里，它不再是一个沉思的人，而是思想本身。它是拟人化的思想的形象。

《思想者》是对思想的颂歌。

人类社会只要还在进步，就需要思想。人类靠着自己的思想穿过一道道生活的迷雾从历史深处走到今天，但今天的迷雾只有靠今天产生的思想廓清，上世纪身陷于贫穷的中国人不可能有当今被淹没在汪洋大海般物欲中的困惑。因此一切真正有价值的思想都来源于对现存世界的怀疑，它的本质，既是批判性的，又是创造性的。思想永远是一种先觉的社会理性。

思想是被现实的困境逼迫出来的。它不是空想连翩与向壁虚构。它与活生生的现实对话，还一定要作用于现实之中，影响和改变现实。那么谁是思想的实践或实现者呢？

在历史上用行动去完成自己思想的人大多是政治家。或许有人说，政治家可以使用手中的权力，文化人手中却只有一支笔。所以在常人眼中，文化人只能发发议论和牢骚、大声呼吁乃至做个宣言而已。可是，晚年的托尔斯泰为什么要离开在亚斯细亚波利纳亚庄园极其舒适的生活，频繁而焦灼地介入社会事件，甚至去做灾民调查？他似乎连文学也放弃了。

思想是现实的渴望。它不是精神的奢侈品，它必须返回到现实中去，最好的实践者是思想者本人。特别是我们关于经济全球化中本土文化命运的思考，一直与本土文化载体的大量消失在同一时间里。我们等待谁去援救那些在田野中稍纵即逝、呻吟不已的珍贵的本土文明？所以行动者一定是我们自己。

这不是被动的行动。它是思想的一部分。

所以我说，我喜欢行动，不喜欢气球那样的脑袋，花花绿绿飘在空中。我喜欢有足的大脑，喜欢思想直通大地、触动大地。不管是风风火火抢救一片在推土机前颤抖着的历史街区，还是孤寂地踏入田野深处寻觅历史文明的活化石。唯有此时，可以同时感受到行动的意义和思想的力量。

行动使我们看到自己的思想，进一步充实、修正和巩固我们的思想。我们信奉自己的思想，并不是狂妄自大和自以为是，而是因为这些思想在现实中得到一次又一次的验证与吻合。这一切都必须经过自己的行动。

因而，在编辑这本小册子时，我把"思想与行动"作为主题，并得到本书编者、好友祝勇的认同。我刻意将近两三年来所写的文化批评类的文章，择精选要，分为两类：一类是"思想"，即对当代中国文化命运的思考；一类是"行动"，即我付诸行动时，随手记下的一些事件、过程、思考与感受。由于要与同一套书的体例保持一致，所选"思想"的部分自然多一些；又由于篇幅所限，只能将"行动"的部分压缩下来。需要说明的是，前后两部分没有时间的顺序。多年来，我一直是边思考边行动。我喜欢这样的感觉：

在行动中思考。使思想更富于血肉，更具生命感，随时可以在思想中触摸到现实的脉搏；

在思考中行动。使足尖有方向感，使行动更准确和深刻，并让思想在现实中开花结果。

当作家把自己写入书中，心中的企望只剩下一个：愿读者的感受与我相同。

二〇〇四年五月二十三日

城市文化保护

天津老城抢救

文章·讲话

甲戌天津老城踏访记
——一次文化行为的记录

甲戌岁阑，大年迫近，由媒体中得知天津老城将被彻底改造，老房老屋，拆除净尽，心中忽然升起一种紧迫感。那是一种诀别的情感，这诀别并非面对一个人，而是面对此地所独有的、浓厚的、永不复返的文化。

天津老城自明代永乐二年建成，于今五百九十余年矣！世上万事，皆有兴衰枯荣，津城亦然，有它初建时的纯朴新鲜，一如春天般充满生机；有它乾隆盛世的繁茂昌华，仿佛夏天般的绚烂辉煌；有道咸之后的屡遭挫伤，宛如秋天般的日益凋敝；更有它如今的空守寂寞，酷似冬天般的宁静与茫然……而城中十余万天津人世世代代繁衍生息于此，渐渐形成其独特的生活方式和文化形态，并留下大量的历史遗存保留至今。这遗存是天津人独自的创造，是他们个性、气息、才智及勤劳凝结而成的历史见证，是他们尊严的象征，也是天津人赖以自信的潜在而坚实的精神支柱。而津城将拆，风物将灭，此间景物，谁予惜之？于是，本地一些文化、博物、民俗、建筑、摄影学界有识之士，情投意合，结伴入城，踏访故旧。一边寻访历史遗迹，一边将所见所闻，所察所获，或笔录于纸，或摄入镜头。此间正值乙亥春节，城内年意浓郁，市井百态无不平添一层迷人的民俗意味。摄影界人士深感这是老城数百年来最后一个春节，于是举行"春节旧城年俗采风"活动。大年期间，乃子午交时的新年之夜，大家都立在城中凛冽的寒气里，摄下这转瞬即成为历史的画面。各界专家还联合穿街入巷，寻珍搜奇，所获甚丰。勘查到失传已久的明代文井、于今仅存的八国联军庚子屠城物证、唯一可见的徐家大院的豪门暗道、义和团坛口旧址及大量历史遗迹，和散落在城中各处的建筑构件之精华。既做了现场的拍摄录影和文字登记，又转入书斋进行考证与研究。天津大学建筑系师生也加入进来，对城中一些风格独具的典型宅院进行测绘。此举应是有史以来对老城文化一次规模最大的综合和系统的考察。

我称此举是一次文化行为。

文化行为是以强烈的文化意识为出发点，进行具有深刻文化目的之行动。这目的有两个，一个是成果，一个是过程。成果是指通过这一行为获得新的文化发现；过程是指通过这一行为引起世人对文化的关注。应该说，这两个目的——成果与过程——同等的重要。或者说，文化人更注重后者，即过程。因为这过程针对世人，也影响着后人。

特别在中国，虽然是文化久远，但朝代更迭太多。每一朝代的君主为表示自己开天辟地，则必改址迁都，废除旧制，视前朝故旧为反动。因而使我们很少从文化意义上确认古代遗物的价值，文化随同朝代，一朝兴必一朝亡，悠远的文化都被阶段性地断送掉了！

此外，中国自古是农业国，秋衰而春荣，故尤重"新春"中的"新"字。新是对生活美好前景的憧憬和期望，故常言"旧的不去，新的不来""除旧迎新""万象更新"。对新的崇拜的反面，即是对旧的废弃，近世又多了"破旧立新"和"砸烂旧世界"的口号，古代遗存自然存者无多。虽说我们创造了五千年的灿烂文化，同时我们又在无情地毁灭自己的创造。倘若今日站在中原大地上极目四望，这中华文化的沃土理应有着极浓厚的历史意味，而我们所能看到的，却是野树荒坡，草丘泥河，好像这大地上什么也没发生过……

也正为此，津城早已破败不堪，数万人拥挤在这狭小的历史空间里，残垣断壁，低屋矮房，烂砖碎瓦，确是应当改造；为人民改善生存环境和生活现状，确是功德无量之盛举！然而面对着这座积淀深厚又破坏惨重的文化古城，难道还不去反省——我们这个文化大国又是多么需要文化！这文化不是文化知识，而是文化意识。懂得文化之价值，具有文化之眼光，在保护历史文化的前提下，再建设现代文化，而不是为了建设新的去破坏历史的风景。

然而，津城终究是一座文化的城。当我发现在"文革"期间，城中居民们担心无知的学生砸毁房檐和影壁上的古代砖雕，用白灰抹涂，使得一些精美的建筑艺术杰作得以保留下来，我深为感动。特别是这次踏访老城的文化行为，得到百姓响应，许多城中老人，献出珍藏已久的旧照旧物，以示支持；对于摄影家们爬墙上屋，选择拍摄角度，更是无不热情相助。继而还听到，节假日里一些百姓在城内古迹前拍照留影，以为永记；还有些摄影家受到我们这一文化行为的启迪，也来到老城厢，收集历史画面，为这一方故土留下它最后的原生态的景象，令我们尤感欣慰！

这不正是我们的文化行为所企望的么？

踏访老城活动始自甲戌岁尾，终结于乙亥夏初，约计半年，收集实物资料颇多，发现珍罕古迹若干处，拍摄历史文化遗存及现存景象照片近四千幅，包括历史遗迹、城市面貌、街头巷尾、建筑精华、民俗文化、市井生活以及极具地方精神气质之众生相。这些出自摄影家之手的照片，有些本身就是具有很高审美品格的作品。单是一幅九十五岁老寿星和另一幅一九九五年出生在城中之婴儿的人像照片，就构成了本世纪天津城内令人着迷的生命史。更有一些专家学者关于老城历史、民俗、建筑和文化艺术的研究文章，见地精辟，依据翔实，都显示了学术界对天津老城最新的研究成果，也是对这即将凝固的老城历史的一种全面的文字总结。为此，我也对我们这一文化行为的硕大成果感到骄傲，为新一代津人浓烈的乡土情感和文化意识感动而自豪。他们用这乡土情感和文化意识的经纬，编织了一张细密的大网，从这良莠混杂的老城遗址上，筛出近六百年残存至今而弥足珍贵的文化精萃。天津老城将不复再见，我们却永无遗憾地把它最后的形态和最真实的容颜留在这本图集中了。

经过本图集编辑室大工作量的甄选与编辑，案头事宜已告完成。图集以这次踏访老城拍摄的照片及收获的资料为主，实际上是这一感人的文化行为的记录。文化的大信息量和第一手资料感，将成为本图集的首要追求；学者们的著述及各种测绘与编排图表，也是本图集的重头内容。由于本图集不是一般意义上的历史图录，故对这次行动中所搜集的珍罕历史照片采用极少，以求显示这本图集的自身特色。笔者相信，凡别人可以重复做到的事都是没有价值的。

割爱，往往是一种成全。

此集编成之日，笔者只身又赴老城，于老街老巷中，踽踽独步，感慨万端，长叹不已。那曲折深长的小道小巷，幽黑檐头上风韵犹存的高雅的花饰，无处不见的千差万别的砖刻烟囱和石雕门墩，还有那一座座气势昂然的豪门宅院……将我拥在其间。想到它五百九十余年无比丰富的历史内容，一种独异的文化气息使我深刻地感受到了。跟着，开头所说的那种诀别感，又一次袭上心头，忽感自己为这块乡土的文化作为甚少。编辑此集虽用尽全力，并得到朋友们的协力，以及政府部门和各界有识者的热情襄助，但终究菲薄有限，仅此而已。文化人的责任在于文化。于是殊觉又有重负压肩，当不得懈怠，倾心倾力再做便是。

一九九六年二月三日　　《人民政协报》第四版

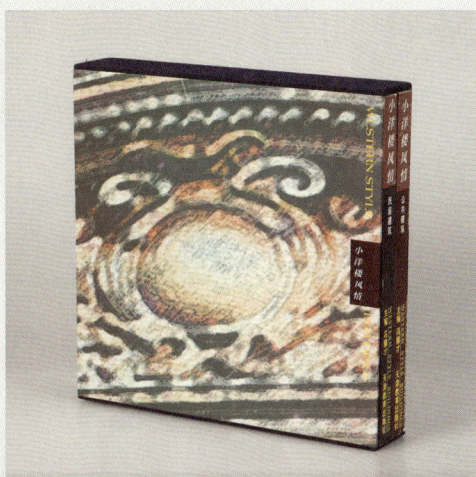

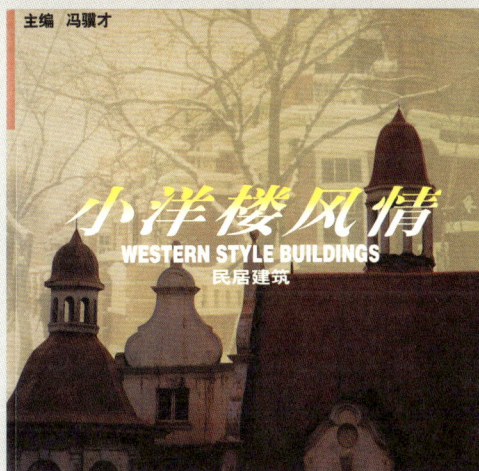

这是天津老城图像的全记录。这套图集对天津城市遗产的保护起了重要作用。

挽住我的老城

近些天，常有古董贩子找我，言其手中有宝，叫我"开眼"。问其何物，来自何处，都说是天津老城。我听了怦然心动！自从前年我组织那次"旧城文化采风"，此后于那里的砖石草木，心皆系之。然而，近闻老城的改造突然"增加力度"，先要将几条大道贯穿其间，余下的便是房产开发商们施展才（财也）干。这样，大片大片的古屋老宅，不论其历史人文的价值如何，一概全在横扫之列。据说古董贩子们纷纷闻风而至。古董贩子胜于开发商者，便是知道这些破砖烂瓦也是生财之物。于是，积淀了近六百年的老城被掀了个底儿朝天，翻箱倒柜，任凭这些贩子们挑肥拣瘦。

大前天，有个家住老城的贩子约我去看看老东西。我半年未进老城，借此也看看，一看真的惊呆了。颓墙断壁，触目皆是。在推土机的轰鸣声中，城中多处已被夷为空荡荡的平地。我禁不住问：海张五那大宅子呢？明代的文井呢？益德王家那座拱形的刻砖门楼呢？还有……柳家大院那些豪华又壮观的木雕花罩呢？答话的人倒是省事，只说三个字：全没了！谁弄走了？文管部门？房管部门？房主还是贩子们？难道被民工们的大锤全砸了？答话更是省事，还是三个字：谁知道！在一种强烈的虚无感和失落感中，我还感到历史文化出现了一片迷茫与空白。人类在自己的"进步"面前真是无奈。待我随着这小贩走进一间很大的房间，才知道老城当今真正的状态。

这大屋像个仓库，堆满旧家具，还有许许多多从老房拆下的梁柱门窗、镂花隔扇、砖雕石刻。这些被拆得七零八落的东西，带着旧尘老土的浓烈气味，黑糊糊，破破烂烂，好像一堆堆残肢败体。注目细瞧，却识得这些建筑构件无一不是精致讲究。尤其那些隔扇门，至少一丈高，一色是铺地锦图案，八字榫对接得天衣无缝。一看这古雅而沉静的形制，便能确信一准是清代中前期豪门巨宅的物品。经问方知，果然这里是津门二百多年的金家老宅，而现在这间房子就是金家的书房！这金家始自清初康熙年间的山水画大家金玉岗（芥舟），即以丹青翰墨代代相传，此后嘉道间之金龙节、清末民初之金俊萱，都是一时学者名士。正是他们，濡染了这一方土地的醇厚的文雅。可如今难道就这么干脆利索地一下子连根拔掉了么？我记得前年考察过这里，但无论如何也对不上号。跑出屋看这才明白，原来周围的房院、影壁、高墙已被铲除，满地瓦砾，这书房由于不在规划中新辟的道路范围之内，暂时被孤零零地搁置一旁，等待着开发商们来发落。我怀着一种凄凉心情回到屋中，再看小贩一件件展示出的老城的、特别是金家的遗物，便全部都视若珍宝了。因为这是老城最后的一点文化剩余了。

一幅竹丝拼花衬底的刻竹对联，应是这书房的原物；两块墀头上的砖雕，一为"麒麟送子"，一为"状元及第"，无论从这一题材所流行的时代来判断，还是从雕刻的风格与手法（主要是雕刻的深度）来确认，无疑是马顺清时期（即清代中期）的作品。还有一些版画、书轴，尤其是几册此地文人孟广慧的信札，粗看数纸，就能知道这些信札包含着丰富的本地文化与社会的信息……可是我很糟糕，由于刚刚那种文化的失落感过重，此刻便生怕这些老城的遗物流散掉，完全失去了对付这种小贩应有的聪明，而只是连连对这些东西呼好叫妙，议论出其中的门道，毫不掩饰对这些仅存无多的遗物的珍视与迫切心情。在古董交易中，这是犯大忌的。此时小贩已经把我视作了他的掌中物，待我问价，他脱口一说，便是天价。老城的情结使我又陷尴尬，我只好说回去想想再谈。小贩与我分手时对我施加一点压力，他说："现在有不少贩子在老城里转来转去寻找老东西呢。我可是第一个给您看的。"看来，我已经没有余地了。如果我不出高价来买，这些老城的遗物岂不从我手里溜掉？此时我真的感到，人间万物皆有命运。小到一只杯子，大到一座城池乃至一个国家和民族，该兴则兴，该亡则亡。轮到消失之日，一如风吹尘散，谁也无法子挡住。你费力收回来的，最多也不过是一撮灰白色的骨灰吧！

渐渐地，我开始运用阿Q式的自我安慰法来平衡自己，并获得成功。我暗自庆幸自己曾经干过的那件事富于远见。这便是自一九九四年十二月三十日的"旧城文化采风"。本来这一行动计划从租界区的洋房入手，此时，媒体忽然爆出新闻，政府与香港一家房地产开发集团公司合作，要对天津老城进行彻底的现代化改造。我马上意识到抢救老城乃是首要的事。遂组织历史、文化、建筑、民俗各界仁人志士，汇同摄影家数十位，风风火火进入天津老城展开一次地毯式考察。经过整整一年半的努力——我们是于一九九六年七月天津老城改造动工时结束这一行动的——摄得具有历史文化内涵的照片五千余帧。然后精选部分，出版一部大型画集，名为《旧城遗韵》。由于仓促上马，行动急迫，工作还嫌粗糙，疏漏处也必然不少。但这毕竟是天津老城改造前一次罕见的民间性的文化抢救，也是天津老城有史以来最广泛、最大规模的学术考察。记得一九九五年除夕之夜，一位摄影家爬到西北角天津大酒店十一层的楼顶，在寒风里拍下天津老城最后一个除夕子午交时、万炮升空的景象。我看到这张照片，几乎落下泪来。因为我感到了这座古城的生命就此辉煌地定格。这一幕很快变成过往不复的历史画面。我们无法拯救它，但我们也无愧于老城——究竟把它的遗容完整地放在一部画册里了。

这部画集只印了一千部。为了强调它的珍贵性，也为了一种文化的尊严。我就是要造成这样一种文化的崇高感：文化的老城和老城的文化，都必须是虔诚的觅求才能见到的。

可是，在这部画集的油墨香味尚未散尽时，老城已经失去近半。许多名门豪宅已然荡涤一空，在地球表面上被抹去；虽然它们全都有姿有态、巨细靡遗地保留在我这部画集里。可我不是容易满足的人。我仍不甘心。前几天，在市政协换届的开幕式上，我找到主管城市建设的王德惠副市长。他是能够理解我的想法的一位领导人。我对他说："天津人世世代代总共用了六百年，在老城里凝聚和营造成一种独特的文化，不能叫它散了。现在公家、私家、古董贩子，都在乘乱下手，快把老城这点文化分完了。应该建一座博物馆，把这些东西搬进去！"这位副市长说："我也早就想搞个老城博物馆，你说该怎么办？"我听了很高兴，说道："那就得赶紧筹备，但远水解不了近渴，必须马上行动起来，先把老城的文化留住。我可以牵头动手来做。但必须您发话！"

他答应了。以我与这位副市长的交往，他是有文化良心的。当然这十分难得。

果然，今天民俗博物馆的蔡馆长来电话说，王德惠副市长在我与他谈话的转天，就已经叫老城所在南开区的区长，尽快找我研究保护老城文物一事。一时我真有一种起死回生的感觉，好像浑身全是办法了。

我想，首先要把鼓楼东那座环卫局办公的大院保留住，这座至少有四套院的构造精美的大房子是最理想的老城博物馆的馆址。然而比这件事更要紧的是阻止老城文物的流失，这就必须组织人力，穿街入巷，征集文物。文物包含甚广，须有专家参与。还要由政府拨出几间大屋，将征集到的文物，分类编号，暂时存放保管起来。关于征集这些文物的经费与方法，我忽来灵感，突发奇想——应该搞一个"捐赠博物馆"！动员城中百姓在离开老城时，把老城的文化留在这块热土上，唯有这样才能尽快地把老城文物征集上来。将我们去"找"，变为百姓的"送"。津地百姓急公好义，乡情尤浓，这作法肯定能立见功效，而且这件事本身也是一次乡情的大启动。对于我来说，再也没有比启动感情的事会令我倾尽全力的了。

于是我与蔡馆长约好，明天下午三时，南开区的区长、文化局长、城建局长等一行人到我的大树画馆商议此事。我已经做好准备，要牢牢抓住这个关乎老城命运的最后一次机会。我知道在当今中国，许多文化上的事最终还得通过官员才能做到；我还清清楚楚地知道，历史交给我们这一代文化人的事情是什么。

我从现在起时时都在想着明天下午三时。刚刚心血来潮，提笔写了一个条幅：

我们今天为之努力的，都是为了明天的回忆。

一九九八年五月三十日

马家口教堂是天津最早的教堂，一八七一年建于当年的法租界。虽然早已废弃不用，建筑仍完好保存。一九九七年专家小组考察此地。（左为黄殿琪、陈骧龙，右为荆其敏、张仲）

小洋楼的未来价值

——《天津老房子·小洋楼风情》序

  天下任何名城的魅力，首先都来自它独有的建筑美。这些风情独特的建筑，是城市情感与精灵的化身，是一方水土无可替代的人文创造，是它特有的历史生活的纪念碑。据此而言，津地者，小洋楼是也。

  一百年来，天津有两个截然不同的"文化入口"。一个是传统入口——从三岔口下船，举足就迈入了北方平原那种彼此大同小异的老城文化里；另一个是近代入口——由老龙头车站下车，一过金钢桥，满眼外来建筑，突兀奇异，恍如异国，这便是天津最具特色、最夺目的文化风光了。

  大众俗称之为小洋楼。

  小洋楼不仅仅是指一座一座舶来的建筑样式，更是对这独特的城市景观的一种总称。

  它与老城那边的景观遥遥相对，看上去格格不入，甚至有点势不两立。于是，此地非同寻常的历史就被这种建筑格局鲜明地勾勒出来了。如果你略通一点中国近代史，粗知九个国家曾经在这里争相占地、开辟租界的经过，特别是读过英国人马克里希写于义和团运动期间的《天津租界被围记》，就会明白这小洋楼决非天津城市发展的历史延续，其中更没有任何文脉上衍传的必然。小洋楼是一种政治强加，也是一种文化强加。它是中国近代史和东西方关系史上的一个悲剧果实。

  然而，只有文化上的蠢人才会把这苦果摘掉，一扔了事；或者当做一个历史的蒙羞的私生子，弃之便罢。我们可以否定某一历史，却不能因此铲掉这历史的依据。何况作为历史的遗存，它不单是确凿的物证，还有更广泛的价值。

通常人们认为历史遗产的价值主要是历史价值，又认为历史价值只属于过去。其实历史的价值是一种被认识的价值。而对历史的认识都是为了现实与未来。那么历史价值最终是一种现实价值和未来价值。

对于历史遗物，你从历史角度研究它，就会认识到它的历史价值；你从文化角度观察它，就会发现它的文化价值；你从审美角度端详它，还会找到它独有的审美价值。

这价值就是财富，历史留下来的财富。

小洋楼中最深厚的价值，还是它的文化价值。从它昔日的社会身份来看，它属于上层社会所拥有。由于小洋楼的地带——租界的权力独立于皇权之外，它便成了中国政治生活中一个优越的、神秘的、深邃难测的空间，重大事件的后台，世外桃源与世间桃源；那些形形色色特殊人物的种种幕后与隐私，填满了这里的各种各样曲折而美丽的建筑里。这些在今天看来只不过是千奇百怪的房屋，其中许多都是近代史上举足轻重的棋子，不管是事件遗址，还是那些名人宅邸。然而至今我们对它们却是所知甚微。如果谁能叫这些小洋楼开口说话，说不定近代史的一些段落要重新改写。可是如果它们闭口不语，你可以走进这些楼里去用心倾听——

历史建筑所保留的是一种历史空间。由于这空间犹存，历史就变得不容置疑。徜徉其间，历史好像忽然被有血有肉地放大了。过往的生活形态仿佛随时都能被召唤回来。那些在史书中空洞的叙述，到了这里便全都神奇又丰盈地复活。你会从一些独特的细节中，一下子感受到逝去已久的历史人物的某种个性，甚至连昔日的精神也能实实在在地触摸到呢。历史遗物并非历史的遗骸，而是作为历史的生命而存在。

事物的文化价值大多是在它成为过去时才表现出来的。事物在成为历史时不是变小，而是变大了，这因为事物的文化价值远远大于它的本身。

比如你仔细观察十九世纪末的小洋楼，也就是西方人在天津最早修建的那批房子——比如望海楼教堂、紫竹林教堂、大清邮局等，就会发现，其中不少建筑在风格上具有中西相杂的成分。但这决不表明天津本土对外来文化的主动迎取与接受，而是说明当时（即早期）西方入侵势力的有限，因而使得承建这些房屋的中国人，不自觉地把自己的审美习惯表现出来。可是到了一八九〇年前后，西方势力急剧加强，这一阶段兴建于租界的房屋，则听命于它们那些唯我独尊的洋主人，一概是各国建筑的原样照搬了。

于是，各个租界的建筑都成了不同占领国的象征。旧中街（今解放路）由于串连式地穿过几个租界，街两旁的建筑便分段呈现出法、英、德等几个国家不同的面貌来。这些建筑就一下子把西方建筑史的不同国家与不同时代的风格琳琅满目地推入津门，这便是天津小洋楼又被别称"万国建筑博览会"的由来。

然而，二十世纪二十年代以来，政局多变，各种身份显要或特殊的人物，从各地来到天津租界这块"超然世外"的空间里建造住宅别墅。这些延续着租界风格建造的小洋楼却不再严格遵循外来的样式规范，而是依从它们中国主人的口味与习惯，并信由中国的设计师们随心所欲地改造，致使各国租界晚期建筑彼此之间的区别变得模糊。一种津地所独有的小洋楼风情便悄然形成。

它突出的代表是俗称五大道的街区。低矮的尺度宜人的楼房与花木掩映的庭园，在荫影重重中构成幽静和舒适的环境，严实而不透空的围墙增添了这些住宅的安全感与私密性。这一切显然都是那些莫测高深的房屋主人所必需的。至于建筑样式的千形万状和异国情调，则是为了满足那个时代对外来文化的好奇与奢侈。于是外来文化被改造和中和，成为近代天津城市历史文化的一个象征。

一方面是入侵者的文化强加，一方面是对随之而来的外来文化的改造，这表现了本土文化雄厚强劲的背景与巨大的融合力。从历史角度看，天津小洋楼是西方入侵的一目了然的证据；从文化角度看，它却是本土文化一个奇异的创造。进而说，是在被动历史背景下主动的文化创造。正是这一创造，使独特的历史被独特的文化记载下来。因此说，小洋楼是天津城市标志性的文化财富。

当下，此地文化人正是从这一认识出发，在《天津老房子·旧城遗韵》图集出版之后，再次组织历史、文化、建筑、博物馆等界学者，对现存小洋楼做全面和彻底考察，同样是穿街入巷，足迹遍及城区。并将重要建筑甄选列表，然后邀集本地摄影名家四十余人，有序地展开拍摄。历经秋露春风，夏暑冬寒，前后整整一年。摄影家们为摄取一帧精美照片，伺得最佳光线，常常一连多日守候景物面前，方有所获；若不能满意，复再返工，此中辛苦，不想亦知。今秋收尾算来，总共摄取照片一万五千余帧！这足以表现此地摄影家的文化意识与责任精神。对于文化，我喜欢责任二字；肩负"责任"之作，要比那种诉说一己悲欢的小东西的分量重得多，也高远辽阔得多。但这次遗憾的是，图集篇幅有限，载入者不足十分之一，割爱甚巨。然而能够有如是规模，记录历史，展示文化，亦当感到高兴！文化人的幸福之一，常常是被自己的一种奉献行为而感动。

在考察与拍摄中，深感津地小洋楼的浩瀚丰富，精美非常。此地人生活其中，往往对小洋楼熟视无睹，但编者相信读者看过此图集，一定会感到如在异国他乡！单说一扇门，一根柱，一面墙饰或一个迷人的楼顶，就极尽华美，千姿万态，绝无雷同。小洋楼的历史不是一个悲剧的历史吗？哪来这样富于创造力的想象与激情？为此，学者们另有深思。小洋楼的文化，由于过去为种种偏执与浅薄之观念所囿，学术界涉及甚微，此次研究文章应是期待已久的学术收获。

津地小洋楼的历史与文化脉络纵横交错，庞杂繁冗。为了使读者读来明了，本图集的编排方式是：文章方面从历史源流做纵向阐述，图片方面从建筑类别做横向展示。故此，分做上下两集。上集为公共建筑，包括行政、金融、工商、教育、宗教等方面；下集为住宅，即名宅与民居。所谓名宅，一是名人故居，二是要人住所，三是建筑奇品。上下两集都有大量的各类建筑细部的展现，力图显示津地小洋楼之绚丽多姿和无穷精华是也。倘若读者为此感到惊异，乃至自豪，并视小洋楼为珍宝，编者便心满意足了。

前年冬日一个聚会上，一位年轻干练的企业界人士来到我面前，说他对我保护城市历史文化的主张颇为赞同，他深知我乃一介书生，编辑出版这样昂贵的图书如举千钧之鼎，便主动提出襄助于我。此图集便是他实践自己诺言的结果。倘没有这位泰丰集团总裁冯兆一先生及其各界知己，尤其是副市长王德惠先生的全力支持，读者至今只能在报端去听我那些无力的文字呼吁而已。

然而从支持者身上，我欣喜地看到他们对小洋楼文化价值的认同。一旦文化人的深谋远虑转化为渐渐宽泛的社会呼应，清明的文明之光便由地平线升起。城市的历史文化形成于过去，认识于现在，施惠于未来。我想，当后人流连于这历史文化空间之中，一定会称赞我们这代人文化的远见。

历史属于过去，也属于将来；小洋楼既属于历史，更属于未来。无论其历史价值、文化价值、审美价值，乃至旅游的价值，都会在未来源源不断地显示出来，并作用深远，无可估量。历史的价值在文化中发酵；文化的价值在未来发酵。一旦发酵，则是必成意蕴无穷之好酒也。于是，这里要再次提及我曾经说过的一句话：

每一代人都有一个神圣的使命，就是把前人的创造留给后人。

丁丑年深秋日于醒夜轩

历史的拾遗

——关于天津历史文化的第三空间兼作《天津老房子·东西南北》序

历史的过程一半是创造，一半是泯灭。它把世界缤纷地填满，随即再抹去，于是留下了一片片空白，往往使我们迷失于一种记忆的真空中。我从元明时代盛极一时的海津镇的所在地大直沽起步，沿着波光粼粼的海河溯源而上，方向由东向西，一路上所见到的全是峥嵘的现代和泯没的历史。偶见史迹，寥如寒星。到了津西南运河畔，历史好像完全失踪了。那个曾经名噪大江南北的水西庄呢？几十年前不是还能见到它古朴又巍峨的门楼牌坊吗？始由何时，它被时光干干净净收拾而去。这条昔日里舟船往来的水上大道，如今已然浅得连河中心都生出了野草。

然而，我并非怀古而伤情。因为我知道天津这块土地繁华的由来，及其种种崎岖与艰辛。没有这块土地就没有我的生命。我生命的偶然在这里成为必然。因而，我是怀着感恩戴德之情，去寻访先人们每一步的足痕。这足痕在史籍中，在博物馆里，在文物的花纹上；但对于一座城市来说，这足迹就是一幢幢古老的房子。如果把各个年代不同样式的房子连在一起，就是这个城市独有的历史。历史既是时间的，也是空间的。不信，你走进这些老房子里，一准还会感受到先人那些精神气质。如果你了解那些建筑非凡的历史与动人的经历，你陡然觉得这空间依然存在着先人们的魂灵以及鲜明的个性。

历史在化为时间流逝而去的同时，又化为一种神奇的有灵性的空间存在下来。

从城市的独特性看，天津保存着三个历史文化空间。一个是老城范围内的本土文化空间；一个是以旧租界为中心的近代文化空间，在这两个空间之外，人们往往会忽略还有一个沿河而存在的文化空间。它远在租界和老城之前就已形成。这是一种蓬勃强劲、生动活跃的文化，它不同于老城里那种温文敦厚、沉静整饬的文化气质。任何沿海和沿河的文化都是充满活力和张力的，应该说，它地地道道是一种码头文化。这个空间的文化才是具有天津本土特征的，而这个特征至今还依然有声有色地保留在天津人的精神性格中。

它的中心是子牙河、北运河和南运河汇合为海河而穿过城区这一广阔又狭长的地带。

具体地说，是东起大直沽，西至水西庄，正中为天后宫坐镇中央的宫南宫北。它们都是津地最早出现的胜地。本图集借其吉祥，合并称为"东西南北"，实际上就是与老城和租界并存的第三个文化空间。

应该说明，在图集中，这"东西南北"又有小有大。小的"东西南北"如上所述；大的"东西南北"则是意在对津地版图的全面包容。那便是东抵大沽海口，北达黄崖关塞，南尽葛沽诸地，西揽杨柳青镇。而这"东西南北"更广泛、更深在的意义，则是表达天津古来的一种人文精神：四面八方，汇为天津。

可是，依据这一构想动手来做又谈何容易，早期风物，遗存无多。它们早已淹没在现实中，了无踪影。这一空间的历史遗迹不比租界和老城，没有规模，很少群体，遗存全是幸存。而这幸存者早已不再是整体，只剩下一些零落而几乎被遗忘掉的细节。

幸亏为本图集效力的编辑与摄影家们，极具文化责任与敬业精神。凭着一把精神的洛阳铲，努力挖掘出被时光掩埋的昔日的人文光辉。读者从本图集中看到的一些前所未见的珍贵的历史细节，都是这次艰辛搜寻的结果。在它们每一件被发现的时候，都引起我们的工作者一阵惊喜。本图集的工作真有一种考古的意味！

历史离去时，有时也十分有情。它往往把自己生命的一切注入一件遗落下来的细节上。细节常常比整体更具魅力。如果你也有情，就一定会被这珍罕的细节打动，从中想象出它原有的那个鲜活的生命整体来。

于是，我们用实拍的照片，历史的照片，以及相关的可视的资料，将一个个失散的历史景象重新构筑起来。我们无法恢复历史的形态，却能复原其精神。

我对这一图集的另一要求，是学术成果。倘若没有对历史进展性的理论发现，任何历史的回顾只能成为一次享受性的消闲。于是，本图集首次发表的学者张仲、罗澍伟、崔锦、魏克晶、顾道馨、陈雍等人的文章，都是近年来天津地域文化研究方面有创见、甚至是突破性的新收获。历史是固定的，历史价值却是会不断变化的。历史的价值来源于对历史的思考。而人类的进步，常常依据于对历史的新认识。

一九九七年九月，津地河东大直沽出土一件石雕赑屃，被考古专家确认为当年东庙（东天后宫）的遗物，年代属于明末，其重数吨，足以见证当年庙宇之浩大。而几乎同时，水西子牙河畔出土了两尊碑式石佛，浑古优美，气度不凡，相信至少也是明代雕造。但史籍中此地从无庙宇，缘何出此造像？然而这几件出土的石雕，一东一西，竟把津地早期文化雄厚的气势真切地凸现出来，引起我们对那个遥远岁月一往情深的遐想。

津地正处于建设的新时代，大兴土木，势所必然，破土又带来文物的不断出土。一方面，历史的遗迹在所难免地受到损失；另一方面，新的出土又会改变我们对历史固有的印象。我们无法预测未来的城市景象，却明白自己首要的使命是把于今尚存的历史文化面貌记录下来。不负前人，亦为后人。

此图集的采风工作，始于丙子冬至。摄影方面由天津市摄影家协会承当，组织数十位摄影家，奔往东西南北，经历燠暑寒冬，穿越野岭碱滩，其辛苦可想而知。往往为获取一幅饶有深意的画面，登墙上房，不惧险难。此种文化情感，深动我心！由于所有照片都是摄影家们的精心之作，其品质之高，自不必说。《天津老房子》之采风举动，动员人力之多，涉猎领域之广，切入层面之深，当属空前。乃有史以来最大一次地方文化的采风性的考察。如是浩大工程，幸有多方襄助。既有学者们以渊博学识鼎力支持，又有各界知己炽情相援。图集面世，不仅展示此地迷人之文化，更显示此地人可贵之文化自珍。是为记。

丁丑深秋于津门享夜轩

天津老城抢救

言论·报道

一九九四年底天津决定拆除老城，一旦它沦为推土机的牺牲品，后人将永远不会知道自己故乡的笑貌与愁容。抢救，既刻不容缓，也义不容辞。我的文化保护就这样"蓄意已久，一夜形成"，行动也跟着开始了。

钟情天津古建筑文化　采风编纂《旧城遗韵》

冯骥才的"文化新行为"

著名作家冯骥才最近正在组织一套规模颇大的文化艺术研究丛书。这部题为《旧城遗韵》的丛书由冯骥才创建的大树画馆筹资出版，上部作品便是大型画册《天津老房子》。

建于明代永乐二年、距今五百九十载的天津旧城由于危陋破损而即将拆除，重建成现代化的市区。冯骥才对这一百五十三万平方米土地上的城厢建筑情有独钟，在他的系列中篇小说《神鞭》《三寸金莲》和《阴阳八卦》等作品中，鲜活的主人公们就住在这"天津老房子"里。他要将天津老房子的历史风貌保存传世，因此特邀历史、民俗、建筑、摄影等方面的专家、学者，采风编纂画册《旧城遗韵》。

目前，冯骥才带领创作人员冒着隆冬严寒到天津老城区踏访考察、摄影录像。在南门里柳家大院，颓垣残壁上木雕花饰和二楼的过街天桥仍显示出清末民初旧居的风姿；在西门里范竹斋大院，迎门照壁上一方一米长的石雕精美依旧，牌坊、石桥遗址尽陈其间。在"益德王"旧宅，大门口圆形拱顶、院中中西合璧的建筑以及仿圆明园的廊柱，引起冯骥才一行啧啧称道。

当考察到东门内大街一四二号这座百年老宅时，在高高的护檐板上发现一个直径约二十厘米的弹洞以及十四处弹痕，经专家验证系一九〇〇年侵华八国联军屠城遗留下的。在此以前，只能从中外史料和旧照片中了解这一侵略史实，物证空缺，如今得以填补，他们不仅拍下照来，而且建议文物部门采集保留。据悉这本画册的下集《小洋楼风情》也已着手采编。

一九九五年二月二十二日　《文汇报》通讯员 李建新 记者 许前伟

一直调查记录老城，直到它被拆除。

历史由百姓共同留住

——冯骥才谈天津老城博物馆

全国首家捐赠博物馆——天津老城博物馆筹委会今天宣布成立，这个博物馆的倡起人冯骥才当然分外高兴。

上午，记者就天津老城博物馆采访冯骥才时，他先说起了老城。

所谓老城，即今东马路、北马路、西马路、南马路内及周边地区的天津旧城区，俗称"南开老城厢"。年近六百岁的老城，曾是天津历史文化的中心，积累了大量的历史文化遗产，是我们这个城市的历史文化财富的源泉。历经数百年沧桑，也使生活在这一万五千平方公里土地上的十一万人口居住条件困难。七年前，旧城改造开始。在拆除大量危陋房屋的同时，政府有关部门不仅对老城中的文庙、广东会馆、仓门口教堂和一些名居名宅等建筑进行了精心保护，而且保留了十字街。目前，十字街中心的鼓楼也已开始重建。

冯骥才认为：留住十字街，也就是保留了以鼓楼为中心的城市历史的"核"，可以把老城文化浓缩在十字街里。将来老城发生变化后，老城的"根"和它主要的东西也就留下来了。在天津旧城改造中，这样做是一个富有创造性的最好的办法。

旧城改造前夕，冯骥才曾召集本市几十位摄影家，拍遍了即将逝去的旧城建筑，并出版了画册《旧城遗韵》，受到广大群众欢迎，各界也给予了很大关注。旧城建筑的影像留住了，可老城居民留存的许许多多和老城有关的历史文化细节——文物，却要随着他们的搬迁散落各处，这些文化遗存都是珍贵的历史见证啊！冯骥才主张："人搬走了，把历史留下来，留给后代，要让子子孙孙知道先辈是如何在这块土地上生活的。"

"把文物集中留存并展示出来的最好方式，是建一座老城博物馆。"冯骥才的这一建议，很快被市政府有关部门采纳。南开区委、区政府闻风而动，及时确定了坐落于东门里的传统民居徐家大院（当时南开区环卫局设在此地）为博物馆馆址，并拨资为南开区环卫局置换了办公地点。此事南开区设专人督办，涉及此事的南开区环卫局、鼓楼街办事处和南开区文化部门积极配合，徐家大院迅速腾空。

　　老城博物馆馆址解决了，但馆内众多藏品如何征集？财力是个大问题。冯骥才和有关人士共同研究出一个办法，让百姓共同参与建馆，变被动征集为主动捐赠。冯骥才说："搞捐赠博物馆，天津有她的人文基础，因为我们这个城市的人热情重义、急公好义。在城市的历史上，就有很多水会、火会、民间花会等组织，公众的事儿、公益性的事儿，大家都特别看重，这表现出我们这个城市亲和力、凝聚力很强。这就是可以搞好捐赠博物馆的基础和条件。"冯骥才告诉记者，建老城捐赠博物馆的消息在本报披露后不久，已有不少人给他打电话或写信，表示积极响应，要把手中保存的有关文物捐给博物馆。冯骥才更是身先力行，已经出资专门搜集了一批老城文物，要在即将举行的老城博物馆挂牌仪式时，争取当第一个捐赠者。

　　"我以为，为老城博物馆捐赠，更重要的目的，是让人民群众更关注和爱惜自己城市的历史，树立一个地方的文化风气，倡导一种非常美好的热爱文化、热爱历史的民风。"冯骥才说。

二○○○年八月二十八日　《今晚报》记者　魏新生

天津建立"老城博物馆"

中国首家全部藏品均由社会各界捐赠的博物馆——"天津老城博物馆"今天正式挂牌。

天津老城始建于明永乐二年（一四〇四年），至今已有近六百年的历史。它曾是天津政治经济、文化的中心，积淀着大量的历史文化遗产。

该博物馆的发起人是中国文联副主席、著名作家冯骥才。旧城改造前夕，冯骥才曾组织几十位摄影家，拍遍了即将逝去的旧城建筑，并出版了画册《旧城遗韵》。而老城居民留存的许多和老城有关的历史文物，却随着他们的搬迁将散落各处。为此，冯骥才倡议建一座老城博物馆，采用民众捐赠的方式，把这些文物集中留存并向世人展示。这一建议很快被有关部门采纳。

天津老城博物馆坐落在老城东门里大街的徐家大院，原为英国麦加利银行买办徐朴俺的家宅，是一座民国时期的天津传统民居。博物馆的陈列内容将包括老城建立的历史回顾、老城的建筑艺术、历史文化名人、民风民俗、老城新貌等方面。

冯骥才今天成为老城博物馆的第一捐赠人。他将自己收藏的砖雕、石雕、旧匾额等十余件老城珍贵文物捐赠给博物馆。一些专家、收藏家和老城居民也纷纷捐出珍贵的藏品和祖传的实物，其中包括老城城砖、明代瓷器、线装古籍、民间服饰和工艺品等。参与老城改造的一位港商也捐出一对老城石狮，并捐十万元人民币。

老城博物馆挂牌当天就接受捐赠文物一百多件，其时间是断代的，从明代天津建城到老城改造。

二〇〇〇年九月二十八日　中国新闻社记者 孙志民

估衣街抢救

文章·讲话

老街抢救纪实

在我的写作计划中，绝没有这本书。它是突然插进来的，逼得我无法不做。我声明在前的是：这是一本用史笔记录现实过程的特殊的书。由于这种特殊的写作要求，我选择一种客观和写实并因而密不透气的笔法。我请读者原谅。我无法给你们惬意与轻松——我别无选择。因为在整个过程中，我一直紧锁眉头，全身用心，情感浸透了深深的忧患。

一

一九九九年十二月九日忽得知津门最古老的商业街即将拆除，我一时惊呆，无法置信。我眼前立刻出现那一片苍老、迷人、情深意长的老房子！估衣街是作为商埠的天津最久远的根。街上名店林立，而且有谦祥益、瑞蚨祥等市级文物保护单位。何况估衣街本身亦是文物保护单位，铜质的保护标志牌就固定在估衣街西口的墙壁上。这个作为历史文化名城天津的支柱性的文物街区，怎么可能拆除呢？但当我读到署名为天津市红桥区大胡同拆迁指挥部于十二月八日发布的《致红桥区大胡同拆迁居民的公开信》，才相信这一灾难性的事实。而且这属于很难动摇的"政府行为"。

这张公开信和紧随其后张贴街头的布告中明确写着：

动迁地区
东起金钟桥大街西侧，西至北门外大街东侧，南至北马路北侧，北至南运河南路。凡坐落在拆除范围内的住宅与非住宅房屋，均予拆除。

估衣街处在这一地区的中心位置，首当其冲，难逃厄运。

动迁时间

动迁分两批，居民住宅由一九九九年十二月十二日至二〇〇〇年一月十日。公建单位由二〇〇〇年二月二十一日至三月十日。"为保证现场安全，适时停水、停电、停煤气、停电话通讯、停有线电视。逾期拒绝搬迁的，将依法裁决，直至强制搬迁。"

这些词话都表明这一动迁具有不可抗拒性。

我感到这事的严重与紧迫，没有迟疑，马上与助手李健新驱车前往估衣街，并直扑估衣街的文保单位谦祥益。到了那里，见《今晚报》副刊部主任姜维群也已闻讯赶来。大家全是满脸肃然的气息，显然都感到了这件事的严峻与艰难了。

二

谦祥益为山东章丘人孟昭斌（字乃全）兴办的绸缎庄，一九一七年建成，为中西合璧的三层楼宇，飞檐连栋，画壁雕梁，气势恢宏。外墙的下半部分为青水墙，以津地著名的砖刻为饰；上半部分采用精美繁复的铁花护栏，显示了租界的入侵文化对天津本土文化的有力影响，也体现了作为主体的天津码头文化兼收并蓄的包容性。这两部分不谐调地"拼接"起来，恰恰显示外来文化突兀而入，与本土文化相冲突——这是天津独有的历史层面上的精神特征。我们对楼内外的文物现存进行考察，发现内部保存非常完整。木质的檐板、楼梯、廊柱，一律雕镂精工，凸面贴金，古色古香，优美之极，而且毫无破损，保持原有的气质与风貌。有些局部细节，如门旁右上角阴刻石雕兰花，一如墨笔写意，刀法精熟，线条舒畅，堪称艺术精品，保存又十分完好。

据该处（现为小百货批发公司）的一位负责人介绍，此公司经理赵为国在此工作三十年，一直坚持对这座古建筑的保护。不准随意涂抹油漆，任意拆改原结构，冬天不准生炉子，以免发生火灾。故此，我们考察时感到室内十分寒冷，犹如处于严冬野外。赵经理原是相声演员，为马三立的传人，常常接近文化界人士，颇知文物的重要。在他的管理下，该处职工皆有保护意识。这便使谦祥益历经八十年，遭遇"文革"，却奇迹般风姿依旧地保存至今。但这天，赵经理外出办事，未能见面。这使我数日后专程再来访见赵经理，那是后事。

在我们考察之中，已有三批拆迁人员来谦祥益看房，估算楼中檩椽门窗等等木料的总价值。据说其中一家要买下这座三千四百平米建筑的全部木料，出价十五万。这便是历史文化在现代化改造中的最真实的"价值"了！

由此我感到事情已近燃眉。动迁令（即《致拆迁居民的公开信》）于十二月八日发布，十二月十二日就要开始搬迁，中间只有四天！用什么办法挽救谦祥益和估衣街？一急之下，我对记者说："谦祥益是北方大商埠标志性建筑，其价值不亚于戏剧博物馆。"并强调估衣街在天津城市历史和未来的不可或缺与不可替代的意义。

第二天（十日），《今晚报》一版发表了这一报道，题为《百年豪华建筑临灭顶之灾》，并将我的话照登报上，还配发一帧谦祥益的照片。同时，姜维群以笔名"将为"发表专论《留住天津的历史》，言辞鲜明而尖锐，令人钦佩。当日这条消息遂成为津门各界人士与百姓关注焦点。我收来电，频频不已。

十一日我写信给李盛霖市长，并附上加急放大的谦祥益等处的彩色照片十帧，请市长关注此事。李盛霖市长重视文物保护，一年前将正在建房的大直沽遗址（即天津城市发源地）买下，停止开发，进行保护——这一决定实施的意义，是保住了天津的城市胎记。而政府如此坚定地保护文化遗存，在全国也是十分罕见的。我这封信写即火速送到了市政府。

同日，《今晚报》记者驰电追问市拆迁办公室，答复是谦祥益不能拆。于是十二日《今晚报》又发出消息题为《市拆迁办说不能拆》。从舆论中开

估衣街最终遭到残酷的破坏，从中我深切感到自己是一个失败者。

始朝着有利于谦祥益的保护一面倾斜。

然而，大胡同动迁工作已经开始。我们想从这快速启动的列车上抢救下濒死的估衣街，但可能性极小。一切似乎都来得太迟，也来得猝不急防。但是，我们不能就这样——在我们目瞪口呆中，听凭历时六百年的一条古街在民工们无知的铁锤中粉身碎骨，荡然无存。

三

哈佛大学的教授李欧梵使用的一个词汇，我很喜欢，即"有机知识分子"。有机，就是多方面结合的、追求效应的、行动性的。我喜欢行动——用行动来实现思想，或者把思想变成充满活力的行为。

十二月十六日即召集有志于城市文化保护之志愿者。决定做四方面工作：

（一）邀请专业摄像师，将估衣街挨门挨户地进行摄像，留下估衣街鲜活的音像史料。

（二）拍摄照片。在对估衣街仔细的文化搜寻中，将所有有价值的文化细节留在照像机的底片上。

（三）访问估衣街的原住民，用录音机记录下他们的口头记忆。保留估衣街的口述史。

（四）搜集相关文物。必要的文物花钱买。尽可能挽留估衣街的实证性的文化细节。

主要参加者有五位，即李健新、段新培、宗勇谋、田丕津和王勇则。李健新侧重全面考察与访谈；王勇则集中做访谈；段新培和宗勇谋的主要工作是拍照，同时注意文物的收集，如需购买，就由我个人来掏钱。原则是，不惜重金，也要把东西留下来，不留遗憾。此外，田丕津负责电视录像。我对他们的要求是：以救火般的速度和救死般的精神！

经过半个月努力，收效显著。

王勇则和李健新所做的口述实录，颇见成果，被访谈者对估衣街生活极为生动而珍贵的回忆内容，都是以往文字史不曾见到的，它无疑会使那些史籍中的记述变得有血有肉和立体化起来。段新培和宗勇谋的拍照成绩巨大。他们几乎是挨门逐户，深入其中，进行拍摄；由于考察得认真细致，许多照片干脆都是发现性的记录。他们进行的速度很快，又有条不紊。每帧照片都附有文字档案，记下具体的地点，包括街巷名称与门牌号码，还有考察中得到的相关细节。田丕津已经请到电视台专业摄像师将估衣街完整拍摄下来。由于动手迅疾，与动迁人员抢夺时间，使原生态的估衣街活生生地锁定在录像带上。现在放看录像带，便发现上面许多街面已经荡然无存。

这些志愿者在各自工作中，都没有忘记寻觅与收集相关文物。因为此间估衣街一带的居民的搬迁已然全面开始，拆除工作紧随其后。几乎是搬空一处就拆除一处。我们这些志愿者便以强烈的文物保护意识，在拆房民工的大锤下将一件件宝贵的文化遗存抢救下来。

他们不断地从现场打电话给我，告诉我他们新发现到的每一组砖刻，一件石雕，一块牌匾或一件传之久远的原住民的生活用品。对天津总商会遗址情有独钟的李健新，从该遗址的第七号院，抢救下来两件门楣处的砖雕和房屋托檐石的雕刻。石件巨大，石色青碧，至少二百斤重，上有文字图案，应属罕见之物；砖雕为博古图案，朴厚凝重，膨脖饱满，具有老商业建筑的审美特征。总商会的前身为当行公所，该房建于嘉庆十七年（一八一二年），民国初年重修。从风格判断，这些砖雕与瑞蚨祥相同，应属民国初年重修时装饰上去的。应为天津砖雕鼎盛期的精品。

此外，李健新在穿街入巷的考察中，还访得两块嵌墙碑，都位于归贾胡同四十二号居民户内。一块在楼下，即《天津鲜货商研究所章程碑》，一块在二楼居民房舍内，是《天津干鲜果品同业公会会长刘芳圃功德碑》。此乃十分难得和第一手的天津古代商业史料。

另一块碑则发现在范店胡同一居民屋中，房主已经搬走，满地垃圾。这块碑可能为这居民户所藏，因石碑过重，搬迁不便，就丢弃在这里。这石碑为长方形，长二尺，宽一尺半，采用罕见之绿石，质甚坚硬。虽然雕刻较浅，字口却十分清晰。此碑是山西会馆和江西会馆之间的界碑。内容为两家会馆相约保证中间通道之通畅。字数不多，却显示了估衣街繁华时期寸土寸金的景象。此碑立于清光绪辛卯年（一八九一年），应是庚子之变（一九〇〇年）前估衣街兴隆之见证。发现此碑者为摄影家段新培与宗勇谋。

在我五年来组织的一系列文化采风活动中，摄影家段新培是一位积极参与者。《天津老房子·东西南北》近半内容为其作品。此人有志文化保护，为摄取一文化细节，常常登高履险，故而亦留心拆迁中的文物。这次文物收获中，以牌匾居多，应属商业街区之必然。估衣街的牌匾，多属门上的砖刻。所用大块青灰方砖，一个字一块砖，颇具气势，并与建筑浑然一体，落落大方，这也正是天津建筑的地方特色。尤其清末民初为砖刻艺人马顺清等声名正隆之时，津门大户，夸富斗豪，竞相建房，多用砖刻为饰，商家的砖刻牌匾也就应运而生。至于店铺竖立着的招牌便是木刻漆面的了。这次发现的"福盛东洋货栏杆庄"，原为一家店铺用作为地板，铺钉在地，字面朝下，从不得知。这次拆房时发现。漆面已见粉化，但字迹饱满丰润，刀法纯熟老到。这"栏杆"二字经张仲考查，为女人服饰上的花边。这是明代的说法。由此可见估衣街商业的源远流长。

然而，这些事本来都应由当地区政府的相关部门来做的，但文化与文物部门鲜见人至。拆除之前根本没有文化调查，数十年来也没有做过实地考察。这一宗浩大的文化遗产实质上是废置着。但偏偏又挂着一块"文物保护单位"的牌子，保护单位无保护，甚至根本不知为何物，如今那牌子则更无意义。这实在是一个讽刺，也是一个悲哀！

我请摄影家将这"文物保护单位"牌子拍照下来。在我的感受中，世上再没有一块牌子如此的尴尬与无奈了。

四

十二月二十六日谦祥益的经理赵为国再次接到拆迁通知。通知上有到时停电停水、违者依法处置的词句。威胁再度压来。

同日，市长李盛霖来到估衣街，并入老店谦祥益视察。此后（十二月二十九日），副市长王德惠与规划局长也视察估衣街。王德惠市长也一直支持并尊重我有关城市文化保护的意见。故我感到，希望之光熠熠又现。

此后，民间流传说法很多。有说照拆不误；有说领导讲了，冯骥才再说保护，就叫他出钱；有说谦祥益、瑞蚨祥等几处不拆，其余全拆；有说规划变了，估衣街不动了。纷纭杂乱，莫衷一是。至此之日，估衣街存亡之消息，一直忽好忽坏，有如八月天气，时阴时晴。忽而阴云满天，不见光明，忽见天开一隙，心头照来一点明媚。

我再去谦祥益，与赵为国见面，他也在云里雾中，看不清未来。从谦祥益出来，由李健新、段新培等陪同一起去周边的民居查看情形。没想到所见之处，多已断壁残垣，寥无人迹。到处瓦砾与垃圾，实不忍睹。六百年的历史倏忽荒芜，眼看着就要消失了。我感觉自己就像朝着这即将跌入虚无的历史文化，极力伸出一条胳膊去抓，但能抓住什么？

一方面，我加紧上述的四个方面的工作。

一方面，还要发出加强保护的声音。

我们要在这两方面同时再加一把力！

一月七日写成一篇长文《老街的意义》，述及估衣街的缘起、经历、在城市史中的意义，以及它的未来价值。一月十九日在《今晚报》上刊出。

一月二十日接受《光明日报》记者王燕琦的采访。一月二十八日《光明日报》第一版刊出王燕琦采访我的报道《天津六百余年老街即将拆除·专家学者呼吁抢救文化遗产》。同日，中央电视台第一套节目"新闻要闻"播出该条报道。这一消息，影响津门上下，泛及百姓。

一月二十日我开始策划明信片。一套五枚，我为每一帧明信片书写对联。例举其三，如：

"古街更比当年美，老店不减昔日雄。"

"风雨街上过，岁月楼中存。"

"不离不弃斯史永继，莫失莫忘此物恒昌。"

后一联，借用《红楼梦》关于金锁与玉佩上的词句。

此时已近年尾，拆迁的民工多回家过年，拆迁暂时中止。但按原计划，公建房（即街两旁的店铺建筑）应于二月二十日动迁。必须抓紧春节这短短一段时间，再做出最后的努力。

二月七日（正月初三），与估衣街所在地区——红桥区的区委书记曹秀荣见面。曹书记说："现在建委的计划有变化，听说谦祥益不拆了。估衣街上的其他建筑落地重建，按照原来的风格。我们也不希望拆，但我们必须听建委的。"

这是我第一次听到来自主管估衣街方面的官方消息。我说："谦祥益不拆太好了，当然也是应该的；但其他建筑未必都要落地，有些建筑要保持历史原状。坏牙可以修补，不要换一口假牙。有些古建筑铁花护栏十分精美，而且具有很强的时代性和地方特征。"

他说："希望你们多理解我们。"

我说："相互理解吧。知识分子总是理想主义的。但理想主义带有前瞻性。"

这次谈话，使我心里有了一点底数。首先是谦祥益有希望了。估衣街原始的街道形态似乎可以保护下来。但即使街道保留，街上的建筑却面临翻新。翻新就是变古为新，变真为假。我心中的忧患依然浓重。记得我对曹书记说："你们应当多听听专家学者们的意见，大家论证一下。"

他说，等新的规划确定下来，会论证的。

二月八日（正月初四），我主编的那套明信片赶印出来。拟定二月十日当日上午十时，在鞍山道邮局举行签售活动。这次印制二千套，为签售活动准备一千三百套。

二月九日（正月初五）做好一切准备。田丕津负责组织工作。并约好友牛群老弟来津助威。

二月十日（正月初六）上午九点半，我与张仲坐车赶到现场，已见人山人海，排队如长龙。牛群也已从北京赶到。

十时，在邮局前的街头举行简短仪式。我致词中强调估衣街是六百年来一代代祖先的创造，它在天津的历史文化与人民的情感中据有重要的位置，我们深深依恋和热爱它。这套明信片实际上是对这一遗产的抢救与补偿。

签名活动至十二点半，准备的一千三百套全部签完，仍有大批群众因没有得到这套明信片而怅然若失。在签名中，不少百姓向我打听估衣街的前景，要我呼吁，多给天津留一点东西。这些话重重地打在我的心上。我责任依然在身，但如何实现，确实很是茫然。我们已经为濒临灭绝的估衣街力挽了一些碧绿的枝叶，却无力保护住这株根深叶茂的大树。

此时此刻，我忽觉得自己人孤力单，真的像那个与风车作战的堂吉诃德了。

五

正月初六的签名活动的反响波及甚广。中央电视台社会新闻部来电话，说他们由网上得知此事，决定到津采访估衣街拆除一事，同时还有多家媒体来电询问此事。

我好像一切都在跟着感觉走。我想，我还得再努力一下，不管结果如何。于是，我决定在正月十五日灯节这天再次举行签名活动，将所余的五百套明信片一次推出，发挥其最大效应。明信片是这次我们进行文化保护宣传的一个载体，必须叫它竭尽全力。地点选在估衣街的谦祥益，因为谦祥益是估衣街的中心和人们关注的焦点。事先，我们做了充分的准备——明信片的策划要符合邮品要求。这次规定在每套明信片的首枚上签字。签字者为全体制作人员。上面加盖三枚图章：一、估衣街邮局的当日邮戳。据知该邮局近日将被拆除。此邮戳则是一种"绝唱"；二、请邮局制作一枚"估衣街邮局百年纪念"章。因估衣街于一九○○年在一锡镴店内设信柜一只，代理邮政，由是至今，正好百年。三、由我书写"龙年灯节，估衣街上"八个字，请杨柳青画社的刻版师傅刻木章一枚，并刻灯笼和龙的图形各一，以示龙年灯节。此事由田丕津负责联系。田丕津立马去办，很快得到邮局仇局长和谦祥益赵经理的支持。我感觉灯节估衣街上的签名活动肯定会产生很大的文化效应。

正月十二日（二月十六日）《文学报》特约记者采访此事。

正月十三日（二月十七日）中央电视台记者到津。我上午参加今晚报社举办的连续剧《西游记》研讨会，旋即奔赴估衣街，在总商会七号院被拆除后的瓦砾堆上接受采访。尽管我讲了那么多必须保护的道理和深切的愿望，却感到自己脚下已然是毁灭了的历史的尸体。我指着那断垣残壁中赤裸的巨大的木栲，述说着昔日津门的殷富与豪气时，我真的要落泪了！须知它是估衣街早期仅有的见证，亦是当世仅存原汤原汁的五四运动的遗址。今日的天津居然如此绝情么？从七号院走出来，胡同已是瓦砾成堆。两边的墙垣一半被推倒，倾覆在胡同里。我对段新培说："把这里拍下来。我们应该告诉后人，是我们这一代把它变成了垃圾！"此刻我忽想，后天的签名不是一次对估衣街的悲壮的诀别吧？

这时，我已得知，报纸碍于动迁估衣街的问题涉及"方方面面"，不便多加涉及，我们的麻烦则是无法把签名活动的时间地点广而告之。但我也不愿给记者们找麻烦。只是第二天在电台的"城市回响"的节目中，随口谈及灯节签售明信片一事。同时《广播电视报》在一篇对我的采访的末尾着意写了几句，也是发出了一则短信息。随即从各方面反馈消息，已有大批群众询问此事活动了。

正月十四日（二月十八日）谦详益赵经理忽来电说，有关单位考虑估衣街太窄，不安全，不允许在谦详益举行签名活动。这又"穷则思变"，临时改在红桥邮局。并在谦祥益大门上贴了告示，声明更改地点。

正月十五日（二月十九日）上午十点半，准时签名。第一位排队者凌晨五点到达。签名一个半小时五百套全部售罄。我签名时，头脑热哄哄，激情澎湃，签后却一阵冰凉，内心寥落虚空，无所依傍。

我不知自己还有什么办法，但我却有种力竭之惑。一个月来，我是在写作一部小说《俗世奇人》的同时，进行此事。两事迭加，心力交瘁，困乏之极。虽然经过我们的努力，对估衣街原来的动迁计划，产生了一定的动摇，但是否能整体地保护住估衣街，依旧没根没底。那么，我还要做好另一件事，便是把这次抢救的果实，收集起来，编一本《抢救古街》。那就是无论这件事的结果如何，这本书的本身都永远会是一个沉甸甸的收获。可是我又想，我是不是怕估衣街一旦失去，好拿这本书来安慰自己？

六

今天（二月二十日）中央电视台晚间新闻播出估衣街拆迁一事，呼吁城改对文物要手下留情。二月二十一日上午估衣街忽传出消息来，说当地百姓与商家沿街贴出大标语，如"社情民意不可欺，保留估衣街""商业发祥地，龙脉不可动""保留古迹，不愧天津人民""红木家具不能变组合"等，围观者甚多。百姓起来捍卫自己的文化，此在中国当代乃是首次。虽然媒体上没有任何报道，但它的意义却是重大和深远的。它所显示的范围远远超出天津地域。这标志着文明的觉醒与一个文明时代的到来。这使我觉得欣慰。我说过，知识界思想的种子，一旦在人民中间开花，社会文明就有希望。这个希望会带来什么实际的结果吗？但我把这个群众化的文化行动已经视为一种巨大的果实了。

七

此后近一个月，估衣街没有很大动静。街两旁的民居依旧在一片片地拆除，化为瓦砾；而沿街的铺面却似乎处于一种等待，亦是一种期待。说拆或说留——两种说法皆在街上传来传去，依然是扑朔迷离。这期间，只是《光明日报》发表一则消息，说国家文物局与建设部准备对估衣街拆迁情况进行调查。一时，这消息的复印件便像传单一样在估衣街商家手中流传开来。但过不多日，人们不见调查行动，又觉得这复印的纸片轻飘飘，没有多大分量。

我在"两会"的"文艺界政协委员与李岚清同志座谈"中，作了题为"拯救城市文化刻不容缓"的发言，首都多家报纸刊载了我的观点，天津的《今晚报》也从网上下载了我这次发言的摘要。这时，北京一位记者从建设部获知天津有关方面已然行文，表示对估衣街要进行保护性改造的措施。这一消息，使我感到整个事件有一种交节换气般的转变。

由"两会"返津不久，三月十六日市文化局通知，副市长王德惠主持关于估衣街地区改造方案的专家论证会。建委、规划局、红桥区政府等有关部门也列席参加。我对这次会议的感受真是"山重水复，柳暗花明"。当我听到此方案的名称为"估衣街地区保护性改造方案"，便放心一半。保护性改造与建设性破坏正是针锋相对的两种说法、两种观念和两种立场。

王德惠副市长表示：估衣街动迁引起的社会各界与津门百姓的关切，是一种对故乡的热爱与责任。他诚恳希望专家学者们提出各自的看法。

跟着，由承接制定这一改造方案的华汇公司的建筑师欧阳植先生陈述了方案内容。我很快就感知到这家公司相当高的知识层次以及在城市观念方面具有很强的前沿性。他们的方案的立足重点是保护，而且把保护的视野放在了整个街区。包括这一古街的位置、街貌、重点古建，以及有价值的历史细节。特别是关于把一些已被改造得面目全非的古建，按照历史照片重新修改回来（如瑞蚨祥）的想法，不仅更接近我的观点，而且更接近我的理想。

我随即发言说，这个方案的文化含金量高，有很高的学术依据，借鉴许多发达国家文化保护的措施，不仅保住整体面貌和原有的精华，又给历史街区增加了活力，具有前瞻性。改造方案把时代风格确定为民国初年，十分符合估衣街的历史实情。我表示赞同和支持这个方案，而且非常欣赏华汇公司的文化气质。

在这个会上，专家学者的看法非常一致。同时开发商与红桥区政府又都表示支持专家们的意见。至此，估衣街的命运才算由危转安，起死回生。一方面是它六百年的高龄，寿长德高，命不该绝；一方面则是这一代人——由上到下，由官到民在文化上开始觉醒，这才使它老根幸存，必施惠于津门之未来。

当日晚，宁波老家来人，要为我写一本"传记"。我与同乡会会长陈礼章先生等在美膳酒楼宴请故乡人。敬酒间，不觉心中默默说："也为估衣街吧！"举杯一饮而尽，玉液琼汁，由喉而下，顿觉浑身上下百倍清爽，三个月来的焦虑与烦恼竟荡然无存。真好快意也！世上最好的事，不是善始善终，而是恶始善终。结局的圆满，才是事物真正的完美。

至此，抢救老街一事，画了句号。并站在句号上，将事情的全过程，照实记录，铭记于纸，以为永记。

二○○○年四月十六日

在大街上演讲，呼吁保护估衣街——这条有着七百年历史、天津城中最古老的街道。

老街的意义

城市是有生命的，所以我们结识了一个城市之后，总会问一问这城市的由来。有的城市没有留下童年的痕迹，它的历史仅存于空洞的文字记载中；有的却活生生地遗存至今——这便是城中的老街。

有时徜徉在村镇中，会觉得它很像一个城市的雏形。如同一只羽翼未丰的雏鸡那样，说不定百年之后会壮大和发福，长成一个膀大腰圆的城市来。村镇都是这样，一大片房子，中间有一条街，街上有店铺和作坊，有东西买，有吃有喝。这条街很重要，供应这镇上住民一切生活之必需，自然也就是为这个群落的成长而输送能源的血脉了。我这话的意思是，城市的源头是一条街。最早的街，过后都叫做老街。

天津这城市，受益于海河水系。这无疑以码头为起点。那时四方货物都凭借着河水的运载进行流畅的交换，码头便是转运站，或称枢纽。码头首先都是吃喝不愁，东西充足，各地运来的物品全是利润极低的"源头货"。这一来，人就都聚到这儿来了。而且人聚一起，需要用品多，买卖店铺也就应运而生。店铺愈多，活计愈多。供和需互动，买和卖相生，码头便孕育出一个有血有肉的城市的胚胎。

由码头演变为城市，要比由村镇发展为城市快得多。

这胚胎的一个重要特征便是生活性的街道的出现。而且这生活性渐渐又质变为社会性。待社会形成，才好说城市开始成形。

码头靠着河，所以天津最古老的街道都在河边，与河平行。主要是两条，分列在三岔河口的一东一西。东边一条是古文化街，以前称做宫前街，由于天津先民的民间崇拜妈祖的庙宇在那里，所以那条街更多文化色彩。

西边一条是估衣街。估衣街虽然不长，但在此地百姓的生活中至关重要。在天津城市的孕育时期，它的作用就像前边说的村镇中的那条大街一样。

这条街的历史可以追溯到元明时期，当时叫做码头东街。顾名思义，表明天津远在码头阶段即已形成这么一条古街，时间距今超过六个世纪，应在天津建城之前。对于城市史来说，街道两旁的建筑会不断推陈出新，街道本身却总是老样子。倘若没有发生地区覆灭性的天灾人祸，谁也不会把一座新房子盖在街道中央的位置上来。现在，估衣街两边的建筑多是本世纪初商业大发展时期涌现出来的，但也是一座一座新楼屋渐渐插进来的，街道的模样却不改初衷，依然故我。它狭窄细长，略略弯曲，典型地属于那种自然形成的原始形态的老街。

最初，这条街只是码头上居住群落中间的一条干线，兼有购物的作用，但并无"估衣"的功能，估衣街的大名也没有出现。

一条老街总是历尽沧桑，但估衣街还算幸运，它与早期的天津共同经历了数百年的繁华。一九〇〇年以前，天津的重心在城市的东面和北面，亦即三岔河口的两边。富商大贾一半居住在城中，一半居住在北城与东城外，尤其南运河边。估衣街正好从中穿过。商埠的特征是贫富之间风云多变。一夜间的暴发和转瞬间的破败全是此地世间的波澜。于是，当铺和那种将死当的衣服贱卖给平民的估衣铺，成了天津的热门买卖。这条老街由于估衣铺集中而得名"估衣街"。但是，估衣街决不仅仅做估衣买卖，此地老字号的名店全都云集这里。如绸缎庄之谦祥益和瑞蚨祥，药店之达仁堂和乐仁堂，鞋帽店之盛聚福和同升和，瓷器店之瑞昌祥和同泰祥，糖果店之瑞鑫号，南纸局之文美斋，以及皮货、香烛、眼镜、广货、银号、颜料，等等，还有饭店、戏园、澡堂、理发店掺杂其间，几乎浓缩了整个天津的商业。在它的极盛时期，大约有一二百家名店夹峙在这仅有一里长的老街上。

估衣街的繁华历经了两个高潮，一是清代中期（一八〇〇年）至庚子事变（一九〇〇年），一是从一九〇〇年至一九三〇年。应该说第二个高潮期达到了历史上的巅峰。此时天津正由本土的商埠，急速转变为中国现代大都市，估衣街上应时出现了一批大型商店。建筑上将本地的磨砖对缝等传统技术与西式楼房结构相结合，将本地古色古香的刻砖艺术与舶来洋味十足的铁花护栏相融合，创造了非常独特又优美的民初时期的商业建筑。大概是临街的外墙高耸，装饰华美，形成一道十分新奇又气派的店面；店内两层楼，经营空间比老式的店铺大了一倍以上。应该说，这是我国本土最早的一种大型商厦。其中代表作如谦祥益保记和瑞蚨祥等，至今风姿绰约，伫立在估衣街头。除去估衣街，不仅在津门——即便走遍全国也很难找到同类风格的历史精品了。

一九三〇年以后，一个现代的商业区——劝业场商业区在天津崛起。它将一种外来的极其便利的综合性商业形式，即集购物、娱乐、餐饮和旅店为一体的商业大楼生机勃勃地带给人们。津门的商业中心遂由西北迁至东南，也就是原法租界地区，即今滨江道一带。估衣街上的一些老店，也迁营拔寨，前来加入新一轮的竞争。这一来，估衣街便一步步移出商埠的中心位置，走向边缘，并一点点有了历史文化的价值。

今天，这条老街不仅仍旧保存着那些名店，还有大量昔日的货栈、会馆、商业公所等等遗迹。近日我们在其中又发现一些记载着当年商业活动的碑刻，生动地体现了这条老街昨日的经济活力。如果再加上史逾百年的总商会遗址，这一地区应是目前我国大都市中保留最完整的、有系统性的一座本土商业历史博物馆。对于后世，它在旅游方面肯定具有久远和持续的价值——当然，关于将老城区怎样开发为旅游区的话题，还不属于本文探讨的范畴。

一个城市可能有一条或几条老街。对于天津这种文化多元的城市来说，历史深厚的老街大致有四，一是老城中心的十字街，一是古文化街即宫前街，一是估衣街，一是解放路即旧租界中街。每条老街都有其独特内涵，相互不能替代。十字街是本土的政治与文化的核心；旧中街虽然讲究又漂亮，洋楼林立，近代史的积淀很深，但对于津门百姓来说，情感上却比较生疏；至于宫前街和估衣街，就像上海的城隍庙一带、南京的夫子庙地区、苏州的庙前街一样，都是市井生活的中心地带，与本地百姓情牵意连，难舍难分。

一个城市的街道，倘从高处俯看，宛如一株大树成百上千条的根须。城市愈大，其根愈茂；这根须其中有几根最长最长的，便是这城市的老街。它与城市的历史一样漫长而悠远。它深深扎在这城市厚厚的历史文化的土壤里，也就是深深扎在这城市人们的心里。这街上的风雨，人们曾与之一起经受；人世间的苦乐悲欢，它也是无言的见证。人们不断地丰富它的故事，反过来它又施惠于人们——从古到今，从物质到精神。人们从老街可以找到的往日的东西真是太多了。故而，一个城市由于有了几条老街，便会有一种自我的历史之厚重、经验之独有，以及一种丰富感和深切的乡恋。它是个实实在在的巨大的历史存在，既是珍贵的物质存在，更是无以替代的精神情感的存在。这便是老街的意义。

如果哪个城市还有条老街，那就是拥有一件传家宝！

今天的辉煌是一种实力，昨日的辉煌才是一种文化。

一九九六年我在开罗，被主人邀请到他们的老城区——著名的汗·哈利利市场去游玩。那是几十条老街构成的最古老的市中心。这些曲折繁复交织如网的老街老巷中，挤着几千家小店铺，专门出售埃及人特有的铜盘、首饰、纸莎草画、罗钿镶嵌、皮件和石雕，店铺中还有一些两层楼的饭店，可以吃到埃及人爱吃的烤饼和手抓羊肉。身在其中，我觉得已经陷入开罗人独有的生活漩涡里，奇特又温暖。我说："在这里的感觉真是好极了。我读过你们的诺贝尔奖得主纳吉布·马哈福关于这个市场的一些小说片断。现在不知道是他把这条街写活了，还是这条街使他写活了。"我的主人听了很高兴，他说："开罗也有一些国际化现代化的大街，很漂亮，很气派，但那不是开罗，这才是开罗，是埃及！哎——"他忽问我，"你的城市也有这样的老街吗？"

我心里忽然冒出古文化街和估衣街来，不由得很骄傲地说："当然！"

二○○○年一月五日

拯救古典民居刻不容缓
——在全国政协九届二次会议上的呼吁

我国城市的历史文化遗存遭到严重破坏，知识界为之心急如焚，倘若文化保护再不得力，将悔之晚矣！

随着城市大规模的现代化改造，我国城市的文化特征与历史风貌正在迅速消失。一些历史文化名城已面目全非，甚至徒有其名。这些历经千百年形成的举世闻名的城市文化个性，在被大片大片清一色的楼群所取代。北京以一个月换一次地图为荣，这就说明了，在飞速进行的城改中，根本不可能对原有的结构复杂的文化遗存，进行精心的梳理与合理的选择。实际上，现在的城改，对城市原有的城区很少进行文化考察，基本上是推倒了事，落地重建。

对于城市的历史遗存，文物与文化是两个不同概念。文物是历史过程中具有经典性的人文创造，以皇家和宗教建筑为主；而文化多为民居，正是这些民居保留着大量历史文化的财富，鲜活的历史血肉，以及这一方水土独有的精神气质。比方，北京的文化特征，并不在天坛与故宫而在胡同和四合院中。但我国只有文物保护，没有文化保护。民居不纳入文物范畴，拆起来更无禁忌。而现在问题之严重已经发展到，只要眼前有利可图，文保单位照样可以动手拆除。这种事情今天仍在大量发生着。

看看现在的北京，还有多少古都的魅力？当初我们如果听了梁思成的几句话，现在外国人来北京，我们会感到多么自豪。但照现在这样拆下去，我们还有什么值得自豪的？亚洲第一高楼吗？人家日本或新加坡可以盖个更高的！

现在的问题，究其原因，除去一些城市的领导者片面地追求现代化速度，没有文化远见之外，也不能否认，有些官员迫于政绩压力，顺从了开发商们过分甚至放肆的要求！

可是现在每一分钟，都有一大批历史文化遗存，被轰然推倒。这事谁来管？在每个城市里，文物部门只是一个被领导的具体部门，城市的领导者可以不理你。而《文物法》在这个层面上没有任何约束力。最近浙江定海的一座明代古城都被整个拆平，《文物法》能把谁"法办"了？这些都是"政府行为"！而即使法办，于事何补？

一个文化大国的任何经济行为，都应该把文化包含其中，不能把文化放在经济建设之外，甚至放在对立面，当作包袱。如今发达国家中，那些历史文化都成了他们国家的魅力之一，成了"永久的经济增长点"，我们却拿这祖祖辈辈留下的家底去换一点现金。如果这些历经百劫、残存无多的文化遗存，最后在我们一代人手中失去，我们不愧对后人吗？

由此我想到如何树立全民的文化自觉性，培养人们的文化情感的问题，这也是个国民素质的问题。

如今西方发达国家（主要是欧洲）每年都有"文化遗产日"。这天，人们对自己所在地的珍贵文化遗存，举行各种文化活动。届时所有名胜古迹免费开放，以便公众对这些"国宝"进行参观、瞻仰、欣赏和学习。通过这些活动，培养人们对本国文化的兴趣与情感，增强人们爱护文化遗存的自觉性，同时也是对青少年一年一度生动的爱国、爱乡和爱文化的教育。这种文化遗产日所造成的浓浓的文化氛围，自然地唤起人们的民族自豪感。

我很希望我国也能够确定一个"文化遗产日"，请中央考虑。

当然，远水不解近渴。对刻下城市文化破坏严重的问题，希望中央高瞻远瞩，尽快拿出解决办法，救我文化于水火之中。

一九九九年三月

估衣街抢救

言论·报道

老百姓在大街上张贴标语，表达民意，也表示对我们的支持。

市级文保单位"谦祥益"接拆除通知

百年豪华建筑面临灭顶之灾

冯骥才昨说：这是北方大商埠标志性建筑，不亚于戏剧博物馆

坐落在本市估衣街的百年老店谦祥益已接到有关部门拆除的通知。昨天，全国文联副主席、作家冯骥才火速来到"谦祥益"，经过查勘后，冯骥才说："这个建筑不亚于戏剧博物馆，是天津这个北方大商埠的标志性建筑，建筑之豪华之奇特，保存之完好，全国罕见。"

谦祥益保记绸缎庄于一九一七年开业，总建筑面积三千四百平方米，共分三道庭院，院内是三层天井砖木结构楼房，十八棵美国松方柱直通穹顶。建筑内到处是雕梁画栋一丝不苟，目前此处已成为影视剧拍景基地，《燕子李三》《小凤仙》等近四十部电视剧在此拍摄。于一九九七年被天津市政府命名为市级文物保护单位。

冯骥才说，天津是北方最大的商埠，只有当一座城市的工商业繁华到顶峰时，才会出现这样豪华新特的建筑，这代表着天津，也是天津商业的象征。这是固有的，也是市民共享的，是我们的祖先留给我们无法估量的财富。冯骥才又说，天津有两条街，一是文化街，我们建古文化街保留下来了；二是商业街，估衣街是中国目前保存下来最古老的商业街，如果保持风貌利用好，旅游商业价值很高，在一二十年内会有巨大的经济效益。

在记者采访中，据说已有好几批"拆房"的人光顾谦祥益，计算着那些木雕、石雕的价钱。

市文化局文物处建筑专家魏克晶今天上午说，拆除文物保护建筑必须要经文物部门批准。他们表示，谦祥益这座古建筑应该得到保护。

一九九九年十二月十日 《今晚报》记者 姜维群

天津六百余年老街即将拆除
专家学者呼吁抢救文化遗产

　　具有六百余年历史的天津市估衣街的住户和商业单位，日前已经接到有关部门的拆迁通知，这条天津市现存最古老的街道及其文化遗存都面临着从这座历史文化名城消亡的命运。天津市一些专家学者呼吁紧急抢救文化遗产。

　　全国政协常委、全国文联副主席冯骥才向记者介绍说，在去年国务院第四十四次总理办公会议批准的《天津历史文化名城专项保护规划》里，估衣街再次被列为传统商业保护区。该街区有多处市区文物保护单位，如谦祥益、瑞蚨祥等百年老店，这些建筑具有典型的清末民初风貌，文物和文化价值极高。倘若拆除这些历史文化名城的重点文物保护单位，毁掉这些文化遗存，其损失将无法弥补。估衣街既是天津的经济发祥地，又是天津民族民主革命运动的历史见证。位于该街的天津总商会旧址存留着丰富的历史遗迹，曾经是重要的五四运动遗址，还是周恩来、邓颖超等革命先辈重要的革命活动场所，是爱国主义教育基地。天津的估衣街像上海的城隍庙、南京的夫子庙、苏州的庙前街一样，积淀着深厚的历史文化，是一个城市的象征。这条街的历史可以追溯到元明时期，距今已有六百余年，在清代形成了天津的商业中心并成为了北方重要商埠的商业文化摇篮。冯骥才认为对于这样的文物街区和文化胜迹应当珍惜并采取有力的保护措施。

　　谦祥益的经理赵为国告诉记者，谦祥益绸缎庄建于上个世纪初年，建筑面积三千四百平方米，中西合璧的建筑风格极具特色，曾有四十余部影视作品在此拍摄，于一九九七年被天津市政府命名为市级文物保护单位。

　　为了给后人留下天津的旧貌，目前冯骥才等一批专家、学者和摄像、摄影工作者正在实行一项抢救性措施，即对估衣街逐门逐户紧张地拍摄有价值的建筑、民俗等实物资料，并对居民调查、采访，搜集这一街区的民间口头资料。

二〇〇〇年一月二十八日　《光明日报》　王燕琦

冯骥才哭老街

天津有个地方叫大直沽，大直沽从前有座庙叫天妃宫，后被八国联军烧掉了。三年前，这儿忽然被一个开发商买下，建新房。

作家冯骥才得知这事儿，坐不住了。

"我们猜测这儿可能就是天津的发源地，因为有庙宇的地方往往是最早的聚落中心，我们请考古队去挖。"

每一代的人，在地下都有一层遗留物，像陶瓷碎片、房基等。考古队一层层地往下挖，像掀开一页页大书。他们一直挖到宋末元初的东西，这就是天津的根儿了。

冯骥才马上给市长、市委书记写信：希望你们注意，这地方必须保护。城市的遗址，就是这个城市的胎记。一座城市若能在市中心找到它的胎记是这个城市的福气。

最后，市政府花了三千二百万元，把这块地儿买下，包括开发商已经盖起的楼房，然后把房子炸掉，建一座"天妃宫遗址博物馆"。

冯骥才，写小说，画画，现任天津文联主席，主要作品有《三寸金莲》《神鞭》《雕花烟斗》《一百个人的十年》等。但最近几年，他在城市历史文化保护上的影响，似乎高过了他的小说。

他认为经济上处于弱势的民族和国家，在文化上往往会自我轻贱，会盲目抄袭强势经济国家的文化。"可是，一旦你丢掉了自己的文化，那这个民族就会面临很大的精神危机，这比物质贫困还要可怕。"

我们现在经济发展得太快，我们的文化丢失得也太快，可以说每一分钟都在丢失。如果为后人着想的话，现在必须赶紧动手抢救。

"我有几部小说要写，人物常常在我心里活起来，我有写作的冲动，但我必须压抑自己。常常一个电话来了，说哪儿哪儿哪儿要拆了，叫我赶快去，十万火急，我'噌'就站起来了。这些事远比我写一部小说要重要得多。"

海张五那大宅子呢？益德王家那座拱形刻砖门楼呢？明代的文井呢……全没了！全没了！

一九九四年岁尾，天津老城里突然来了些穿粉红色背心、挂照相机的人，他们在胡同大院里窜，上墙上房地照相。这就是冯骥才当时搞的民间"旧城文化采风"。

"老城我很熟，经常在里边走。我在天津生活五十多年，'文革'时在社会底层滚过十几年，就是在老城区里滚，结识了社会上形形色色、各式各样的人，这对我写小说帮助很大。一听说老城要拆，我想应该赶快做一件事。"

老城有一点五平方公里，人口约十万，近六百年的历史。房子都很破，但里边有很多著名的历史建筑掺杂其间，像中国最早的电报局、义和团坛口旧址等。

冯骥才说中国很多城市都面临一个问题，就是大部分都没做过文化调查，只做过文物调查。"文物与文化是不同的概念。文物是某些历史建筑的精华，大多为皇家建筑和宗教建筑，比如北京的故宫、天坛、颐和园；什么是文化呢，比如一片历史街区就是文化，像北京的四合院、胡同。国家有文物保护法，却很少有保护一个街区、保护城市文化的。但一个城市的特色，往往体现在它的文化上。就像天坛是北京的标志性建筑之一，可并不代表老北京的文化特色一样。"他要赶紧做的这件事，就是自费对老城区进行文化考察。这次考察，用了一年半时间，到天津老城改造动工时结束。

冯骥才请了一批专家，有搞历史的、建筑的、民俗的，还请了几十位摄影师。他们每条街、每条胡同都看，做地毯式考察。

每条胡同、每条街道叫什么、怎么来的都要有一个解释，所有著名的街道都被画在"老城地图"里。一些名宅大院，都让学建筑的大学生给做了平面图，作为建筑资料留着。摄影师花了半年多时间，把老城全部拍完。

其间，冯骥才说他不断地写文章，在报纸上讲他的目的和想法，老百姓渐渐也知道了。"后来摄影师每到一个地方拍，老百姓自己就把家里的梯子搬出来，让他们上房，也不怕你踩坏房上的瓦，因为他们知道了这事的意义。后来，有的老百姓也拿起照相机，和自己的老房子拍照留影。

"我做这么大的一个文化行动，并不是非要保护几所旧房子不可，主要是让老百姓知道，这并不完全是些破房子，这是历史文化。

"我们的城市，不仅仅有物质价值，还有文化价值、精神价值，它是有性格、有精神、有生命的，它是活的东西。城市，你若把它视为一种精神，就会尊敬它、保护它、珍惜它；你若把它只视为一种物质，就会无度地使用它，任意地改造它，随心所欲地破坏它。"

一位摄影师于一九九五年徐夕夜，爬上天津大酒店十一层的楼顶，在寒风里拍下天津老城最后一个除夕子午交时、万炮升空的景象。冯骥才说："看到这幅照片，我几乎落下泪来。这座古城的辉煌就此定格，这一幕很快变成过往不复的历史画面。我们无法挽救它，但我们也无愧于老城，终究把它的遗容完整地放在一部画册里了。"

这本画册叫《旧城遗韵》。虽然只印了一千册，冯骥才还是拿出一些画册，写上"你心爱的城市"，送给城市的管理者们。

让冯骥才始料不及的是，这本画册竟然帮了古董贩子们的忙，他们人手一册，按图索骥，到老城去翻箱倒柜，恨不得把老城翻个底儿朝天。

还常有古董贩子找上门来，叫冯骥才"开眼"。带来的东西，都说是天津老城的，看得冯骥才怦然心跳。他决定跟古董贩子到老城走一趟。

半年没去老城的冯骥才惊呆了："颓墙断壁，触目皆是。在推土机的轰鸣声中，城中多处已夷为平地。海张五那大宅子呢？益德王家那座拱形刻砖门楼呢？明代的文井呢……全没了！全没了！"

他跟着贩子进了一座大房子。房里像个大仓库，堆着旧家具、从老房上拆下的镂花隔扇、砖雕石刻。"这些被拆得乱七八糟的东西，像一堆堆残肢断臂。

但注目细瞧，这些建筑构件，无一不是精致讲究。"

一问才知，这里果然是津门二百多年的金家老宅，这间大房子就是金家的书房。这金家祖上就是中国山水画大家金玉岗（芥舟）。冯骥才在"文化考察"时来过这儿，可现在无论如何也对不上号了，四下里已拆得面目全非。

画册的油墨味还没散尽，老城已拆去近半，许多名门豪宅被荡涤一空……

我们不能容忍自然环境被破坏得一片荒芜，却公然放任珍贵的人文环境被搞成一片空白。

"二十年前我们的对手是保守僵化，现在的对手则是一味地追求新潮。"冯骥才认为。

他说他常问一些当官的：你们到底要把城市改造成什么样子？回答有两种：前一种是，没想那么多，先解决老百姓住房问题再说；后一种是，现代化城市。现代化城市具体是什么样的？回答就卡壳了，"没想那么多。"

"我真害怕，现在中国的城市正快速走向趋同化，再过三十年，咱们祖先留下的千姿百态的城市文化，将会所剩无几。如果中华大地变成清一色的高楼林立，霓虹灯铺天盖地，那将是多可怕的事情！"

他还这样写道："每一个城市的历史特征，都是千百年来不断的人文创造的结果。它有如原始森林，都是一次性的，过往不复，去而不再。我们不能容忍自然环境被破坏得一片荒芜，却公然放任珍贵的人文环境被搞成一片空白。我们还是文化大国和文明古国吗？"

冯骥才找到一位负责城建的领导，说："天津人用了六百年，在老城里凝聚和营造成一种独特的文化，不能叫它散了。现在，公家、私家、古董贩子都在趁乱下手，快把老城这点文化分完了。应该建一座博物馆，把这些东西搬进去！"在这位副市长的关心下，选了一座有四套院的老房子做馆址。

文物怎么来呢？他们想了个办法——捐赠。天津老百姓历来急公好义，喜欢公益的事，号召老百姓离开老城时，把老城的历史留下来。

"怎样让老百姓参与这件事呢？我自己先花了几万块，从文物贩子手里

《中国青年报》的文章《冯骥才哭老街》。

这本书《抢救老街》记载着这一满怀激情的文化行动的全过程，一度天津禁售。

买回一些东西，像木雕、石雕，捐了。现在老百姓捐来的东西很多，都是住老城时的日用品，像旧家具、门墩、各式枕头啦。"

在天津采访时，我特意去老城转了转。在没拆的老院子里，搭盖有许多小房子，路窄得只能容下一个人，像地道战一样。住这样的老房子，冬天冷，夏天漏，夜里上个厕所也要跑老远的路。

我问冯骥才："安居与城市文化保护不矛盾吗？"

"也有人问过我：冯骥才你住老房子还是住单元房？你自己怎么不住到破房子里？这不是抬杠嘛。这事不能抽象地谈。"

他说，首先，你对这个城市是不是很清楚，哪些旧房有价值，必须保留，哪些没有很高的价值，可以改造。"问题是，现在有些地方应该拆掉，我们没拆；有些地方很有价值却非拆不可，为什么？因为那儿地皮贵，拆了再建开发商能挣大钱嘛。"

"有些老百姓住的房子确实很破，可你盖的那楼呵，说白了，他们也住不起，还不是给老百姓点儿钱就把他们打发了？老百姓还是要到处借钱买新房，并没完全解决他们的住房问题。到底是谁得了好处？"

"城市文化保护，方法很多，像天津老城保护，政府听取了专家的意见，最后在中间划了一小块儿地儿，绝对不拆，然后把外边的精华搁里边，等于把老城浓缩了。这不既改造了，又保护了？"

他认为"安居与城市文化保护"并没有根本冲突。

冯骥才在意大利的佛罗伦萨时，有天清早，鸟叫声把他吵醒了。他出去散步，感觉像是走在文艺复兴时期的画里一样。突然前边"咔啦"响了一声，他还往前走，看见一个老人，手里拿块墙皮，墙皮上有一点儿花纹，正抬头四处看，他是想找出这块墙皮是哪儿掉下的。后来他找到了，就把墙皮搁在那家门口。

"我在欧洲，在法国、意大利、奥地利，心里感到特别悲哀：看看这些国家的历史文化那么灿烂、丰富，信息量那么大；人们对自己的文化是那么珍爱、自豪，简直是奉若神明。而我们呢？我们太缺乏文化的自觉和自珍了。"

"世界许多名城，都以保持自己古老的格局为荣，而我们却在炫耀'三个月换一次地图'，这是可怕的'奇迹'"。

我们不能在目瞪口呆中，听凭历时六百年的一条古街，在民工们无知的铁锤下粉身碎骨，荡然失去。

城市越大，其根越茂，这根须中有几根最长最长的，便是这城市的老街。

估衣街就是天津根须最长的一条老街。

一九九九年十二月九日，冯骥才突然得知这条老街也要拆了。"我一下惊呆了，无法置信。眼前立刻出现那一片苍老、迷人、情深意长的老房子。"他说抢救估衣街，就跟打仗一样。对这段经历，冯骥才有很详细的记录：

估衣街上名店林立，有谦祥益、瑞蚨祥等市级文物保护单位，街本身亦是文物保护单位，铜牌就在估衣街西口的墙上。作为历史文化名城天津的支柱性的文物街区，怎么说拆就拆呢？

"当我读到署名为天津市红桥区大胡同拆迁指挥部于十二月八日发布的《致红桥区大胡同拆迁居民的公开信》，才相信这一灾难性的事实。而且这属于很难动摇的'政府行为'。我感到这事的严重与紧迫。没有迟疑，马上与助手驱车前往估衣街，直扑文保单位谦祥益。"

谦祥益一九一七年建成，为中西合璧的三层楼宇，飞檐连栋，四壁雕梁，气势恢弘。外墙的下半部为清水墙，以津地著名砖刻为饰；上半部是精美繁复的铁花护栏。

"我们对楼内外的文物现存进行考察，发现内部保存非常完整。木质的檐板、楼梯、廊柱，一律雕镂精工，古色古香，优美之极，而且毫无破损，保持了原有的气质与风貌。"

该处现为小百货批发公司。一位负责人介绍说，公司经理赵为国在此工作三十年，一直坚持对这座古建筑的保护：不准随意涂抹油漆，任意拆改原结构，冬天不准生炉子，以免发生火灾……在这儿曾拍过《燕子李三》《小凤仙》等多部电视剧。

考察时，已有三批拆迁人员来谦祥益看房，估算楼中檩柁门窗等等木料的价值。据说有人要买下这座三千四百平方米建筑的全部木料，出价十五万元。

"这便是历史文化在现代化改造中真实的'价值'了！"

从动迁令发布到搬迁，中间只有四天时间。

"十一日，我写信给市长，并附上加急放大的谦祥益等处的彩色照片十帧，请市长关注此事。同日，有记者追问市拆迁办公室，答复是谦祥益不能拆……"但动迁还是开始了。

"想从这快速启动的列车上抢救下濒死的估衣街，可能性极小。但我们不能在目瞪口呆中，听凭历时六百年的一条古街，在民工们无知的铁锤下粉身碎骨，荡然失去。"

冯骥才赶紧召集了有志于城市文化保护的志愿者，决定做四方面工作：一、邀请专业摄像师，将估衣街挨门挨户地进行摄像，留下估衣街鲜活的音像史料。二、拍摄照片。在对估衣街仔细的文化搜寻中，将所有有价值的文化细节留在照相机的底片上。三、访问估衣街的原住民，用录音机记录下他们的口头记忆。保留估衣街的口述史。四、搜集相关文物。必要的文物花钱买。尽可能挽留估衣街的实证性的文化细节。

"我要求他们有救火般的速度和救死般的精神！"

保护性改造与建设性破坏，正是针锋相对的两种说法、两种观念、两种立场。

估衣街一带的居民搬迁已开始，搬空一处就拆除一处。志愿者不断地从现场打电话给冯骥才，告诉他新发现的每一组砖刻、石雕，一块牌匾或一件传之久远的原住民的生活用品。

他们从天津总商会遗址，抢救下两处门楣处的砖雕和房屋托檐石的雕刻。石件巨大，石色青碧，至少二百斤重，上有文字图案；砖雕为博古图案，朴厚凝重，是天津砖雕鼎盛期的精品。然而这些事，本应由当地政府相关部门来做，但数十年来却从没做过。

"这一宗浩大的文化遗产实质上是废置着，但偏偏又挂着块'文物保护单位'的牌子。保护单位无保护，甚至根本不知为何物。这实在是个讽刺，也是个悲哀！"冯骥才说。

保住百年老店谦祥益，成了老街抢救的重点。

但谦祥益再次接到拆迁通知。通知上说明，到时停电停水，违者依法处置等。同时，市领导来到估衣街，并入老店谦祥益视察。

"此后，民间传说很多。有说照拆不误；有说领导讲了，冯骥才再说保护，就叫他出钱；有说规划变了，估衣街不动了。纷纭杂乱，莫衷一是。一方面，我加紧上述四个方面的工作。另一方面，还要加强保护的声音。"

二〇〇〇年一月二十日，冯骥才开始策划出估衣街的明信片，一套五枚，他为每一份明信片都写了对联，"古街更比当年美，老店不减昔日雄""风雨街上过，岁月楼中存""不离不弃斯史永继，莫失莫忘此物恒昌"。

春节将至，民工回家过年去了，拆迁暂时中止。但按原计划，估衣街两旁的店铺建筑应于二月二十一日动迁。

正月初四，《估衣街珍存》明信片赶印出来。

正月初六上午九时半，冯骥才赶到首发签名销售现场，已见人山人海，排队如长龙，牛群也从北京赶到助阵。十时，冯骥才当街演讲：估衣街是六百年来一代代祖先的创造，它在天津的历史文化与人民的情感中有重要的位置，我们深深依恋和热爱它。这套明信片实际上是对这一遗产的抢救与补偿。

签名活动至十二时半，准备的一千三百套全部签完。

签名活动很快有了反响，不少新闻媒体在网上得知此事，决定到津采访估衣街拆除一事，还有多家媒体，来电询问此事。"我好像一切都在跟着感觉走。我想，我还得再努力一下，不管结果如何。"

正月十五日上午，再次签名销售明信片，一个半小时五百套全部售罄。"我签名时，头脑热哄哄，激情澎湃。签后却一阵冰凉，内心寥落虚空。虽然经过我们的努力，对估衣街原来的动迁计划，产生一定的动摇，但是否能整体地保护住估衣街，依旧没根没底。那么，我还要做好另一件事，便是把这次抢救的果实，收结起来编一本《抢救老街》。"

正月十七日上午，估衣街忽然传出消息，说当地百姓与商家沿街贴出大标语："社情民意不可欺，保留估衣街！""商业发祥地，龙脉不可动""保留古迹，不愧天津人民""红木家具不能变组合"等。

"百姓起来捍卫自己的文化，这在中国当代是首次。虽然媒体上没有报道，但它的意义却是重大和深远的。知识界思想的种子一旦在人民中间开花，社会文明就有希望。"

这年"两会"文艺界政协委员与李岚清座谈时，冯骥才做了题为"拯救城市文化刻不容缓"的发言。

返津不久，冯骥才参加了关于估衣街地区改造方案的专家论证会。"当我听到此方案的名称为'估衣街地区保护性改造方案'，便放心一半。保护性改造与建设性破坏，正是针锋相对的两种说法、两种观念、两种立场。"

以前都奔估衣街来，现在都知道拆了，不来了。就剩下这段儿，完了，人气儿没了。

今年九月十三日，我去天津采访冯骥才，一下火车，我就先奔估衣街，想看看它现在是什么样儿。出天津站，过海河往西，坐车没走多远就到了。估衣街西段还是拆了，现在是工地，街两边搭着脚手架，正在建低层砖楼。

一个摄影师给我描述这里拆前的样子：这是院落，那是胡同。街道很窄，临街的建筑很漂亮。附近有瑞蚨祥庆记、谦祥益、山西会馆、青云客栈、天津总商会等老店和遗址。"现在，只留下个谦祥益，还是原先的三分之一。"

估衣街的东段没拆，还是老样子，站在街口向里一望，店铺林立，商贩的叫卖声此起彼伏。街口立一座两层老房子，楼下是中式砖雕，楼上是西式铁花护栏，楼顶是彩色罩棚，这儿是"瑞蚨祥鸿记"。

从里边出来个中年男人，说是在这里工作的。我问他这房子旧了，还好用吗？

"好用！"他回答得特干脆。"比新房子还好用，结实着哪！你看看人家这墙缝，都是和江米汤灌的。我跟你说吧，一九七六年大地震，我那瓦都没被震掉。"怕我不信，他领我进后院，果然看见房顶上一排排青色老瓦。

"以前来这儿买东西的人多吗？"我问。

"这么跟你说吧，估衣街，就好比北京的大栅栏。一到腊月二十四五，这街都走不动，人多，为嘛？这儿地角好，东西全，又便宜。"

"你对这儿挺有感情的？"

"管你有感情没感情，政府一声号令叫你拆就得拆。估衣街也好几百年历史，西段不都拆了？那边比这边还漂亮。"他不抱希望地说："这边最多也就两三年的事儿。"

出了瑞蚨祥，站在街心东张西望时，几个摊主凑过来，用天津话问我："你们是做嘛的？是不是要拆了？嘛时候拆？"

"拆了再盖新的，不好吗？"我问他们。

"盖也盖现代气息的，老味儿能盖出来？早拆没了。这地界多好，开发商眼珠子瞪这老大。"他们比比画画。

"那边拆了，对你们这边有没影响？"我又问。

"没人来了。"一个女人高声道。"以前都奔估衣街来，现在都知道拆了，不来了。就剩下这段儿，完了，人气儿没了。"

在冯骥才他们搞的对原住居民的采访中，有一段记录，口述者就是在估衣街上经商的："我对估衣街有感情，人送我外号'业余导游'，爱跟人念叨这里的历史。有时一拨拨旅游的，在街上溜，只要停我这儿，我就往前凑，聊呗，反正我知道得不少，人家听了也美。

"一九八九年买卖最好，抢购风，人海了。那年给我印象最深的倒不是这事，是个老头。倍儿老了，都毛八十了。

"那是一个下午，老爷子西装革履，一看就是从东南亚那边来的阔主儿。一张嘴，好么，满嘴天津味，海外杂音一点儿都没。后边呼噜呼噜跟了一大群，十多号人吧。

"我站马路边就跟他们介绍，什么万泉堂、乐仁堂、五彩胡同，我逮嘛说嘛。老爷子就接过话茬说这儿变样了，那儿还没变，他说自己是老侯家后的，曾在估衣街好几个店学买卖，后来才跑南边去的。我们越聊越热乎，老爷子说，闭着眼寻思，哪如这样亲眼回老家看看好哇。

"人家坐飞机来一趟，就专门为看估衣街，凭嘛？就凭这风土人情跟别地界不一样，要不哪会走了那么多年，唯独对这儿念念不忘，非回来一趟才安心。

"来看估衣街的、欣赏估衣街的人有的是，看的就是这儿的老味儿。瞧这门窗，全是老的，花梨木的，可惜油过了……"

我问过冯骥才，看着估衣街上的老建筑一点点拆了，心里不难受吗？

他说最让他伤心的，是把天津总商会遗址给拆了。"天津总商会，是座很漂亮的建筑，木结构的。它是中国当世仅存的原汁原味的'五四'运动遗址，应该是国家级文物。天津是个商业城市，总商会又是一座商业遗址，改成天津商业博物馆，应该是很好的。"

总商会后来成了一家工厂的仓库，"五四"运动八十周年时，冯骥才在里边支了个案子，搞了场学术会议，纪念"五四"运动。"我也想用这种方式，吸引人们重视这个地方。我也想了各种各样的方法保护它，请市里的头儿去看……

"后来说是把它挪一挪，我问你为什么要挪它？如果说一条道路非要穿过这儿，你可以迁移一下，可你一个商业买卖，在哪儿建不行？为什么非得在这儿？可他们还是趁我去法国时，把总商会给拆了。我回来一看，什么都没了。

"我站在废墟上，真哭呵。我的助手跟了我那么多年，从没见我这么哭过。真是太可惜了！这儿也是周恩来当年活动的地方。'五四'运动时的学生领袖马骏，就是在这儿以头撞柱，欲以肝脑涂地的方式，唤起众商的觉悟，让他们罢市支持学生的。最后，我们只抢救下来两根马骏当年撞的柱子，从民工手里，一百块钱一根买下的。"

"老街保护，可不可以说是基本失败了？"我问冯骥才。

他没直接回答我，停了一会儿，他说："有关抢救老街的文章，我写得很忧愤。有时候我会感到非常愤怒，但我不会在某件事情上转不出来，我只能去做更多的事情。"

读冯骥才《手下留情》这本书时，里边有个情节令我难忘，那是一九九六年冯骥才去开罗，主人邀他去那儿的老城区——著名的汗·哈利利玩，那是几十条老街构成的最古老的市中心。

"在曲折繁复、交织如网的老街老巷中，挤着几千家小店铺，专门卖埃及人特有的铜盘、首饰、纸莎草画、皮件和石雕，店铺中还有一些两层楼高的饭店，可以吃到埃及人爱吃的烤饼和手抓羊肉。身在其中，我陷入开罗人独有的生活漩涡里，奇特又温暖。我说：这里的感觉真是好极了。我对主人说，读过你们的诺贝尔奖得主纳吉布·马哈福关于这个市场的一些小说片断，现在不知道是他把这条街写活了，还是这条街使他写活了。

"主人听了很高兴，他说：开罗也有一些国际化现代化的大街，很漂亮，很气派，但那不是开罗，这才是开罗，是埃及！唉——他忽然问我：你的城市也有这样的老街吗？我心里忽然就冒出天津的古文化街和估衣街，不由得很骄傲地说：当然！"

二〇〇一年九月二十六日　《中国青年报》记者 董月玲

中国民间文化遗产抢救工程

文章·讲话

民间文化工作者的当代使命是抢救

很荣幸参加这个会，特别是很荣幸地跟我所尊敬的文化大家——季老、启功老、光远先生坐在一起。今天北师大召开这个会，很有眼光。从更深远的意义来讲，从于光远先生所说的"重要性"这一点来讲，我觉得这个会似乎关乎到——如果我们这个会开得好——它应该关乎到中国民间文化的命运。我为什么要把它提到这么一个层面上来看？因为我认为中国民间文化情况不妙，也就是大家从事民俗学的研究的大环境不妙，这个不妙的原因有几个方面：

第一，我们国家正在从农业文明向工业文明转化。在这个转化的过程中，原来的文化要大量地失散和瓦解，整体地瓦解，乃至毁灭。前一年我跟香港凤凰电视台策划用电视采访方式对中国民居进行考察。现在已完成了，正在播出。栏目叫做"寻找远去的家园"。每天一集。这个摄制组由南方向北方，穿过南北诸省的古村落（中间还有一位驾驶航拍飞机的赵群力遇难了）。我没有时间跟他们跑，但是他们的信息不断地传给我，其中有一位拍摄"老房子"的摄影家李玉祥，这些地方他全跑过。曾经二十多岁的小伙子，现在已经四十岁了，也没结婚，背个相机，整天在中国这些古老的村落里穿行。他比较早地用文化的眼光、文化的视角来看中国的民居。他是一个先行的人。这次他重新再走这些古村落时，不断地跟我通电话，唏嘘不已，感慨万端，很多地方的民居都已经变成了水泥的、简易的、玻璃幕墙的小洋楼，一个个非常有韵味、有特色、历史深厚的村落和大片的民居正在成片地瓦解，或者已经消失。说到我们中华民族，说句实话，我觉得有些悲哀。应该承认我们不是一个十分精神至上的民族。虽然我们创造了非常灿烂的自觉的文化，但

在北师大召开的"中国民俗学学科建设及人才培养"理论研讨会上，我讲了民间文化的现状与必须紧急抢救的观点，得到与会者的支持。（右起：于光远、启功、季羡林等）

是我们没有文化的自觉；我们不珍惜自己的文化；我们没有把我们创造的东西作为文化，再加上近五十年来我们一直喊着叫着要"旧貌换新颜"。我们在"文革"期间是恶狠狠地破坏自己的文化，现在我们是乐呵呵地破坏自己的文化，因为我们在一往情深地追求现代化。因此我们的文化在瓦解。我们的民间的文化，我们祖先遗留给我们的，积淀了成百上千年的民间文化正在整体和全面地龟裂、瓦解、丧失。

第二，在中西文化冲突的时候，我们处于一种弱势文化，因为我们是一种弱势经济，我们自然有一种弱势的文化心理，就是我们缺少了一种文化的自尊心，文化的自信心。所以我刚开始时说，我们这个会跟中国民间文化的命运在一起，如果从更深远意义上说，它跟中国文化的命运都有关系，因为中国民间文化是中国文化中的一个重要部分，是民族精神的一个载体。但是在这种弱势文化的状态下，我们对自己的文化，尤其对民间文化会更加轻视，这是一个大问题。

第三，就是我们没有《文化保护法》，我们国家有《文物保护法》，但是我们没有《文化保护法》，比如拿建筑来讲，经典性的、皇家的、宗教的建筑是属于文物保护的，而历史街区的民居则属于民间文化板块的东西，统统是在保护之外的，我们没有任何力量来保护这个正在消失的文化。尽管你看到了，也保护不了。我们在这样的一个状态下来研究自己的文化，能坐得住吗？能心安理得地静下心来吗？所以我最近到中国民协去工作时，跟我们的主席团和秘书长座谈了好多次，提出了一个想法，一个观点。我认为中国民协的工作，第一就是抢救。我认为抢救比研究重要。我不轻视研究，研究当然重要，但是抢救是我们时代特有的使命。因为我们对自己的民间文化从来没有保护过。我们原来没有把它当做一个文化，现在当我们把它认做文化的时候，它已经在瓦解了，消失了。可是如果一旦散失干净，我们就全没有了，我们的研究没有对象了，我们没有生态性质的东西了，我们看不见，感受不到，而且它是一次性的，过往不复。那么我们这一代知识分子和文化学者，我们的学人，就有一个使命，一个义不容辞的使命，这就是抢救！因为我们的民间文化每一分钟都有一批消失。最近我到山西考察，到山东、河北考察，看到问题的严重性。比如：白沟地区的民间泥玩具，我前两年去还有，这两年去一个也没有了。传承人没有了，民俗文化的很多传承人转眼就没有了。传承人一没，这文化就烟消云散。听说云南纳西族的民间乐手，这两年去世了好几位，剩下不多了。一些民间戏曲、民间艺术已经名存实亡，这几年消失得真是太快了！所以在这种情况下，我觉得我们的民俗专家和文化学者应该热血沸腾，应该义不容辞地下去，应该到第一线去，应该进行田野作业。我们中国民协连开了好几次会，准备搞一个"中国民间文化遗产抢救工程"，现在民间文学部分即"中国民间文学三套集成"已接近尾声了，再有三年差不多可以大功告成了。但是我们还要大规模地搞中国民俗的抢救，还有民间艺术的抢救，这民间艺术大到民居小到任何一个民间艺术品种，就像一九六○年法国马尔洛夫所做的"大到教堂，小到羹勺"的那样一次调查。这个调查，我想需要五到十年做完，而且是一网打尽的抢救。如果在我们手里漏掉了，等于先人创造的东西我们没有保住。至于我们工作的方式当然很多，一个方式是用文字记录的方式，出书，像"民间文学集成"的方式；还

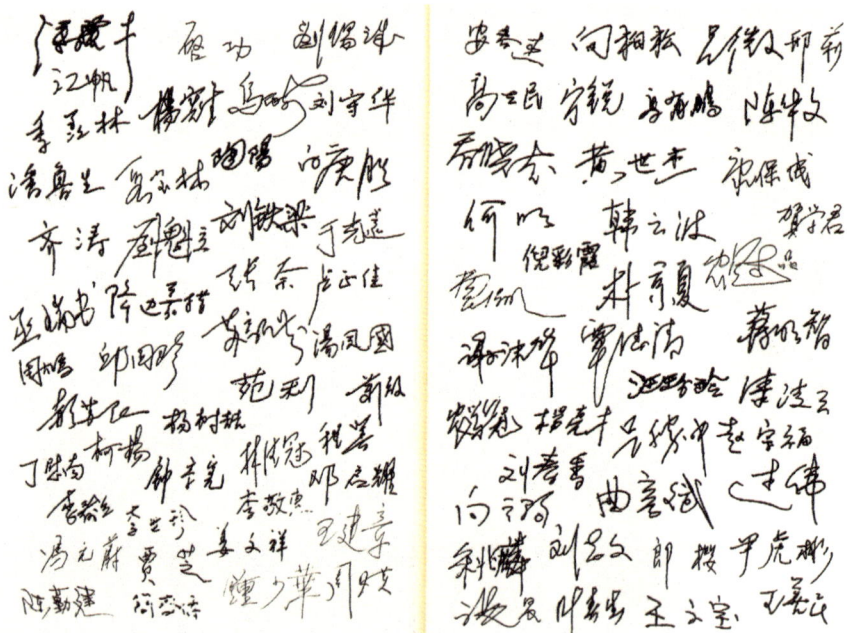

会议上专家们共同发出紧急抢救民间文化的"呼吁书"，影响巨大，它反映了一代中国知识分子的文化良知。

有一个就是拍照的方式，然后出画册、图集，我们在整体上做了一个计划，《中国民俗图集》出一百卷，《中国民间美术全集》准备出一百到一百二十卷；另外一个就是用电视的方式，因为电视是一个动态的方式，记录民俗是最合适的，它可以把原生态的民俗事象记录下来，供后代研究。这个电视部分已经由山东电视台承接。刚刚我们在山东省搞一个研讨会，我跟电视台讲，你们拍的带子要多。你们的播出带如果是十分钟，我建议你们最起码要拍十个小时的毛片。对于民俗学者来讲，更重要的是毛片，我们要把大量的毛片留给后人作为研究的素材。我们这一代的任务、使命就是给后人的研究尽可能多留下素材，否则后人研究没有材料，只能从书本到书本，因为后人无法再见到这些农耕时代的民间文化了。此外，我们现在的民间文化受了西方文化的注入之后，新的民间文化没有形成，很模糊、很混乱、充满着冲突，没有整体的、现代的、中国的民间文化。所以我最近准备在天津大学的研究院建立民俗学科，我的民俗学将从抢救开始。我的想法是，不再把田野的调查作为民俗学的手段，或是搜集材料的方式，而是反过来把民俗学的研究注入到田野调查中，注入到抢救之中，以研究指导抢救。抢救是第一位的。抢救是目的。我觉得这是我们这一代知识分子的责任。

我的天大文学艺术研究院，在建立民俗学科和培养民俗学的人才方面，很重要的要求是：第一是他们的文化责任感，也是文化良知，这是最重要的；第二个是文化情感，实际上也是民间情感；第三个是文化审美，也是民间审美。不懂得民间美，就很难有深刻又执着的民间情感与责任感。这就是说，要让我们新一代的民俗学者有强烈的文化责任感；有深挚的民间情感；另外要有很高层次的民间审美、文化审美。只有这样我们才能够深入进去，我们的民俗学才更有活力，更有激情，更有成果。今天我们民协还带来了一份"抢救民间文化遗产呼吁书"，因为我们知道国内一些重要的学者今天都到会了，我们请大家在呼吁书上签个名。季老、启功老、光远先生已经签上大名，感谢他们的支持。我想，这个事不是中国民协单独可以办好的，更不是一些个人的事，而是我们整个文化学界、民俗学界共同要做的一件国家级的、同时也是时代性的任务，我们希望大家一起努力。我们这一代人必须要做的一件事，就是把前辈创造的精华抢救下来，保存好，留给后人。

在北师大"中国民俗学学科建设和人才培养"理论研讨会的发言
二〇〇一年十一月二十三日　北京

关于紧急抢救民间文化遗产的提案

在全球化时代，世界各国各民族都日益重视自己的民族民间文化。世界文化的大走向是本土化。这因为民间文化是一个民族精神情感的载体，是民族凝聚力与亲合力之所在，是民族特征与个性最鲜明的表现，是民族文化的根基与源头。

我国是文化古国与大国，民间文化博大而灿烂。但由于认识上的种种误区及盲点，同时又没有法规保护，尤其在现代化大潮中，面临着"摧枯拉朽"般的灾难。无数珍贵民间技艺随着老艺人逝去而销迹；大片大片风格各异的古老民居及其蕴含其中的历史文化精华正被推土机推倒铲除；大量民间文化的典型器物流失海外；民间年画、皮影、傩戏、剪纸等等经典民间艺术随其生存土壤与环境的破坏而日渐式微。对于这一切，我们尚未做记录，即已消亡。我们优秀的文化传统及其财富正在急速地流失与消亡。

民间文化遗产具有原始生态的性质，都是无法再生的。因而抢救和保护民族民间文化遗产迫在眉睫。二十世纪六十年代日本与法国在现代化高潮时刻，都不约而同地开展了抢救和整理民间文化遗产品的国家工程。他们对自己的文化财富进行全面和科学的普查与记录，理清家财，颁布相关的保护法规，确定"遗产日"，从而加强了民间文化的认同和对乡土的热爱，也极大地激发了人民的文化自尊和民族自信。

有鉴于这些经验，也基于我国民间文化遗产损毁严重，现况混乱，情形紧急，心中无数，中国民间文艺家协会正筹备中国民间文化遗产抢救工程，内容包括对民间文化遗产的抢救性普查、搜集、摄录、分类、登记、整理、出版和制作。范围覆盖全国各地各民族。

工程的具体内容：

一、编纂出版一百二十卷《中国民间美术全集》；

二、在全国范围内进行民俗文化普查，编辑出版以县为单位的《中国民俗志》大型丛书二千卷；

三、编纂出版大型图集《中国民俗图录》（二百卷）；

四、编纂出版《中国民俗分布地图》（三十集）；

五、摄制并播出三百六十五集大型电视专题片《中国民俗》；

六、建立"中国民俗图文资料数据库"和"中国民俗"网站；

七、搜集中国民间美术标志性作品和民俗文化代表性器物；

八、编定中国民间文化遗产名录，确定命名一批民间艺术之乡；

九、向联合国科教文组织申报一批非物质文化遗产和口头文化遗产名录。

此工程拟用时十年。它完成后，将汇集几十亿文字、几百万张图片、数千册图书及音像制品。它将是前所未有的对中华民族民间文化全面的记录、整理与总结。其中成果将填补中国文化史一项巨大的空白，可以与《四库全书》《永乐大典》等文化工程相媲美，还中国文化一个全貌。

同时，将极大地丰富中国文化艺术的宝库，为建设先进文化提供巨大的知识资源和智慧力量，推动在加入WTO条件下国家文化主权建设，捍卫中华民族的文化根脉，促进文化遗产的保护和立法，并形成全民的文化自觉，增强民族的凝聚力。

由于工程项目浩大，时间紧迫，任务繁重，单单是中国民间文艺家协会一个文艺团体很难完成。如此超大型全国性的重大文化项目，必须有党和政府的参与和支持。故希尽快将其纳入国家重点文化科研项目，以尽快展开。

二〇〇二年三月

抢救与普查：为什么做？做什么？怎么做？

从二十一世纪第三年开始，我们要对中国民间文化遗产进行规模空前的全面的普查和抢救。现在我来谈谈为什么要做这件事，还有做什么和怎么做——

一、为什么做？

我们为之自豪的博大而灿烂的中华文化是由两部分组成的。一部分是精英和典籍的文化，一部分是民间文化。两部分同等重要，相互不能代替。特别是民间文化，它是我们的人民用双手和心灵创造的。五千年来，积淀深厚，博大而灿烂，并且与人民的生活情感与人间理想深深凝结着。如果说我们民族的精神思想的传统在精英和典籍的文化里，那么我们民族的情感与个性便由民间文化鲜明而直接地表现出来。所以我们说，民间文化是中华文化的一半。

但是，由于种种历史偏见，民间文化并没有处在与精英文化同等的位置上。它们大多只是凭借着口传心授、相当脆弱的方式代代相传。一旦没有了传承人，就如断线风筝，即刻消失，化为乌有。所以民间文化的生存方式一直是自生自灭的。

于是，在工业化和全球化的今天，它必然遭受致命的冲击。

一方面是农耕时代将要消亡。随着工业化和城市化的加速，原有的农耕文明架构下的一切文化形态和方式都在迅速瓦解与消亡。这是眼前正在发生的事情。

另一方面是全球化的冲击。风靡全球的商业性的强势的流行文化，正在猛烈地冲击世界各民族——也包括我们民族的文化。在这种全球化的飓风中，首当其冲的便是处于消解过程的民间文化。

然而，民间文化遗产是我们的祖先五千年以来创造的极其丰富和宝贵的文化财富，是我们民族精神情感、个性特征以及凝聚力与亲合力的载体，也是我们发展先进文化的精神资源与民族根基，以及综合国力中不可或缺的坚实的精神内涵。可是，由于民间文化长期不被重视，也没有从文化上、从全球化的背景上来看待这个"中华文化的一半"，因而至今我们对于民间文化的整体状况认识不清，心无底数，我们甚至不知道如今民间文化到底消失了多少。

如果我们到中华大地上跑一跑，就会看到我们的文化多么缤纷与迷人，人民多么智慧，多么心灵手巧，多么富于才华；同时还会看到它们面临着失传，受到漠视；眼看着曲终人散，人亡艺绝。每一分钟，我们的田野里、山坳里、深邃的民间里，都有一些民间文化及其遗产死去。它们失却得无声无息，好似烟消云散。

能够让自己的文化损失在我们这一代人的手中吗？能够叫后人完全不知道先人这些伟大的文明创造吗？

我想，我已经基本上讲清楚为什么要这样做了。

二、做什么？

中国民间文化是一个巨大的宝库。这由于，一是历史悠久，二是民族多样，三是地域多元。所谓"十里不同风，百里不同俗"。如果真的走进民间，就会感觉到这个文化世界深邃莫测，变幻无穷，琳琅满目，浩无际涯。民间文化学者从整体上把它区分为三部分：

（一）民俗；

（二）民间文学；

（三）民间艺术。

十几年前我们通过采编《中国民间文艺十套集成》对民间文学和民间艺

术进行过田野采风与搜集工作。那一次采风在中国文化史上是具有"凿空"意义的，也抢救了很大一批民间文化遗产。但由于时代背景的不同，那次采风的视角偏重于"文艺"而非着眼于"文化"。民俗这一大块最重要的、根本性的民间文化没有纳入其中。民间美术也在视野之外。此外，民间文学的搜集整理至今尚未全部完成；尤其是民间文学（谚语、歌谣与故事传说）原生态的极其珍贵的采风实录——县卷本，由于没有整理与出版，面临重新失散的可能。它反而成了我们这次抢救的对象之一。

我们要用十年时间，对中国九百六十万平方公里、五十六个民族的民间文化，进行一次地毯式的普查。我们的对象是"大到古村落，小到荷包"。尽管我们不可能将农耕文明的遗存"一网打尽"，但我们的口号是"一网打尽"，以表明我们对先人创造的文化心怀的一种虔敬、热爱与责任。

这次抢救的是民间文化遗产。遗产是财富。文化遗产是一个民族的精神财富。

我们要抢救的民间文化遗产是指农耕时代所创造的文化财富，不是现代社会生活中新产生的民间文化。这一点很严格，不能含糊。

它的本质是民间的。必须是民间的。比如陶瓷，我们面对的是民窑而非官窑；比如民居，我们面对的是民居及其桥梁、戏台、作坊、商家，而非皇家宫室、贵族园林和名寺宝刹。这一点也很严格，不可逾越。

民间文化包含得很广泛。它包括农耕时代民间的文化形态、文化方式、文化产品，一切物质和非物质的遗存。

我们在抢救和普查时，要注意：

（一）活态的

活态是指代代相传、流传有序、依然保持着原生态的民间文化。比如那些按照传统规范来进行的民俗事项，正在生活其中的古老民居，仍旧操作着的工艺流程，依然自娱自乐的民间艺术，等等。这些活态的民间文化要赶紧记录下来，不能等待它濒临灭绝时再去抢救。因为它具有"活化石"的意义。

（二）现在时

现在时是指在二十一世纪初中国民间文化的存在状态。这个状态包括活态、濒危状态、非活态。要准确地记录和体现这种"历史的真实"。这对于未来研究文化的兴衰与演变具有重要价值。

（三）历史的遗物

对于已经消亡（非活态）的民间文化，要注意收集遗物。遗物是这种文化生命的最后的载体。比如一些著名的年画产地已经完结，但那些散落在民间的年画遗存中却承载着大量的昔日的信息。至于出土的民间文化物品，应不属于这次抢救的范畴。遗存是指遗留在生活中的。

我们这次抢救的工程依照次序分为五项，即普查、登记、分类、整理、出版。

普查工作是第一位的。普查要覆盖全国，而且要深入到每一个僻远的山庄与水村，全是田野作业，非常辛苦。但是如果没有普查，我们对民间文化的状况没有底数，也就谈不上保护。普查的本质就是抢救。或者应该叫做抢救性普查。

登记、分类、整理这三项工作，都是紧随普查之后的后续工作。它们的目的是将普查的结果系统化、规范化、档案化。最终使我们真正拥有中国民间文化这份巨大的遗产。因此，这些工作必须"严格，清晰，齐全"。即分类严格，记录清晰，文字（文）、图片（图）、录像（像）齐全。为此，中国民协已经制定出普查范本、分类标准、供登记使用的表格的样式和整理原则等。

谈到出版，必须明确：我们决不是为了出版一大套书而去采风，去搜集材料。我们是为了搞清民族文化的家底。出版仅仅是整理我们文化遗产的方式之一。

这次工程的最终成果是要完成如下目标：

在民俗方面，最主要的工作是出版县卷本的《中国民俗志》，每县一卷，共两千余卷。以使我们拥有一部农耕时代地域民俗之大全。

在民间文学方面，最艰巨的工作是将《中国民间文学集成》的县卷本，全部搞完，每县三卷，共六千卷。这应是中国文学中最重大、最宝贵的财富之一。此外，我们还将完成《中国民间叙事长诗集成》和《中国民间史诗集成》。

在民间艺术方面，最终将编辑出版一套巨型的图集《中国民间美术集成》。这一工作的完成，将使浩瀚又缤纷的中国民间美术井然有序。同时还要完成《中国手艺人名录》，以记录农耕时代终结期的一代重要的民间艺人。

此外，我们要用《中国民俗分布地图集》和《中国民间美术分布地图集》展示我们抢救与普查的成果，从而使我们对祖国的文化大地一目了然，真正做到"心中有数"。

这次普查中，我们不仅需要文字记录，还要动用摄影与录像的手段，将现存的民间文化遗产可视地、动态地、立体地保存下来。这种综合性的方式和科技含量高的技术手段，也是本次普查工作的重要特征与要求。

为此，在图片和文字性的成果出版之外，还要建立以照片和磁带为主的"中国民间文化影像档案"，以及用计算机管理的"中国民间文化资料库"。

如果十年后，把这一切都完成了，我们才能松一口气地说，我们把五千年先人创造的文化全部拥进怀中。如果我们没有做到，后人恐怕连其中的一半也不可能再见到！

三、怎么做？

如此巨大、复杂又艰巨的工程，怎么来做？

中国民间文艺家协会主要通过各省市的民协来组织专家、学者、文化工作者，进行田野调查。普查要按照整个工程的总体规划进行，各地民协也要制定地方性的普查计划。所有计划必须在组织、队伍、人员、内容、步骤、时间、设备与经费等方面落实。必须保证在计划内的时间里完成各项工作。全国性普查工作初步拟定为五年，于二〇〇八年以前做完。登记与普查同步。后续的分类和整理工作也在各地民协完成。然后，定期报送中国民协。整个工程成果的整理、编辑和出版工作拟定为五年，于二〇一二年完成。

中国民协将成立一个办公室和两个委员会——工作委员会与专家委员会。其中，工作委员会负责整个工程的组织、协调与推动；专家委员会负责学术指导与成果鉴定以及后期的编辑与出版等。

尽管抢救与普查工作要全面地铺开，但还应有重点、有选择、有次序地进行。我们的方针是"三个优先"。这"三个优先"是"地区优先，项目优先，濒危优先"。

"地区优先"是指一些地区（主要是省一级）民协的工作条件比较好，普查队伍齐整，有足够的可以依靠的骨干力量，地方政府又积极地给予经费等方面的支持，就要列入第一批优先动手普查的地区。

"项目优先"是指一些跨地区全国性的民间文化品种。比如民间艺术中的皮影、剪纸、年画等，可列为专项，交由全国性的艺术研究单位、组织以及大学来承担。只要这些部门与单位的各种普查条件都已具备，就可以优先进行，一个个项目地启动。

"濒危优先"是指某地区或某一种民间文化濒临消失，或者某一种民间艺术面临艺绝人亡，就要率先开始。比如民间作坊。在乡村城镇化的过程中，各种民间作坊正在迅疾消亡。如果不在抢救前加上"紧急"二字，就会转瞬即逝。所以要把濒危的民间事物列为抢救工作的首位。

总的说来，我们是用这些"优先"带动"全面"。希望各个省的民协也用"三个优先"来带动全面的普查工作。

这次抢救工作时间长达十年，工作量极繁重，普查的面积囊括九州，涉及学科领域十分广泛，为此中国民协及各地民协最重要的工作是制定可行的计划，统一标准，同时做好发动、组织与协调。

我们不仅要发动各个基层组织和专家学者、民间文艺家，还要发动社会各界积极参与。我们把这次普查本身，也当做"关爱民间文化、呼唤民族情怀"的广泛的社会号召，当做一种文化行动。只有当大量的志愿者与青年学生主动投入这项工作，才能说我们的目的真正地达到了。因为我们最终的目的是巩固民族的文化与弘扬民族的精神。

当工程启动千头万绪的工作迎面扑来，它首先考验我们的是组织和协调能力。从全面的进度，到每一个普查小组的文字学者、摄影家与摄像工作者的组成，都需要相互协调与严密组织。

为此中国民协已成立整个抢救工程的办公室，承担全局性的领导与协调工作。并设立专门的网站，随时交流与通报各种信息。我们要求各地民协和抢救项目的承办单位，都要成立独立的抢救办公室，并配备电脑，共同建立起严密和通畅的网络系统。在整个工程进行中，还将定期召开各种专门性的工作会议与经验交流会议。"在战争中学习战争"，给工程以有序的不间断的推动。

中国民间文化遗产抢救工程已经启动。这是中华民族空前规模的文化行动。目前，中宣部已经将该工程正式批准为"国家社科基金重点委托项目"。国家文化部也给予全力支持，并作为政府的文化保护的一项重要工作内容。如此巨型的文化行动也只有在我国，在我们这样的社会制度中，才能这样波澜壮阔地展开。

在这样的使命面前，我想，我们文化界的人士，再乘上一百倍、一千倍、一万倍来抢救我们濒危的正在消失的民间文化，都是非常困难的事。我们祖国太大了，我们的文化太浩大、太灿烂、太多样了！而且抢救工作全凭硬邦邦的实干，全凭辛苦，全凭责任感，全凭奉献。同时，我们还要本着对文化负责的精神，工作必须踏实、认真、细致、深入、严格，决不能草率与疏忽。因为我们的每一笔都是写在文化史上的。而历史的本质是真实，历史的要求是翔实！

我们的文化工作者，还是先离开你们的书案吧！到田野、到山坳、到民间去！那里的危亡于旦夕的珍贵文化遗产在向你们呼救。但不要以为我们是文化的救世主，我们只是文化遗产的责任人。因为任何一代文化人，都有责任把先辈创造的文化精华保护好，交给下一代。这就是一个民族的文化与精神的传承。

我们又是幸运的一代。由于人类社会的转型与文明的转变，对农耕文化遗产进行全面整理的使命正好落到了我们一代手中。努力完成历史交给我们这神圣的使命吧。不负前人，不负后人，也为了今天的中国。

二〇〇二年十一月二十九日

庄重的宣布

各位尊敬的领导、各位记者朋友：

　　首先，我代表中国民间文艺家协会庄重宣布，我国民间文化界志愿和激情承担的中国民间文化遗产抢救工程，今天开始正式启动。就在此时，在全国各地，许许多多富于文化责任感的学者、专家和志愿者，已经迫不及待地深入到田野、到山坳、到民间，对那里宝贵的文化遗产进行抢救。

　　我们身处一个巨大的、深刻的、急速的变革的时代。这个时代的全球背景是经济的全球化。

　　在经济全球化的时代，各国各民族的本土文化都受到空前的根本性的挑战。对于我们这个东方的文化大国，文明的古国，其感受就来得分外得强烈。

　　我们为之自豪的中华文化从来都是由两部分组成的。一部分是精英和典籍的文化，一部分是民间文化。两部分同等重要，相互不能代替。特别是民间文化。它是我们的人民用双手和心灵创造的。数千年来，积淀深厚，博大而灿烂，并且与人民的生活情感与人间理想深深凝结着。如果说我们民族的精神思想的传统在精英和典籍的文化里，那么我们民族的情感与个性便由民间文化鲜明而直接地表现出来。所以我们说，民间文化是中华文化的一半。

　　但是，由于种种历史偏见，民间文化并没有处在与精英文化同等的位置上，甚至只把它当做一种可有可无的初级的自发性的文化现象来对待。所以，它们没有文字记载，没有登堂入室，大多只是凭借着口传心授、相当脆弱的方式代代相传。可是一旦没有传承人，就如断线风筝，即刻消失，化为乌有。

二〇〇三年初在人民大会堂举行"中国民间文化遗产抢救工程"发布会。我在题为"庄重的宣布"的讲话中说："从今天开始，我们决定要对九百六十万平方公里，五十六个民族的民间文化遗产，进行一次全面的、彻底的、拉网式的普查与抢救。"

因而，民间文化的生存方式一直是自生自灭的。

这样，在工业化和全球化的今天，它必然遭受致命的冲击。

一方面是农耕时代正在渐渐消退。我们正处在由传统的农耕社会向现代的工业社会的转型期。这个社会转型必然带动着整个文明的转型。随着工业化和城市化的加速，原有的农耕文明架构下的一切文化形态和方式都在迅速瓦解与消亡。这是眼前正在发生的事情。当然也是全球各民族遇到的共同性的问题。社会转型的进步性无可质疑，但人类的文明遗产和历史财富不能丢掉。故此最近几年，联合国科教文组织特别强调对口头和非物质文化遗产的抢救和保护。

另一方面是全球化的冲击。风靡全球的商业性的强势的流行文化，正在猛烈地冲击世界各民族——也包括我们民族的文化。在这种全球化的飓风中，首当其冲的便是处于消解过程的民间文化。

然而，民间文化遗产是我们的祖先数千年以来创造的极其丰富和宝贵的文化财富，是我们民族精神情感、道德传统、个性特征以及凝聚力与亲合力的载体，也是我们发展先进文化的精神资源与民族根基，以及综合国力中不可或缺的坚实的精神内涵。可是，由于民间文化长期不被重视，也没有从文化上、从全球化的背景上来重新认识这个"中华文化的一半"，因而至今我们对于民间文化的整体状况认识不清，心无底数，我们甚至不知道如今这笔文明财富到底消失了多少！

如果我们到中华大地上跑一跑，就会看到我们的人民生活在自己的文化里。我们从刚刚度过的春节，感受到中国民俗的美好。当然，还会看到各地的民间艺术多么缤纷与迷人，人民多么智慧，多么心灵手巧，多么富于才华；同时我们也会看到它们面临着失传，中断，处于无奈；眼看着许多珍贵的民间艺术濒临着曲终人散，人亡艺绝。每一分钟，我们的田野里、山坳里、深邃的民间里，都有一些民间文化及其遗产死去消失，都有一些风情独异的古村落转眼间不复存在，它们失却得无声无息，好似烟消云散。

能够让自己的文化损失在我们这一代人的手中吗？能够叫后人完全不知道先人这些伟大的文明创造吗？不能！

为此，中国文化界愈来愈多的人把抢救民间文化遗产当做不能拒绝的神圣使命，当做是时代和历史放在我们肩背上的必须承担的重任。

如果我们不动手去抢救，再过二十年，至少有一半民间文化会化为乌有。故此——

我们决定要对九百六十万平方公里、五十六个民族的民间文化遗产进行一次全面的、彻底的、拉网式的普查与抢救。

我们计划用时十年。

我们的抢救工作是五个内容：普查、登记、分类、整理、出版。普查是第一位的。

我们的工作口号是：摸清家底，整理遗产，保护资源，光大精华。

我们的抢救采用具有科技含量的现代手段。包括文字、拍照、摄影相结合三维的立体的普查方式，数字化和档案化的储存方式。

我们的工作对象是民俗、民间文学、民间艺术（以民间美术为主）。形象地说，"大到古村落，小到香包"，统统在我们的视野中。

（我们最终要完成的各项具体目标，将由我们的抢救办主任向云驹同志向大家介绍。）

鉴于我国民间文化历史悠久，覆盖辽阔，民族众多，地域多样，内容博大丰繁，灿烂多元；十里不同风，百里不同俗，而且历史上从来没有做过如此全面的普查，我们对这笔巨大的财富心无底数，现实情况又面临着迅速的失散与消亡，因而我们把"抢救"作为这一巨大的时代性工程的主题。我们十分认同刚刚修定并颁布的《国家文物法》关于"抢救第一"的提法。如果不抢救，不摸清和理清这笔文化遗产，我们就无从保护。或者只能保护已知的，无法保护未知的。

抢救是时代性的，必须的，紧迫的，十万火急的。所以我们说"一天也不能等"。

为此，过去的一年半，我们不断地拨打"120"，呼吁社会各界对濒危的民间文化"紧急救助"。

应该说，我们不愧是个文化大国，文明古国。

有识之士遍天下。我们的呼吁得到广泛呼应。我们几乎天天都可以得到来自社会各界和全国各地的热切的反馈。来自天南地北陌生者对自己民族母体文化的关爱之情，不断地激励着我们。

近一年来，我们开了多次专家论证会，制定各种可行性计划，为了使这次文化大普查严谨、规范、有序，具有很高的学术质量，我们深入到山东、山西、河北等地，进行试点性考察，制作了各种普查提纲、普查表格、普查范本。我们得到方方面面热情的援助。没有这些援助，今天很难开始启动。

当然，今天能够启动这一工程的最关键之处，还是因为得到中宣部、文化部、国家民委、中国文联的支持与鼓励。

这项文化工程，一方面获得了"全国哲学社会科学规划领导小组"的批准，列入"国家社科基金特别委托项目"，一方面又被并入文化部主导的"中国民族民间文化遗产抢救与保护工程"。党和政府的有力支持，是我们这一巨型的文化工程进行下去的关键性的保证。因为国家量级的工程必须得到国家的支援。

党的十六大报告中，明确提出的"扶持体现民族特色和国家水准的重大文化项目""扶持对重要文化遗产和优秀民间艺术的保护工作"，更使我们备受鼓舞。

同时，我们感到"盛世修典"这句老话的千真万确。只有在国富民强的今天，我们才可能举行如此浩大的文化工程。

我们又感到自己的任务之重大。

我们深知这是一项规模浩瀚、错综复杂、千头万绪的工作，一项持续性很强的十分漫长的工作，一项必须付出辛苦而长期深入民间的田野性质的工作。

它更是一项纯奉献的工作！

然而中国民间文化界已经背起这个沉重的文化十字架，不会放下。我们下决心把这个工程一直推动到目的地，直到我们将这"中华文化的一半"——将这笔巨大的遗产和文明财富整理有序，分门别类，清晰完整，而且使人们看得见、摸得着。到了那时，我们才会松一口气。

我们相信会有愈来愈多的知识界人士，尤其是年轻人，主动把这本《普查手册》放入背包，志愿地加入到这一空前规模的文化行动中来。

我们相信各地各级政府以及各界人士，将会被我们感动，理解与赞同我们，视我们为知己，伸出援助的手。

因为我们深信一个道理，只有全民族都关爱自己的文化，以自己的文化为荣和自豪，我们的文化才能在世界发扬光大，我们的文明传统才会真正传承下去而不中断，我们民族的精神才更加强大！

在"中国民间文化遗产抢救工程"正式启动新闻发布会上的讲话
二〇〇三年二月十八日　北京

"中国民间文化遗产抢救工程"标志。

"非遗后"时代我们做什么？

我想讲讲此次展览与活动的初衷。

这次，既是对十年木版年画普查与抢救的总结，又是一个新时期工作的肇始。为什么是一个新时期呢？

十年前在朱仙镇，也是一次国际性年画的研讨会上，我们中国民协把木版年画普查作为龙头项目，开启了历史上空前的对中国民间文化的地毯式普查。那也是个寒冷的初冬，在中原腹地我们燃起了一代文化人对自己的文明炽烈的激情。

由是而下，整整十年。

这十年，不仅我们完成木版年画这一项中国重大文化与艺术遗产的全面的普查、记录与整理，全国各地的学者专家还协助政府，将散布在中华大地上的文化遗存，一项项整理好，送入《国家非物质文化遗产名录》。现在，进入文化部国家非遗名录的有一千二百多项。如果再加上各省市和县级名录，至少有四五千项。现在可以说，绝大多数非遗，都进入了政府保护的视野。

那么，在基本完成了非遗工作之后，我们就大功告成了，不再管它何去何从了吗？

当然不是。应该说，我们进入了"非遗后"的时代，即完成了非遗认定之后的时代。在这个时代，政府方面的责任是很明确的。凡是认定非遗的都是国家财富，都在政府保护职责范围之内。政府保护的依据是今年全国人大颁布的《非遗法》。

那么专家学者知识界做什么呢？我提出四个方面的工作，供大家思考。

一、科学保护；二、广泛传播；三、利用弘扬；四、学术研究。

一、科学保护。政府虽是遗产保护的责任人，但政府怎么知道保护什么和怎么保护呢？这便需要我们提供具体的保护范围、标准和方法。没有具体的保护范围、标准和方法，保护工作就会陷入茫然乃至落空。这便是"科学保护"根本意义之所在，我们要帮助政府做好这些事。

二、广泛传播。遗产的最高价值是中华文明的优秀传统。这个传统也是我们民族的精神生命。在社会转型期，如何使这些重要而美丽的遗产得到广泛的共识并共享，乃是我们的重要工作。

三、利用弘扬。再有，便是利用与弘扬。这个工作便是怎样将遗产中的精华与当代生活和文化融合起来。延续历史脉络，充实当代文化。历史文明是一个文化大国之本，也是一个国家的文化自信之本。我们利用与弘扬的终极目的主要是精神性和文化性的。

四、学术研究。最后是回到我们自己的专业上来，就是学术研究。

必须强调，非遗是个时代性的新概念。在这个领域里，理论大大落后于实践，落后于田野。比如，我们所说的"非遗"，并不等同于"民间文化"。再比如年画调查，过去的调查基本是"艺术调查"，但作为非遗就远远不是"艺术调查"了，而是"文化调查"，甚至还要包括历史学与人类学调查。理论与学术的建设是逼到我们面前的工作，没有理论便会陷入盲目或乱无头绪。

民间文化其本质是生活文化，它的创造具有原始性、本源性，并有感而发，一任自然。在社会转型中，对民间文化的传承既要原真地记录，又要选择地传承。我的理念是："生活创造，文化剖析；民间创造，精英挑选。"这些想法，提供给大家在论坛中思考。

上述这些话，都在表明一个新的时代——"非遗后"时代的到来。

我们是从"非遗前"时代走进"非遗后"时代的。我们要带着往日的责任与激情，在新的时期努力使传统中华文明发出更大的魅力与光彩。

在"硕果如花——十年中国木版年画普查成果展暨中国木版年画国际论坛"上的讲话二〇一一年十一月五日　天津

中国民间文化遗产抢救工程

言论·报道

作家冯骥才："我们正在乐呵呵地破坏自己的文化！"

"我们正在乐呵呵地破坏自己的文化！"今天，著名作家冯骥才在北京师范大学召开的"中国民俗学学科建设及人才培养"专题研讨会上这样说。

冯骥才认识一个几乎拍过所有老房子的摄影家。他告诉冯骥才：很多民居都在变成小洋楼。因为对大部分居民来说，这是现代化的标志。

这仅仅是民间文化不受重视的一个例子。"每一分钟都有文化在消失。"冯骥才说。两年前他到白沟时，还有不少民间玩具，可今年再去，却一个也找不到了。纳西乐手这两年死了好几个，如今只剩下两个了。

民间文化是中国传统文化的一部分，可目前在国内，无论是生存环境还是研究环境都不太妙。

冯骥才认为形成这种状况的原因主要有三点：

一是当前我们正经历工业化的转变，原来的传统文化正在失散；

二是在目前的中西文化冲突中，一些国人缺少传统文化的自尊心和自信心。民间文化尽管是中国文化的重要组成部分，但在弱势文化的大氛围下，自然而然形成对民间文化的一种轻视。在大众轻视的状态下研究民间文化是非常被动的；

三是我国目前还没有一部《文化保护法》。皇宫精美的建筑属于保护范围，民居这类建筑就不在保护之列。

尽管如此，仍有一批学者在为保存民间文化默默地作出自己的努力。冯骥才所在的中国民间文艺家协会正在策划一个"民间文化遗产抢救行动"，目标是用五到十年的时间，以文字记录、画册和电视三种方式，对民俗和民间艺术进行大规模的抢救。

"一旦消失了，就再也找不回来了！"冯骥才说。他认为，新一代文化学者有为后人留下研究素材的使命。他们应该具备三种素质：强烈的文化责任感、深挚的文化情感和高层次的文化审美。

目前而言，抢救比研究更重要。冯骥才希望：民俗学家能热血沸腾起来，把民俗学带到更多人的视野中。

二〇〇一年十一月二十三日　《中国青年报》　原春琳

中国民间文化遗产抢救工程开始实施

由文化部和中国文联联合立项的中国民间文化遗产抢救工程，经中宣部批准开始实施。这一工程计划用十年时间编纂、出版约一百二十卷的《中国民间艺术集成》，全面普查各地域、各民族的民间美术，如民间剪纸、年画、皮影、木偶、刺绣、服饰、印染等，以县为单位开展民俗文化的科学普查和县别民俗志的编纂等。

这是记者从日前举行的"首届中国木版年画国际研讨会"上了解到的。

针对我国民间文化遗产损毁、消亡严重，民俗文化和民间文化遗产"家底不清"的现实，冯骥才、王树村、薄松年等知名专家在这次研讨会上表示，抢救中国民间文化遗产刻不容缓。

由于木版年画含有丰富的民族文化信息，在民间文化艺术中生产规模最大，拥有相对广泛的研究基础，所以中国民间艺术家协会把它的抢救工作作为突破口。

专家指出，以木版年画为代表的民间文化艺术，是中国文化的源头和根基，也是民族个性特征与独特精神的重要表征。和自然生态一样，民间文化的毁灭和消亡是不可再生和再造的。抢救这些文化遗产，给中国的现代化发展注入人文精神，是建设有中国特色的社会主义的必然要求。

据介绍，二十世纪六十年代日本和法国在现代化发展的高潮时刻，不约而同地开展了民间文化遗产的国家抢救工程。法国进行了文化史上最重要的一次文化遗产"总普查"，"大到教堂，小到汤匙"，巨细无遗，全要登记造册。日本也实施了由国家组织的"民俗资料紧急调查"等，八十年代又再次实施由政府专项拨款进行的无形文化财富记录工作，颁布了相关法律法规。

新中国成立以来，党和政府为抢救和保护民间文化遗产做出巨大努力，取得了丰硕成果。但是，因为五十六个民族民间文化遗产的无比丰富和中华民族伟大复兴的需要，抢救民间文化遗产的任务依然迫在眉睫。

"中国木版年画目前究竟是一种什么状态，我们不知道的远比知道的要多得多。查清这个家底是一天也不能等了。"中国文联副主席、中国民间文艺家协会主席冯骥才大声疾呼。专家们还呼吁采取制定"民间文化优秀遗产保护法"、设立专项民间文化遗产保护基金、建立民族民俗博物馆等措施，使中国民间文化遗产的继承和发扬得到全民性的理解和传承。

二〇〇二年十月二十九日　新华网　杜宇　桂娟

守护中国民间文化

　　一直把文化责任感作为一种必要的社会承担的中国文联副主席、中国
民间文艺家协会主席、著名作家冯骥才，自上个世纪九十年代开始，像他在
八十年代初关注畸形社会中种种小人物的命运一样，特别关注在急速现代化
与市场化中文化的命运。多年来，他为此而呼，而争，而辩，而战，不惜放
弃心爱的写作，靠卖画鬻字所得，全身心投入。他用不懈激情记录下的那些
文化思考在知识文化界广为传播。他的一个个"文化行动"得到许多知音的
呼应与支持。他本人被尊为文化界的精神"巨人"。不久前，他倡导策划的
"中国民间文化遗产抢救工程"，经过一年多的努力，取得了领导的支持和
各界的关注，已被确立为国家重点社科项目。十一月一日至三日，冯骥才先
生为该工程全面启动，率有关专家学者前来我市榆次区、祁县两地普查采样。
记者有幸得以近距离目睹他的"巨人"风采，感受他的人文情怀。缘于对冯
先生的仰慕和崇敬之情，现将缝隙插针得来的一段采访录于此，作为一次精
神引领献给读者，算是对冯先生倾力所为的事业的一点微不足道的呼应。

记者：　　冯先生，多年来您十分关注文化上的事，比如现代化冲击下都市个
　　　　　性的存亡问题，文化的市场化、传媒化、趋同化以及纯文化的命运
　　　　　等等，用相当精力为其呼吁、呐喊，并付之于行动，甚至不惜放弃
　　　　　心爱的小说写作，有人说您像堂吉诃德与风车作战。与不可抗拒的
　　　　　时代潮流相抗，您是否感到势单力薄、无奈抑或悲壮？
冯骥才：　　无奈悲壮之感时常会出现的。因为全球化时代是一个商品经济时代，

在全国政协会议上呼吁抢救民间文化的发言提纲。

这是抢救工程被批准为"国家社科基金特别委托项目"的文件。

商品文化是有巨大的得益驱动的，而且是所向披靡的，流行文化对传统文化有一个巨大的冲击。它促使了文化的粗鄙化，使文化传统松散、消解，这是一股巨大的潮流。我们是需要商品经济的，我们不能同时拒绝商品文化，我们也需要自己的商品文化，但我们一时又建立不起来。现在文化的问题实在太多，最大的问题是对传统文化的消解，它也消解了我们文化中的一个很重要的力量，就是民族凝聚力，使原来文化的博大精深变得粗糙，商业的文化使我们的文化沙漠化。如果这样下去的话，它关系到我们民族的精神。我们无论从哪一点都可以体会到，比如足球，我们的足球与韩国足球到底差了什么，我觉得最主要的是民族精神。这次世界杯在韩国，我们看得很清楚，韩国体现出来的民族自强、民族凝聚力非常之强。现在我们面临这么大一个冲击，知识分子作为个体，当然会感到势单力薄和无奈。但现在我在晋中榆次觉得有点依靠。山西有丰厚的文化根底，榆次这个城市这么重视我们的文化，有很多是创造性的，我觉得榆次的领导者，像耿书记这样的，还有各界老百姓对自己的文化有这样的情怀非常难得。所以我为什么要到榆次来开会，要关注榆次，就是要发扬榆次的文化精神。我想找到原因，在这里是不是能找到我刚才说的那些问题、困惑的突破点，解决中国的问题。在榆次常家庄园、榆次古城的整修中，感受到的那种对古文化百般爱惜的精神，精益求精的精神，不仅是找到了一种保护方法。我对文化保护的基本想法还是为了解决我们民族目前的精神问题，这是一个很现实的问题。所以我每次到榆次来就不那么感到势单力薄，觉得有点依靠，有点安慰，因为我的那些呼吁不但能得到回应，反而有的时候给我一种震动。

记者： 多年来您的文化呼吁、文化行动都有哪些收获？社会影响力如何？

冯骥才： 我的呼吁和行动还是在社会各界得到了一些回应，我个人每月都能收到大量的来信，全国各地都能听到我呼吁的一些反映。过去我老想寻找一些知音的人，现在有许多知音主动来找我。我还记得在二〇〇〇年做天津大学冯骥才文学艺术研究院院长的时候，有记者问我是否想做季羡林式的人物，我说我不想做，我虽然到这个大学当校长，实际是想用人文精神来影响理工大学的学生，我和季老很熟悉，他的学养、成就我很钦佩，他对东方语系的研究、文化交流史的研究、梵文的研究、东方学的研究都是卓有成就的，另外他培养了很多的学生。但是不愿意做这样的人，因为季老是做学问的人，教学生的，最主要的成就是在教学和学术上。我希望做鲁迅那样的人，去影响一代人的观念，影响一代人的精神。在这个特殊历史阶段的转变过程中，我们的大众不珍惜自己的文化，没有看到自己的文化是可贵的，这就需要作家有一种使命：当整个社会过于迷茫的时候，作家应先清醒；当整个国家过于功利的时候，作家应该给人们一点梦想。就是说作家要影响人们的精神，要矫正这个社会。我做这件事，更多的不是从学者的角度出发的，而是从作家这个角度出发的，对人们精神的关注。如果有一天我们的人民真是那样热爱自己的文化，懂得以自己文化为荣，对自己文化有那样强烈的亲切感、自豪感、文化自尊心，那时我才会有最大的满足，才会放心回到我的书桌旁去写我的小说。

记者：　您倡导策划的"中国民间文化遗产抢救工程"从什么时候开始启动？请谈谈这方面的情况。

冯骥才：　我的这个想法从去年七月就有了，我们做了一年多的努力，争取领导的支持，同时希望各界的关注与支持。因为民族文化有两个部分，一部分是精英文化，一部分是民间文化。我认为老百姓用心灵和双手创造的文化应该与精英文化是平等的，互相不可替代的。如果说一个民族的思想在它的精英文化和经典文化里，那么一个民族的情感，一个民族的凝聚力恰在它的民间文化里，在老百姓自己创造的文化里。因为民间的文化是一种自发的文化，老百姓的情感很自然很直接地表现出来。通常人们不习惯把这种文化当作一种很重要的文化，你要说抢救民间文化，他就会说民间文化有什么可抢救的，那又不是很深刻、很精深的文化。没有看到民间文化的重要性。举个例子，去年我国融入世界的速度很快，加入 WTO，申奥成功，足球进入世界杯，举办 APEC 会议，一切的事情快速融入世界的时候，就像车速加快时人就要抓住一个东西一样，民族心理就要有一个平衡的东西，它一定要抓住自己的文化。这时候我们的民族没有抓唐诗，没有抓《论语》，而抓的是唐装、中国结，抓的是民间文化。因为民间文化最能反映民族自己的形象，有强大的活力，有它的认同性。我们在强调保护民间文化，刚开始的时候，不一定都能让大家理解，所以要说服大家，要不断在各种场合呼吁，不断跟媒体讲这件事，还要通过各种网站包括中央电视台的央视网络。我在央视网络同一个问题整整谈了一年，不断开各种各样的论证会，想知道大家到底认同不认同，结果在中国文化界、民俗学界包括艺术界得到非常广泛的呼应，中国民间文艺家协会有关专家学者一致拥护，认为这是攸关民族精神命运的大事，是当务之急，刻不容缓。这件事也得到了国家领导的支持。上个月正式列入国家重大的社科项目。计划用十年时间搞完。我们先在北京开了一个会，然后在天津开了一个文件论证会，上周在河南开了一个中国木版年画抢救会。我们把木版年画作为民间文化抢救工程的一个开端，然后我们到榆次来搞普查的一个范本，明年元旦后春节前，民俗比较热的时候，在那样一个民俗的环境里，我们启动这件事，容易得到人们广泛的支持和呼应。现在我们正在做启动前的各项准备工作，基本上做了一年多的论证、准备、说明。工程抢救内容包括所有活态的、现代时的、历史遗存的民间文化，主要是民俗和民间艺术，"大到古村落，小到绣荷包"，按照普查、登记、分类、整理、出版的次序依次进行。抢救工程实行两个优先，即地区优先，项目优先，哪个急需抢救抓哪个。优先项目包括年画、皮影、剪纸、民间作坊。

记者：　　"中国民间文化遗产抢救工程"为期十年，采取地毯式抢救，这样浩大艰巨的工程，能坚持下去吗？您是否有足够的自信？

冯骥才：　这不是我个人的事，整个知识界大家都一起做的，肯定能做下去。我这个人是"不到黄河不死心"的人，只要是我认准的事情一定要做的，而且我是一个追求完美的人，我肯定会把这件事尽量做好。

记者：　您说过城市的建设改造与特色保护并行不悖，首先要对自己城市的精神文化有深刻的认识，要有在文化上的清醒的、富于远见的城市规划，还要有严格的法律保障，必须是在高度的文化认识的层面上。请问现在的城市管理者们是否具备这样的素质？

冯骥才：　一方面我觉得现在的城市管理者们心态太急，另一方面，对原来城市文化的特色没有底数，不清楚自己城市的文化特征是什么。文化特征是靠一些文化板块、文化支点支撑起来的，这一点如果没有经过很好的论证、分析、认识，着急动手去做，做完以后肯定会有很多缺损，会与原来城市的文脉、传统发生偏离，甚至有悖原来的传统。还有一个就是急于求成的心理与我们现有的体制有关，现在领导者一般都是五年一任，他们都希望在任期内把自己的事情做完，这样就有一种急切的心理。可是一个城市的特色不是一下子形成的，是一个不断积累的过程，所以尊重原来的传统最重要。这点我觉得榆次古城的改造做得很好，先对原来的历史进行全面研究，不是破坏原来的传统，是巩固和深化原来的传统。另外城市也不是只要它的传统，不改变生活设施，不让现代化的科技含量进入人们的生活，不让人们享受到现代化的科技给人们生活带来的方便和优惠，而是另外建一个新区。这是当年梁思成给北京城建提的建议，我们把它接受下来，这样既保留了历史文脉，又让人们享受到现代文明。这样的城市改造是非常有远见的，而且有文化的战略想法，非常精细。同时我也希望历史文化通过修复不要表露化，要深化，让人觉得有东西，有一个广阔的空间。现在有很多旅游城市把历史往前推，表浅化，很不好。再是不要把历史古城太趣味化，如果那样做的话，结果会庸俗化，降低文化档次。历史没有必要讨别人的好，招引别人，得有自信。

记者：　　您对晋中榆次印象如何？是否能用一句话概括它的城市性格？

冯骥才：　我是去年这会儿来的晋中榆次，时隔整整一年。这次是晚上来的，灯光很美，我觉得榆次有一个很大的变化，这种变化让人感到很纯净，很安详，很优美，没有浮躁的东西。城市的改造是比较成功的，城市的现代化是比较成功的。有的城市的现代化实际上是所谓夜里亮起来，一大堆霓虹灯、商业广告，弄得灯红酒绿的感觉，很刺激，很浮躁，很躁动。我们的城市进来以后，非常安静，光线、色彩、色调很清新和谐，包括许多建筑很注重品位、格调。因为环境的品位和格调非常直接地影响人的文化素质。人的素质有的是有形的，有的是无形的。我们过去有的时候老是做给人树立样板这样的工作，不注意其他方面，比如色彩对人的影响，气质对人的影响，格调对人的影响，而这恰恰很重要。晋中榆次新区老区一致，给人一种安详的、隽永的、平静的氛围。在这样的城市居住，感到很舒适、祥和、稳定。它在气质上与历史衔接起来了，不只是形态上的，是在气质上，更高更深的层面上。晋中榆次的管理者是现代城市管理者的高人。

记者：　　您作为中国文联副主席，如何评价当今中国文坛？

冯骥才：　我最好以个人的名义回答这个问题。作为一个作家，我对现在我们的文坛表示失望。我认为我们的文学不能给人提供一种精神，我们的作家找不到生活的脉搏，不关心老百姓的疾苦，看不到精神上的病灶，我们的文学是大众文化菜单之外的一道貌岸然的菜，是给他们自己吃的，文坛作家圈里的人互相看的，互相捧场的，跟大众没有关系。在这样的文学环境里，我不相信会产生大作品，也不会突然冒出一个曹雪芹来。实际上我们生活中一个巨大的问题，我们离开"文革"之后，改革开放进入全球化时代，整个中国的精神包括物质生活都面临一个新的巨大的问题，一个世界有很多新的问题，老百姓精神上有巨大的一些问题需要回答，需要作家来作出回答。而我们的作家一般来讲都是置之不顾的、漠不关心的，或者装聋作哑的。当然还有另外一个层面的作家是完全与市场打交道的，他们

《中国民间文化遗产抢救工程档案 2001-2011》，二〇一五年宁夏人民教育出版社出版。

只关心他们的稿酬。我觉得我们现在的文学无所作为，文学作品的影响力远不如电视连续剧，作为作家，我感到很惭愧。

记者： 天津大学成立了"冯骥才文学艺术研究院"，您担任院长，还成为该校诸多学科的兼职教授，请问是基于什么考虑？

冯骥才： 我们现在进入一个知识经济的时代，在这个时代里，我们社会将来的管理层包括领导层更多的要从理工科来汲取人才，因为理工科的学生有科技方面的知识。可是，我们现在一般的理工科大学都是重理轻文的，都没有人文视野，一旦进入管理层、领导层，往往容易忽视或者忽略了文化。我想今后技术性的干部会越来越多，他们不是学文的，就没有文化视野，这样就给文化带来损失。天津大学希望我到大学去，主要不是为了教几个文科的学生，因为我说我根本不愿当文科老师，因为我是作家，我认为作家根本不是培养出来的，作家跟大学毫无关系，大学也不负责培养作家。作家是从生活里冒出来的或者是天下掉下来的。我去大学主要是想去影响理工科学生的人文视野，希望他们是眼睛里有人文学科的新一代，能注意到人的精神问题，社会的精神问题，还有社会的文化问题。我希望自己在这方面做一些努力。

记者： 报纸作为文化传媒，如何发挥好它的文化功能？

冯骥才： 媒体本身就是流行文化的一种载体。商业的流行文化主要是靠媒体作载体的。纯正的媒体都会自觉地避免过分帮商业文化的忙。因为媒体是一个企业，它需要赚钱，所以它必须要有卖点，要造势，要升温，要炒作，必须把小事闹成大事，媒体才能够好活，才有人买报纸，买报的人多了才有人往媒体里做广告，媒体才能赚到钱，这是媒体的特性，所以媒体都是"喜新厌旧"的，"兴风作浪"的，媒体最容易把商业文化、流行文化连结在一起。因为流行文化本身就是商业文化。我们讲全球化文化，全球化文化的主要特点就是流行文化。流行文化是没有国界的，如超级市场呀，麦当劳呀，这都是没有国界的、全球化流行的快餐文化。这种文化对人们精神起了一个粗鄙化的作用，所以媒体尽量不要帮这样文化的忙。具体讲提两条：第一不炒作所谓歌星、影星这样的名人；第二不炒作时尚。时尚并不是一个时代流行的什么风尚，时尚都是商家制造出来的，时尚是商家的一个卖点，也是商业的一个骗点，是泯灭个性的，所有潮流都是泯灭个性的，但有的年轻人不懂。时尚实际上是一种商业赚钱的手段，媒体尽量不帮或少帮商业文化的忙，应该"文化扶危"。

记者：   您怎样看待当今中国的旅游热？如何处理好文化保护与发展旅游的关系？

冯骥才：   旅游是现代生活中的一项主要内容，是大众的一种生活方式。中国人现有假日一百天，一年三分之一时间放假，假日中人们的生活方式主要是旅游。因为旅游能增长人的见识，也能使人看到不同的文化，刺激文化资源发挥有效作用。旅游是当代的一种说法，古人叫游山玩水，游山玩水是极少数人才能做到的。旅游是当今社会生活富裕的一种表现，但你要看到旅游又是商业化的，旅游进入产业之后，它也商业化了，这样一方面搞旅游的人把旅游文化粗鄙起来，变成一种快餐式的旅游，这种旅游实际又使文化枯竭化，往往旅游公司领你去到什么地方赚到你的费用就满足了，所以旅游使旅游文化快速化，又使人们的精神粗鄙化。另外，旅游因为是产业化开发旅游资源，一般不是按照文化资源开发，不管它的规范，也不管它的底蕴，不管它的精神内涵，只要让人看着新鲜把钱赚到了就行。所以旅游开发一定会造成旅游资源的破坏。要解决这个问题，最重要的一点是不要把文物由旅游部门掌握。世界上文化古国旅游资源都不归旅游部门管，文化资源还是由文化部门来管，因为文化部门才知道它的价值，也不会简单地为赚一点钱伤害资源。任何地方的文化资源遗存从物质上来讲是一个永久文化财富，如果破坏的话，就失去它的永久性了。所以旅游资源最好由文化部门来掌握。

二〇〇二年十一月六日　《晋中日报·潮头副刊》　郝俊力

民间文化是我们的"母体文化"

二月十八日，"中国民间文化遗产抢救工程"正式启动，这是我国首次对民间文化进行国家级抢救、普查和整理。二十一日，笔者在天津一套充满民间文化气息的工作室内，采访了此项工程的发起人和领导者之一、中国民间文艺家协会主席、著名作家冯骥才先生。

笔者：首先请您给"民间文化遗产"下一个定义。

冯：所谓"民间文化"是相对于"精英和典籍文化"而言的，是人民大众用心灵和双手创造的文化，是人民大众自发创造、满足自己的一种生活文化。数千年来，它积淀深厚，博大灿烂，并且与人民的生活和理想深深凝结着。它包括民俗、民间文学、民间艺术三大部分。民间文化在现今农村、市区、乡镇中仍在不断地创造着，而我们要抢救的是"遗产"。这个"遗产"主要是指农耕社会积淀和遗留下来的文化财富。

笔者：正如您所说，民间文化遗产大到古村落，小到荷包，内容极其博大。那么，为什么要选择现在这个时间进行这样一项浩大的"前无古人"也许还是"后无来者"的工作呢？

冯：这是时代的使命，是这个时代迫使我们尽快地对民间文化遗产进行抢救。首先是农耕社会的迅速瓦解。我们正处在由传统的农耕社会向现代的工业社会的转型期。社会的转型必然带动着整个文明的转型。随着工业化和城市化的加速，其原生构架下的一切文化形态和方式都在迅速消失，这是历史的必然。中国的民间文化是一种生活文化，具有很强的应用性。随着社会生活和人们的观念变化，原有的文化就会消失。比如，中国年俗中的"贴门神"，过去是为了将不好的东西拒之门外，当人们已不再迷信时，也就不贴门神了。原有文明和文化的瓦解与消失，从社会发展史的角度看是进步的。但人类要表现这种进步性，就要完整地保留前人创造的文明和文化财富，因为文明是不断积累的。

另一个因素是现代化。在经济全球化的形势下，相对外来文化，我们的传统文化处于弱势。而这种以商业文化为主体的外来文化，以沙尘暴式的姿态迅速蔓延，对我国的文化传统产生了严重冲击。

在这场飓风中，首当其冲的便是处于消解过程的农耕文明的载体——民间文化。精英文化当然也受到冲击，如唐诗宋词、二十四史等，当下被冷漠了，但它有文字记载，不会变；而民间文化长期不受重视，被当成一种可有可无的、初级的、低层次的、自发性文化现象来对待，是一种自生自灭的状态，没有文字记载，没有登堂入室，因而它受到的冲击往往是致命的，很根本的。

笔者：有资料显示，二十世纪六十年代中期，北京的民间工艺品有三百种之多，而到二十世纪末，只剩下了三十余种，十之八九已从我们身边永远消失了，富有特色的民间文化正逐渐消失在现代化匆匆的步履中。可以说，中国的民间文化正面临着极为严峻的考验。

冯：是的。由于民间文化是一种自发的文化创造，相对精英文化，它基本处于自生自灭的状态，其口传心授的传承方式相当脆弱。有些民间文化往往是在没有传承人的时候，就如断线风筝，即刻消失，人去曲终了。比如瞎子阿炳，现今记录下来的曲子不足十首，但据说当时他有一百多首曲子，若当时记录了，我们就有了一笔更大的音乐财富。这种现象俯拾皆是。纳西族懂东巴经的歌手，在几年前还有六位，前年只剩三位，现在只剩一位，据说已经住院了。前年我们在贵州、广西采集民歌时，有一位老太太，知道很多。去年我们再一次去找她时，人已故去，临终前说了一句话："他们怎么还没来呀？"可以讲，每一分钟，我们的田野里、山坳里、深邃的民间里，都有一些民间文化及其遗产

中国民间文化遗产抢救工程总结会，为这历时十三年的巨型文化行动画上句号。

消失，都有一些风情独异的古村落转眼间不复存在。它们失却得无声无息，好似烟消云散。

能够让自己的文化损失在我们这一代人的手中吗？能够叫后人完全不了解先人这些伟大的文明创造吗？不能！所以，现在第一位的是"抢救"，而且是十万火急！

笔者：您如何评价我国民间文化抢救与保护的现状？

冯：　我认为，目前对民间文化的保护基本上是无序的、无章法的、不清晰的、混乱的状态，非常糟糕。

原因有二。第一是家底不清，认识不足。有不少地方的民间文化根本没有受到重视，其传承者自己也是很无奈的，基本处于一种"自灭"的状态。更重要的原因就是与旅游不恰当的"结合"。一些地方政府过去没有意识到民间文化的价值，现在知道它能赚钱了，便以一种粗糙的方式对待自己的文化，将之商业化，作为旅游的附属品，而文化中真正的精髓并没有注意传承下来。

笔者：您是希冀通过"民间文化遗产抢救工程"彻底改变或改善这种糟糕的状况吧？那么抢救工程将如何运作呢？

冯：　整个抢救工程要进行十年，分为五部分：普查、登记、分类、整理、出版。我们要对九百六十万平方公里的国土、五十六个民族进行一次地毯式的、拉网式的普查。对象是"大到古村落，小到荷包"，包括民俗、民间艺术和民间文学，所有的民间文化都在此项工程的范畴内。

之所以要进行如此大规模、如此细致的普查，一是因为民间文化濒临危机，更因为我们对自己的家底不清。精英文化我们是如数家珍，而中国到底有多少民间文化遗产，我们心无底数。因此要动员、号召文化人到民间、田野、深山，关爱自己的母体文化，通过普查搞清家底、理清遗产、保护资源、光大精华。

参加普查的人员由三类人构成：第一类是中国民协在全国各地的专家学者及文化界的行家们。只有他们去才能保证普查的水准。第二类是民间文化工作者。普查工作是没有什么物质回报的，需要奉献精神。

而他们痴迷于民间文化，是一支很重要的队伍。

第三类就是志愿者、大学生。我们认为最成功的普查是大量的年轻志愿者的投入。我们并没有指望他们交上来的东西有多高的水平，关键是他们的这颗心，让他们对自己民族民间文化产生一种情感、一种情怀，目的就达到了。只有全民族，尤其是年轻一代珍惜、关爱自己的民族民间文化，我们的民族精神才能真正传承下去。

笔者：千百年来，民间文化在中国文明史上扮演着重要的角色，同样承载着丰富的历史信息，成为我国五千年文明的一种象征。如今，我们应该如何看待和认识民间文化呢？

冯：我们为之自豪的中华文化从来都是由两部分组成的，一部分是精英和典籍文化，一部分是民间文化。两部分同等重要，相互不能代替。如果说中华民族的精神思想的传统更集中地蕴含于精英文化之中，那么民族的情感和特征则更直接地表现于民间文化中。所以我认为：民间文化是中华文化的一半。

精英文化是一种"父亲文化"，给我们精神和思想；民间文化是一种"母亲文化"，赋予我们情感和血肉。然而，"父亲"也是奶奶养育的，精英文化也是民间文化蕴育出来的。就是屈原、李白，也是《诗经》陶冶出来的；就是王维、吴道子也继承着岩画、壁画的血脉。因而我称我们的民间文化为"母体文化"。

我们的民族特征直接表现在民间文化中。回想二○○一年，我们申奥成功、加入WTO，当中华民族快速地融入世界时，我们的民族下意识地产生了文化保护心理。好像一辆车子加快速度时，需要稳定重心。这时，我们的民族没有从精英文化、没有从唐诗宋词中找符号，而是找到了唐装、找到了中国结，用自己的民间文化来标识和强化民族的特征，在千差万别的世界文化中进行一种自我的文化识别。

民间文化是中华民族精神和情感的重要载体，是民族亲和力与凝聚力的核心。如刚过去的春节，是农耕文明非常重视的节日，它是中国民间文化的盛典，承载着很多中国人的民族理想：祈福、辟邪，更重要的是"团圆"。每年春节前蔚为壮观的民工返乡潮，不就是为三十晚上的那顿"团圆饭"吗？

二〇〇三年三月十九日　《光明日报》李韵

为民间艺术"摸家底"
中国民间文化遗产抢救工程启动一年成果喜人

　　中国民间文化遗产抢救工程启动一年来已取得了初步成果。昨天，来自全国三十一个省、市、自治区的民间文艺工作者和港、澳、台的专家学者共计一百多位代表汇聚杭州，就如何推进这一文化工程共同研讨。全国人大常委会副委员长许嘉璐在会议上发表讲话，对抢救工程实施一年来取得的成绩给予了充分肯定。中国文联副主席李牧，全国政协常委、中国文联副主席、中国民间文艺家协会主席冯骥才，以及文化部、国家民委和浙江省有关方面领导出席会议。

　　由中国民间文艺家协会发起和主持的中国民间文化遗产抢救工程，在党和政府以及社会各方面的帮助和支持下于二〇〇三年正式启动。为保护人类文化的多样性，摸清我国的文化家底，全国众多的民间文化工作者和专家学者加入了这一工程。他们深入穷乡僻壤寻找民间文化瑰宝，为抢救民间文化遗产进行先期采样制作范本，对我国民间文化遗产的濒危状况进行了紧急调查。

　　抢救工程开展一年多来，率先启动的中国木版年画专项抢救已经进入收获期，有八个产地已完成前期普查、采录、编撰，明年将推出全部产地的抢救与保护成果；武强年画在普查中发现民间古版一百五十多块，其中不乏稀世绝版；天津杨柳青记录到罕见的年画说唱艺术表演；日本民间艺术协会和名古屋大学的友好人士将收藏的千余幅木版年画和部分古雕版捐献给中国民间文化遗产抢救工程；被誉为"海外抢救中国民间文化第一人"的俄罗斯著名汉学家李福清，自费辗转于欧洲与日本，了解中国木版年画在海外流失情况，拍摄了大量资料照片，被中国民协聘为外籍专家。另外，剪纸专项的范本编撰进展顺利，"中国民间故事全书""中国民间美术图录""中国民俗文化普查及中国民俗志"等专项抢救工作进入规划当中。

在这一年中，中国民间文化遗产抢救工程在德国、瑞典、奥地利、日本等国家引起了巨大反响。联合国教科文组织与中国民间文艺家协会联合实施的口头和非物质遗产保护行动，抢救性记录中国多民族民歌，取得丰硕成果。联合国官员称中国在人类口头和非物质遗产保护方面走在了世界前列，抢救工程具有世界性的示范意义。另外，推出了标志着我国有史以来第一部澳门民俗文化巨著《中国民俗大全澳门卷》。

二〇〇四年三月二十七日　《今晚报》 高丽

二〇一五年在后沟村的老戏台前。

保护文化遗产就是保护
我们文化的 DNA

冯骥才，提起此人，往往令人想起"神鞭傻二"，或者《炮打双灯》，但近十年来，这位当代著名的小说家却奔走在田野村落，把全部精力都放在民间文化遗产的保护上了，不断地普查、研究、呼吁，称其为保护民间文化遗产的一面旗帜并不为过。"两会"前夕，本报记者特地采访了这位全国政协委员——

问：您主持的中国民间文化遗产抢救工程在二〇〇三年启动时计划分两期完成，第一期对民间美术、民俗的抢救性普查整理工作将在今年结束，不知工程都取得了哪些进展？

答：我原来的计划是对九百六十万平方公里内的五十六个民族的民间文化进行全面、地毯式的普查。现在由于经费有限，我们只好把这个宏大的计划分解成一个个具体的项目去做，取得了一些进展。

比如说民间美术，我们把它分解成年画、木版画、剪纸、皮影等小的部分。然后再细分，例如，现在已知的木版年画产地有二十五个左右，我们把它分解成十七个单元来普查，目前已经完成一半多了，我想应该再有两年左右就可以完成了。

有些项目开展得不错，比如年画、剪纸、民间故事。其中民间故事的搜集整理做起来是很难的，因为中国的民间故事浩如烟海。通过我们对中国一千六百多个县进行普查统计，目前的成果就是《中国民间故事全书》的陆续出版，比如"云南漾濞卷""山东枣庄卷""河南信阳卷""湖北宜昌卷"等。全部完成后总字数约六亿。

此外还有一些意外收获。最近在做木版年画普查时，在豫北、冀南交界的安阳地区发现了一个新的年画产地滑县。那里的年画非常有特点，现在还在印神农像，上面的题字用的还是《诗经》里的诗句。其制作方法、绘画体系跟中国其他任何一个年画产地都不一样，是由一户姓韩的人家独门单传，已经传到二十七代了。我用同在河南的开封朱仙镇年画来做比较，二者也完全不同。这里呈现出的是一个完全独立、完整的艺术体系、文化体系。

如果不做这次普查的话是不会有这样的发现的，所以今后类似滑县年画的新发现需要不断补充到我们的普查计划里去。

问： 中国民间文化遗产抢救工程第一期能否按既定计划完成？

答： 从具体做的工作来讲，现在没有达到当时预期的想法，进度、力度我都不满意。主要是遇到了三方面问题的制约。

第一是缺少人力。现在从事这项工作的研究者，主要来自中国民间文艺家协会，加上其他方面的学者共有一两千人。不是所有的学者都可以、都愿意到田野的第一线去，因为这种普查是纯奉献的；也不是所有人在这个问题上有非常自觉的态度，并非都能够想到目前民间文化遗产保护的紧迫性、危机性和濒危性；另外还有些学者，在从书案研究转到田野研究的过程中有些力不从心。

第二是地方政府支持力度非常有限。有的地方，如果民间文化遗产的普查能够跟地方官员的政绩，或者跟当地旅游开发的目的相结合的话，往往会获得支持；如果商家在其中找不到卖点，或者地方的官员在这里找不到自己的政绩，他们的兴趣就会小。

第三就是经费问题。自从民间文化遗产抢救工程启动以来，我们获得的经费是非常有限的。到现在我们只获得了国家社科基金的启动经费三十万元，此后就没有任何国家拨款。全国三十个省份，平均一个省五年只有一万元的经费，怎么抢救？几乎是一个玩笑。

问： 普查、保护工作遇到重重困难，被保护的文化遗产的现状又是如何呢？

答：　目前民间文化遗产消失的速度不但没有减少，而且还呈加剧趋势。特别是在社会主义新农村建设过程中，很多地方没有把文化保护与之相结合。我一直在呼吁：规划新农村建设要注意文化保护。虽然有些政府部门也认为我的说法非常对，但真正落实到了地方就很少有决策者仔细考虑这个问题了。

要知道，保护民间文化遗产真正是件以人为本的事情，是人们精神上、心理上的需要，可是很多地方政府官员认为，最重要的是房子要盖得高档，结果很多地方规划出一片洋房。社会主义新农村搞成"洋农村"。

不过，从积极一面看，正因为保护工作很困难，才更需要我们极力推动。五年以前可能没有多少人知道什么是非物质文化遗产，为什么必须要保护文化遗产。通过五年来我们在不同场合不断呼吁，反复申明保护文化遗产的重要性，使其在社会上引起的认同越来越多，使得越来越多的公民具有了文化遗产保护的观念，认识到只有维持自己文明的传承，才能在一个全球化的时代里找到自己的文化身份，自己的DNA才不会迷失在全球化的大海里。

有了这种群体性观念，保护就会变成大家的自觉行为，不只是个别人奔忙。中华文化的根、非物质文化遗产的载体都在古村落里，我们的民俗、民间戏剧、歌舞、音乐、手工艺也都在其中，"皮之不存，毛将焉附？"如果没有这些村落，这些民间文化遗产也就没有了。

问：　文化遗产的种类包罗万象，您当前的工作重点在哪里？

答：　现在以及未来五年我的工作重点都在古村落的保护上。

中国有六百万个村庄，并非所有都是古村落，需要具备三个条件：第一，物质和非物质文化遗产有相当分量；第二，文化遗产自成体系，比如要有一个跟自然相融合的村落规划，有历史的街区，有代表性的民居建筑，甚至还有一些公共设施，比如庙宇、桥梁、水井、戏台等；第三，有比较鲜明的地域特色。

符合上述条件的古村落我估计在五千个左右，但消失速度很快。陕西有个人专门收藏石头磨盘，他的藏品如果用来垒两三米高的墙，能排出五六百米。有多少收藏品就意味着有多少古村落已被瓦解。

关中地区一个民俗博物馆收藏有很多拴马桩，形状有胡人、猴子、狮子等，约有一万一千根。这又是从多少变迁的古村落中流散出来的？

据我所知，江浙一带大部分沿海地区的村落建筑以及格局已经改了三四遍了：先盖个香港式的建筑，又改成美国式的，又拆了改成西班牙式的……全世界没有一个国家把自己本民族风格的村落拆了以后按外国形式盖的。更有甚者，上海郊区出现了英国式的小城镇，城镇中间还有一个丘吉尔的铜像。

问： 当前有没有保护得比较好的古村落？

答： 我去年去了一趟赣南，希望找到一些样板，结果发现婺源做得很好。那里的建筑属于徽派文化，"青砖灰瓦马头墙，肥梁胖柱小闺房"，房前有大片的水塘，屋后是蓝色的山，诗情画意，当地人引以为豪。

婺源县领导非常有想法，为中国古村落的保护提供了一条新思路，就是请建筑师按照当地的建筑风格设计出几种房屋，只是在内部对卫生间等设施加以现代化改造，外形保持徽派风格。如果当地人想盖新房子，必须按照设计好的婺源式建筑来盖，这样的新房从外面看起来与当地文脉是一致的，保持了历史风格、文化特色的延续。

浙江的西塘花了上亿元钱在村里做一件事，就是把所有网络、电线全部埋到地下，不但让古村落的设施现代化，更保持了其历史性风格。这也是好的做法。

问： 有没有可以推广的保护措施？

答： 我认为中国古村落的保护措施主要有四种类型：第一为分区式，比如丽江的束河，原有的古村落不动，在旁边建一个新区，居住、生活都在新区，这样古村落的原汁原味就保持下来了；第二是民居博物馆的形式，把分散的经典的建筑向一处集中，晋中一些大院比如王家大院就是这种类型；第三为景观的形式，比如婺源，其形象并非为了旅游而考虑，而是展示自己的特点，当然也可以作为旅游资源；还有原生态的方式，保持当地原住民的原生态生活，周庄、西塘就是。

对于古村落，我一直有一个观点：应该给古村落挂牌。所谓挂牌不是挂"历史文化名镇"那种表面的牌，是挂双遗产的牌，因为古村落既是物质文化遗产，还是非物质文化遗产。挂牌后就得有一个保护措施，不能随便动，要把它留住。把天坛拆了，即便再按原样盖起来也不是天坛。同时伴随要做的事就是要给古村落建立档案。为此从去年开始我就一直在做两件事，第一个是动员企业家和社会来投入，第二是从海外寻求资助，去国外演讲，争取国际上一些基金会的支持。

二〇〇七年二月二十七日　　《人民日报海外版》记者　熊建

晋中后沟村采样调查

文章·讲话

一个古村落的原生态记录

当樊宇把他这部关于后沟村田野调查的书稿交给我，我翻阅一遍，真是惊讶。他的工作成果和工作精神大大超出我对他的印象。

应该说，我对他的印象已经十分美好。他是中国民间文化遗产抢救工程启动之际，特邀赴山西榆次后沟村进行采样考察的影视方面的专家。那次我们的任务是为即将开始的全国性文化普查制作一本范本性的工作手册。我们对这本手册的要求很高，必须严格、简明、规范；特别要强调普查的周密性、详尽性和对原生态的记录。这些都要在范本上十分鲜明地体现出来，那么我们这次的采样考察就首先要做到位。在这个专家小组中，樊宇做得最认真和最执着。大多数学者的调查是一次性的，他却从此把后沟村当做自己的"亲戚家"了。在此后的联系中，常常听说他或是"刚刚从后沟村回来"，或是"前些天又去了后沟村"。为了记录一个人家的丧事或婚事，他会专门跑一趟山西。一次大年夜，他打来电话说他正在大雪覆盖的后沟村的山上，为了记录那个古村过年的景象，他夜宿在一座寒冷的破庙里。这真令我感动！我想，如果我们的文化人对自己的文化都有这样深切的情怀与责任，就不必担忧当前这场全球化的狂潮了。我曾把他的一些事情记在文章里。每当我感到民间文化抢救的艰辛并备感孤独之时，就去想想樊宇这些人，想到他们也许正默默在大山或田野中工作呢！渐渐我会觉得有了一些依靠并感到温暖，以至浑身重新充满力量。

现在，樊宇这部书稿让我知道他真正付出的辛苦。通过这些缜密又扎实的调查与挖掘，一个小小古村落的文化竟让他表现得如此沉甸甸的厚重与迷人。如果没有这样艰辛的付出，这无比丰饶与优美的山村不就永远无人知晓了么？此中，应该特别指出，樊宇的调查完全依照民俗学与人类学的方法。他从不同角度切入山村的方方面面，才能这样立体和深层地显现出古村落的生命整体。同时，他始终注意被记录事物的原生态，从而使这一文本具有相当高的资料价值、文化价值和学术价值。

再有，便是樊宇作为一位影视专家，这次在后沟村调查所使用的是文字、摄影、摄像相结合的手段。这极为难得。应该说，现在还很少有人能够同时精熟地驾驭起这三种方式。

在当前，现代影像手段刚刚进入民俗学领域，至于"视觉人类学"也只是刚刚走进国门而已，建立影像民俗学和视觉人类学是我国民间文化研究领域中迫切的任务；而我们这次全国性田野普查为了尽可能获取更多信息，特意要求调查者采用文字与影像相结合的立体记录方式。但现阶段这样做是有难度的。不仅仅是技术能力问题，而且没有先例，无以遵循。在这样的背景下，本书的出版将提供一个优良的范例，无论是对我国视觉民俗学和人类学的建立，还是对田野普查来说都大有裨益，它将成为一种推动力。而对于后沟村来说，则是有幸收获到一本美丽又宝贵的影像民俗志了。

因之撰文，对本书出版及作者樊宇表示由衷祝贺，且兼作序也。

二〇〇五年八月十四日

对中华民族民间文化全面地盘清家底是历史上的第一次，也是举国的文化行动，必须有统一的普查标准、方法与科学的要求。第一步工作是通过切实和专业的采样考察，制定《普查手册》。我们将晋中的一座传统山村后沟村和剪纸之乡祁县等地列为采样普查对象。此为后沟村，也是中国民间文化遗产抢救工程的起点。

榆次后沟村采样考察记

在全国性民间文化普查启动前，我们在为一件事而焦灼，即要找一个古村落进行采样考察，然后编制一本标准化的普查手册。如此超大规模、千头万绪的举动，没有严格的规范就会陷入杂乱无章。但采样选址何处，众口纷纭，无法决断。

突如其来一个电话，让我们决定奔往晋中榆次。来电话的是榆次的书记耿彦波。他由于晴雯补裘般地修复了两个晋商大院——王家大院和常家庄园而为世人所知。他在电话里告诉我，他在榆次西北的山坳里发现一座古村落，原汁原味原生态，他说走进那村子好像一不留神掉入时光隧道，进了历史。他还说，他刚从那村子出来，一时情不可遏，便在车上打手机给我。我感觉他的声音冒着兴奋的光。

我们很快组成一个考察小组。包括民俗学家、辽大教授乌丙安，民间文化学者向云驹、中央美院教授乔晓光、山东工艺美院教授潘鲁生、民居摄影家李玉祥、民俗摄像师樊宇和谭博等七八个人。这几位不仅是当代一流的民间文化的学者，还是田野调查的高手。我们的目的很明确，以榆次这个古村落为对象进行考察，做普查提纲。由于这次普查要采用二十世纪七十年代欧美崛起的新学科"视觉人类学"的理念与方法，来加强我们这次对民间文化的"全记录"，故而这个普查提纲既有文字方面的，还有摄影和摄像方面的。

十月三十日我们由各自所在城市前往榆次，当日齐集。转日即乘车奔赴这个名叫后沟村的山村开始工作。

是日，天公作美，日丽风和。车子驶入黄土高原深深的沟壑时，强光洒在完全没有植被的黄土上，如同满眼金子。

农耕的桃源

沿着一条顺由山脚曲曲弯弯流淌下来浅浅而清澈的河水，车子晃晃悠悠地溯源而上。依我的经验，古村落大都保存在权力达不到的地方，比如省界或几省交界的地区，谁料车子在离开榆次仅仅二十二公里的地方就停下来。跳下车便进入了另一个世界。一个世外的天地，一个悄然无声的世界，一个顶天立地的大氧吧，喘气那么舒服。身在这个天地里，忽然觉得挤眉弄眼、诡计多端的现代社会与我相隔千里。

路左一道石桥，过桥即是山村。路右数丈高的土台上，居高临下并排着一大一小两座寺庙，像两件古董摆在那里。小庙是关帝庙，已然残垣断壁，瓦顶生草，庙内无像。大庙为观音堂，建筑形制很特殊，几座殿堂给一座高墙围着，墙上有齿状的垛，宛如一座四四方方的小城；只有左右一对钟鼓二楼的高顶和一株古树浓密的树冠超越围墙，挺拔其上，极是诱人。

大致一看，便能看出这两座庙宇占位颇佳。它们守住村口，即进出山村的必经之处，并与山村遥遥相对。待登到观音堂前的土台上朝北一望，整座山村像一轴画垂在眼前。庙门正对山村。无疑，几乎山村处处都可以遥拜庙中大慈大悲、救苦救难、有求必应的观世音。当年建庙选址的用心之苦，可以想见。

然而乌丙安教授却从整座山村的布局解读出八卦的内涵。古村落与当今城市社区最大的不同，是对风水的讲究。古人择地而居，今人争地盖楼。贝聿铭认为风水的本质是"气"，气尚畅而不能阻。我以为风水的真谛是中国人在居住上所追求的与大自然的和谐，即天人合一。对于后沟村来说，首先是这村口，一左一右两座土山（所谓青龙与白虎）围拢上来，形似围抱，身居其中，自会觉得稳妥与安全。而且此处不单避风，避寒，明媚的阳光正好暖洋洋地卧在其中，至于在这村里阳光是什么感觉，进了村便会奇妙地感受到。

走进观音堂，获益不浅。尽管观音堂内的神像全佚，但幸存在檐板和梁架上彩绘的龙，使我认定此庙由来的深远。我与乔晓光和潘鲁生二位教授讨论这些彩绘的年代。大殿的外檐镶着八块檐板，每板画一龙，或升腾，或盘旋，或游走，或回旋，姿态各异；从龙的造型上看，威猛而华贵，我以为年代应在乾隆。虽然历经三百岁，上边的石青石绿和沥粉贴金依然绚烂夺目；而画在殿内梁架上的龙，只用黑墨、铅粉和朱砂三色，却沉静大气，古朴无华；龙的形态雄健而凝重，气势浑然，深具明代气象。

我们在观音堂各处发现的五块石碑，为我的推断做了佐证。其中一块为明代天启六年（一六二六年）重修观音堂的碑记，碑文上说此庙"年代替远，不知深浅"。看来，早在四个世纪前这座观音堂就是一座古庙了。虽然我们还没有进入后沟村，却已对它心生敬畏。

我向同来的榆次区委书记耿彦波提出三个要求：一是请省文物局对观音堂主殿建筑的彩绘年代进行认定；二是将这五通碑的碑文拓印下来，交由与我同来的天大文学艺术研究院的助手进行考释；三是对庙院内古柏的年龄做出鉴定。

古村落大多没有村史，在县志上往往连村名也找不到。但由于民间历来有"建村先建庙"一说，庙史往往是村史的见证。而庙中植树大多与建庙同时，古庙常与古树同龄。从这古木一圈圈密密的年轮里是否可以找出庙宇的生日？

带着如此美丽而悠远的猜想，我们过桥跨进这来历非凡的山村。

榆次的后沟村有三个。一在沛森，一在北田，这个后沟村属于东赵乡。全村男女老少只有二百五十一人，七十五户人家，高低错落地散布在黄土高坡上。晋中的高原历时太久，由于水文作用，早已沟壑纵横，山体多是支离破碎。村民的居所都是依山而建的窑洞，不论是靠崖式、下沉式，还是独立式，房门不一定朝南，门上边高高的墙壁上却有一个方洞，里边放一尊小小的石狮，用以驱鬼辟邪。一入大门正对的地方则是嵌入墙内砖雕的神龛，有的神龛朴素单纯，有的神龛精工细致，宛如华屋。且不论繁简粗细，天地神都端坐其中。龛上的对联写着"地载山川水，天照日月星"，横批写着"天高地厚"。院内正房的墙壁上通常还嵌着土地爷的神龛，其中一副对联又美又通俗，上联是"土中生白玉"，下联是"地里出黄金"，横批是"人勤地丰"。看到这些对联，便可以掂量出黄土在人们心中的分量，以及人与大自然的关系，那便是由衷的虔敬，崇拜，生命攸关，感恩戴德，还有无上的亲切。

后沟村用于耕作的土地都在山顶的高原上。世代的先人将一样样的种子搅拌着汗水放在那里培植，给今天的后沟村民留下了四十多种五谷杂粮。令村民为之骄傲的是本村盛产的梨子，历史上最高产量曾达到百万斤。村人皆知大清乾隆时本村的梨作为贡品运抵京都，进了万岁爷的龙嘴。

山上蜿蜒曲折的鸡肠小道连接着高高低低的人家，都是用脚踩出来的土路。其中一条主干道，由山脚直通山顶。每到秋后，山顶收获的粮谷蔬果便装上小骡子拉的二马车，由这干道运载下来。这条道是用碎石铺成的，坚实有力，可以乘载村民们年年巨大的喜悦和千吨万吨的果实。每逢此时，这碎石道上要铺上黄土，垫上树枝和干草，最怕筐子里的梨子被颠破。后沟村的梨子水多而甜，皮薄且嫩。一车车的黄梨绿菜、红枣白瓜，从山顶运下来后，一半入户入仓，一半拉到西洛、什贴和东赵的集上去卖。直到今天集上交易的方式常常还是以物易物。

村民说，以物易物，相互看得见，不用算计，实实在在，最公平。

此刻已入深秋，但家家户户的院里还堆放着黄澄澄的玉米。有的人家将玉米码成一垛垛，像金库里的黄金。挂在墙上一串串鲜红的辣椒，椒尖东卷西翘，好似熊熊的火苗。它们依然带着两三个月前收获时节的眉开眼笑与生活的激情。但村民的生活已经进入农闲。二十四节气不仅仅指导农耕生产，也调换人的心境。一种富足和休闲的气氛弥漫着古老的山村。现代社会城中的休闲间断性地一周两日，农耕的休闲从秋叶满地一直到转年的大雁南来。

一条汉子倚在一架手摇的鼓风机上读报；几个孩子聚在一块平台上玩"跌面面"；一个小女孩穿着名唤"外刹孩"的鞋子在一旁独自踢毽儿；还有四五个老人一排靠墙蹲着，晒太阳，抽烟，发怔，相互并不说话。他们几乎整整一生厮守一起，话已说尽，为什么还要坐在一起，一种生命所需求的依靠么？

阳光照亮他们雪白的胡子。晒暖了每一面朝南的墙壁。一只蜻蜓落在墙上，吸收着太阳从遥不可及的地方送来的暖意，那种玻璃纸一般的双翅和抹

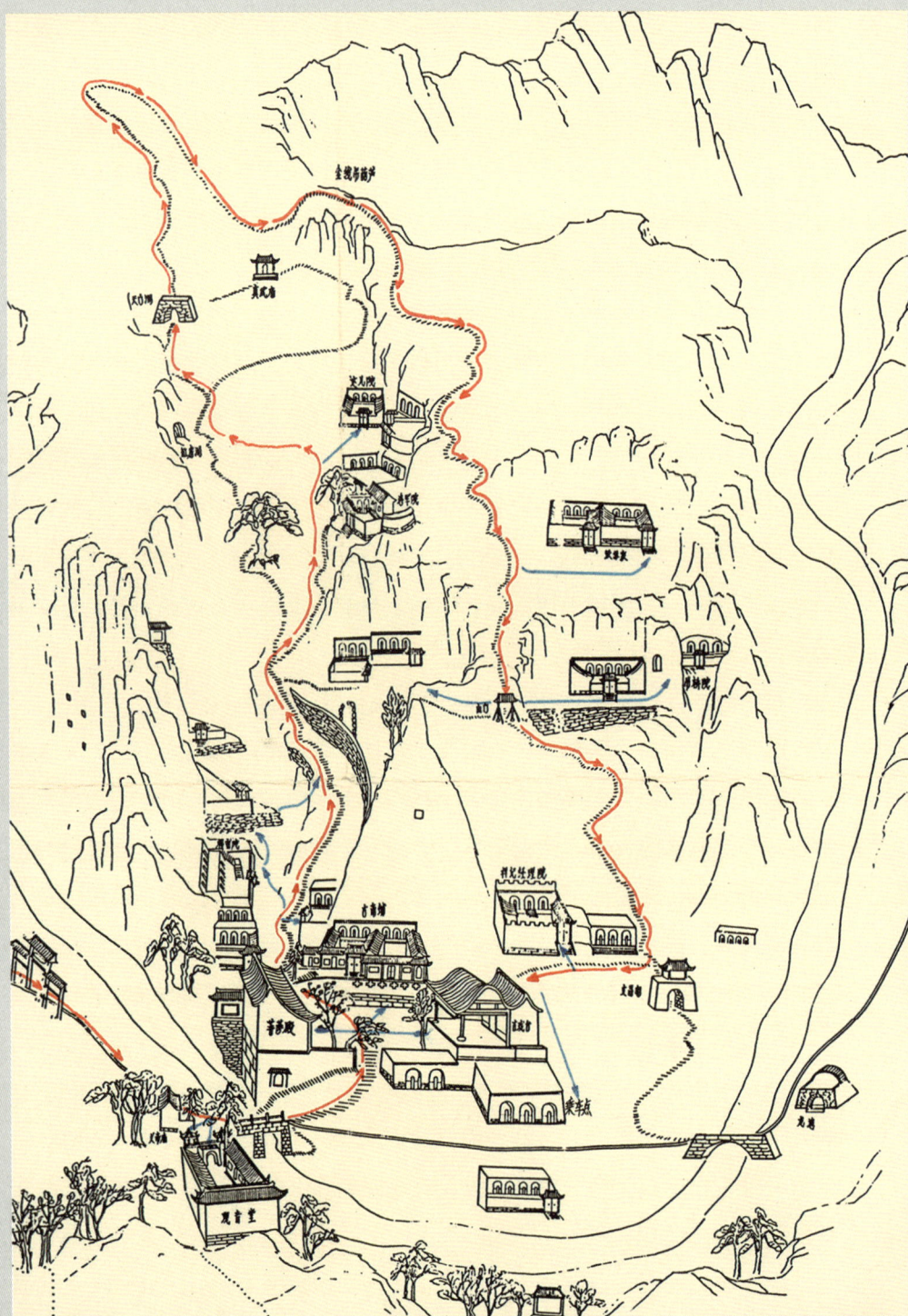

榆次东赵乡后沟村全图。

在泥墙中细碎的麦秸皮闪闪发光。外边阳光的暖意已经十分稀薄。但是当阳光穿窗入洞，竟在窑洞里集聚得温暖如春。两位妇女盘腿坐在炕上，用杂色的碎布块缝虎枕。我知道三晋各地的布老虎加起来至少有八百种。我还一直想去布老虎之乡长治地区做一次"寻虎行"呢。后沟村的虎枕，可以当枕头使用，放在炕上又是一件艺术品；当然，老虎还是阳刚的象征并具驱邪之意。枕头一端是虎面。猪鬃做的粗硬的虎须，白布缝的尖尖的虎牙，朱砂色的线绣成的云形的虎眉。虎的表情既威严又滑稽。枕头的另一端是翘起来的虎尾，尾巴末端还挂着用彩色棉线扎成的一绺彩穗，更显得趣味横生。在中国的民间，对于畏惧的事物，往往不是排斥或仇视，相反要与之亲近。人们恐惧洪水，反要舞龙；人们厌鼠，却把老鼠的婚事印在画上；人们怕虎，竟将虎帽虎鞋穿戴在孩儿身上。这样一来，人们不是与自己畏惧的事物美好地融为一体了么？每每看到这种表现，不能不被民间的包容性、亲和力及其博大的情怀而感动。

后沟村有动物，但人们从不打猎。老天也爱此地，故而有蛇却无毒蛇。村民们不尚吃野味，只吃喂养的家禽与家畜，以及粮食蔬菜和瓜果梨桃。男人用土烧制砂锅，女人用荆条编制箩筐。烧火是山中的荆条柴草，不去砍木伐树。用水古时取自龙门河，现在来自深井。后沟村最令人惊异的是家家户户的下水全部使用暗道。各户的分道通向总道，在大山里穿来穿去，然后下泄河中。为了防止雨水冲毁山道或积水淹垮山体，引发塌方，故而山村处处都有疏导雨水的明渠。最高的排水沟竟在山顶上。明渠的水汇入暗道，兼亦利用雨水冲洗暗道，排除淤塞。如此聪明的、巨型的排水工程缘自何人？现在的后沟村人已经无人能说清楚。口头的记忆就是如此脆弱。甚至连山村最高处那个位于艮门的神秘的空宅——吊桥院的主人姓甚名谁，也已经化为一团迷雾了。

然而，这个排水系统，令我对后沟村的历史文明心怀崇敬。说到系统，还不止于此。它整个山村的生活都是独立的，齐全的，配套的，自成系统的。

它有磨坊和油坊。至今还可以看到一个堆着一些空空的大缸的醋坊遗址。村里有铁匠和木匠，开窑造屋人人都会。至于纺线、织布、裁衣，乃是全村妇女们的擅长。女人们还会用刺绣、剪纸和面塑让生活有声有色。山西人制作面食花样翻新的本领可以进入吉尼斯，后沟村的女人能用五谷杂粮煎炒蒸炸煮烙烤，做出六十多种主食来，兼能制作酒枣、干萝卜、灌肠、腌酸菜等等五花八门的小菜小吃。山村半腰的地方有个小小的广场。广场一边是菩萨殿，菩萨毁于"文革"，栋梁上的彩绘依稀可见；另一边是古戏台，前棚后屋，形制优美，保存尚属完好。据观音堂所存重修乐亭（即戏台）的石碑上说，重修戏台是咸丰七年（一八五八年）。这次重修距初建戏台"百有余岁"。按此计算，戏台始建应在乾隆中期。此外，我在戏台后屋发现墙壁上有许多墨笔字，细看原来是榆次市秧歌剧团在一九五八年九月十日至十三日夜场演出的剧目。可见，至少二百年来，戏台前的广场一直是这小小山村的精神乐园。每逢庙会、社火和节日里还有种种自编自演和自娱的活动呢。从物质到精神他们都是有滋有味和自给自足的。这才是农耕文明一个罕见和地道的村落典范！一定是老天为我们抢救民间文化的苦心所动，才在这最关键时刻，把一个完整又完美的农耕村落的标本馈赠给我们。而同时我已预感到这个极具个性、气息非凡的小村落的深层一定蕴藏着更丰富和独特的文化信息。我一边思谋下一步该如何做，一边登上高山。此时，日头西斜，侧光入村，半明半暗，景象更加立体。然而山谷空气之清澄，令我惊异。每一口空气吸入肺，都像气化了的清泉，把肺叶凉爽地洗一遍。低头看到一村民蹲在下边一块突兀的山丘的顶上吃面条，人在这地方很是危险，看来他却早已习惯了。而且边吃边与更下边的另一位村民聊天。那村民坐在自家院中的磨盘上。

这下边吃面条的村民与我距离十来丈，他与更下边另一村民又距离十来丈。但所有说话的声音都像在我的耳边，清晰至极。他们平常就这么聊天吗？

据同来的一位东赵乡的人说，有时两人说话，全村都能听见。

我忽然悟到，所谓桃源，既非镜花水月，亦非野鸟闲云。原来——互不设防，才是桃源的真意。

陶渊明所写是他心中的桃源。我所写是我眼见的桃源。

不信，你可去看。但行动要快，倘若去晚，说不定已经被现代化的巨口吞掉了。

第一部民俗志

初步考察过后，采样小组成员全都兴奋难抑。工作成果在摄影家李玉祥那里立竿见影。他用随身携带的手提电脑，将所拍摄的影像一一展示出来，更加证实后沟村具有典范的意义。他几乎将这个古村落所有重要的视觉信息尽收囊中。由于我们进村后各自行动，他还拍到不少我没有见到的珍罕的细节，显示了这位涉足过数千个古村落的摄影大家非凡的功力——镜头的发现力、捕捉力和表现力，以及在横向行动中纵向观注的深度。

我对他说：你下边的工作是编写《后沟村民俗调查摄影记录范本》了。

摄像师樊宇提出，他今天遇到村中一家正在办丧事。他决定住进后沟村拍摄该村丧葬民俗的全过程，然后抽样进行入户的民俗调查。

我知道樊宇是具有献身精神的摄影师。他锐利的眼睛已经看到后沟村在人类学和民俗学中的价值。他不会放弃或漏掉任何机会。摄像与摄影的生命就是抓住稍纵即逝的影像。

另一项最重要的工作是对后沟村的民间文化进行文字性的全方位和深入其中的普查。我将这一工作交给榆次区的文联与民协。他们是有普查经验的。我将乌丙安教授编写的《村落民俗普查提纲》交给他们，内分生态、农耕、工匠、交易、交通、服饰、信贷、饮食、居住、家族、村社、岁时、诞生、成年、结婚、拜寿、丧葬、信仰、医药、游艺，凡二十类，二百七十个题目，有的一题多问。请他们据此并结合当地情况，另行计划与设题。

随后，我们又赶往祁县赵镇修善村和丰固村考察民间窗花。这两个村庄的百姓都是心灵手巧，多才多艺。凭一把裁布的剪子，一块红纸，人人能剪出满窗的鸟语花香。我们想从中找到一位传承有序的剪纸艺人，来做民间美术及其艺人的普查范本。

从山西返回北京不久，传真机的嗒嗒声中，就冒出来榆次文联传来的《后沟村农耕村落民俗文化普查报告》。榆次文联在接受我们的工作安排后，很快组成以张月军为首的普查小组进驻后沟村。并制定三种工作方式。一、对所有七十岁以上老人做调查；二、采用座谈、随机、抽样方式对全村村民做调查；三、对周围村落采用问卷和走访相结合的方式调查。同时将我交给他们的普查提纲，依据当地情况，或减或增，重新列出十六类，一百五十个问题，一问一题。这些题目是在考察之中不断提出和完善的，切实、准确、细微、针对性强，而且周全。这个普查小组颇具专业水准，这便使这份普查报告具有形成范本的可靠基础。虽然我们亲临过后沟村，但读了这份报告后才算真正触摸到后沟村的文化。

从中，我们详尽和确切地获知该村所有的物产，人们采用怎样的耕作方式和传统技术，制肥与冬藏的诀窍，节气与农事的特殊关系，与外界沟通和交易的方式，信贷与契约的法则，一日三餐的习惯，治病的秘方与长寿的秘诀，节日中苛刻的习俗与禁忌，蒸煮煎烤炸腌的各种名目的食品与风味小吃，居住的规范与造屋的仪式，生老病死、红白喜事的习俗与程序，分家的原则与坟地的讲究，各种花鸟动物图案的寓意，村民们喜爱的剧目，信仰的对象……仅仅数十户人家的山村，竟有如此深厚的文化。而正是这深切而密集的文化，规范、约定、吸引与凝聚着后沟村中这小小的族群中的精气，使之生息繁衍于荒僻的山坳间长长数百年。

此后不多日子，榆次文联又寄来厚厚一本打印的集子。是他们进一步收集到的后沟村大量的谚语、歌谣、故事与传说。其中谚语中"短不过十月，长不过五月""人吃土一辈，土吃人一回""只有上不去的天，没有过不去的山""不怕官，只怕管"等等，都是在这次普查中新搜集到的。多少智慧、经验、感慨、磨砺以及自由的向往与山川般阔大的胸怀，尽在其间。民歌民谣是集体创作的，它反映一种集体性格。我还很欣赏歌谣中的一首《土歌》：

        犁出阴土，冻成酥土。

        晒成阳土，耙成绒土。

        施上肥土，种在墒土。

        锄成暗土，养成油土。

这首诗对土的爱，之深沉，之真切，之优美，真是可比《诗经》。村民们都是土的艺术家。他们真能把土地制造成丝绸和天鹅绒！还有那些关于喜鹊、石鸡、斑鸠、红嘴鸦等等充满人性的美丽传说，叫我们体味到这些从不猎杀动物的村民的品格与天性。比我们自以为科学万能而肆虐大自然的现代人文明得多了。

在我将这些资料编入《普查手册》时，感觉到全国性的民间文化普查启动之前，已经有了一宗丰厚又宝贵的收获。当然，后沟村也有收获。如今已经拥有全国一流的专家为他们编写的第一部村落的风俗志了。

观音堂考古

一切工作都做得有条不紊。没有急功近利，一如农耕时代的生活。再加上学术上必需的严格与逻辑。

从中我发现，观音堂是解读没有文字记载的后沟村史的关键。

耿彦波一丝不苟地完成了我拜托他的三件事，即拓印观音堂中五通碑的碑文，还有对大殿建筑彩绘和院内古柏年代的鉴定。在历史上后沟村有许多庙宇，除了观音堂之外，村民们都知道"东有文昌庙，西有关帝庙，南有魁星庙，北有真武庙"这句话。但保存至今的只有关帝庙；庙中具有史证价值的，也只有一块嵌在院墙上的村民们捐银修庙的石碑，年款为康熙二十八年（一六八九年）。故而，观音堂中种种史料便如一堆宝藏，其中一定埋藏着可以打开后沟村历史的钥匙。

首先是散落在院中和嵌在墙上的五通碑。分别为：

《重修观音堂碑记》（66cm×49cm）；

《重修碑记》（143cm×70cm）；

《新建左右耳殿并金妆庙宇碑记》（143cm×66cm）；

《修路碑记》（128cm×73cm）；

《重修乐亭碑记》（189cm×76cm）。

其中前三块都是记载重修与扩建观音堂的石碑。经考证，将这三块碑的年代先后排列如下：

最早一块应是《重修观音堂碑》。时在明代天启六年（一六二六年）。碑石很小，嵌墙碑，嵌在西殿南墙上，碑面无花纹图案，字体粗糙，排行草率，其貌原始。碑文说"榆次之东北有乡……建古刹一座……颓墙残壁"，可见那时观音堂只是一座简朴的村庙。明代天启年间的重修只是填裂补缺，没有大的改观。这在下面一块碑的碑文中可以看得清清楚楚。

第二块碑是《重修碑记》。年款已然漫漶不清，无法辨认。但是从碑文可以认定它是明代天启之后的一次再修。碑上描述观音堂时说，"顾其庙规模，狭隘朴陋，无华欲焉"，表明明代天启那次重修之简单有限。但这一次大兴土木，故而碑文中对这次重修后的景象十分得意地记上一笔，"今而后壮丽可观，焕然维新"。这次重修的成果在第三块碑上也得到了证实。

第三块碑是《新建左右耳殿并金妆庙宇碑记》。时在乾隆四十一年（一七七六年），这是第三次重修。碑文中说，在这次动工之前，经过第二次重修的观音堂已经是"正殿巍峨，两廊深邃"，"自足称一邑之巨观焉"。乾隆年间的重修完全是锦上添花，但规模宏大，不仅扩建耳殿，还对大殿木结构的外檐进行改造，施用昂贵的贴金彩绘。山西省文物局古建专家柴师泽从檐板龙纹的型制也认定是乾隆时期的作品。单看这块《新建左右耳殿并金妆庙宇碑记》的碑石就很讲究。碑体高大，碑石柔细，刻工精美，边饰为牡丹富贵，碑额上居然雕刻"皇帝万岁"四字，显示该村一时的显赫与殷富。

再看另两通碑就会更加清楚：

《重修路碑记》记载着后沟村当年修筑村外道路的事迹。施工时，退宅让路，切崖开道，亦是不小的工程。修路是一个地方兴盛之表现与必需。这块碑也佚却纪年。所幸的是碑石上署着书写碑文和主持造碑的人的姓名，即"阔头村生员郭峻谨书，本村住持道士马合铮"。而前边那块乾隆四十一年的《新建左右耳殿并金妆庙宇碑记》也是"生员郭峻谨书写，道士马合铮监制"。由此可以推定，后沟村史上这次重要的筑路工程无疑是在乾隆年间了。

另一块《重修乐亭碑记》在前边已经说过，建造戏台的时间同样是在乾隆时期，几乎与扩建观音堂和修筑村路同时。此时，正是晋中一带大兴营造

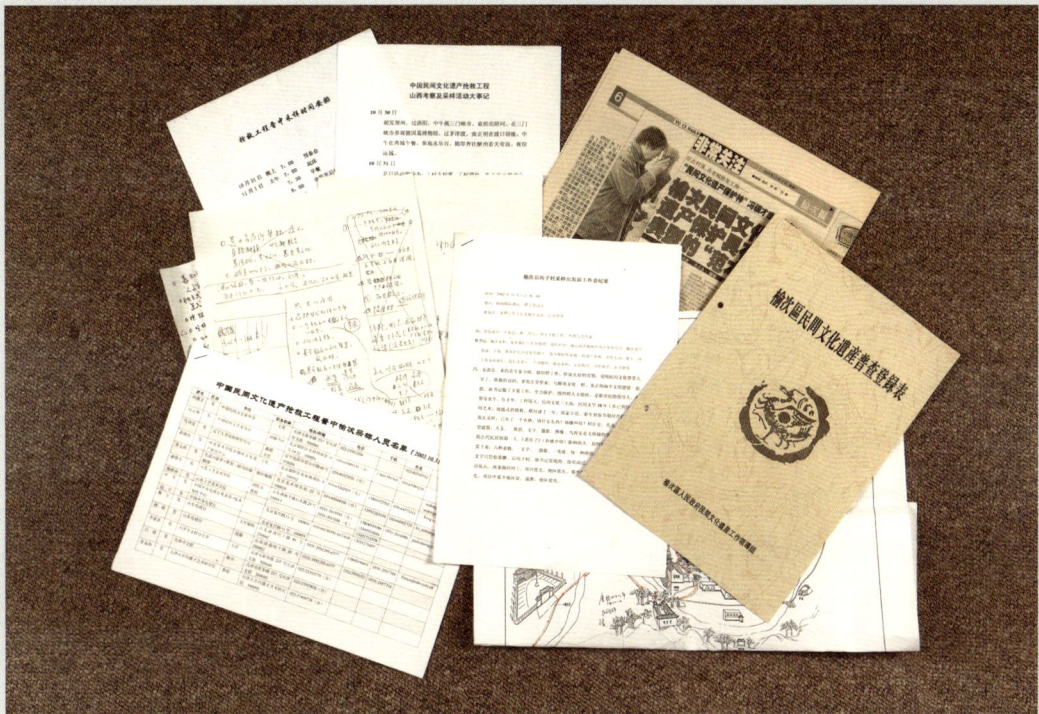

当年在后沟村调查时的资料。

之风，晋商们竞相制造那种广宇连天、繁华似锦的豪宅。在榆次，车辋常氏的家业如日中天，浩荡又经典的常家庄园就是此时冒出来的。而后沟村既逢天时，又得地利。由是而今，虽然事隔三百年，人们犹然记得年产百万斤贡梨的历史辉煌。它的黄金岁月正是在乾隆盛世。由此我们便一下子摸到后沟村历史的命脉。

关于后沟村建村的时间，却有些扑朔迷离。历史的起点总是像大江的源头那样，烟云弥漫，朦胧不明。现有依据三个，但没有一个能够作为答案：

一是人们在明代天启（六年）重修观音堂时，已经称之为"古刹"。古刹"古"在哪朝哪代，毫无记载。碑文上只说"年代替远，不知深浅"。正像李白在一千多年前就说"蚕丛及鱼凫，开国何茫然"，可是古蜀到底在何时？

二是榆次林业局对观音堂院内的古柏采用长生锥办法提取木质，又在室内以切片铲光分析年轮，最后推算出古柏的年龄为五百八十年，即明初永乐二十年（一四二二年）。这么一算，后沟村至少建于明初，但这棵古柏是观音堂最古老的树吗？观音堂是后沟村最古老的寺庙吗？还是无法推算出建村的年代。

三是后沟村中张姓为大姓，一位被调查的村民张丕谦称他的家族世居这里已有三十代。并说原有家谱一册，但在前些年不知不觉中丢失了。如果属实，应该超过六百年。可是这三十代究竟是一个确切的数字，还只是一种"太久太久"的概念？

当然，从以上三个依据，至少可以说元末明初已有此村。但什么原因使最初建村的那些先人远远而来，钻进了这高原深深的野性的褶皱里？

学者们有一种观点。认为与明初移民建村有关，当地民间就有"洪洞大槐树"之说。明初奖励垦荒，凡洪武二十七年后新垦田地，不论多寡，俱不起科。但有学者认为，洪武移民多往安徽。《明史》和《明实录》中均没有移民山西的记载。

有的学者认为后沟村建村应在元朝。蒙古进入中原，杀戮汉族十分凶烈，迫使汉族民众逃亡，隐居山林。山西正是"重灾区"。

我支持这种观点的依据是，后沟村是多姓村。张姓四十七户，范姓十五户，侯姓四户，贾姓、刘姓、韩姓等各三户。无论多少，全是聚姓而居，至今亦是如此。这很像宋代逃避到南方的客家人。在异乡异地，聚族而居是凝聚力量、自我保护的一种方式。

可是单凭这个依据又显得脆弱无力。

在山顶的一座宅院引起人们的兴趣。这宅院前有一座吊桥。吊桥是戒备设施。然而后沟村从来是和睦相处，自古就是"零案件"，吊桥用来防谁？此宅早已荒芜，院内野草如狂；吊桥空废更久，桥板一如老马的牙齿，七零八落。去问村人，无人能说。于是一个古老又遥远的隐居村的想象出现在人们的脑袋里。

可是，如果真的是那种恐惧心理伴随着这个村落悄悄地出现，待到了明代就应该改换一种情境。后沟村各处的庙宇早已是晨钟暮鼓，声闻山外。许多寺观庙宇皆荡然不存，为什么这个吊桥反而越过六七百年一直保存到今天？

然而，历史的空白也是历史的一部分，是它迷人的一部分，正像玛雅文明与三星堆那样。我们愈是向它寻求答案，愈会发现它魅力无穷。

尽管大家做这些事没有任何报酬，但谁也没有松懈自己分担的责任。一个月后，纷纷将各自完成的那部分内容寄给我。榆次文联普查小组、李玉祥和樊宇分别将关于文字、摄影和摄像的普查范本寄给我。按照要求，他们还各自设计一份普查表格，供普查使用。从专业的角度看，这些田野的杰作无须加工，已是高水准的范本了。在十月底初次考察后沟村之后，樊宇又跑去过两次，一次为了补充调查民俗，一次专事记录婚俗。我欣赏他的敬业精神近于一种奉献。他每次入村拍摄，不去打扰村民，就住在空荡荡的观音堂的大殿里。此时，天已入冬，他便在房子中央生个小炉子。更实用的保暖的办法是多带一些羽绒的防寒服和毛线袜。不要以为我们抢救民间文化一呼百应，有千军万马。真正在第一线拼命的只是这不多的一些傻子。

春节前我将《普查手册》的全部稿件交付出版社。大年三十之夜的子午交时，我忽然接到一个电话，是樊宇。他没有在家里过年，居然又跑到山西榆次东赵乡后沟村去了。他正把摄像机架在冰雪包裹的滑溜溜的山头上，拍摄那里的年俗。他知道只有将年俗记录下来，才算完成这个古村落的"全记录"。

我拿着话筒，感动得半天说不出话来。话筒里听着他在喊："山里放炮响极了！"我还是不知说什么，忽然电话断了，心想肯定是山里通话的信号不佳。待我渐渐想好该说的话，一遍遍把电话打过去，听到的却总是接线员的"无法接通"。事后我读到樊宇写的一本《影像田野调查》才知道，那时陪他上山的村民滑倒在山坡上，险些落入漆黑的山谷。读到这里，我心中涌起一种骄傲又悲壮的感觉。我为我的伙伴们骄傲。因为在这个物欲如狂的时代，他们在为一种精神行动，也为一种思想活着。

二〇〇四年五月　入川归来之日

晋中后沟村采样调查

言论·报道

专家小组考察后沟村的古庙观音堂。（前左乌丙安，前右向云驹，后中潘鲁生等）

向钱看还是向前看

二〇〇四年十月十七日，平遥古城南门瓮城外侧东部一段东西长十七点三米、厚三米（总厚度五米）、高十米的城墙突然垮塌，上千块承载着岁月沧桑的青砖落地。

二〇〇五年九月二十二日，平遥古城墙再次坍塌。西城墙内侧裸露的夯土层发生大面积脱落。城墙最高处的"女儿墙"坍塌了七点四米，城墙内侧土层脱落厚度三十四厘米。前后不到一年的时间，世界文化遗产平遥古城的古城墙两次坍塌。

举世闻名的平遥古城在不到一年时间里两次坍塌，让人们不禁担忧，已被开发或是将被开发的历史文化遗产的命运将走向何方？是生存还是毁灭？我们在开发这些宝藏时，应该向钱看还是向前看。山西是一个有着丰富历史文化遗存的省份，在市场经济的条件下，如何在保护历史文化遗存的同时把历史文化资源转化为经济资源？是把历史文化遗存完全推向市场还是走其他途径？山西已经开发和正在开发的一些项目存在着哪些经验和教训？就这些问题，记者采访了相关部门的多位专家、学者。

古城到古村落 开发日渐升温

从上个世纪九十年代开始，山西陆续对本省境内的多处历史文化遗产进行了开发和利用，平遥古城、王家大院、乔家大院、曹家大院、后沟、临县碛口……到目前，山西各地对这些文化遗产的开发达到一个高潮，山西的旅游产业也越做越大，一些景点甚至举世闻名。当然，这种升温是有其根据的，因为文化遗产的开发在很大程度上意味着遗产所在地将迎来滚滚财源。

旅游业是一个跨行业、跨部门的产业，社会性、综合性很强，涵盖吃、住、行、游、购、娱六大要素，不仅直接牵动第三产业的发展，而且影响到整个国民经济中的数十个相关部门，对国民经济具有重大拉动作用；旅游业是高度开放的国际化产业，是我国与国际接轨的先行产业，外商可以通过旅游这个窗口了解投资环境，考察投资项目，确定投资方向，我们通过开发旅游可以加速走向世界；旅游业是促进经济增长方式转变的先导型产业，作为一种"无烟工业"，作为一种文化内涵很深的产业，其发展的低污染、高附加值特性日益令人瞩目；旅游业是扩大就业、增加群众收入的重要支撑产业，以其产业关联度高、经济效益好、就业门槛低、包容性强的特点，成为吸纳就业的重点领域。据世界旅游组织测算，旅游业直接从业人员每增加一人，相关行业就业人员就增加五人。随着旅游业的快速发展，吸纳就业的人数还将快速增加，而且阶段性就业和周期性就业使旅游就业趋于多样化，对调节社会就业发挥着越来越重要的作用。难怪省内只要有条件的地市都在加大投入积极开发；而山西省政府也在几年前就制定出建设文化大省、旅游大省的指导性政策。

开发与保护 生存还是毁灭

不论是平遥古城还是后沟、碛口，走的都是乡村游、民俗旅游路线，可以说，小小村落也能做出华丽的大文章。民俗旅游具有广泛的群众性、互动性的特点。而这些古城古村落，正好迎合了众多身居闹市的城里人，来这里看大自然的风土人情。

山西最著名的景点之一平遥古城，是我国现存最为完整的明清县城，一九九七年被列入《世界遗产目录》，也因此而举世瞩目。但是，二〇〇四年十月十七日，平遥古城南门瓮城外侧东部一段东西长十七点三米、厚三米（总厚度五米）、高十米的城墙突然垮塌。当时，平遥县有关方面的人这样解释：

这是"六百年前的'豆腐渣工程'"。

在相距不到一年的时间里，也就是在二〇〇五年九月二十二日，"十一"黄金周的前夕，平遥古城墙再次坍塌。西城墙内侧裸露的夯土层发生大面积脱落。城墙最高处的"女儿墙"坍塌了七点四米，城墙内侧土层脱落厚度三十四厘米。前后不到一年的时间，世界文化遗产平遥古城的古城墙坍塌两次。对于第二次坍塌，平遥官方解释则是"前两天连续大雨是墙体脱落的'罪魁祸首'"。如此的解释，显然不能使关心平遥古城的人们满意。这说明平遥古城的主管单位在文化遗产保护工作方面还有待提高。这不能不说是一个极大的遗憾。

山西省还有一个著名的小村落，也就是被著名学者、中国民间文化艺术家协会主席冯骥才推崇为中国民间古村落保护成功典范的榆次后沟，它原汁原味地保留了农耕时代小山村特有的生活气息和生活状态。后沟依山傍水，房屋错落有致，阳光充足。人们在这里世代安居乐业，让远道而来的人仿佛误入桃花源。此外，它有大量的传说、谚语、歌谣、儿歌，也有自己的民间故事。而这里的各种民俗保存、延续也非常完整，婚丧嫁娶、生老病死在这里都有一整套独特风俗来对应。这种风俗绝非其他地方那种仅供观赏的民俗表演。可以说，到目前为止，后沟的保护是成功的，但是，这样的保护能延续多久，能不能经受住市场的考验？一切都是个未知数。

除了平遥古城和后沟，在吕梁山西麓、黄河之滨，还有一个刚刚崭露头角的中国历史文化名镇——碛口古镇，从清初到民国数百年的历史里，这里曾被誉为九曲黄河第一镇。这颗由母亲河孕育的灿烂明珠，曾经光芒四射，照遍了半个中国。古镇的繁华在历史的变迁中落幕，然而，今天这儿的古渡、古街、古铺、古刹、古村落，似乎依然在向我们诉说着世事的沧桑。碛口五里长的明清一条街，两旁店铺林立，鳞次栉比，十三条小巷，依山就势，院院层叠，这四百多个院落，就是昔日的四百多家店铺；黄河岸边巨石悬崖间的石梯，那是纤夫用汗水和足趾刻出来的杰作；古刹黑龙庙的戏台，有"山西唱戏陕西听"的奇妙音响效果；咆哮如雷，浊浪排空的二碛，让你真正领略了顽强粗犷的黄河精神；沙砾闪光的麒麟滩，是天然的大浴池，沐黄河百草水，治浑身无名病；构思奇巧、形制特异的西湾、李家山等村民居，是碛口经济力辐射的产物，窑洞式的明柱厦檐高圪台四合院，是走遍全世界也再难找到的；那里还有独具特色的秧歌。临县文化旅游局办公室高主任告诉记者，目前碛口开发的各项工作正在积极地进行，各项规划也正在进行中。而他们当前最重要的任务是要找一个投资商。记者也采访了具体做碛口旅游规划的学者——山西大学历史文化学院副院长张士满教授。张院长告诉记者，碛口规划目前正在审批阶段，它具体有三部分，即古镇保护规划、城镇总体规划、旅游规划，之所以要三个规划由一个单位负责做，就是考虑到这样做规划之间能更好地互相补充，真正做到科学开发，保护性开发。

关于文化遗产的开发和保护，省旅游局政策法规处的陈少卿处长讲了一句十分精辟的话："开发是保护的手段，以开发养保护是现在最有可行性的方法。"平遥古城、后沟古村落和碛口古镇以及其他一些类似的历史文化遗产，都经历了历史风雨的锤炼，凝聚了数百年来人们创造的物质和精神财富，而这些正恰恰是旅游业发展所依托的重要资源。单纯的保护不是目的，也不是可行的手段，关键是在利用中达到保护的目的。近些年的开发实践证明，发展旅游是实现保护与发展共赢和资源优势转化的最佳途径。

开发中的几点问题

曾有一些业内人士认为，山西现在开发古城镇太多、太滥。对此，省旅游局的陈少卿处长分析说，从产品开发的角度讲，无所谓多少。多有多的好处，像晋中大院群落的开发就做得很好，几个大院之间相互呼应，既形成规模效应，便于统筹规划和建设，又形成竞争态势，让各个景点在不断的自我完善中更好地开发保护旅游资源。从保护自然和文化遗产上讲，开发是保护的手段，以开发养保护是现在最有可行性的方法。

但是，陈处长也不无担忧地指出，在对古城镇的旅游开发过程中，存在的问题还是很多的，无论是山西省内还是其他兄弟省都或多或少地存在一些遗憾，有的甚至对原有的资源产生了很大的副作用。

首先，是如何协调各景区的可进出性、配套设施的完善与保持古城镇原貌的问题。能跨越几百年历史而一直保持原有生活面貌的古城镇、古村落，其地理位置一般也都比较偏僻，交通、餐饮、住宿、购物等条件相对较差，这些都是旅游开发时必做的项目，但是，这些设施在建设时如何能融入古城镇原有的体系中，这是一个难题。

　　其次，便是景区居民安置问题。有的地方采取不动迁政策，让居民们靠城吃城，参与景区利益分配。开民俗酒楼、民俗旅店，进行民俗表演，这样固然是增加了居民们的收入，也减少了对景区的开发投入，但是也存在这样的问题：如果让居民过多地参与了这些商业活动，原本淳朴憨厚的民风会不会被商业竞争的风气逐渐浸染？把居民的日常生活演变成一种表演，游客还看什么？这直接关系到旅游产品的竞争力问题。但是，如果把居民集体迁出，显然是不现实的，首先那样资金投入太大，一些眷恋故土的老人也不愿意离开，最重要的是那样只会留下一座空城、死城。

　　第三，古城镇开发的主要目的是什么？赚钱还是保护？能做到双赢当然是最好的结果。但鱼与熊掌难兼得。以平遥古城为例，"五一""十一"人潮车潮、喧闹的人声车声无不令人担忧，古城的风韵正在一点点被商业化机器磨平。也不能不使人担忧，即将进行商业操作的后沟、碛口是不是也会重蹈周庄、平遥古城的覆辙？这样的繁荣能有多久？

　　第四，就是如何能真正原汁原味地保持古城镇文化的原生态面貌？人和人的生活构成了古城镇的灵魂，这也是乡村游的魅力所在。

　　总之，文化资源在市场经济条件下如何既能最大程度地转化为旅游优势、经济优势，又能最大程度地保持文化的原生态面貌，这的确是一个严峻的问题，我们能做的只能是如何让这些财富在我们手中发扬光大并且流传下去。在对文化遗产开发时应该向钱看还是向前看？记者认为每一个有社会责任感的人都会赞成选择后者。

二○○五年十月二十日　《山西商报》　张雪冰

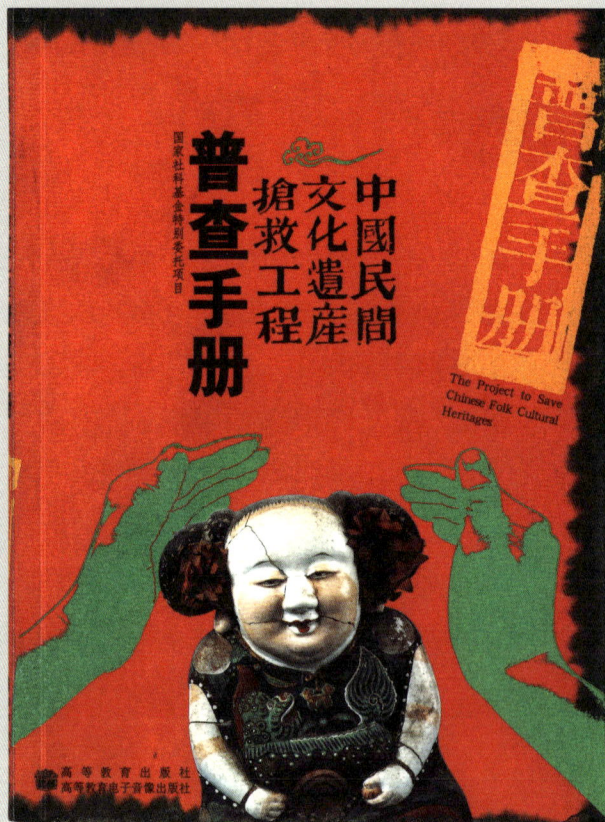

这是我们加紧编写与印制的《普查手册》，普查人员人手一册。

后沟村：农耕文明画卷

　　如果不是冯骥才一行人的考察发现，一个叫后沟村的古村落很可能永远尘封在山西晋中市榆次区的角落。十年前，冯骥才第一次来到后沟村，被这里古朴的农耕文明，纯正的自然文化和农民传统的信仰所吸引。二〇〇三年，中国民间文艺家协会宣布，后沟村成为中国民间文化遗产抢救工程唯一古村落农耕文化遗产采样地。

　　与此同时，这座古村落的命运也随之改变。

建村年代无从可考

　　没有人知道后沟村始建于哪一年。唯一可考的依据，是村内观音堂中一块石碑上漫漶不清的碑文。大明天启六年，村中张氏子孙重修观音堂时，在这块石碑上留下了八个字——年代替远，不知深浅。

　　为了弄清建村年代，冯骥才和专家们对村内一棵古柏树进行了年代鉴定，推算此树年龄为五百八十年，这证明后沟村至少始建于明初，但据说有文字可考的历史可追溯到唐朝。

　　后沟村总面积只有一点三三平方公里，现有村民七十五户，二百五十多人。因地处黄土高原低山丘陵地带，这里的民居多为清朝和民国年间建造的土穴窑洞，以传统三合院和四合院为主。依崖就势的建造方式则增添了几分神秘，也体现了后沟村人与自然相融合的传统古村落建村理念。冯骥才曾说："中国人在居住上追求与大自然和谐相处，即天人合一。对后沟村来说，一左一右两座土山围拢上来，形似围抱，身居其中，自会觉得稳妥安全。且此处不单避风、避寒，明媚的阳光正好暖洋洋地卧在其中。"

据说，一年四季，后沟村几乎是早上九点多才能见到太阳，可刚刚下午三点半，太阳就下山了。这是由于后沟村四面环山，村里大部分建筑又都建在山坳里。

和许多保存完整的古村落一样，偏僻的地理位置，相对落后的经济，致使后沟村村民长久封闭在其中，保存了中国北方农耕文明的文化传统。

农耕文明活化石

不夸张地说，后沟村是一个"众神云集"的地方。它村子虽小，庙宇却有很多。历史上后沟村的庙宇多达十八座，仅观音堂院内就有五处，平均十四个村民就有一座庙，这也是黄河流域汉文化的一个普遍特点：诸神在位。

村民们根据自己的信仰和需要，设立各种"俗神"，修建庙堂供奉。后沟村南有魁星阁，东有文昌庙，北有真武庙，西有关帝庙，将佛教、道教、儒家囊括在同一个村庄。但遗憾的是，大部分庙宇都未能躲过"文革"中"大破四旧"的命运。现在的庙宇多为二〇〇五年重新修建。

除了民间信仰，在生活方面，后沟村也体现了古人的智慧。后沟村海拔九百七十四米，虽上下落差百余米高，但家家户户都有井水可淘，而且设有严密的地下排水系统，下水全部使用暗道，各户分道的水从村东北和西北的高处起，穿过整个村落，勾连各家各户，最后归入河中。另外，为防止雨水冲毁山道或积水淹垮山体，后沟村处处建有疏导雨水的明渠，最高的排水沟竟在山顶之上，而且明渠的水汇入暗道，又可利用雨水冲洗暗道，排除淤塞。这种古老的设计之美多少会让现代设计师汗颜。

除此之外，后沟村威严的祠堂，精细的古戏台，以及自给自足的传统生产作坊，构成了一幅农耕文明的完整画卷，所以冯骥才说："后沟村是我心中的桃源。"

在后沟村几百年，甚至上千年的历史进程中，二〇〇五年是重要的一年。

这年三月，后沟村修复工程动工，榆次区政府投资二千多万，把古村整旧如旧。后沟村的名字也被更多人熟知，而在此之前，它最大的辉煌，可能仅仅是年产过九十万斤梨，或者上世纪八十年代人均分配粮食四百斤的富足。

农耕文明的"活化石"换了一种方式继续存在。

二○一二年十一月二十九日　《华夏时报》记者 李北辰

中国木版年画抢救

文章·讲话

年画是民间艺术的龙头

　　欢迎你们。中国民协在朱仙镇召开的这次会能够吸引来这么多学者，有些学者还不远万里，来自大洋彼岸，为什么？我想是两个原因，也是年画的两个魅力：一个是它的艺术魅力；一个是它的文化魅力。我们讲艺术魅力，自然要讲年画造型的特点、它的色彩、它独特的语言、它的版味，等等。但是要讲文化魅力，就是很有意思的事了。我先把年画放在文化层面上，谈谈文化大背景上的一些问题。

　　首先说，当我们把一个事物视为一种文化，一定跟它有了一个距离。这距离，或者是空间性的，或者是时间性的。比如说，我们现在看"文革"，我们是站在另一个时间——至少有三十年的时间距离来看"文革"。于是我们看清了它非常独特和非常荒诞的文化形态。再比如我们看上海的三十年代。我们与那个时代已经有七八十年的时间距离，自然就能看到上海滩特有的"十里洋场"的殖民性的文化形态。这就是时间的距离。还有一种空间的距离。比如一个外国人看中国的文化，他会觉得我们的文化很新奇，很异样，很独特。他们看得很鲜明，轮廓清晰，形象的特征十分明确。往往我们生活在这文化之中是没有这种感觉的。总的说，当我们对一种文化形态产生了认识的时候，我们已经进入另外一个历史阶段——历史时间；或者站在了另一个空间——文化空间。从这个意义上说，我们现在看民间文化——我们把年画作为一种文化，也是因为我们站在了另一个历史时间和文化空间来看的。我先说历史时间——

　　农耕时代正在从我们身旁消失。现在，我们的一只脚还没有离开农耕时代，另一只脚已经踏入工业时代中。人类整个的历史上，实际只有两个文明的转型期。一个文明转型期就是从渔猎的文明转型到农耕文明。这个时期大概是从龙山文化到河姆渡文化，离我们现在五千年到七千年的这个时期。但是在那个转型期，人类没有保护自己文化的自觉。所以渔猎文明基本上没有留下什么东西。最多也就是一些甲骨文，一些岩画上的十分简略的图像与符号。此外就再没有留下什么遗存了。

今天我们赶上另一个转型期，就是我们这一代人赶上了从农耕文明转型进入一个现代工业文明。原有的农耕文明架构下的一切文化都在迅速地瓦解、消失、涣散、泯灭。我们中国的情况又很例外，这种转型不是线性的、渐变的。而是从"文革"进入改革的，突然的改革开放。我们跟西方的现代化国家不一样。他们有一个线性的转化的过程。在这个过程中，知识分子是比较容易把这个文明的转变看清，并做出自己的反应。我们是突如其来的。所以，前些日子在中央美术学院的"全国高等院校非物质文化遗产保护教学研讨会"上，我说"我们现在农耕文明架构下的整个文化的瓦解与消亡，既是'正常死亡'也是'非正常死亡'"。从整个的社会进步来讲，它的死亡是正常的。原有的农耕文明必然要瓦解和消失。但是由于我们对原有的农耕文化心里没有底数，我们从来没有对自己的民间文化做过调查；而现在，不等我们反应过来，工业文明的浪潮就要把它们席卷而去，所以它又是一个"非正常死亡"。农耕文化正在烟消云散，大量的文化正在速死，死得缄默无声。所以我说，每一分钟我们的田野里、山坳里，都有大量的、迷人的、灿烂的民间文化无声无息地死去。

现在，再来说文化空间的问题。我们现在看民间文化已经不是站在农耕时代里看农耕文化，而是站在工业化和全球化时代来看农耕文化。这就涉及当代文化最重大的问题——全球化冲击。我们中国在近百年以来，国门洞开，中外文化碰撞，共有两次。一次是从清末民初直到"五四"前后的时代。那次打开大门的时候，我们面对着的西方文化是一个文化整体。在那个时代对外部文化是有机会、有时间进行选择的，那一代的知识分子基本上是站在文化的前沿向我们的国人介绍西方文明的精华。他们所介绍的西方哲学，从苏格拉底到斯宾诺莎一直到马克思；他们对西方的文学介绍从莎士比亚、托尔斯泰到罗曼·罗兰，巴金、鲁迅、郭沫若翻译的西方作品，全是西方名著，全是西方文化的精华。那时的知识分子可以沉住气又很从容地做这些事情。但是这一次不行。这一次我们一打开国门，涌进来的是乘载着商品经济的商业文化。它根本不管你的文化传统，也不管你官方的意识形态，什么都不管，呼啦一下子就进来了，所向披靡。因为他有两个载体，一个是电视，一个是报纸，都是强势的、霸权的媒体。从超级市场，到麦当劳、到好莱坞、到NBA、到旅游、到歌星、到影星、到球星、到时装、到五光十色的名牌，一下子一涌而入。因为这都是商业文化，是要卖钱的。它拒绝永恒。它是必须不断地花样翻新，不间断地制造商机。所以商业文化一定是粗鄙化的、快餐式的、一过性的，大肆地冲击我们。我们没有准备。我们搞了半个世纪的计划经济，根本没有商业文化。原有的商业文化只是那种古老的、传统的通俗文化，带着一点点商业性而已。面对着这种外来的强势的现代的商业文化，我们无所措于手足。这种商业文化也可以叫做"流行文化"。近一二十年，流行文化为主体的商业文明猛烈地冲击着我们，有时会感觉我们的文明要被冲散了。

我想，下边跟着我们应该回过身来，看看自己的文明是以一个什么样的状态迎接这个外来冲击的。博大精深吗？不，我们是以一种粗糙的、松散的文化状态接受这一雷霆万钧的文化碰撞的！不要以为我们文化的粗鄙化来自改革开放，来自西化。可以讲，中国文化粗鄙化的过程至少有三百年的历史，始于满人入关。原来我们还挺得意，认为汉文化很厉害，中原文化很厉害，足可以把一切外来文明同化了，消化了。实际上同化从来都是双向的。你在同化我的同时，也被我同化了一部分。所以，当博大精深的汉文化同化满文化的同时，也被满文化这种积淀比较粗浅的马背文化稀释了。清朝的三百年基本上是一个逐渐被粗浅化的过程。到了一八四〇年鸦片战争之后，受到外来文化一冲击，我们的文化就变得松散了。然后跟着就是"五四"运动。"五四"运动的进步性是不容置疑的；但是"五四"的文化倾向是把传统文化作为对立面的，把传统放在一个反面的位置。从那个时候中国的革命一直把传统文化作为反面的角色。到了五十年代以后，干脆就把传统文化作为革命的对象，

二〇〇三年一月六日年画抢救和普查工作天津会议。

不断地从传统文化里寻找敌情，寻找政治斗争的借口，寻找政治发难的由头，一直到"文化大革命"。"文化大革命"在本质上是一场全面颠覆传统的"革命"。到了"文化大革命"的后期，我们中国人对传统文化的概念只剩下"批红楼""批水浒""批克己复礼"三句话。一个民族不管你原有的文化多么博大精深，关键要看你现在这一代人对自己的文化知道得多少？还有多少文化的自豪感和自尊心，这是最重要的！到了"文革"的后期，我们的中华文化基本上只剩下一个空架子。这个空架子在改革开放一开国门，迎头撞来的就是"流行文化"。不要埋怨媒体里天天折腾的都是一些流行的歌星、影星，都是奶声奶气，都是一惊一乍的作秀。媒体是企业，媒体要活，它必须有卖点。它必须不断制造刺激性，不断地制造意外，不断地造势和炒作。媒体本身就是制造商业文化的。我前些日子给《北京青年报》写了一篇文章《当代大众的文化菜单》，我说当今媒体给大众提供的主要是两道菜，一道菜是名人，一道菜就是时尚。

媒体制造名人。历史任何时期也没有现代媒体这么会制造名人。媒体可以使一个人一夜之间名满天下。媒体每天追逐的就是名人。名人的各种各样的行踪、轶闻、结婚、离婚、再婚、婚外恋、出事、惹事、祸事，等等，全在媒体的视线里。为什么？因为它需要不断制造卖点。为此，名人是现代媒体的主角，也是大众所关切的"看点"。

另外一个就是时尚。前些日子我在山东省跟青年学生谈话中说——你们可要小心时尚，时尚是一个商业陷阱。不要以为现在忽然时兴什么黄头发、吊带裙、清汤挂面的发型，就认为那个东西是时尚，认为那个东西最个性、最时髦。当一群人都在追求那种"时尚"，也就无"个性"可言。因为"时尚"是为了让你跟它一样。时尚其实是泯灭个性的。它是现代商业制造出的最热销的商品，也是现代商业制造的一本万利的商机。

然而，在这种流行文化的冲击下，最严重的问题是造成了对自己固有的传统和文化失去一种自信心，一种自尊。而缺乏文化自尊心的民族才是危险的。不管将来富起来，富成什么样子，但在肥厚和充满脂肪的外表里边是一个精神的空洞。到那时，我们就会发现，使一个人富起来实际是容易的，要使一个人有文化是困难的。可是，现在要求经济快速发展。发展经济就要扩大内需，就要刺激老百姓物质的拥有欲。但是如果物质的欲望太高，就会物欲横流。这个时候一定会鄙视精神。至于这个问题严重的程度，不需要长篇议论。只要到街上去和偶然相遇的年轻人谈谈自己的民族，说说自己的文化，你从所得到的反应中就会强烈地感受到我们文化的问题了。

我上边所说的，就是我们这次会议的大背景，也就是我们提出"中国民间文化遗产抢救"的深层的根由。说到底，我们这样做是为了民族的精神。民族文化是民族精神的载体。所以当代的文化工作者有责任去抢救、保护、弘扬我们的民间文化——我把它叫做"中华民族文化的一半"。任何一个民族文化都有两部分。一半是它的精英的典籍的文化，还有一半就是民间的文化。可是，我们对民间文化一直是很轻视的，这就不用说了。我们现在应该怎么办？尤其是我们对民间文化的实际状况没有底数。即使在专家范围内，也是"你知道的我不知道，我知道的你不一定知道"。如果把我们各自知道的加在一起，远远不如我们不知道的。民间文化像野花一样开遍田野山川，我们对它却完全心里没数。但是这些漫山遍野的花儿正在凋谢与失散！民间文化的生命规律本来就是自生自灭的，它是口传心授的。如果他没了传人，或者他的子女去到城里打工去了，就会立刻中断，断绝。就像风筝的线一断，我们的手里就什么也没有了。就像瞎子阿炳一样，他有一百多支曲子，但现在记录下来的却只有几首，其他全部被阿炳带走了。因此，现在我们中国民间文艺家协会——我们中国的文化界、民俗学界、民间艺术界要做的一件事，就是"中国民间文化遗产抢救工程"。为此我们奋斗了一年。我们尽量向有关领导人讲清我们的想法，请求支持；也设法说服各界，请求帮助。另外我们在媒体上不断地呼吁，争取社会的更多知音。现在可以讲，最近得到中央的批准，而且列入"国家社科基金特别委托项目"。

那么我们要做什么事情呢？

我们要对我们九百六十万平方公里上包括汉族在内的五十六个民族，"大到古村落，小到荷包"进行为期十年的一次性的全面的抢救性普查。我们要做五个工作：普查、登记、分类、整理、出版。我们要争取在十年中把"中华民族的一半"整理清楚。在历史上，精英文化总是有人整理，且不说《永乐大典》和《二十四史》，就连唐诗、宋词都不断有人去梳理、校勘、注释。但是民间文化除去《诗经》和《汉乐府》，还有"五四"时期有人做了一些局部的、零星的采风工作之外，全方位的、系统的田野调查和文字整理，在历史上从来没有。应该说，也只有像我们这样的国家，我们这样的组织，才能做这么巨大的事情。这是我们国家社会制度的优越性。

然而做起来一定是非常艰难的。可是如果我们现在不做，我们后人就会两手空空。根据现在的农耕文化消失的速度，十年之后，农耕文化的遗存至少要消失百分之五十。

我们要抢救的民间文化主要分三部分：一部分是民间文学。就是在田野里、地头上农民们口头传承的那些谚语、歌经、故事传说。还有是民间艺术和民俗，共三部分。我们中国民间文艺家协会在过去的十八年，经过艰苦卓绝的努力，现在可以讲——中国大地上的口传文学基本上已经被我们"打捞上来"了。这个工作接近完成。用时十八年，五万多人下去调查，搜集到几十亿字的民间文学，这是世界上没有的。如果我们对民间文学的抢救不是在十八年前，而是从今天开始，恐怕百分之七八十都没有了。这就是民间文化抢救的必要性与紧迫性。

所以说，我们的文化工作者的当代使命是抢救。抢救是超过一切的，抢救是要放在保护前边的。你底数都不清，就谈不到保护。抢救也要放在研究前边的。没有第一手材料，研究就会陷入"无米之炊"。所以说"抢救第一"。这也是最近人大常委会刚通过的《文物保护法》中十六字里的第二句"抢救第一"。

再要谈的是，我们为什么要从年画下手？

这次我们跟河南省开封市朱仙镇合作的目的，是历史性地发动中国民间文化遗产抢救工程。这一次不完全是一个学术研讨，我们要在这个会上发动全国民间年画的抢救。我们不只要把已知的东西整理出来，更重要的是要把底数不明的现在时的年画状态搞清。现在的年画到底是什么状态——什么样的人文状态，什么样的生产状态，什么样的存活状态，要彻底搞清楚。还要把我们不知道的散落在民间的东西都挖掘和整理出来。我们之所以要从年画下手，主要原因就是年画是中国民间艺术的龙头，这是我的看法。我们中国的民间艺术成千上万种，但是年画是第一位的。

为什么说年画是第一位的？

首先是年画制作的规模最大。我们现在已经知道的全国重要的年画产地有二三十个。这些年画产地都是规模性的生产，年画制品覆盖全国。在农耕时代，过年时贴年画的风俗，遍及中国。所需年画的数量匪夷所思。年画跟个人制作的剪纸和刺绣不一样。它是作坊式的生产，而且在一些年画产地，这些作坊连成片，是具有规模的生产方式，这种方式和规模是其他任何民间艺术都不可比拟的。俄罗斯汉学家阿列克谢耶夫在一九〇七年考察杨柳青时估计，当时杨柳青镇制作年画的作坊至少有二千家。其规模可谓浩瀚。

第二个它的产量大。任何一个民间艺术在数量上也没法跟年画相比。这由于年画与风俗密切相关。作为风俗用品，年画是必备的。比如腊月二十三中国各地有祭灶的民俗，《灶王图》就必不可少。大年三十要祭天地众神，《全神图》就必须事先贴在墙上。至于《门神》《财神》，也在必备的年画之中。甭说年画铺天盖地的年代，即使在当今年画衰败阶段，山东潍坊杨家埠的年画产量还是每年一千多万张。

第三是文化信息量最大。由于年画是年俗物品，在农耕时代，它是处在"除旧更新"这个特殊的时间里。在这个时间里，冬去春来，人们要送别过去的一年，迎来新日子新生活。一边把不好的东西送走，一边把好的东西迎来。自然也就要把很多生活理想注入"年文化"中，同时通过年的艺术表达出来。所以"年文化"（包括年画）表现得最突出的一个特点是："生活的理想化和理想的生活化。"平常吃不上的好东西，穿不上的好衣服，到了过年时把家里积蓄的钱全拿出来，也要吃好年夜饭，穿上新衣裳。让现实的生活尽可能地接近生活的理想，也把理想向现实拉近了一点。这是中国人的年的魅力的根本原因。当人们想把这种生活的盛情放在年画里时，就需要大量美好的形象，大量寓意的、谐音的、吉祥的图案与符号进入年画。在色彩上，由于年心理的特殊需要，必须是热情的、对比的，甚至是夸张的色彩，才能与年文化相称。

此外，年画所传递出来的是另一个重要的文化信息就是地域性。民间艺术跟精英艺术一个重要的区别是：精英艺术之间的千差万别来自于流派之间或者是艺术家个人之间的不同；而民间艺术之间的区别是地域与地域的审美区别，没有个人因素。民间艺人是不追求个性化的；而精英艺术家是自觉追求个性的。精英文化的价值就在这种自觉性上；民间文化的价值则在自发性上。这种自发的民间文化，它跟原始文化有一个接近的地方——就是它们都具有初始性。这种初始的文化都象征和表现着生命本质的力量。民间艺术为什么蕴藏着极大的生命力和活力，就是因为它直接和自发地表现了生命的本质。

　　于是，这种繁纷多样的地域性就使得年画色彩纷呈。在这次的"全国年画大联展"上看得十分明显。比如朱仙镇年画，它的乡土味非常足。它跟杨柳青不一样，杨柳青紧挨着天津和北京，必然有城市化的一面，繁复、琐细、细腻和雅致。朱仙镇、武强和滩头没有城市化，所以有鲜明的朴拙和率真的乡土特点。但往细处看，乡土也跟乡土不一样，武强跟朱仙镇的乡土就不一样。朱仙镇究竟身处大宋汴京的地域，它的年画显得雍容、大气、敦厚，这就跟武强年画那种带着唢呐的高亢的尖音不一样。如果说武强年画中的人物纯朴，朱仙镇年画的人物是古朴。看来宋文化遗留下来的遗传因子还在朱仙镇年画的灵魂里。地域性就使我们的民间年画充满了丰富性，使得木版年画拥有着大量的缤纷的地域文化的信息。所以说年画是所有民间艺术的龙头。这也是我们这次抢救工作把年画作为首要目标的原因之一。

　　第二个原因是因为我们对年画的总体情况比较清楚，比较好下手做。当"实用的年画"在向"文化的年画"的转化过程中，年画很幸运地被一些有文化眼光的人抓住了。正如上所述，有人从时间的层面上看到它文化的意义；有人是从空间的层面上看到它文化的意义。从空间层面上看到文化意义的，是俄国最早的一批年画的研究者。从科马罗夫到阿列克谢耶夫，再一直到当今的李福清。这批人是从异国——异文化的角度来看中国的年画。他们在看我们的年画时，不仅仅是单纯地从艺术美的角度来看，而是从文化角度来看了。文化角度包括文化心理、民俗特点、审美个性（共性式的特性）。实际他们是从异文化的空间视角，把我们的年画作为一种独特又迷人的文化形态来进行收集、整理和研究的。

从时间层面上看到年画意义的，也就是最早把年画作为文化来对待的是王树村、薄松年这一代人。在新中国刚刚成立后的一九五〇年，我国美术界就开始民间年画的调查与收集。王树村和薄松年是这个时代产生的专家。五十年代的中国年画正走向衰落。一种文化将要消亡和开始消亡的时候，是丢失得最快的时期。幸亏有这一代年画专家，他们在那个时期，先觉地开始了抢救中国民间年画的工作，使得我们一大批最重要的年画遗产保留下来了。无论是科马罗夫、阿列克谢耶夫，还是薄松年、王树村，他们都是从文化角度抢救了年画。使得这笔遗产的轮廓比较清楚，而且整理有序。尽管我们对年画的现状还要进行大普查，但总的说来比较好抢救，不像有些民间艺术或存或亡乱无头绪，完全没有底数。应该说我们对年画比较有底数。

第三个就是我们有一支研究队伍。现在全国各个年画产地，都有一些研究人员。不管人数多少，都有一些年画的爱好者，保护年画的志愿者，而且都有一批收藏家，甚至一些学者也很注意当地年画的研究。这个队伍基础非常好。

这也是我们普查工作的骨干力量。

由于这三个原因。我们把民间艺术的龙头——年画，也作为抢救工作的龙头与开端。

我们现在要做的工作，就是马上启动，成立专家委员会，召集相关工作会议，敲定整个"中国民间文化遗产抢救工程"大纲。这个大纲已经经过了几次研讨与论证，全面和正式的启动将在今年新年到明年春节之间。这期间民俗事项比较多，大家比较关心民俗。年画的抢救应该同时开始。我们整个抢救工作有三个优先。一个是"地区优先"，对一些地区抢救工作条件较好，队伍齐整，地方政府又积极支持的，就要列入第一批优先动手普查。还有一个是"项目优先"。项目是指跨地区的全国性的民间文化种类。当一个抢救项目的各种条件都已经具备了，比如年画，就可以优先开始。尤其年画是农闲和过年时的节令性的民俗文化。普查工作的最佳时间是在春节前的阶段。我想无论如何我们明年一年（二〇〇三年）要把中国年画的底基本摸清，然后收集、整理、出版。现在已经有好几家出版社准备出版这次抢救的木版年画全集。这次准备出版的画册，与过去的画册不一样。比如我们出版画册是抢救工程的成果，不是一般性的作品展示，而是对民间文化现存状态的记录与呈现。所以它首先应该是这个地区的地貌，然后是村落、人文、作坊、形态、生产流程、工具、材料以及民间艺人的工作的画面，还有民俗，最后才把年画放进去。这种画册要有强烈的抢救色彩。年画集中的作品，绝大部分应表现二十一世纪初，即农耕文明消解中所抢救的遗存，而不是把各类画册司空见惯的东西全搬出来。当然，这次抢救的成果不只是一套画册，还有中国年画资料库，中国年画档案，包括数据库。我们要力争将中国年画的遗存"一网打尽"。当然，我们最终要跟所有年画的产地、专家联网，一切成果大家共享。只有共享，给大家提供更多的资源，我们的文化才可能发扬光大。此外，我们还有一个"优先"是"濒危优先"。那就是不惜代价去把马上要消失的抢救下来。比如民间作坊，现在马上就要绝迹！

在这样的使命面前，我想，我们这些人再乘上一百倍、一千倍、一万倍来抢救中国现在濒危的、正在迅速消亡的民间文化，都是非常困难的事情。我们祖国太大了，我们文化太灿烂了，太多样了。

所以，我们今天这个会又具有强烈的情感色彩，是在表达我们文化界对自己民族文化的一种情怀。希望大家团结起来，动手干起来。从广义的角度来讲，我们民间文化的事业，我们木版年画的事业是大有可为的；但是从狭义的角度来讲，我们不能只说不干，应该马上就干，不能再等一天！我的话完了。谢谢。

在"首届中国木版年画国际学术研讨会"上的讲话
二〇〇二年十月二十八日　河南开封

让历史的辉煌照亮明天

各位领导、各位专家；同志们、朋友们：

所有从事文化、关心文化的同志都会被今天朱仙镇人的这个举动，这个在凛冽的寒风中热辣辣的场面所感动。我很少看到这样的场面：整个古镇万人空巷；工农商学兵都走上街头；连房顶上、墙头上都站着老百姓。此时此刻，我们强烈地感受到这个有着九百年传统的年画之乡的人民对自己文化的一种崇高的自豪感，一种挚爱、一种崇拜、一种激情。这正是我们期待看到的。在经济全球化的今天，如何保持自己文化的个性，是全世界都关心的重要问题。或者说，在经济全球化的今天，文化上是全球的本土化。在这中间，民间文化有着特殊的意义。因为民间的文化是老百姓用自己的双手和心灵创造的。它是民族性格的一种直接的表现，是民族情感、民族凝聚力的一个载体。所以，我们抢救、保护、弘扬民间文化，首先是为了加强中华民族浑然一气、生生不息的精神。

为此，在这里，在中国年画历史的源头朱仙镇举办首届中国年画节，既是对中国年画这一巨大的文化遗产进行总结性的整理，也是作为中国民间文艺家协会主持的全中国民间文化抢救工程的历史性的开端与发动。然而，把这一个开端办得这么精彩，这么宏大，这么出色，除去开封和朱仙镇文化人士非常敬业之外，还显示了河南作为中国的文化大省，开封作为闻名中外的七朝古都，他们的深远而非凡的文化的眼光。

我注意到了——

你们不是仅仅把民间艺术作为一种历史遗产，还作为享用不尽的未来的财富；你们不仅仅把它看作一种经济资源，一种在经济上永远的增长点，你们还把它看成一种永恒的精神的宝藏。我们钦佩你们！并相信你们不但会把这个年画盛节办好，还一定会使中原文化发扬光大，发挥历史优势，重振文化雄风，让历史的辉煌照亮明天。

　　话说完了，谢谢！

在"首届中国木版年画国际学术研讨会
暨中国木版年画大联展开幕式"上的讲话
二〇〇二年十月二十八日　河南开封

二〇〇三年十二月全国木版年画中期推进会。

《中国木版年画集成》编辑实施方案

一、《中国木版年画集成》的编辑特色

（一）《中国木版年画集成》（下为《集成》）将把中国所有年画产地制作的各类年画，如木版印刷年画、半印半绘年画、扑灰年画、手绘年画等全部包括进去。每一个年画产地为一分卷（规模大的产地为两卷，规模小的产地为合卷）。

（二）《集成》着眼于年画文化，而不仅仅限于作品本身。它不是一般化的作品集，而是从自然环境、村落形态、历史人文、地域生活、民俗方式到家居作坊、工艺流程、工具材料、艺人传记、口诀歌谣，再到画版画样、年画作品，多维和立体地呈现各个产地的年画文化。

（三）《集成》通过第一手材料，公布重要的调查实录，以表现二十一世纪初中国民间木版年画的现存状况，直接传达来自民间的文化信息。

（四）《集成》将用三种方式综合表现，即文字、照片、光盘。光盘用来表现年画的生产过程和贴年画的民俗事象。动态与静态的结合，将是本《集成》的又一特色。

（五）《集成》作品注重典型性、代表性、珍稀性和第一次面世的特点，尽量避免一般化与重复。

（六）《集成》通过有效渠道，将早年流失海外的年画珍品拍摄结集出版，如俄罗斯藏中国年画、日本藏中国年画等。

二、《中国木版年画集成》规模与编辑体例

（一）《集成》规模

《集成》初定为二十二卷，具体成卷情况如下：

《杨柳青卷》《杨家埠卷》《桃花坞卷》《朱仙镇卷》《武强卷》《凤翔卷》《东昌府·平度卷》《高密卷》《佛山卷》《平阳卷》《内丘卷》《云南甲马卷》《绵竹卷》《滩头卷》《上海小校场卷》《俄罗斯藏品卷》《日本藏品卷》《拾零卷》《滑县卷》《梁平卷》《漳州卷》《绛州卷》。

其他各地零星的木版年画，难以归单卷、合卷的，如江西、安徽、湖北、广西、台湾、澳门、四川夹江、河北邯郸、江苏无锡、天津芦台、山东郯城等地年画作品及有关文献均收入《拾零卷》。

（二）《集成》出版规格

《集成》共二十二卷，统一特八开本；每分卷十八至二十印张不等，页码在三百八十面左右。《集成》统一格式、统一色调、统一标识。

每分卷文字总量在五万字左右。资料图片及作品图片三百至四百幅左右。摄像约一百分钟。

画册采用有助于表现传统风格的材料：特种纸软精装；外套盒套与护封均用不同质感的特种纸；内页用一百二十克左右进口蒙肯纸。

全套书可考虑用轻型木质的木箱作礼品包装，其设计风格与传统木版年画匹配，质朴、典雅而喜庆。

（三）《集成》装帧设计说明

套盒、包封、环衬、工程项目页、成果项目页、扉页、总编委会、分卷编委会页、目录、地图页、总卷序言、分卷序、正文图版、版权页、摄像光盘的编辑以《集成》装帧而定。

（四）正文图版

文字排版：文字用五号书宋排版，版式要大方。

照片编排：每面一至三张不等，要大小穿插，重点突出。照片标题字号

可用小四号。说明文字放在画册后的图版说明部分。

作品编排：每面一至二幅，尽量利用版面的面积，可按年代先后编排，如明中期、明末、清初、清中期、晚清、民国等。标明收藏出处，尺寸（先竖后横），画种，画店名称。作品标题用书宋小四号，说明文字用书宋五号。

三、《中国木版年画集成》的编辑内容

每卷《集成》所编辑的内容资料可分以下方面。

（一）自然人文背景

文字：叙述其地理环境、历史变迁、人文特征与民俗事象。

照片：地貌（五张）、重要风物（五张）、方志上的地图（二张）、史志记载的原件照片（不限）、历史标志物（五张）、人文生活景象（十张）、民俗事象（十张）、年俗景象（十张）、贴年画的风俗（十张）

注：一号标题用小四号书宋，说明文字用书宋五号。版式以图为主，说明文为辅。每个版式切忌文字占多图片占少。下同。

（二）历史成就

文字：叙述各产地自己年画的历史、变迁、兴衰、题材、种类、艺术特征与地域民俗特征。

图片：各个时期的代表作（六十至八十幅）、各种形式的代表作（三十至四十幅）。

注：代表作必须附"图版说明"，写明年代、出版店铺、形式种类和画面内容与民俗内涵。

（三）现存状况

文字：对年画产地现存的调查。对民间作坊的调查。对民间年画传人状况的调查。对散落在民间的年画古版的调查。

照片：村落形态（五张）、年画作坊（十张）、民间年画传人肖像照

片与工作照（不限，尽可能充分）、年画老版（不限，尽可能充分）、现在正在生产的年画作品（不限，尽可能充分），但须说明是老版还是新刻的版。

（四）分类与张贴

按题材分类。

按体裁分类。

分类贴用及功能一览表。

张贴图示。

（五）工艺流程

文字：对传统年画制作程序的表述。对传统工具及使用方法的表述。对年画颜料及其制造方式的表述。对其他各种特定材料的表述。

照片：工具（五张）、颜料及其制造（五张）、其他材料（五张）、各个工艺流程依次表现（不限定）。

（六）重要资料

文字：口诀，传说，艺人小传，历史店铺，经销方式，销售范围，后代情况，画店与艺人传承表。

照片及资料：历史遗存，店铺遗址，各种相关历史照片及资料。历史上民间作坊分布图，年画店铺分布图，销售范围分布图；现在的民间作坊分布图。

四、《中国木版年画集成》出版计划

本套《集成》计划八年完成。也就是说中国木版年画的抢救和普查工作应在七年内全部完成。

本套《集成》采用"熟一个，摘一个"的方式，顺其自然，排出次序。二〇一一年全部出齐。全套《集成》拟定为二十二册左右。

分期分批出版抢救成果。八年内（二〇一一年六月底前）完成全部卷本成果的出版。

《中国木版年画集成》普查编纂经费由产地负责，出版经费由中国民协和出版社共同承担。

二〇〇六年五月十五日

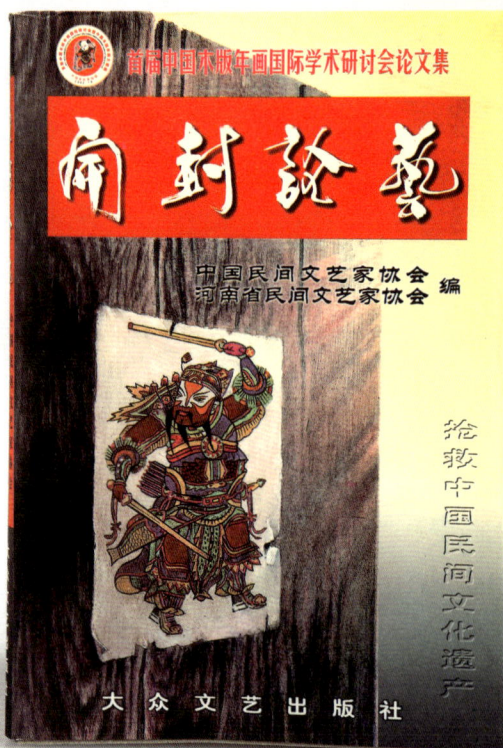

《开封论艺》，二〇〇三年，大众文艺出版社出版。

我们一起把中国木版年画遗产一网打尽

刚才听了大家的讲话，我的感觉是又喜又悲。喜的是我们大家对文化都有很强烈的责任感，很热爱自己的文化，这特别重要。我们的民间文化真的不能再倒退一步了，守在最底线上的卫士是你们。你们是我们民间文化最后一批捍卫者。悲是什么？悲是悲哀。我们的民间年画已经到了濒危状态，有的产地甚至就剩下一两个传人了，比如佛山、滩头、绛州、平度等等。这个状况确实是太危险了，命悬一线啊，所以，更觉得抢救的重要性。我们决不是为了编一本书，搜集一点东西。我们的目的是弄清到底我们的中国年画在当代是一个什么状况。我们要做这件事，直到对自己热爱的文化心中有数，并要把前人留下的文化完好地交给后人，把它保留下来，这是我们的想法。出书只是目的之一，而且还不只是出这一种书，要出好几种书。比如说，这个年画档案是一大套，几十本。要满足这一代老的年画专家的愿望，每一本都得由专家来编，让专家把他们的学识、学养，把他们多年工作的积累都贡献出来。不仅仅是画册，还有当代中国年画艺术传承人的名录。在各种民间美术都搞清楚了之后，还要像中国文物地图集一样，制作民间美术分布地图集，这事已经跟地图出版社谈了。这是一整套的系统性的工程，一个很大的工程，所以，我们绝对不是只为了编几本书。这个工作很大，也很难。从一开始我们在北京为这件事情与各方面的领导同志来回来去地谈，用了一年时间，跟丁关根同志谈，跟李树文同志（中国文联的党组书记）谈，又跟文化部的孙家正同志谈，为了这件事在文化部专门开了一个部长办公会；横向还与一些国家政府部门反复地谈，最后才把它列为这个项目。大家才认定了这个文化是需要抢救的。但经费的问题如今是个很挠头的事。为了使各地方民协工作得力，还要争取中宣部的红头文件发下去，因为在地方只认上级文件。地方文化部门只认文化部的文件，宣传部、文联，只认中宣部的文件。这是中国的国情，哪条道走不通都不行。

这次会议主要的目的就是向大家交底。请大家弄清楚，我们主要搞的是中国民间文化遗产抢救，是遗产，不是现在新制造的东西。所谓遗产是指农耕时代的文明，不是现在城里的工艺美术。工艺美术不属于我们抢救的范围，它们自己可以去赢得市场。我们要抢救的是农耕时代创造的民间文化的遗产。遗产包括三部分：第一部分是原生态的，包括作坊。我们不是要申报人类文化遗产吗？人类文化遗产很重要的就是原生态，是传承有序的，不能是现在为了旅游而编造出来的那些花里胡哨的东西。我们不能给后人一些乱七八糟的东西，说这就是遗产，像那些民俗旅游景点的导游，胡编一些"民间故事"，胡乱对游客讲。我写过一篇文章说当代的旅游故事差不多都是伪民间文学，我们不能把假的东西留给后代，就像我们不能把假药给老百姓吃一样。文化遗产必须是原生态的，代代相传的。第二个是现在时的。我们要让后代人知道二十一世纪初中国民间文化是一个什么状态。还有一个就是历史遗迹和遗物。如果一只鸟不再是活的了，它已经死了，但是它留下了几片羽毛，你也要把它拾起来，如果你不拾，它连生命最后的"证据"也没有了。所以，我说原生态、现在时、历史遗迹和遗物这三部分构成我们的历史文化遗产。

我们现在所抢救的东西有一部分是在水面之上的，是看得见的，一定还有一部分是在水面之下的。比如我们刚才听潍坊杨家埠的同志讲的，除了杨家埠之外还有一些村落，还有一些民间的老艺人，他们用老版子和老法子在印画，这些东西我们也要抢救，所以对水面之下的我们一定要去调查。我们这次考察的东西一定是大量新鲜的，不能是只重复前人。

这次要考察的实际上是六个方面的内容：第一个是人文环境。年画产生的人文环境是什么样的，它的地貌是什么样的，村落是什么样的，当地老百姓的风俗和生活起居是什么样的，他们独有的人文气质是什么样的，这些都要搞清楚。第二个是年画的存在状态，就是它的生态。第三个是它的生产流程，也就是它的传统工艺。必须是传统的工艺过程，不能是现在改造过的。第四个是工具材料，必须是原始的。比如朱仙镇使用的是自制的矿物的、植物的材料，不用现代的化学颜料，那就必须把工具材料及其制作方法搞清楚。第五个是艺人调查。到底艺人分布在什么地方，有多少人，要用严格的表格形式加以说明。哪个村、多少人、多大岁数、制作手艺的特点和画风，还有家族艺术传承的历史与谱系、生产与营销方式、传承的器物、传承的画稿和老版，还有老照片与文书。老照片特别珍贵，我们无论如何都要搜集到相关的各种各样的老照片，像过去店铺的老照片，与人文环境相关的一些图像资料、文字资料都要收集。第六个就是作品。我们尽量不去重复以前画册的内容，不重复中国美术全集。要注意一个地区有代表性的作品，比如杨柳青年画里的《莲（连）年有鱼（余）》，桃花坞年画的《一团和气》，这些必须有，如果没有的话就没有代表性。

再有，如果没有套版的，可以印墨线，特别是没见过的新样子。不要只去盯着已知的重点作坊与艺人，更要把目光放到广阔田野里。我们要用各式各样的方法搜寻，而且一定是大量的、艰苦的、细致的调查工作，沉下心的工作，不是草草了事、"雨过地皮湿"式的，那样的话我们对后人不负责任。我们不能假借一个抢救遗产的名义搞一个表面的东西，这不是学术行为，也不是我们的气质，我们要尽量不留遗憾。

第二个就是工作的组织方式。我们主要是通过中国民协的组织网络，因为中国民协在各个省、地、市甚至县级都有协会。各级协会要邀请当地的民间艺术家和从事民间艺术研究的专家参与工作。成立两个委员会：一个是专家委员会，专家委员会的工作主要是出思想、定原则、定标准，然后是鉴别、鉴定，最后还要验收、编写与制定传承人名录、地图集、产地的年画档案，包括信息库；再一个是工作委员会，主要是由各地民协与相关人员组成的工作机构。

我想强调，产地的两个委员会是身在第一线的。普查工作主要是产地做，最基础也是最关键的工作是你们做，但这么大一件事情不可能全让你们承担，中国民协还是要挑大梁。抢救办委派专家小组下去，组织人员培训，协助解决实际困难，调配专家力量，承担编辑出版等等。中国民协派到各个地方的工作小组，希望你们配合，配合不是被动的，而是主动的，希望我们做不到的你们多做，这样，我们才能够把这件事共同做好。希望你们现在就能够主动想这些问题，怎么跟我们配合。

我昨天讲过一句话，我们不能再等了，我们必须要马上做了。但是我要对大家讲，我们一起做的这件事情，一定会留在中国文化史上。因为这是中国历史上有史以来第一次的、空前的、民间文化的大整理、大普查。这个整理完了之后，我们才能说我们拥有了整个中华民族文化的一半，那一半是精英的典籍的文化，这一半是民间的。这一半文化我们要像当年的二十四史一样，把它整理下来，我们就能把它完整地传给后人。大家进入了这个事业，是一个历史的幸运。至于具体的事，将来我们中国民协会通过各式各样的渠道跟大家联系，今后我们也会在不同的场合跟大家会面，希望大家支持。我们今后准备每年搞一次中国木版年画节，可能这次在杨家埠，下次在佛山什么地方搞，每年换一个产地，到时候还会跟你们当地的政府、文化部门、文联部门去联系，那时候我们还有很多合作的机会。今天我们也都认识了，我们是有缘的，人世间人和人、人和物都是有缘的，这缘分不是个人的，而是来自于时代，有这种缘分才能一起做大事。

好，谢谢！

在"中国木版年画抢救保护发展工作座谈会"上的总结性讲话
二〇〇二年十月二十九日　河南开封

谈《内丘神码》的田野普查工作

　　内丘的年画是无法取代的，它是非常独特的，独特的题材、功能、审美形式和价值，是其他的年画所没有的。比如说杨柳青年画、桃花坞年画，基本属于世俗的年画，由于挨着大城市比较近，受市井文化的影响，为了满足市民的需要，其欣赏趣味和内容的要求实际上都是为迎合市民而市民化的。原生态农耕文化背景下的具有纯粹农民气质的年画，在河北省有两处最有特点，一个是武强，一个是内丘，此外还有山东的杨家埠。杨家埠年画的农耕社会、农耕文明的特点非常强。而内丘年画更具其原始性，它甚至反映农耕社会人和自然的关系。内丘年画以神码为主，主要是人物，没有世俗故事，没有戏出，也没有娃娃这类的题材。它的神像基本都是自然神，还不是宗教的神，但是它也有一些佛教、道教、儒教的内容在里面，更多是自然神。自然神是民间的一种想象与崇拜，你们说的"万物有灵"是对的，是人对自然的一种感知。中国人是非常有意思的，把自然界的一切东西都看作是有生命的，要跟这个有生命的事物对话。因为在古代，自然对人有威胁，所以他要和自然造成一种亲和的关系，与自然融合为一体，心理上才有安全感，实际上就体现了所谓的"天人合一"的思想，是我们"天人合一"思想的源泉，来自于我们的母体文化。它反映了中华民族一些最本质的东西，一种很美好的精神本质，所以我今天看了很受感动。它把织布机、道路、树……把一切东西都看作是有生命的。神只不过是一个感觉，实际是把万物看做生命的、可以对话的、可以请求它帮助的，与它亲和，不与自然对抗。从人类文化学角度来看它有很高的价值，体现了我们中华民族最本质的一些东西。我认为"内丘神码"

的精神价值和文化价值非常高，不能只看做是一个神码，刷一张几分钱而已，不能这么看神码。民间文化有一个很大的特点，它是人们用双手和心灵创造的，是我们的祖父、老奶奶、老婆婆们做的，它直接表现人们的思想情感、生活愿望、精神理想，所以我觉得内丘年画的价值很高，这是我的第一个印象。

第二是它现在还处于活态。从它的生产到销售到市场，整个来讲还是处于一个活着的状态。有很多地方的年画都完结了，比如像天津杨柳青，当地人都不买了，从生活里撤出去了。但是在这里还在应用，还崇拜，还制作，因为是活态，所以价值更高。我们现在这社会，正在从农耕文明转化为工业文明，它能保持原来的农耕社会的比较完整的文化形态，令人惊讶。

第三是濒危。它的濒危主要体现两个方面，一个是人们虽然传承它，但是很多东西在传承过程中中断了。比如说对于神像里面的一些内容，人们虽然贴，但是更详细的内容已经不知道了，或者有的知道有的不知道，不像过去每个人都能说得很详尽，甚至还能讲出里边的故事与传说，现在多数人说不出来了。另外就是，比如人们在请神或送神时候的仪式已经不那么严格了。尽管它还保持一个原生态，但是已经到了瓦解或消解期，所以这个时候的文化更应该保护，这是一个方面；另外一个方面，就是它在制作上已经出现机器印刷了，不是用原来那种木版印刷。现代工业的东西是无情的，要代替农耕文明的一切方式。历史这种取代的规律也是非常无情的，当然这种取代是社会进步的表现，因为机器印得更漂亮、速度更快、更有效率，但是作为先人创造的遗产还是应该把它完整地保护下来。因为到了一定的时候，人们就会认识这个手工的价值，手工有手工的价值，它是机器不能代替的。

从这几点说，这件事情有好做的一面，也有难做的一面。好做的一面是它现在保持活态，还是有迹可循的，可以顺藤摸瓜；难做的一面是过去从来没有人整理过，你们做的事具有凿空的意义，所以更希望你们抓住这个于今尚存的东西，迅速整理出来。

我上回给过你们一个提纲，提纲里实际上就是分几部分：一部分是需要它的背景：历史、自然、人文的背景，这得用文字描述，这些提纲上都写了。要把内丘这地方历史的源流以及变迁讲清楚，还有这地方的人文特征、生活习俗、自然特征，比如说一半平原一半丘陵是这里的地理特点，都必须讲清楚。交通到底是闭塞的还是畅通的，在历史上有哪些比较大的变迁，都要有记述，当然不必太详细。过后会给你们寄来一个比较具体的材料，告诉你们每一部分需要多大的文字体量。另外需要这个地区的历史地图，两张——一张老的，一张现在的。一个地方的行政区划总在改变，老地图应该到方志上去找。再有，就是自然人文方面的照片，比如说刚才看过的戏台，需要拍照；哥哥姐姐庙是什么庙，跟当地人民的关系；还有包括村落、街道、风物、物产、人民生活的方式，这都需要用照片来表现出来的。特别重要的就是年俗，因为与年画关系直接。这是第一部分。

第二部分是年画部分。年画部分应该要有文字叙述，你们这地方年画的历史，对你们恐怕是比较难的事情，需要调查。尽量能够找到谁家里还能藏着的比较老的画样子、画本、画稿、老版。如果没有画样子，可以用老版刷印一下，将来印书的时候可以用。老版如有，必须拍照。

还有一个很重要的，就是这些山村古老的建筑。今天我在这个村里发现还有一些老房子，要把它拍下来，因为早年内丘的年画是贴在这种房子里的，还有老的院落和房间都需要拍一拍，这是一个。还有就是年画到底往哪贴，每个神码到底往哪贴。这是最重要的一部分，就是我说的第三部分了，即贴年画的民俗，这部分十分重要。年画到底往哪贴，文字必须表述清楚。第一往哪贴，第二那些贴的仪式要搞清楚。每种神码怎么请，怎么送，有没有歌谣，每一种神的名字及其职能要搞清楚，每一张画面里的故事也要搞清，每一种神到底有多少样式也要把它搞清。然后就是它跟民俗到底是什么关系，哪种神是要烧的，哪种神是不烧的，不烧的怎么办，这些都要搞清楚。这是关于年画的民俗。还有一个是年画的分类。你这里一共分几类。实际分类的方法是很多的，有的可以从印制的方式分类，比如有的是套版的，有的是单线的；有的可以从题材上分，有的从功能上分。这个分类你们做研究。此外还有与神码相关的故事、传说、歌谣要尽力搜集全。这是文字那部分。摄影与摄像还有一个重要工作是记录工艺流程，它也很重要。它的工艺过程到底有几个工序，比如说它的起稿，这个稿子是怎么来的。我看你们的神码大部分是先辈的稿子，也有一些就是自己起的，自己创作的。包括起稿、刻、印这几个工序都要搞清楚，都得有文字与照片表现，有录像存录，动态性的内容必须要用录像机记录得清清楚楚，包括人们贴年画也得有录像。这是第三部分。

第四部分就是民间艺人的调查。民间艺人是必须有传承的。现在为了赚钱抄起来就干的，不能算数，起码父辈也干的，记录这样的人，要一个村一个村地拉网式地做，别着急。最近我带一个年画组，在杨柳青镇南边的三十六个村是一个村一个村地考察，记录艺人搞口述史。比如我们今天去的魏家屯，魏家屯一共有多少人家，几个艺人，比如今天见到的那个魏进军，他家传了多少辈，留下多少块版，每年到底印多少张，销售方式是怎样的，必须得搞清楚。需要对最传统的、版最多的、印得比较好的艺人做深入调查。还要关注工艺流程与工具材料，比如刻版用几种工具，工具的名字，用什么材料，颜料是哪来的，有没有植物或矿物颜料，有没有其他的颜料。今天我问了问印神码的艺人，他说他的墨是用烟囱里那黑烟子跟水胶熬的，这很好，把它记下来。比方说他们怎么从烟囱里刮出黑的炭灰来，怎么和水胶，有哪些要求与要领，要详详细细记录下来。

最后一个就是销售范围。到底是用什么方式销售的，是用批发的，还是自己背出去卖。有没有销售的歌，比如武强就有销售的歌，没有也没关系，有一定记，没有不记。他用什么方式销售，销售的范围多大，必须用地图来表现。这里面一共有三种地图：第一个是本县新老地图；第二个是民间艺人的分布图，在内丘范围三百零一个村里面，凡是神码艺人都得标在地图上，哪个村几个，点几个点就行，标注好给我就行了，不用细管，我找地图出版社做图，他们会做得非常规范；还有一个就是销售范围图，就是说内丘神码销售的覆盖面有多大。地图就这三种。对艺人你要问他，是农闲时候做还是农忙时候做，现在一年印多少，销售的时候都是哪些人来买，各个时期的销售数量也要调查。

现在要求你们几个：第一个你们现在做的工作是非常对的，先收集，这是非常对的。因为你们和别的地方不一样，别的地方没有你们这些问题，他们的年画以前大致整理过，比如武强。恐怕你们最先的工作就是收集，边收集边普查这些艺人，尤其收集要抢在前边，因为过了春节就不好收集了，过了春节它的活态期就过去了，你就没法做了。今天我是边想边说的，可能会有没说到的，回去我再给你们一个文字的东西，你们按照文字的东西再把它整理下来。另外我特别希望你们在调查的时候，尽可能发挥想象力，尽可能多问一点儿问题。比如这些画工印画之前，他们需要不需要敬一敬自己行业的神？在北方有些地区他们敬吴道子，他们也有神。我们在杨柳青前两天拍了一段录像非常好，有一位老画工，每年到了腊月的时候都给先辈的无名画工烧纸，他说感谢先辈的画工给他留下这么多样子，他竟然有这样的虔诚之心，这就是我们调查时问出来的，马上抓紧做记录。请你们赶紧抓住这个春节时机，下去干活，别怕跑破鞋底子，咱这事特别辛苦，可咱们都是心甘情愿做奉献的，咱不怕辛苦就是了。

在"关于内丘神码普查座谈会"上的讲话
二〇〇三年一月二十一日 河北内丘

杨柳青年画传承人霍庆有是我的好朋友。

如何整理普查成果

我们开了一个很实在的会，一个阶段性的推动会。我讲这个阶段性的推动会是指什么意思？昨天开幕的时候我说，这次开会有一种收割的意味，尽管我们一些产地的工作还有些滞后，但是我们整个木版年画的大普查已经一半以上进入了收割阶段。昨天晚饭后的会议上又有六个产地提出在明年的上半年可以交稿完成，就是把"齐、清、定"的稿子交给专家委员会和编辑委员会。这比我预期想的要快了一些，说明了大家一年的辛苦，也表现了这一年来抢救普查工作的成果，显示了我们民间文化界对抢救工程内在的深层的意义的充分理解，反映了我们文化界的思想视野和高度。

从组织上说，年画普查的全国性三个委员会已经成立，包括工作委员会、专家委员会、编辑委员会。

我们的工作委员会设在中国民协抢救办，现在主要的职能是四项：第一项是宏观把握，对全局、对各产地的宏观的把握；第二项是推动，在工作过程中推动进度；第三项是协调，一个是协调进度，一个是协调同步性，我们总不能因为这种那种原因甩着一两个产地不动；第四个就是组织，包括我们组织各种各样相关的工作性或学术性会议。这是我们工作委员会要做的四件事。

我们的专家委员会要做什么事？专家委员会要做的工作也是四项：第一项是指导，年画普查涉及历史学、文化学、民俗学、美术学，专业性强，所以专家的指导是第一位的；第二项是加工，必要的加工。你拿上来的东西，除去有误，还存在单薄、庞杂、缺乏逻辑、不够明确等等问题，都需要加工，纠错与加工的事就得专家来做；第三项是鉴定，鉴定这里有真伪的鉴定、年代的鉴定，还有优劣与水平的鉴定，这个画水准到底有多高，专家一眼就清楚，所以要请专家确定，水平不够的一定要撤去；还有最后一项是决定，这个画集最后能不能出版，最后要由专家委员会集体签字，所有的专家都要签字，然后才能出版。我是专家委员会的主任，我一个人签字不行，其他几个主管都签字才能出版，这样我们才能保证这个东西对得起后人。因为我们是历史上第一部中国木版年画的全集，是要留给后人的，我们要对它负责任，所以我说专家委员会的责任是四项，一个是指导、一个是加工、一个是鉴定、一个是决定，决定它能不能出版。如果专家们看了这个东西认为它的质量欠缺、分量不够或者它写作上有失水准，那就不能出版。我们出的这个画册的水准是国家级的、专业的，一定不能是业余的。我们看《中国美术全集》六十卷，那些绪论、论文，包括专家们写的每件作品的说明文都非常有水准，有学术功力，语言又非常到位，只有这样水平的东西放在画册里，才能跟我们的伟大的民间艺术、灿烂的文化遗产相匹配，因此我们的专家必须要对这个画册最终出版的质量负责，有决定权。

那么编辑委员会的责任呢？第一个是组稿，由编辑到产地组织稿件。凡拿上来或交到编委会的稿子，所有部分的材料都必须是齐全的、齐备的，没有含糊的、模棱两可的，必须是确凿的，这样的东西才能交上来。产地编辑委员会要签字了，拿上来还不算数，得要总编辑委员会审定，总编辑委员会如果认为这个东西不行不合格，提完意见要拿回去修改和补充。所以我对目前编辑委员会强调——要介入到调查过程中，我希望专家的手伸得再长一点，稿子还没有完时，专家已经介入了，别让菜都做熟了、炒完了搁在桌上，一看不行再改，有的时候成型了，不好改了，最好在还没有成型的时候或者是将要成型的时候，专家和总编委会的力量要介入进去。当然有可能编辑介入了，专家介入了，最后拿上来的东西还不符合要求，还要改动，这是一个正常过程。记得当年我最早写长篇小说《义和拳》的时候，三十多岁，那是五十五万字，我可是写了四遍二百多万字，一遍一遍被编辑和主编否定，拿回来重写。这是一个很必然的过程。昨天我说希望有几个月折腾的过程，大家要有这样的准备。编辑和专家的手要伸到普查，并一直到最后整理的过程，这样就会保证后来的工作顺利。当地方编委会确定稿件并交给了中国民协总编辑委员会之后，那么地方编辑委员会工作就初步完成了。总编委会接下来的工作，首先是组织专家委员会审定、鉴定、评定这个稿件。比如说文字没有问题，照片合不合标准，行不行，专家说了算，这是第二个方面。第三个工作就是编辑的业务工作，比如说他要跟负责书籍设计的美编联系工作，跟出版与印刷部门联系，当然还有正常的编辑处理，包括校对等等这一系列的工作。

就现在来讲，两个委员会目前阶段中最重要的还是专家委员会。专家的作用主要是保证工作的学术性、严谨性，也就是它的严格性；二是要保证它的准确性，准确性也就是真实性，还有科学性；另外一个非常重要的就是它的专业性，还有一致性。一套全国各地年画的图文集不能一集一个样，为此，我们提出五个统一：第一统一目标，第二统一标准，第三统一规范，第四统一方法，最后统一写法。

还要再强调的是保证质量，文字和图片的质量。如果质量不行，一定返工，麻烦就大了。文字的质量是非常重要的，必须是非常高的写作水准的人来写作。这个希望各地注意，怎样聘请高手、写家来写？这高手不是能写材料的，甚至不一定是作家，作家能写很好的诗歌散文，不见得能写年画档案。我的意见是，一个搞年画的专家，配上一两个写作能力比较强的人。还有一方面就是图片的质量。这两天樊宇强调了图片的质量、录像的质量。大家都看了杨家埠做的录像光盘，一流水平，非常好，我希望各地都能以这个为范本。

还有，我们这次画册很不同的一点，过去只是画——午画，这次主要是产地的年画文化。我们采用人类学的方式和视觉的方式，形象直观地记录，还是动态地记录。一位中国艺术研究院音乐专家对我讲，"十套集成"音乐卷，记乐谱的方式绝对是不合理的。复原之后不知道是什么样的，也不能说白做，有一定意义，但是它不能恢复原来的样子，可能最后跟敦煌的乐谱差不多，恢复过来非常困难。我想主要因为八十年代搞"十套集成"那个时代没有电视录像。但如今，有了录音录像，就不成问题，现场直接录不就成了？我们一定用好它。

还有一个原则，凡是没有普查到位、到家的，不能出版；凡是文字图片质量不到位的，不能出版；录像质量不到位的，也不能出版。一句非常简单的话，因为我们留给后人，必须对后人负责，我们只有真到了位，才能真实地、准确地反映该产地年画所能到达的历史高度，才能反映它的历史魅力。

好了，我们已经把实际的东西都落实了。在此，我们非常感谢潍坊的同志为这次会议付出的巨大努力，这次会议是潍坊包下来的，而且潍坊、杨家埠还出了很大一笔资金帮助启动年画遗产出版。我们木版年画全集的出版，需要很大的费用。让我们对潍坊的同志表示真诚的谢意。

时间过得真是很快，一会儿我们就要散会了，希望大家回去以后无论如何要把工作抓紧落实，我说的抓紧不仅是速度的抓紧，也是质量的抓紧。我们当然信任大家能够如期把工作完成，希望在明年这个时候，我们在北京好好地庆祝我们第一批年画集的出版。杨社长说了不仅要做一套非常漂亮的书，还准备做精装版的。王庚飞说精装版的盒子就是用年画木版的版做盒，无论如何要做好。

我们这次年画大普查是整个民间文化遗产抢救的一部分，我们既有"远大的理想"，又"野心勃勃"。我跟好几个学者说，希望将来我们能有自己的年画学。我们还想普查完成后，能够申请年画进入世界文化遗产，我一直认为年画有丰富多彩的活态，远远比剪纸更有资格进入《世界文化遗产名录》，这需要我们大家共同努力。我昨天给《人民日报》写了篇文章，说我们现在做的这个事情，不是我们选择了这件事情，是这件事情选择了我们这一代人，这就是历史使命。因为这个事情只有我们这代人才能做，下一代人不能做，凡是时代的使命都是历史的使命，但是我想我们肯定能做好，一定要做好，我们也必须把它做好。

我的话完了，希望大家一路平安，我们有机会或者找机会再见。

在"中国木版年画中期推动会闭幕式"上的讲话
二〇〇三年十二月二十五日　山东潍坊寒亭区

为桃花坞年画建立完备档案

从年画普查总的形势来讲，收获极大。在《中国木版年画集成》原计划中，现在又增加了一个《滑县卷》。滑县我亲自去的，一个几十年里不为学界所知的产地，蕴藏甚富，发现了大量的版。现在《中国木版年画集成》一共是二十二卷。目前只有一卷我觉得比较困难，就是《上海小校场卷》。因为整个中国木版年画发展到最后，到底怎么衰落的，在上海小校场看得最清楚，它原是桃花坞的一部分，后转移到了上海小校场。小校场开始时是木版年画，后来转为石印，由石印又转为胶印，这个过程就是整个年画逐渐消退的过程。但是在上海找不到人来做。

我特别看重桃花坞。因为中国不管有多少年画产地，最厉害的还得是"南桃北柳"——杨柳青和桃花坞。这两个地方的风格非常独特，内容极其丰富，是别的地方年画不能比的。北方老大就是杨柳青，南方老大是桃花坞。当然，这两地年画是"被城市化"的，这是另外一个问题。我说的"老大"，主要讲的是题材的丰富性与技艺的复杂与精致性，但在地域性上各有价值，无高无低。

对《桃花坞卷》的几点建议：一、杨柳青做的是上下两卷，因为东西太多了，一卷放不下。我觉得桃花坞不一定也做成两卷，做一卷比《杨家埠卷》厚一点也行，咱们做着瞧。二、体例。要严格按照《杨家埠卷》体例编写。《杨家埠卷》是范本，我们要求各卷的规格、结构、标准，乃至写法，都要统一。三、说明文字。要按总编委会确定的体例与要求来写。注意简练，字数不要太多。四、作品的部分现在看，似乎不够充实。版的部分不要太多，四十块就可以了，只要能够说明桃花坞各类版的特点（另外加个"存目"）就行了。五、艺人。重要的艺人需要传承谱系。一般的艺人年龄最起码过五十岁。六、我们学院收藏了一些很珍贵的老版桃花坞年画，六七十张吧，如果你们要，我让摄影师翻拍好把光盘给你们寄过来。

桃花坞年画首先是国家的非物质文化遗产。从年画这一大项来讲，桃花坞是领先的，是一个特别重要的产地，而且也是苏州非物质文化遗产里面的一个标志。你们要当作文化上的大事来做，也就是要搞清桃花坞，给桃花坞树碑立传——建立一份完备的档案。

在"《中国木版年画集成·桃花坞卷》编纂工作座谈会"上的讲话
二〇〇七年六月二十三日　苏州

我们为中华文化做了一件事
而尤感欣慰

今天有一种很美妙的感觉，我们在春天里，有一种秋天那样的收获的感觉、收获的气息和收获的喜悦。我们历时九年的对中华民族宝贵的文化遗产——全国木版年画的抢救、普查和科学整理，终于画上一个圆满的句号，这便是摆在我们面前的这二十二卷的洋洋巨著。

二十世纪末，中国社会面临空前的、急剧的转型。这个转型是急转弯式的，甚至有时是翻天覆地的，它给我们古老的文明的当代传承带来巨大的冲击，但是中国人在文化上从不滞后，我们的知识界有清醒的文化自觉和敏锐的文化先觉。在本世纪初，我们的知识界、我们的文化界，特别是我们的中国文联，及时地发起一场强有力的文化应对——中国民间文化遗产抢救工程。二〇〇二年，这一场空前的、全国性的、地毯式的、超大规模的文化抢救和保护，得到了中宣部的批准和有力的支持。

多年来，我们党和国家的领导人给我们很多的鼓励、关切和支持。文化部、其他国家部门、还有党派——民进中央，给了我们很大的支持。我愿意代表中国的民间文化界向我们的领导同志、领导部门和支持我们的地方的相关单位和相关人士，表示衷心的感谢！

在我们这次各地区、各民族，千头万绪的文化抢救和保护中，我们当时把木版年画确定为龙头的项目。现在我们可以想一想，我们为什么把它确定为龙头的项目？因为在农耕的社会，生活和生产的节律和大自然春夏秋冬的一轮儿是同步的。春节作为除旧迎新的一个节日，它最强烈、最鲜明地表现人们的精神理想、生活愿望和审美需求，以及终极的价值观。在春节里，年画是一个重头戏，也是春节的必需品。一千年来，别的画儿老百姓他可以不喜欢，对别的画种，甚至他可以拒绝，但是年画是必需的，是所有中国人必不可少和喜闻乐见的画种。它人文蕴涵之深厚，民俗意义之鲜明，信息承载之密集，民俗心理表现之深切，是其他民间艺术很难比拟的。当时我们选择年画作为龙头项目首先是这么考虑的。

再有，它遍布全国各地，由于我们的文化板块儿不同，历史、自然环境的不同，民族的不同，地域的不同，各地年画形成了多元、灿烂的风格，而且都鲜明地反映各个地方独特的人文特征。

第三，它是绘画艺术、雕版印刷、民间文学、民间戏剧等多种文化和艺术的融合。它的制作手段的高超，它历史上所到达的高度，也是很难有其他的艺术跟它相比。

另外，它在传承的形式上，它既有个人的、家族式的传承，也有村落的、集体的传承。它的传承样式是最多样的。

最重要一点，它是濒危的。在我们动手做民间文化普查的时候，在做年画普查的时候，不少产地实际上都处于风雨飘摇的状态，甚至都到了灭绝的边缘。所以我们当时有一个观点，就是我们的抢救工程强调以濒危优先。

因此，我们当时选定了年画。我想，跟我们做了九年、十年这些工作的同志，都能想到当时的思考。

选定了之后，很重要的问题，我们需要总结的，就是科学设计。因为我们历史上从来没有对我们自己的文化做过这种时代性的、全面的总结。我们虽然有举国体制的优势，但是先人没有更多的经验供我们凭借。这是我们需要解决的问题。还有，过去我们把年画、剪纸这些艺术，一般来讲都作为美术普查，很少作为一个文化来调查。但是这些艺术里面所包含的被我们称做的非物质文化遗产，是一种无形的和非物质性的成分，极为重要。比如说年画遗产。年画遗产相当一部分表现在传承人的两个记忆（技艺）里边，一个是大脑的"记忆"，一个是手工的、技术的"技艺"。这部分是非遗的关键，却又是看不见摸不着的、不确定的、流动着的、随时可以变得无影无踪和消失的，我们怎么样把它转化为一个确定的方式保存下来。这是我们需要设计的。我们怎么把它设计出来?

还有一个更重要的——年画大普查是一个龙头项目,它对民间文化遗产抢救等其他项目还承担着示范性的任务。如果我们做得好,做得科学,它可以给别的项目的抢救做一个标准。

我们当时做了几个工作,第一个就是采样普查,第二个是专家论证,第三个是制定统一的标准、规划程序和要求。

这是二〇〇三年,当时我们专家做的整个民间文化普查的标准化手册——《普查手册》,学术含量很高。这是历史上从来没有过的。

这是我们当时转年又做的《传承人认定手册》。

我们把这次的年画普查内容分为十部分:第一是村落人文,第二是代表作,第三是张贴习俗,第四是题材和体裁的分类(分类是重要的,因为马克思讲过,任何学科的建立,分类是第一位的),然后是工艺流程、工具材料、艺人和传承谱系、画店的历史状况、经营方式和覆盖的地区,还有相关的民间传说。这样我们才能立体地、整体地把我们的文化遗产全部普查到了,全面做到底了。

这样一来,就需要我们就不能用过去那样的简单的美术或民俗的调查,必须是多学科的交叉的方式。它必须是民俗学的、人类学的、美术学的、历史学的等多学科交叉的方式。

在普查的手段上,我们还运用了现代科技提供给的新的工具、手段和方法,我们当时讲"四合一",文字的、拍照的、录音的、录像的,四合一的方式,进行立体调查。

这些创造性的、切实有效的文化普查方式后来在文化部做中国文化遗产名录时被采用了。因此说,这是我们这一次年画普查,首先做出的贡献,应该讲是科学的设计,它和我们专家的努力分不开。所以说,文化遗产的抢救和保护,有几个角色特别重要:第一个就是政府,政府是文化遗产的第一保护人;第二个是专家,有专家参与才是科学保护,没有专家参与,不可能成为科学的保护。

这次年画普查中,我们把全国各地上百个产地都翻了一个个儿,之后,抓住了二十个大产地和二十个小产地。这个数量一开始是没有规定的,它二十一个就二十一个，它十九个就是十九个。当时凑巧了，就是二十个大产地和二十个小产地。这些产地遍布全国，是中国现在所有活态产地的最后的遗存。

另外有两点特别重要：一个是我们把台南米街的年画和澳门纸马纳入到这次全国木版年画普查里边。台湾学者杨永志先生为此做出了很大的贡献，包括在漳州年画的普查中他也做了很多的工作。所以我们要对杨永志先生表示感谢。这样就达到了我们最早的目标——将中国木版年画一网打尽。第二，我们中国木版年画在海外有很多遗存，在我们中国人自己还没有把木版年画作为文化的时候，西方的学者从异域文化的角度看到了木版年画所蕴含的特殊的人文价值和艺术性。当时有两个国家是中国木版年画的钟情者，一个是俄罗斯，一个是日本。大家可能都知道俄罗斯像阿列克谢耶夫这一批十九世纪末二十世纪初的木版年画专家，他们在中国收集了大量的年画。他们等于替我们预先保护住了一大批文化遗产。至少六七千件年画的珍品现在保存在俄罗斯众多的博物馆里边。还有日本学者，在清代早期到中期，就是由康熙到乾隆年间，把特别重要的姑苏版年画保留下来了。我们国内的博物馆基本上见不到姑苏版。我们必须要请俄日两国的学者帮助我们，使我们这次遗产普查成果得以全面地、充分地呈现，得以将中华民族先辈留下的这些宝藏一揽到手。这两国的学者为我们做出了非常大的努力，他们几乎跑遍了俄罗斯和日本的博物馆，还有两国不少学者的参与与协助，才有了《日本藏品卷》和《俄罗斯藏品卷》这两项重要的沉甸甸成果的面世，这在世界上还是首次。

我们的普查是全方位启动的，从二○○二年到现在一共九年。我们第一次做，没有经验，也缺少专家，因为大多数的产地是没有专家的。然而，九年的文化实践却使我们在全国各地锻炼出一支队伍，现在可以讲，这支队伍对自己的乡土文化了如指掌、而且充满情感、富有责任感。这支队伍的骨干现在就坐在我们的会场里边。

上周，中华书局的主编宋志军给我打了一个电话，当时我正坐在来北京开会的汽车里，他说冯先生我告诉你，《中国木版年画集成·平阳卷》出版了，这是最后一卷。我当时听了这句话，真感到肩上一块石头掉下来，人一下子轻起来了。我是作家出身，记忆里总是有很多事件，有很多人物，有很多画面，很多细节。这些都是很感人的。一时间我想了很多很多。想到九年间风里、雨里、雪里、烈日底下，我们这些同志翻山越岭，在大地之间穿行，来寻访我们先辈留下的遗存。如果没有我们这些人，我敢说，现在你再去找，这些东西已经没有了。另外还有我们中国民协的抢救办出色、坚韧的统一协调，他们进行了数不清的论证、启动、交流、研讨、推动等会议及工作，并不停地调配专家帮助各产地整理档案。当时中央电视台的主持人王志问了我一句话——王志向来的问话都是质问式的——你说中国民间文化抢救很困难，你们有报酬吗？我说没有报酬。他说如今没有报酬——谁干？可是现在我们可以很骄傲地回答，我们这些同志干！

经过我们这些同志的努力，现在成果出来了，我们实现了预定的目标——就是我们完成了农耕时代中国年画终结式的总结。

由三百万字，一万幅图片，数千分钟录像，还有大量珍贵的年画遗存发现和产地发现，以及全面的盘清家底的普查与总结，我们终于将中国年画这一磅礴的历史遗产，井然有序地整理为我们国家与民族的文化档案。特别将活态的可变的不确定的非遗，转化为文本与音像档案之后，它将得以牢固与永久地保存。

为此，今天我们将这一成果赠送给一直支持我们的中宣部、中国文联、民进中央、中央文史馆、联合国教科文组织之外，还要特别赠送给国家档案馆与国家图书馆，使之永久存藏。

我们还特意将它呈送给文化部，不仅是因为文化部支持我们，我们要兑现当初的一句诺言——我们这件事是为国家做的。

我们今天要以表彰方式感谢每一位为这项工程付出辛劳的同志，从每一位专家、工作者、传承人，到编辑、出版、设计和印刷工作者。他们的工作是没有报酬的，但他们全然不计个人的辛苦，他们完成这一巨型的文化工程凭着一种奉献精神和对文化最真实的情感。请让我们用真诚的掌声赞美他们，感谢他们。

同志们，虽然我们在为文化的保护和文明的传承努力工作，但迅急发展和变化中的现实，不停地对我们提出新的挑战。当前，在日益强化的城镇化的热潮中，原有的村落生活发生解体，愈来愈多刚刚整理好的非遗，又陷入新一轮可能会失去的危机。

然而，积极地、主动地应对是当代文化人的文化姿态。前沿的坚守是当代文化人立身的位置。把历史文明传承下去是用纯金的金子钉在我们心中的目标。责任永远是我们文化行为的原点。

为了中华文明的本色和永葆其强大的生命力与魅力，为了建设新时代新文化，让我们共同地努力、努力再努力！谢谢！

在"中国木版年画抢救与保护工作成果发布暨表彰会"上的讲话
二〇一一年四月十六日　北京

武强屋顶秘藏古画版发掘记

一场三十年来罕见的冷风急雨，把我们这次田野抢救逼入困境。但我们没有退路。因为秘藏在一座老宅屋顶上的武强年画古版等待我们去发掘和鉴定。此刻，这批古版危机四伏，一些文物贩子正伺机把它搞到手。据说当地政府已经派人去看守这座废弃已久、空无人居的老宅，他们守得住么？这更促使我们尽快驰往武强。

缘起

为了这批古版，一年里我已经第二次奔到武强。

去年（二〇〇二年）年底，在一次民间文化抢救座谈会上，偶从河北民协主席、民俗学者郑一民先生口中得知，武强某村一处民居的屋顶上藏着许多年画古版。但郑一民所知也只是这短短一个信息。此外一切空寥不闻，甚至连这村名也说不出来，对我却是一个极大极强的诱惑。这到底是怎样的村落与人家？秘藏古版是何缘故？现况如何？有多少块版？哪个年代的刻品？有无历时久远和精美珍罕的画版？一团美丽的猜想如同彩色的烟雾变幻无穷地盈满我的脑袋，朦朦胧胧又烁烁发光。在如今古画版几乎消泯于大地的时候，哪来的这么一大批宝贝？郑一民告诉我一个金子一般的消息。

春节前的一月二十二日，我由内丘魏家村和南双流村考察神马后，旋即奔往武强，目标直奔这批神秘的古版。在武强，见到主持年画工作的县委副书记于彩凤和武强年画博物馆馆长郭书荣，便知这是他们按照中国民间文化遗产抢救工程的计划对武强年画进行拉网式普查时，由一位聘请而来名叫吴春沾的民间艺人在县城西南周家窝乡的旧城村发现的。据说这老宅的屋顶上整整铺了一层古版！但他们却像碰到一个薄如蝉翼的瓷碗，反倒不敢去碰一下。为什么？一是不知这房主到底是怎样一个人，会有怎样的想法与要求，弄不好"狮子大张口"怎么办？二是担心消息走漏出去，被那些无孔不入的文物贩子得了信息，暗中下手把这些宝物"挖"走。我说我很想去看个究竟。郭书荣笑着说："你要去，就会把事闹大了，把文物贩子全招惹来了。"我笑道："我先忍下了。你们可要抓紧。一切都要秘密进行，千万别再透出风声。"说到此时，心里真有一种古洞探宝那种紧张兮兮之感，就像少年时读史蒂文生《宝岛》时的那种感觉。

我对武强人的文化责任是放心的。早在八十年代，他们便先觉地察觉到，农耕文明正在从田野大规模而悄无声息地撤退。他们动手为先人建起了一个很舒适又精美的殿堂——武强年画博物馆，以使退出历史舞台的年画永远安居于此。直到今天武强年画博物馆仍是国中规模最大、设备最为优良的专业的年画博物馆。所以，在和他们分手时，我没再提那古版，只是用手指一指头顶上，暗示屋顶——秘藏。这二位讲求实干的武强人则用点头回答我，头点得很坚决，当然也为了叫我放心。

此后数月，尽管天南海北地奔波，心中却总觉得什么地方有块小磁石微微又有力地吸着我——就是这武强的古版。每逢此时，我便会抓起电话打给郑一民，探询情形，并请他快快了解此事，以免夜长梦多，节外生枝。我知道这位燕赵汉子的脾气急，做事风风火火，而且一定要有个圆满结局。然而在这件事上却似乎有点"障碍"。每次催他，他只是回答我："快了。快了。"一直到八月蔚县召开的全国剪纸抢救专项工作会议上，郑一民才笑吟吟对我说："房主已经同意献出这批古版了。再告诉你一个好消息，不是一间屋而是两间屋的屋顶上全是古版。这家人是武强一个年画世家。版子全是祖传的。等这个会一开完，我就去武强亲自把发掘一事敲定下来。"后来才知道，郑一民为此事已经从石家庄到武强往返跑了五六趟。我们中国民协这些人真是棒极了！

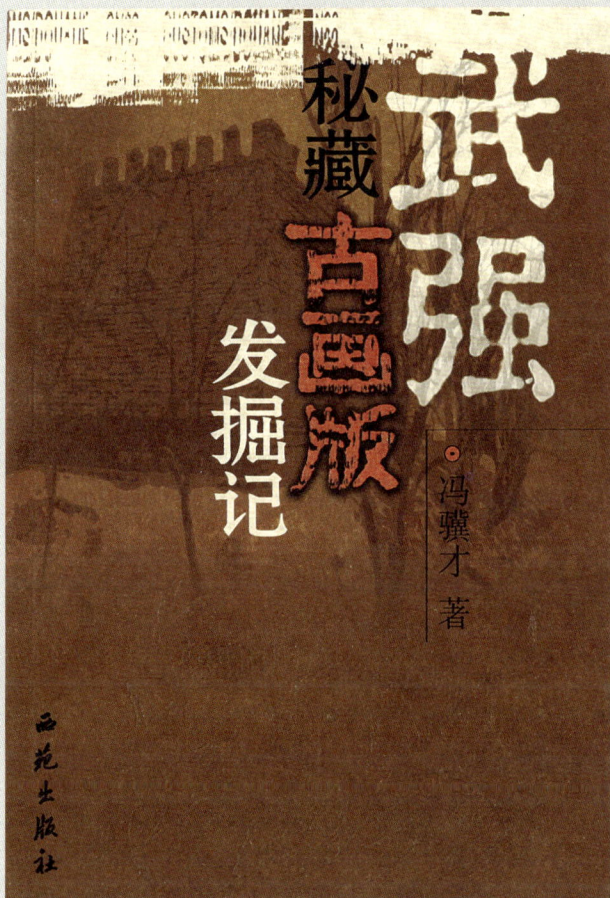

《武强秘藏古画版发掘记》，二〇〇四年西苑出版社出版。

然而就在武强那边紧张地筹备古版发掘时，我在天津忽然接到杨柳青年画艺人霍庆有师傅的电话说，一个古董贩子悄悄告诉他河北武强有个人家的屋顶藏着许多老版，问他要不要。霍师傅是杨柳青仅存无多、传承有序的艺人，"勾、刻、印、画、裱"全能，而且比一些文化人还有文化眼光，多年来一直致力于古版的收集与收藏。他身边总有几个耳目灵通的古董贩子，给他通风报信。他说，贩子说了，只要他肯出钱，一准给他弄来。我一听便急了，赶紧给郑一民通电话。这才知道武强那边也听到古董贩子入村打探并频繁活动的信息。当地政府也说话了，决不叫贩子们得手！正在派人将这幢老宅看守起来。看来这"抢救"真有"抢"的味道了。

现场考察

十月十日中午我们在雨中抵达武强。

吃几口饭填了填肚子便要去旧城村。一是心急，想尽快看看这个诱惑了我近一年的神秘莫测的老宅，同时见一见这户主动献版的年画世家，虽然郭书荣领导的武强年画普查小组已经对贾氏家族做了深入又详细的调查，但出于写作人的"职业习惯"，我还是把实地感受作为第一位的。另一个原因是众多媒体，闻讯正由全国各地赶来。单是中央电视台就来了两个组，还有山东、湖南、河北，以及香港凤凰电视台的记者及各地报纸的记者，都已人马俱到。按照计划将在明天（十一日）上午发掘古版，我担心到了那时，人太多，看不到这老宅平时的真正模样，也无法发现未知而重要的细节，故此我要捷足先行。

随我同往的是此次同来的几位年轻人。有山东电视台著名民俗影像专家樊宇，《天津日报》文化记者、作家周凡恺，《今晚报》文化记者高丽以及两位助手。当地政府为我们准备一辆越野吉普车，以及每人一双又黑又亮的高筒胶靴。因为自清晨以来，小雨转为中雨，村路皆为土路，遇雨成泥。车子不能直接到达旧城村，至少还有几公里的泥路要靠步行。

果然，离开县城不远就没有柏油路了。开始路面还硬，但在拐进一条很窄的如同田埂的小路时，已经完全成了烂泥，凹洼处全是积水，而且雨还在不停地下着。驾车的司机原想尽可能往前开，接近村子，使我们少走一些泥路。但不久我们的车滑下路面，陷入松软的麦地；另一辆车干脆扎入沟中。大家换上胶靴，改为步行。我的麻烦是脚太大，靴子太小，至少短五厘米，如同"三寸金莲"。一位同伴急中生智，叫我用装胶靴的塑料袋套在脚上。这样，我们走在烂泥路上，形同一伙乞丐，而且脚底极滑，左歪右晃，大家笑我，说我是"丐帮的首领"。然而人人都是顶风冒雨，湿衣贴身，湿发贴面，歪歪扭扭跋涉于泥水之中，哪个好看？于是，相互取笑，不知艰辛，渐近村庄。

远看旧城村，真是很美。这里原本是中古时期武强县城的所在地，后被洪水淹没，县城易地他处，此地遂被渐渐遗忘。由是而今，时隔太久，繁华褪尽，已退化为燕赵腹地一个人口稀少、毫无名气的小村庄。也许正是偏远冷僻之故，才更多地遗存着农耕时代原生态的文明。

小小的村落，稀疏又低矮的房舍，河水一般弯弯曲曲的村路，大半隐藏在浓密的枣树林中。枣儿多数已经变红，还没打落，艳红的小果挂满亮晶晶的雨珠，伸手就可以摘一个吃。

我想，倘若晴天里，这大片大片的枣林一定会更绿，阳光下的红枣个个都闪亮夺目，黄土的村路踩上去也必定既柔软又温馨。可是此时在雨里——它不是更美吗？在细密如织的雨幕后边，一切景物的轮廓都模糊了，颜色都淡化了，混成朦胧的一片。旧城村就像一幅水彩画。

我们的目标不难找，就在村口处。外表看有点奇怪，是一幢挺大的红砖房子，平顶，女儿墙砌成城堞状，形似城堡。房子并不老，机制的红砖经雨水冲刷，反倒像一座新建的砖房。但走进院门，却似进入另一个历史空间。一个长条小院，阴暗深郁，落叶满地，墙角扔着许多废弃的杂物，野生的枝条乱无头绪地从这些杂物的缝隙中奋力地蹿出来，形似放歌，有的长长的竟有小树那样高。房屋坐北，一排五间，中间是堂屋，两边东西两间，再靠边左右各一间小小的耳房。窗子作拱状，墙是老旧的灰砖，墙皮已风化和碱化，与外墙的红砖一比，一里一外一新一旧，截然不同。在院里看分明就是个老宅子了。这使我颇为诧异，为什么要在老房子外包一层新砖，伪装吗？为什么要伪装？那秘藏的画版就在这怪房子的屋顶上呀！

郭书荣馆长请来这房子的主人贾氏兄弟振川、振邦和振奇。经他们一说便知贾氏原是旧城村中传承很久的年画世家，从事年画至少六代。贾氏最辉煌的年代应是太祖父贾崇德时期。那时，贾家在本村和县城的南关都有作坊，店名叫做德兴画店，年产二百万张，远销到山西榆次和陕西的凤翔。太祖的大业传至祖父贾董杰一代，便遭遇到日本侵华和国家动乱的时代，贾氏年画发生由兴而衰的转折。待到贾董杰把家产分给自己的两个儿子贾增和与贾增起时，最珍贵的东西便是五百二十块古版了。

年画的生命是印画的雕版。贾家人只印不刻，画版就是饭碗。故而，贾振邦对我说：画版养活了他家一代又一代人。

贾增起就用他从祖辈继承的二百六十块木版，一直印到二十世纪五十年代。后来，随着世风的变迁，年画的衰微，他无奈地放弃了画业。然而放弃画业却不能放弃画版。他一生经过许多战乱，每逢战乱都把画版埋起来，设法保住。武强地势低洼，时有洪水袭击；遇到洪水来临，便把画版搬到高地上，昼夜看守。可是，自打贾增起不再印画，专事务农，这批画版的存放便成了问题。直到一九六三年，一次大水过后，家里翻盖房屋时，索性把这些画版藏在屋顶上。好像只有放在这个旁人不可能找到甚至想到的地方，才会感到安全。谁料正是藏在这绝密之处，这批古版才躲过了凶暴的"文革"。全国各地的年画古版绝大部分都是在"文革"中被销毁的。有的画乡是把全乡上千块版堆起来一把火烧光。至今，武强年画博物馆中还保存着一块"文革"时人们被迫用菜刀削去凸线的画版呢——它刻骨铭心地记载着民间年画的劫难史！

为此，每当房子的外墙破裂出现问题时，贾增起决不拆房重建，他怕顶上的古版"露了馅"，便想个主意，在老房子外边包了一层红色的机制新砖，索性把这座秘藏古版的灰砖老屋包在其中，隐蔽起来。在河北乡村，房子最忌讳内外两层，形似棺椁。但他宁愿犯忌，也要使古版安然无恙。

贾增起于一九九二年去世。此后，儿子们都搬到外边成家，这老宅院便无人居住，屋中堆满在漫长的生活中不断淘汰下来的杂物。待贾增起的儿子贾振邦打开房门，请我们走进去时，一瞬间的感觉真像一个世纪前第一批探险者进入敦煌的藏经洞那样。几间屋子中是那些随手堆在那里的破柜子呀、手推车呀、乱木头呀、小碟小碗呀、壶帽呀、木杆木棍呀，等等，全都蒙盖着很厚一层灰尘。郑一民说，他们前些天钻进这屋子时，蜘蛛网多得吓人，他们用了不少时间才把满屋的蜘蛛网挑去。但此时角落里还有一些蜘蛛网在我们手电筒的照射中闪闪发亮。

我最主要的目的是把秘藏屋顶上古版的状况弄明白。经贾氏三兄弟介绍，这一连五间的屋顶都是用胳膊粗的树干作为椽子架在梁上。树干是自然木，歪歪扭扭，很是生动。椽子上是一层苇席，苇席上是一层画版。据贾振邦说画版上是一层黄土，黄土上是一层砖，砖缝勾灰，以防雨水。

当年贾增起秘藏这批古版时是颇费心机的。他把古版放在屋顶下边，以使画版存藏安全；画版下的苇席，一为了遮掩，一为了透气。据说最早还用棉纸吊了一层顶子，现在吊顶已经脱落。在贾振邦的指点下，仰头而望，从一些残破的蓆子中真的看到藏在上边的几块古版的边边角角。有的发黑，却能看见版上雕刻的凹凸；有的则是红色或绿色的套版。这令我惊喜之极。一年来一直惦记的宝物就在眼前和头顶上。几乎是举手可得呢！

经查看，这五间屋中，中间的堂屋由于平时常有外人来串门，故顶上没有藏版。两边的东西两间及里边的左右耳房比较私密与安全，古版藏入其顶。用目测，东西两间各十平方米，耳房三平方米。倘若将画版铺平，应为二百至二百五十块！

除夫画版，在堆积屋中的杂物里，还有两辆当年贾家先人外出卖画时使用的独轮手推车。这使我马上想到，武强人那首当年推车进京卖画时边走边唱的"顺口溜"：

> 彭仪门，修得高，
> 大井小井卢沟桥；
> 卢沟桥，漫山坡，
> 过了窦店琉璃河；
> 琉璃河，一道沟，

武強秘藏古版畫精華

癸未春日風傳燕腹地武強縣舊城村一農家
屋頂秘藏年畫古版此於其時民間文化瀕於危乃
是強烈之刺激於是縣会音地文化考察明專
實溝通多首撰訂十月十日親撮屋頂古版不料
是日大雨滂沱如滿洪於天道路泥濘寒響余
沒娛然參加此項行動者以論後生學人吉平
專宗頃風冒雨做浩泥濘等一退縮此情此景
頗壯觀也此沿乾撮結果為言畫版一百五十五塊
完繁者十三一部皆是精品孤存廣年畫瑜
撮一天悟藏而真申人伯之高亮文化情懷
感人至深故雨撐古版輪華意製於中華徽一
卷以展藏果以茲紀念是也

戊戌仲夏題記於津門醒夜軒
馮驥才

这段文字记录了这次抢救行动的真实过程。

十二连桥赵北口；

赵北口，往南走，

过了雄县是鄚州；

鄚州城，一堆土，

过了任丘河间府；

河间府，一条线，

过了商林是献县；

献县大道铺得平，

一直通到武强城。

心里一念这顺口溜，眼前的车子好像"吱吱呀呀"活了起来。

贾振邦说："这辆车推活我们一代代人。后来父亲不印画了，就用这辆车去县城赶集，卖菜，换鸡蛋，供我们哥几个上学，念初中，高中。父亲说再苦再累也得供我们上学……"说到这里，凄然泪下。

其兄贾振川告诉我："这车子左右两边，原来还有两根棍儿，已经掉了。上边各写一行字，即'远近迟迷逍遥过，进追遊还遇道通'。每个字中都有一个'走'字。"

这两行字显然是武强人远出卖画时的心中之言。既有默默的企望，也有一种自由与潇洒；还有一种武强人特有的文字上的智慧，这在武强年画（如半字半画的对联）中表现得十分鲜明。

屋中另一件值得注意的是几件废弃的箱柜。柜子上的顶箱，里里外外全糊着花花绿绿的年画。细看都是"灯方"。显然，当年由于顶箱残破，就用印废的年画粘糊。这个细节，足使我从满屋七零八落的东西——这些历史的残片想象出昔时一个家庭式年画作坊的彩色图景。郭书荣说，前些天他们还从这柜子里发现一卷文书呢。待贾振邦拿来一看，颇是珍贵。三件文书一为买地契约，二为分家的契约。买地契约为咸丰元年（一八五一年）；分家契约一件为民国六年（一九一七年），另一件被鼠咬，年代缺失。值得注意的是，这两件分家契约在提到画版时，都有一句话是"本画版只许使，不许卖"。

在传承的意义上，这句话很像宁波天一阁范氏家族的"代不分书"。表现武强人对画版的珍重。也说明画版在民间文化上具有重要的传承性。因而，守住画版是武强年画艺人们的一个坚定不移的传统。正由于这句话，这批屋顶上画版历尽凶险，保存到了今天！

从前一件文书（咸丰元年）看，立约一方为贾崇德。贾崇德的父亲贾行礼肯定生活在道光年间，如果还早——便是嘉庆。那么这顶上秘藏之版中会有嘉道的古版吗？如果贾行礼一代手中还有来自他的先人更早的古版呢？此时，我对屋顶上的古版已充满神奇美妙的猜想了。

为此，在第二天发掘古版前的新闻发布会上，我说："这顶上秘藏古版最大的悬念是有没有清初前三代的古版，倘若有，就是民间国宝。"

发掘

十日晚，冷雨彻夜未停。我给京津的亲友们通了电话，方知数十年未遇的寒流正笼罩着我们这次田野抢救。

十一日清晨。得知由京、津、鲁、楚等各地闻讯而来的专家与记者已有百余人。星夜里赶至武强的有著名民俗学者白庚胜和民间艺术专家、中央美术学院教授薄松年先生。薄松年先生的到来将使这次古版的鉴定更具权威性。但老先生早已年过七十，居然冒雨而来，令我感动。此时，雨未停，风又起。我拟建议发掘一事改期。但记者们的积极超出我的想象。《东方时空》、山东电视台以及凤凰电视台的记者们连早饭也未吃，揣些干粮在衣兜里，就扛着机器奔往旧城村，争取在大批发掘人员与记者们到达之前，占得最佳机位。

早饭时，我对薄松年教授说："道路很滑，您不要去了。"

薄松年教授："不，我一定去。搞田野调查怎么能不下去？"他很坚决。

我与郑一民和县政府有关人士经过紧急又短暂的讨论，决定按原计划今日上午发掘，下午鉴定。但要注意几点：

一、要保证发掘出来的古版不遭受雨淋。

二、每块版出土时都要编号。

三、确保现场所有人员的安全。

大队出发时，当地政府为大家又准备了一百双胶靴，竟无一剩余，可见人们对发掘过程的关切。

我因昨日去过现场，没有再去。而是去武强年画博物馆去看馆藏的古版。我想更多地了解武强画版的题材种类、不同时代的风格，以及刻版的手法，好为下午的鉴定做相关的准备。

武强年画博物馆已经整理出来的古版有三千七百八十八块，包括套版。其中二级文物四十件，三级文物九十件。在近期对年画产地拉网式的普查与抢救中，又获得一些古版，尚未清理出来。已整理好的古版均整齐地放在柜橱与书架上，只是还没有实行计算机的管理。武强年画博物馆的藏版数量在中国各个产地中应占首位。这表明武强年画资源的雄厚和他们对自己文化的珍重与经意。

在发掘现场那边，进展顺利。后来我通过樊宇的现场录像看到，发掘时首先除掉屋顶的砖层，砖块下边的一层黄土很厚，达三十多厘米。发掘人员除去土层，再用瓦刀小心而轻轻地将画版一块块从土里取出，有如发掘古墓中的随葬品。然后依次编号，装入事先备好的硬纸夹，再装入防雨的塑料袋中。

然而，遗憾的是，由于房子历时太久，顶上砖层的灰缝早已开裂，长年渗入的雨水或融化的雪水，浸湿了土层。武强的土是粘土，一旦渗入水分，很难散发。尽管当年贾增起藏版时将雕刻的一面朝下，但木版很怕水与土，故而背面大多朽坏，严重者糟烂不堪，面目全非。西边房内用纸吊顶棚，比较透气，尚有一些古版较完整地保存下来；东边房内的纸吊顶棚坏掉后，改用塑料吊顶，水气闭塞在内，致使顶上藏版全部腐烂，无一幸存。这是事先全然不曾想到的。也是任何考古发掘都共有的一条规律：结果无法猜，只有打开看。至于这次发掘成果究竟如何，还要到下午的鉴定会上才能做出评估。

鉴定

下午三时，在武强年画博物馆正门前的走廊上，摆放一条十多米长的巨型桌案。被发掘出的贾氏秘藏年画古版，整齐地平放在桌面上。总共五十二个硬纸夹，纸夹上有编号。内放画版一百五十五块，等待着专家们一一鉴定。记者们里三层外三层地围着，心情兴奋又焦迫，想看看这中间究竟有没有"宝物"。

参加鉴定的专家共七位。有薄松年（中央美术学院教授）、白庚胜（民俗学家）、郑一民（民俗学家）、郭书荣（武强年画专家）、张春峰（武强年画专家）、崔明杰（衡水市文化局专家）和我。

经过近一个小时对这批古版的反复观察、研究、比较，我大致得出以下结论：

一、旧城村贾氏秘藏的古版约为三百块。由于东边藏版全部朽烂，损毁一半左右。

二、已发掘出的古版一百五十五块。因朽坏而面目全非者占五分之三，套版占五分之一，线版占五分之一。由于武强画版多为窄条木板（宽约二十厘米）榫接而成，一些线版，仅为半块。完整和较完整的线版为十五块。

三、此次发掘的古版，没有神码和神像，如最常见的"灶王"与"全神"，一块版也没见到；没有"门神"；没有武强年画中最具特色的"灯方"和"窗花"。在体裁上，多为四裁或三裁的"方子"，也有少量的贡笺，因为这种贡笺的大版都是木板条拼成的，其中一些部分朽毁，故皆残缺不全。

此次发掘的古版在题材内容上颇为丰富。经过初步考辨，已知有娃娃戏、戏剧画、吉祥画、美人图和社会风俗画等。

四、由于画版表面都有不同程度的浸损，很难从视觉上观察古版的年代。确认年代的依据主要是两条：一是画面的内容与风格；二是刻版的时代特点。经与专家们讨论，后又做了进一步研究，对较完整的十五块线版做出初步鉴定：

序号	发掘时纸夹号码	画名	体裁	鉴定年代	画店名称	备注
1	20	美人图	对幅	咸同	盛兴店	只有右幅
2	5	美人（富贵）	对幅	清末	复盛兴	只有左幅

序号	发掘时纸夹号码	画名	体裁	鉴定年代	画店名称	备 注
3	36	乐鸽图	三裁	同光	盛兴画店	
4	28	钱能通神	三裁	咸同	盛兴店	
5	49	鹊报佳音	四裁	清末	东兴号	
6	8	三鱼争月	三裁	咸同	盛××	
7	6	万象更新	门画	同光	盛兴	右幅
8	10	猫蝶图	三裁	同光	盛兴画店	
9	13	盗芝草	四裁	清末	盛兴画店	局部有残
10	45	游西湖	贡笺	同光		只有一半
11	35	忠心保国	三裁	清末		
12	26	双官诰	三裁	清末	盛兴画店	
13	39	蝎子洞	四裁	同光	盛兴店	
14	22	指日高陞	三裁	民国癸丑	盛兴画店	
15	44	合家出行图	四裁	民国		

我对这批古版总的评价是，数量颇大，在当前我国年画生态日渐势衰、遗存所剩无多的情况下，有如此大宗秘藏古版的面世，令人惊喜。遗憾的是，那时村人保护手段极其原始，故绝大部分都已受潮朽烂，损失惨重。然而，从幸存的较完好古版看，收获仍很可观。从三方面说：一是有的年画题材虽然曾有运用，但此次发掘的古版的画面绝大部分未曾谋面，故有版本（或称孤本）的价值；二是一些古版雕刻甚佳，刀刻线条，如同笔画，婉转自如，极富表现力，应为雕版中的精品，如《乐鸽图》和《万象更新》；三是在年代上，下限为民国初年，上限可至清代中期。如《美人》和《钱能通神》，

形象古朴，刀法纯熟，刻线柔和又生动，再晚也是清代中期的刻品。另一幅《三鱼争月》，尤使我关注。就其"三鱼争头"的图像而言，在各地年画都未曾出现过，倒是在中古时代的壁画和侗族石刻中有此形象。此外，无论是构图还是构思，都具有嘉道或更早一些的特征。对这幅画我已在另一篇《古版"三鱼争月"考析》中详细道来。对这批发掘的古版的初步研究，也在《贾氏古版解读》一文中做了周到的阐述。

这次发掘古画版收获颇大。一方面，它将为武强年画乃至中国民间年画的遗存增添一份沉甸甸的财富。另一方面，也是使我更为感动的——则是来自全国各地的记者们，和我们一起跋涉于泥泞之中，顶风冒雨，绝无退缩。在"媒体指导生活"的时代，他们有此文化热忱与文化责任，乃是民间文化之幸事，也是我们所盼望的。因故，我建议武强年画博物馆将刚刚发掘出的古版，择选两三，刷印若干，赠予诸位专家与记者，作为纪念。同样受到感动的郭书荣馆长立即应允，于是带着田野芬芳的古版年画便纷飞到众人手中。

此次田野作业可谓十足的艰辛。由武强返津路上，风雨大作。我们一行人分乘两部车，车身被狂风吹得摇晃——后来才知道河北沿海正遭受一次猛烈的风暴潮。偏偏行到中途，一部车子竟无端熄火，必须众人一齐推车助力，才能发动，但走不多远又熄火停车。于是大家一次次去推，个个浑身被冷雨浇透，鞋子灌成水篓，以致到了青县一家乡村饭店烤火与喝姜汤时还在冻得发抖。田野抢救真的这样艰辛么？

可是回到家中，打开从武强带回的《三鱼争月》一看，即刻满心欢喜。种种辛劳，一扫而空。

半年多来，武强顶上年画一事就此画了句号。然而，这仅仅是一个小小插曲而已。整个民间文化的田野抢救还处处都是问号呢。

二〇〇三年十月十五日

现场考察文书。（左为郑一民）

豫北古画乡探访记

在纷忙又焦灼的民间文化遗产的抢救中，所碰到的最大的快意便是忽有意外的发现。这发现，或是突然碰到一样先前不曾知道的美妙的遗存，或是一种谁也没见过的遗产被发现了。此刻，有如奇迹来到眼前，心中的惊奇与欣喜无可名状，眼前如光照一般地明亮，一切纷扰与困顿不复存在。于是，我会情不自禁地骄傲地重复起关于中华文化遗产的那句不知说了多少次的话：

"我们不知道的远远比我们知道的多得多。"

今天，我又脱口说出这句话来。因为身处中原腹地的豫北的滑县，发现了木版年画产地。

一、初闻不信

初闻此事，我不相信。可是当我们中国民协的副主席、河南民协秘书长（夏挽群）把这消息告诉我时，我相信了。因为五年来中州地区一百一十个县，已经全部纳入他翻箱倒柜的普查工作中。此公做事向来踏实慎重，决不会吹气冒泡，说风就是雨。可是，要说发现年画产地还是叫人起疑。早在半个世纪前（上世纪五十年代）对年画的调查中，所有年画产地就已经历历在目。甭说杨柳青、桃花坞、杨家埠、武强这些声名赫赫的大产地，就是一些作坊不多的用木版印画的小产地也都记录在案。哪还有一直深藏不露者？五十年来从未听说哪里发现一个新的年画产地。

可是，自二〇〇三年全国木版年画考察展开后，各省在一些不知名的地方发现精美的古画版的信息，时时吹到耳边。但是这大多只是一些久弃不用的历史遗物，早就没了传人，如果说什么地方还有一个独立的活态的年画产地，几乎不能置信。它会不会是当年从河南最大的年画产地朱仙镇分流出去的一条支脉，就像从三门峡五里川镇的"卢氏木版年画"那样——几乎与朱仙镇一模一样？据说那是北宋末年，金人南侵，东京（开封）沦陷，朱仙镇年画艺人流散到豫西，便把年画带到灵宝与卢氏一带。老家在卢氏的曹靖华还把此地的年画赠送给酷爱民间艺术的鲁迅先生呢。滑县的年画是不是也是这样分流出去的？

尤其这个新发现的年画产地滑县，那就更令人生疑。它地处开封朱仙镇正北方向，中隔黄河，相距不过百里。三门峡的五里川镇"卢氏木版年画"远在数百里外的豫西南，尚与朱仙镇年画为同一血缘，难道距离更近的滑县反倒是一个例外？这几乎没有可能。朱仙镇历史悠久，上及两宋，千年以来一直是中原木版年画的中心，中州的年画很难脱离朱仙镇的影响。如果滑县木版年画真的是朱仙镇一个近亲与分支，同属于一个文化与艺术体系，其价值就没有那么高了。

同时，我又想起，我在审阅《中国木版年画集成·朱仙镇卷》时，从一篇普查报告中看到过一段关于"豫北民间神像木版年画"的文字，提到过滑县、濮阳、内黄一带历史上都有过用木版印刷神像的历史，那段文字介绍得比较简略。但如果这里的木版年画仅仅是民间拿画版印制一些常用的神像，就不重要了。说不定这些画版还是从朱仙镇弄去的呢！

二、见了一惊

今年开春，由于"新农村建设"大潮涌起，随即感到遍布九州大地千形万态的古村落要遭遇一次狂飙般的冲击，遂为其保护古村落而焦灼而奔波。首先要做的是寻求官员的支持。其实，无论破坏和保护，力度最大的都是官员。小小百姓最多只能拆去自己的老屋，能够用推土机推平一片历史城区吗？反过来，如果官员明白了其中的文化价值，一声令下，大片遗存不也就幸免于难了吗?

我想起我的好友舞蹈家兼学者资华筠的一句很精彩的话:"关键的问题是教育领导。"

于是一边在政府高层官员中游说,寻觅切实的方案,一边通过中国民协在浙江西塘召开"中国古村落乡长会议暨西塘论坛",邀请各地在古村落保护方面颇有成绩的地方负责人,共同研讨古村落的存在与保护方式。

这一波没有结束,跟着又是我国首个"文化遗产日"来到眼前。于是又演讲又著文,着力使这个旨在唤起民众文化情怀的节日能够发挥作用。毕竟为了确定这个节日,我们已经下了几年的力气。

就在这些"超大型的事"一桩桩压在肩上时,心中未有忘却那个隐伏在豫北的蒙着面纱的画乡。我曾在地图上找到滑县的位置,当我发现它身处四省之间——其上是河北、其左是山西,其右是山东,又正好是东南西北——中!这可是块奇特的地方。以我多年各地普查的经验,凡是省与省交界的地方,历史文化都保存得较好。唯有这里才是行政与经济开发的"力度"都不易到达之处。在这期间,只要一想起这个听来的古画乡,就会幻觉出一个丛林遮蔽、野草深埋、宁静又安详的画一般的古村落。一天晚上,竟按捺不住这如痴如醉的想象,画了一幅《梦中的村落》。在情感与想象的驱动中,这幅画画得静谧又隐秘。

我计划着何时去豫北看一看这画乡。但如今我已经很难专为一件事去一个地方,必须与其他的要做的事——特别是要在河南做的事串联在一起。

七月里忽有一个短信发在我手机上。此人自称魏庆选,是滑县文化局的负责人。他说要带着该县的木版年画给我看。这使我一时大喜过望。

我忽然想到自己为"缘分"两个字下的定义,就是:你在找它时,它也在找你。

当个子高高而文气的魏先生和他的同伴来到我天津大学的研究院,把一大捆画放在我的桌案上,向我递名片寒暄之时,我已经急不可待地频频把目光投向那捆画上。跟着,全然顾不得说客套话了,便大声说:"先看画吧!我已经忍不住要看画了。"

一时屋中的人都笑。滑县的朋友也笑，很高兴我这么想看他们的画。尤其一个稍矮又瘦健的中年男子，笑眼眯成一条缝。后来才知道他就是这产地的年画传人，而且是个高手。

解开细细的麻绳，画儿随着画捆儿渐渐展开，一股清新而奇异的风从中散发出来。这风好似从犁过的大地的泥土里、草木又湿又凉的深处、开满山花的石头的缝隙中吹出来的。同时这气息又是新鲜的、新奇的、从来没有感受过的。

各种各样的神仙的面孔，不少是陌生的；那种配着对联和横批的中堂，几乎很少被别处的年画使用。这绮丽又雅致的色彩，松弛的类似毛笔的线条，特别是写意般平涂在六尺大纸天界众神上的朱砂，便使我感到，这样风格的年画前所未见。令我惊异的是，这里竟然丝毫找不到朱仙镇的痕迹。它究竟是怎么一个村落和产地呢？

魏庆选与传人韩建峰的介绍令我十分吃惊。

他说这画乡名为前屯二村，还有一个前屯一村，历史上一直叫前李方屯。还有一个后李方屯，同属于滑县的慈周寨乡。前李方屯二村人口千人，不算少。慈周寨在历史上（清乾隆朝）是中原一带各省之间的商业要冲，南边又紧贴着黄河，此村擅长的木版年画便远销四方。但是与隔河的朱仙镇却一直是"老死不相往来"，相互很少借鉴。

主要缘故是本地年画一直恪守着一条原则，族内自传，不传外姓，只传男性。这也是古代最原始的著作权保护方式之一。

滑县李方屯年画的始祖，据说是远自明代，来自山西洪洞一位潦倒的刻版艺人韩朝英（一名韩国栋），此人心灵手巧，融合本地特有的风俗，开创了面目独特的木版画。由于题材多为民间信仰和祖先祭祀之内容，且画风新鲜，又是风俗之必需，此地年画畅销远近各乡。韩家一开始就视手中的技艺为"独门绝艺"，故而由明代（十六世纪）至今代代相传近五百年，已二十七代。鼎盛时期（清乾隆朝）全村百姓大多工刻善画。出现了"兴隆号""兴义号"和"兴盛号"三个画店，分由韩凤岐、韩凤仪、韩凤舞掌门。年产近百万张（幅），远销河北、山西、山东、安徽、青海、甘肃，乃至东北三省和内蒙古。

曾经有这样巨大影响的年画产地，为什么长期不为外界所知？是我们的民间文化学界多年来大多醉心于书斋，不问田野，不问草根，还是它早早地"家道中落"，销形于世了？反正自打上世纪六十年代，以政治功利对待民间文化，要不将民间文化强制地改造为政治口号的传声筒，要不宣布为封建迷信和落后文化，斩草除根。尤其到了"文革"它一定是消灭的对象。

当我一幅幅观赏这些古版年画时，发现一幅版印对联，字体古怪，从未见过，比西夏字还奇异，好像是一种字样的谜。韩建峰说当地人能说出横批是"自求多福"，下联是"日出富贵花开一品红"，但上联已经没人知道，连一些七八十岁老人也认不出来了。于是，一种"失落的文明"的感觉浸入我的心头。这也是近十年来纵行乡野时，常有的一种文化的悲凉感。现在慈周乡前二村的年画颇不景气，尽管还有几位传承人能刻版与彩绘，但由于没人来买，很少印制。近些年，大量的木版被文物贩子以及日本人用很少的钱买走。古版是木版画的生命。如果有一天，古版空了，传承中止，这个遗产自然也就完结。

我已经急不可待要跑一趟豫北了。因为我已经确信它是迄今未被世人发现的民间古版年画的遗存。我根据自己的经验嘱咐他们两条：一、先不要惊动媒体，以免文物贩子和收藏爱好者闻风而至，对遗存构成掠夺性破坏。二、绝对不能再卖一块古版给任何人。并对他们说，等我去吧，我会尽快安排时间。还会带一个专家小组进行现场考察和深入鉴定。

在他们离开我的学院后，我开始不安起来。一边打电话嘱咐夏挽群对外要保密，切莫声张，无论如何要等进一步鉴定清楚再说；一边思谋着我去的时机。

此时此刻，这个画乡好比一个田野里的天堂。

三、风雨入画乡

我终于找到一个机会：十一月份中国民协要在郑州召开"中国民间文化遗产抢救经验交流会"。在这个会上我要解决一系列急待解决的问题，如推动全国年画普查工作一些落后省份的进展，豫西剪纸普查成果的鉴定，全国陶瓷普查以及古村落普查的启动等事。我决定不乘飞机而改汽车。一是可途径邯郸，考察磁州古窑的保护情况，顺便看看响堂山的北齐造像；二是为了便于到滑县慈周寨乡，去寻访那个未知的年画产地。

没料到，入冬来最冷的天气伴我而行。那天从北响堂的石窟里钻出来，却见大雪厚厚地覆盖的山野与平原，纯洁又丰满。我问同行的郑一民滑县在哪里，他举手一指南边。雪原尽头，竟然黑压压地逶迤着一片浓密的树林。像浓墨大笔，在天地之间厚重地一抹。那迷人的古画乡就深藏在这片黑森林里吗？

由冀南往中州一路而下，全是雨雪。在车灯照耀中，细小的雨珠雪粒搅着寒风像飞虫一般不绝地扑打在车子前边的挡风玻璃上，车身下边胶轮卷着公路上的积水发出均匀的刷刷声。我忽想此次去滑县别又像前年在武强抢救屋顶秘藏古版那样撞上了大雨，那么艰难和狼狈！

我的担心不幸被证实。我晚间抵郑州，一夜雨未停。上午在民间文化抢救经验交流会上谈了自己最近一段时间的思考，午饭后上了车，雨反而大起来。有一阵子车盖上的雨竟然腾起烟雾，车窗被雨珠糊满了。我心里默默地祷告着，不断地念着一个字：停——停。但是我的祷告今天不灵！

一个多小时后，车子从高速公路下来，拐到一条土路，土路已成泥路。两边的原野白茫茫笼罩着初冬的冷雨。此次，随行而来的人不少，有我带来的考察组（孙冬宁和段新培），有中国民协的副主席夏挽群、郑一民，也有闻讯跟踪而来的记者。一排黑色的车队渐渐陷入黄色的泥泞里。

后来，车子终于开不动了。有人敲车门，对我说前边的路很糟，车子根本无法行进，只能步行。我推开车门一看吓了一跳。"历史"竟是如此惊人的相似！这景象、这路况，甚至连道路的走向都是和武强那次一模一样。也是要从眼前的野路向右拐到一条满是积水的泥泞的乡间小路。树木丛生的村落还在远远的雨幕的后边，像一种梦幻，是一种极其诱惑人的梦幻！

更惊人相似的是，当地人送来的长筒黑色雨鞋是四十三号的，交给我时说："这是最大号的。"上次在武强，也是四十三号的雨鞋，不也说是最大

《豫北古画乡发现记》，二○○七年中州古籍出版社出版。

号的吗？然而我有上次的经验了，我笑着对他们说："麻烦你们找两个塑料袋儿来吧！"上次在武强就是双脚套着塑料袋进村的。不一会儿，他们找来两个塑料袋，是装食品的，很薄。我心想，糟糕！走不了多少路就得踩破。于是，又开始一次"新长征"——雨里泥里入画乡！

多亏身边几个朋友和助手帮助，你扶我拉，否则我早已经"滚一身泥巴"了。滑县这里与武强不同的是，脚下的黄泥很厚，很软，不像武强那里，泥水中许多硬疙瘩。大概这里是黄河故道之故——这区别是我的双脚感觉出来的。但它的好处是泥土细软，脚下的塑料袋竟没有磨破；麻烦是泥太厚，每一步都要用力把脚从泥中拔出来，还要用力把脚踏实地踩进泥里。尤其是我要去的那位韩姓的年画传人的家住在村子中间，待到他家中，双腿是黄泥，鞋子是冷水，而且举步为艰了。

又见到了魏庆选和韩建峰。他们见我如此狼狈，脸上的表情很不好意思。我笑道："这雨又不是你们下的。如果是你们下的，我也会来。"他们都笑了。魏庆选说，他安排好了。要我去看画的地方，就是韩建峰的家。

可能是前二村的百姓知道我们来看年画，早在这堂屋的四壁挂满了年画，屋中间摆满凳子，坐满了村民。有的抽烟，有的喝水。见我们进来不知怎么对待来客，有的干脆垂着头不说话。显然这是个封闭已久也安静已久的地方。这是间重新翻盖的平房，房子的间量比老式的房间大，里外两间墙壁挂的画足有四五十幅。我虽是头次来到这豫北的老村子，但由于这些画我已反复研读多次，早都熟悉，故而感到一种别样的亲切，仿佛在朋友的家里看到朋友。

当韩建峰叫我坐下来歇歇时，我笑道："还是先看画吧！"那次他和魏庆选来天津找我时，我就这样说的。他肯定还记得我这句话，便笑了。

墙上的画大半我都看过，也研读过了。但此刻我还是整体地再看一遍，同时细看其中一些作品。这次整体地一看，此地年画的特色更为鲜明。特别是当你感知到脚下这厚厚的黄土是这些年画的土壤，这一屋子的老老少少是这独特的艺术集体的创造者时，你就一定会被感动！这挂满墙上的天界诸神不是他们创造出来安慰自己的？这画上的对联不是他们一辈辈告诫后人的道德箴言？那缤纷的色彩不是他们理想世界的颜色？这一屋子的老农面对我们这群"闯入者"，大概有些愕然，有些羞怯，有些不知所措而很少说话。但从这些画我已经看到此地人的所思所想及其共有的地域的心灵。

从这些画里，我特别注意到的是三幅画。一是神农像。一个"人面牛首"、身披树叶的老者，被敬奉于画面正中。我国有着七八千年历史的农耕社会，神农是开创耒耜生活的始祖。中州作为中国最古老的土地，对神农氏的崇拜直抵今日，村民称为"田祖"。除去朱仙镇也有一种神农氏画像，这在其他地方是罕见的。它说明农耕文明在中原大地上一直长流不断，它具有活化石的意义。另一个"古老的信息"是一些画的上端都印着"神之格思"四个字。这四个字来自《诗经·大雅·抑》，是一句诗。但这四个字从来没有在任何地方的民间版画中出现过。但如今本地村民已经把这四个字从左到右念成"思格之神"了，无人再解其中意。那么它到底出自什么时候？显然这历史已经十分古老了。

二是一幅画上有满文的文字。在中国其他重要的年画产地，如杨柳青、杨家埠、武强等地的年画上都没有出现过，显然这幅画是远销东北一带的。别看几个满文文字，足以表明这个产地在历史上的开放与极盛。

三是一幅《老虎》。乍一看似是山东杨家埠的《深山猛虎》，细看却是本地风格。但在构图上，因何与山东杨家埠的年画如此相像？连一大一小老虎的姿态和方形图章的位置都和杨家埠的《深山猛虎》完全一样。这使我想起在研究此地年画时，也曾对此地的家堂画酷似杨家埠的家堂画产生过疑问。据韩建峰说，由于此地年画远销山东，他们还专门为山东人印制一种那里喜欢的《摇钱树》——山东杨家埠年画就大量印刷《摇钱树》。这不是属于一种为外地"照样加工"吗？这些都表明此地年画曾经达到过的极大的规模与影响。它曾经是一个面向全国的年画产地呵。

然而，今天还有多少人知道他们的历史辉煌？

他们从老人嘴中，也许听说过祖辈的年画曾经每年向外地卖出上百万张，销售区域不仅覆盖中州，而且东至渤海黄海之滨，西达青海，北抵关外诸省。其实，滑县曾经并不是一个封闭的地方，只不过被遗忘罢了。而历史，只要被遗忘就是一片空白，只要中断就会失去。

今天我们说发现了古画乡，也只不过是在把它遗弃之后又重新找到而已，并非真正意义的发现。

从村民口中得知，此地年画由于"文革"的打击，完全终止制作与使用。"文革"后这一地区的年画传人曾经思图东山再起，但生活骤变，兴趣转移，故而市场始终未能复兴，这一来反倒对这门传统艺术失去信心。近年来，已经有一些无孔不入的古董商贩翻山涉水来到滑县各乡各村，收罗年画古版。许多珍贵古版已被很廉价地买去。显然现在遗存的古版无法全面地反映历史灿烂的全像了。刚才看到的那幅刻着满文的年画，画版已叫人弄走，只剩画样。还有许多画与版，俱不存。

版是产地的生命，失去了版就中断了生命。我站在韩建峰家现有的全部——不过区区几十种年画中间，最强烈的感受是濒危！今天随我同来的，还有许多跟踪报道的记者。今天的消息一旦见报，这个古画乡一定会成为新闻的焦点，并很快变成古董商贩们争相夺取的新高地。此时，我已想好怎样向记者们"发布新闻"了。

在记者们的要求下，我讲出我的判断：这是半个世纪以来新发现的中国古版年画之乡，是在艺术上完全独立的年画产地，是历史上一个重要的、今天已被遗忘的北方年画的中心，因此是珍贵的非物质文化遗存。我将它和相距不远的、中原最大的年画产地朱仙镇比较了一下——它们完全不一样！从内容来讲，这里的年画与民间的祭祀是紧紧连在一起的。在中国年俗中，祭祀是最主要的内容。它体现了古代人和天地之间一种和谐的企望，属于精神生活，不应该把它看做迷信。从绘画风格来讲，它与朱仙镇大不相同。比如色彩，朱仙镇有一种紫的颜色，强调黄紫对比。这里的很少使用紫颜色。此外这里的颜色大多是用水稀释过的，半透明的，比较淡雅。但朱仙镇的颜色不加水，基本是原色，对比强烈。朱仙镇的年画是以套版为主，套版一般是六套版，但这里的年画是以单线印刷加手绘为主，比较接近杨柳青的画法。在画法上，通常是先用深颜色，再加上一点浅的颜色晕染，尽可能地把平面的画表现得立体一些。还有一点我注意到，它把字与画结合得很好。在画幅的两边配上对联和横批，是中国人非常喜欢的一种方式。这种方式适合挂在堂屋正面墙上，显得大方又文雅。这里的画在一些边角处喜欢画一些兰花和竹子，这些都是文人画里常见的题材。从它的内容到它的绘画技艺、刻版、构图、文字和画的结合，到它的印刷，是一个独立的、完整的艺术体系。所以说，这个古画乡的发现是豫北地区民间文化抢救的重要成果。我希望第一个是要保护好古画版，这些老版千万不要再卖了。千千万万别卖给外国人了，也别卖给文物贩子。随着时间的消逝，这个东西的价值会渐渐显现出来。更重要的是这个东西是你们的一个根，祖祖辈辈创造的一个积累。卖掉了就不会再有了。再有，我希望当地政府继续做好普查，细心整理，争取申报国家非物质文化遗产名录。还希望媒体多强调对这个产地保护的意义，不要让它像某些地方那样珍贵的文物刚刚出土就被劫掠一空。

大概我的话打动了随我而来的孙冬宁，他是我的研究院一位年轻的美术学教授，他主动提出留下来，住在传承人韩建峰家，深入普查，他说他背来了录音和录像全套设备。我说："那好，你做好口述实录。同时帮韩家把全部画版做好分类、统计和编号。"

孙冬宁留下了，我心稍安。在回去的路上，虽然依旧又是冷雨，又是寒风，却不觉得，两只脚顾不得地上是水是泥，以致冰冷的水把鞋子灌成水篓。心中却溢满欢喜。这欢喜无可比拟。

此后两天我在郑州开会，并赴巩义与安阳一带考察，不时与孙冬宁用手机联系。得知他那里收获甚大，做了韩建峰家庭两代传人的口述史调查，查访到这里的乡村数百年来不断变更行政管辖的历史。还将韩家全部画版整理成可管理的档案，找出流失古版去处的许多重要线索。同时，同来的摄影家段新培自告奋勇提出要前去协助孙冬宁。我想，视觉记录必不可少，便请郑州民协派车送段新培去了。这几天是入冬来最冷的几天，风雨交加一直未断。不过我对段新培的工作十分放心。在当年抢救估衣街时，他站在风雪飞扬的楼沿上拍摄那条古街的全景。如今古街不存，全仗他的勇气与真情才使历史不是空荡荡地消失掉。

一周后，在我们由豫北到冀南考察广府古城后，回到研究院，着手此次考察滑县李方屯年画的材料整理工作，以及中州两地（朱仙镇与滑县李方屯）

年画的比较研究。此间，正待我频频与魏庆选寻求各种相关材料时，前屯二村的传人韩相然和韩建峰父子来到天津，并带来近半个多月前他们四处收寻的木版画样。大部分属于扇画，多为戏曲故事、民间传说和吉祥图案。其中一幅《新女性图》属于民国初期的"改良图画"。由此认识到，扇画曾是此地木版年画的一种极其盛行的姐妹版画，应在以后的考察中作为重点。

我请他们留住数日，以便对其遗存的真情实况做进一步讨教。一日，在我的画室对他们询问《七十二位全神图》中的各种神佛的姓名时，忽想这幅画与我前两年收藏的一块全神画版极为相似。那块画版很大，但风格特殊，无法判断产自何地。现在却感觉那画版像是滑县的了。别就是从滑县流散出来的画版吧？想到这里，便去把那画版从库中找到，抬来往韩家父子面前一放，竟使他们失声叫道：

"这就是我们前几年流失的画版。您从哪里弄来的？"

我笑道："哪里是弄来的。是老天爷怕它丢了，先叫我替你们保存着。"然后又说，"看来咱们还真有缘分。你们走失的东西都能找到我这儿来。好呀，找个机会，我给你们送去，还给你们！"

看着韩家父子龇着牙的笑脸，我心想，对于遗产抢救的最大快乐，除去开头说的"意外的发现"，还有便是失而复得和完璧归赵。

二○○六年十二月三十日　是日大雪

一个古画乡的临终抢救

临终抢救是医学用语，但在文化上却是一个刚刚冒出来的新词儿，这表明我们的文化遗产又遇到了新麻烦。

何止是新麻烦，而且是大麻烦。

十多年来，我们纵入田野，去发现和认定濒危的遗产，再把它整理好并加以保护；可是这样的抢救和保护的方式，现在开始变得不中用了——因为城镇化开始了。

谁料到城镇化浪潮竟会像海啸一般卷地而来。在这迅猛的、急切的、愈演愈烈的浪潮中，是平房改造，并村，土地置换，农民迁徙到城镇，丢弃农具，卖掉牲畜，入住楼房，彻底告别农耕，然后是用推土机夷平村落……那么，原先村落中那些历史记忆、生活习俗、种种民间文化呢？一定是随风而去，荡然无存。

这是数千年农耕文化从未遇过的一种"突然死亡"。农村没了，文化何有？皮之不存，毛将焉附？无皮之毛，焉能久存？

刚刚整理好的非遗，又面临危机。何止危机，一下子就鸡飞蛋打了。

那么原先由政府相关部门确定下来的古村落保护计划呢？

只剩下一条存在的理由：可资旅游。很少有人把它作为一种历史见证和文化财富留着它，更很少有人把它作为文化载体留着它；只把它作为景点。我们的文化只有作为商业的景点——卖点才有生路，可悲！

不久前，我挺身弄险，纵入到晋中太行山深处，惊奇地发现连那些身处悬崖绝壁上一个个小山村，也正在被"腾笼换鸟"，改作赚钱的景区。这里的原住民都被想方设法搬迁到县城陌生的楼群里，谁去想那些山村是他们世世代代建造的家园，里边还有他们的文化记忆、祖先崇拜与生活情感？然而即便如此，这种被改造为旅游景区的古村落，毕竟有一种物质性的文化空壳留在那里。至于那些被城镇化扫却的村落，则是从地球上干干净净地抹去。半年前，我还担心那个新兴起来的口号"旧村改造"会对古村落构成伤害。就像当年的"旧城改造"，致使城市失忆和千城一面。

然而，更"绝情"的城镇化来了！对于非遗来说，这无疑是一种连根拔，一种连锅端，一种断子绝孙式的毁灭。

城镇化与城市化是世界性潮流，大势所趋，谁能阻遏？只怪我们的现代化是从"文革"进入改革，是一种急转弯，没有任何文化准备，甚至还没来得及把自己身边极具遗产价值的民间文化当做文化，就已濒危、瓦解、剧变，甚至成为社会转型与生活更迭的牺牲品。

对于我们，不论什么再好的东西，只要后边加一个"化"，就会成为一股风，并渐渐发展为飓风。如果官员们急功近利的政绩诉求和资本的狂想再参与进来，城镇化就会加速和变味，甚至进入非理性。

此刻，在我的身边出现了非常典型的一例，就是本文的主角——杨柳青历史上著名的画乡"南乡三十六村"，突然之间成了城镇化的目标。数月之内，这些画乡所有原住民都要搬出。生活了数百年的家园连同田畴水洼，将被推得一马平川，连祖坟也要迁走。昔时这一片"家家能点染，户户善丹青"的神奇的画乡，将永远不复存在。它失去的不仅是最后的文化生态，连记忆也将无处可寻。

我们刚刚结束了为期九年的中国木版年画的抢救、挖掘、整理和重点保护的工作，才要喘一口气，缓一口气，但转眼间它们再陷危机，而且远比十年前严重得多，紧迫得多。十年前是濒危，这一次是覆灭。

我说过，积极的应对永远是当代文化人的行动姿态。我决定把它作为"个案"，作为城镇化带给民间文化遗产新一轮破坏的范例，进行档案化的记录。同时，重新使用十五年前在天津老城和估衣街大举拆迁之前所采用过的方式，即紧急抢救性地调查与存录。这一次还要加入多年来文化抢救积累的经验，

一个古画乡的「临终抢救」

冯骥才 著

临终抢救是医学术语，
但在文化遗产上却是一
个刚刚
冒出的新词儿
这说明文化遗产又遇到新的危
城镇化狂潮致使一些地
的文化遗存
釜底抽薪般初底消失得无影无踪

生活·读书·新知三联书店

年画濒危的命运并未终结。二〇一一年杨柳青画乡遭到拆除。我已将此次非常特殊的"临终抢救"的全过程与抢救下来的"遗产"写进这本书中了。

动用"视觉人类学"和"口述史"的方法，对南乡三十六村两个重点对象——宫庄子的缸鱼艺人王学勤和南赵庄义成永画店进行最后一次文化打捞。我把这种抢在它消失之前进行的针对性极强的文化抢救称之为：临终抢救。

我们迅速深入村庄，兵分三路：研究人员去做传承人与村民的口述挖掘；摄影人员用镜头寻找与收集一切有价值的信息，并记录下这些画乡消失前视觉的全过程；博物馆工作人员则去整体搬迁年画艺人王学勤特有的农耕时代的原生态的画室。

通过这两三个月紧张的工作，基本完成了既定的目标。我们已拥有一份关于南赵庄义成永画店较为详尽的材料。这些材料有血有肉填补了杨柳青画店史的空白；而在宫庄子一份古代契约书上发现的能够见证该地画业明确的历史纪年，应是此次"临终抢救"重要的文献性收获。

当然，最重要的还是我们亲历了中国城镇化背景下农耕文化所面临的断裂性破坏的严峻的现实。面对它，我们在冷静地思考——将采用何种方法使我们一直为之努力来保证文化传承的工作继续下去。

应该说，这是我们面对迎面扑来的城镇化浪潮第一次紧急的出动。这不是被动和无奈之举，而是一种积极的应对。对于历史生命，如果你不能延续它，你一定要记录它。因为，历史是养育今天的文明之母。如果我们没了历史文明——我们是谁？

一、如雷轰顶

辛卯腊月二十四日，春节迫近，寻个空隙，提两瓶酒，奔往城西张家窝的宫庄子，去看看画缸鱼的艺人王学勤。近十年里已经记不得多少次去到他家。那黄泥墙围着的小院、生气盈盈的藤萝架、散发着特殊气味的牲口间和幽暗的画室，那种贫穷又亲切的生活气息，混合着大红大绿炽烈的年画色彩，一直不变地在我心里。可是这次车子一纵入张窝镇往南乡那些林岗沟汊交错的小村子，感觉似乎有些异样，有一种一时说不清的不舒服的感觉。是光秃秃的冬天里那种凄凉感吗？应该不是。记得曾经一次还是大雪中来到这里呢，大地白茫茫，河沟里全是坚冰，但一接近这些画乡即刻感到一种乡土文化的温馨。今天怎么了？

见到王学勤，他的神气似乎也不对。写作的人对人总是多一些敏感。近几年快到年根的时候，他的缸鱼画卖得好，他总是龇着牙笑，可今天脸上像是门帘子那样肃然地垂着，脸的皱纹全是竖线。没等我设法叫他说出实情，他开口便说："村里叫我们搬走，年一过这村子就全拆了。"对了，他是有话就说的人。他的话叫我一惊，真有如雷轰顶的感觉。我知道拆这村子对他意味着什么。

"那你这儿怎么办？"

"我有嘛办法？卖牲口、卖草料、卖东西，走人呗。我正找房子呢。村里给每户每月六百块租房钱。"

"那你的画打算怎么办？"

"哪还顾得上画，房子还没租到呢。村里只给六百块租房钱。这点钱租不上房呵。"

那怎么办？这灾难性的困难也像是加在我的头上。

但我没懵。因为这些年我遇到得多了。我们的文化不断遭遇到的都是非正常死亡。

跟着我听他说南乡这片村子全要斩草除根，一起推平，而且就在这两三个月里。我马上想到还有南赵庄那个著名画店"义成永"的传人杨立仁呢。电话一联系，南赵庄那边果然也在"城镇化"之列，也面临灭顶之灾。电话那边说，老人很想和我见一面。他已经八十八岁了。

匆匆暂别王学勤，赶紧转向南赵庄。一路上的景象已经颇有当年城市的"旧城改造"的气氛。一片片村舍全都变成瓦砾，不少树木被横七竖八压在建筑的碎块下边，显示着一种突如其来的力量之威猛与势不可挡。我们在这片完全不辨方向、没有任何道路的废墟上磕磕绊绊地向前行驶。忽然眼里出现一幢房子，它立在一片废墟中。一问方知，正是杨立仁老人的住所。完全无法与我原先对它的印象重合——十年前隐匿在那条曲折的深巷中幽静的院落不在了。现在老人的房舍远远看去更像一座孤零零的碉堡，弹痕累累兀自立着，有一点悲壮感。据老人说他家人坚持不拆。刚刚在屋外，还见墙上写着"此房不拆，勿扰"几个字，肯定是他们写上去的，表达他们的意志。但他们的话有用吗？待往深处一谈，他们对自己的"决心"似乎并无多大信心。在城镇化面前他们是绝对的弱者。老人说他不愿意离开祖祖辈辈"义成永"这块土地。这里深藏着他生命的记忆，这便是中国人说的"故土难离"了。但是他又说，上世纪六十年代搞"四清"时，他在屋子当中掘了一个坑，埋了一些古画版，他一直想挖出来。虽然时间很久，半个世纪了，可能早已朽烂，但只要画版在土里，人就总惦念着。如果人走了，不能把祖先精神的骨灰留在那里，倘若叫别人用推土机平地时发现了，可能就给扔了，也可能卖了。那怎么办？看来这件事是老人的一个心病。

在折返回去的路上，我心情郁闷中有些伤感。实际上我们致力抢救出来的民间文化，并没有多少人真心去维护。私人遗产后人争，公共遗产大家抢——这便是当代人的"遗产观"。而且，在人们从这些"遗产"上或名或利地各取所需之后，它依旧孤立无援。只是等待着一个个由经济利益驱动的狂潮迎头袭来，无力招架，任其冲垮。

我想，此刻我应做些什么？

南乡，究竟曾经是杨柳青年画的一半江山，一块神奇的土地，一片"家家能点染，户户善丹青"的画乡。

我可是这个画乡衰亡时期的见证人。

这个见证人既是幸运的，又是痛苦的。所谓幸运，是我终究看到农耕文明真正又美丽的活态；所谓痛苦，是我眼见它们所遭遇的各种不幸和一步步走向消亡的全过程，却无能为力。

近二十多年，我看着它从"文革"的死亡谷中一点点苏醒过来的景象，一次次跑到这一带探访昔时的文化遗踪，并在十年前"中国木版年画普查"启动时，带着一个专家小组到这"南乡三十六村"搜寻一遭，居然查访到四位艺人，即古佛寺的董玉成、房庄子的房荫枫、南赵庄的杨立仁和宫庄子的王学勤。我把这些收获与感知写进《三地年画目击记》《南乡问画记》《探访缸鱼》等多篇文章中。在当时，这四位艺人中董玉成年事已高，封笔不画；

房荫枫已搬到张家窝镇新盖起来的公寓式的楼房里，改画国画。至今，依然生活在本乡本土的只有两位，他们就是上边说的画缸鱼的王学勤和"义成永"的传人杨立仁了。他们是数百年这个神奇的画乡的"硕果仅存"。可是现在他们遭遇到一次更大的冲击，被一场"城镇化"的狂风卷走，无处躲藏；这个名垂于中国文化史上的古画乡将被夷为平地，了无遗迹。我们是否应该为它做一个人类学的记录，以此个案见证时代转型期间民间文化悲剧性的命运？我们要一直坚守在田野第一线，做事件的亲历者，亲眼看着一个个古老文化生命从奄奄一息走向一片虚无，并在最后一刻挖掘它所有富于价值的东西。

忽然，我联想前些年对天津估衣街的抢救、老城和五大道的抢救、武强屋顶秘藏画版的抢救等等。那种抢救的激情仿佛一直昂然地存于心底，召之即来。我立即兵分三路。一路人马是摄影，邀请多年来一直志愿随我做文化抢救的摄影师王晓岩和段新培，以镜头记录王学勤一家搬迁的全过程；另一路人马是我学院的研究人员与博士生，去做杨立仁的口述史，同时筹备发掘"义成永"古版的行动；还有一路人马去与王学勤商议，把他的小画室原封不动地搬迁到我学院跳龙门乡土艺术博物馆里，将这位农耕时代民间画工原真的文化情景定格。

事情比我们的计划来得更快更糟。过两天就得知王学勤把跟了他二十多年的骡子卖了，卖了四千块钱。我在电话里对他说：

"你平日耕地、拉东西全都是这骡子帮你。你怎么忍心把他卖了呢？我还和你这骡子合影过。"

"哎呀，老冯，这你哪知道，往后我不种地，住楼了，骡子不能上楼呀。再说，我也得用钱呵。"

还不知道他那里明天还要出什么事。我决定明天去他家。

转天去宫庄子的路上，听说王学勤出门不在家。后来才知道，这个看上去大大咧咧、凡事不走心的汉子，头天晚上一夜没睡着觉，他想他的骡子了。他去找买他骡子的牲口贩子，叫那贩子从他家里拉些草料去，他怕他的骡子饿着，但赶到贩子家，人不在，骡子也没见着，只看见那贩子当院一棵拴牲口的树下，有一堆骡子粪。原来那头骡子当天就转卖给外地人了，卖到哪儿谁也说不清，就像我们的文化。

我马上返回学院，研究下边要赶紧着手的事，正在急得手忙脚乱的时候，一位来做绘画方面采访的记者，急着想把我拉进他的话题，问我："您为什么这么在乎南乡和那个画缸鱼的艺人呀？"

我忽想，我要先拿这个问题问问自己，弄得再明白一些，下边的事情就会办得清楚，有力，不留遗憾。

二、为什么关切三十六村

南乡是对杨柳青镇南张家窝一带村落的俗称，一称"镇南三十六村"。

它包括炒米店、周李庄、南赵庄、薛庄子、董庄子、张家窝、康庄子、房庄子、东流城、古佛寺、宫庄子、阎庄子、小甸子、大沙窝、下辛口、中辛口、东碾砣嘴、西碾砣嘴、西马庄、谢庄、祁庄、郑庄子、西琉城、高村、老君堂、后桑园、木厂、宣家院、小杜庄、大杜庄、小沙窝等，多是小村子。在历史上不断更改的行政区划中，这些村子的管辖归属也不断被更改。如今这"三十六村"中，十六个村属张家窝镇——这十六个村当年都是杨柳青年画的原产地；还有其他一些小画乡则散布在邻近的中北斜乡和上辛口乡所辖的区域中。

别小看这三十六村，历史上可是著名的杨柳青年画的生产与销售的中心之一。杨柳青镇与南乡三十六村的年画是有区别的。一些历史悠久、驰名全国的年画大店在镇上，比如戴廉增、齐健隆、廉增利、爱竹斋等等。这些大店集中了大量雕版和手艺高超的画师，常年不断地进行年画的创作、生产和销售。年年还有层出不穷的精美的新年画出自镇上这些大店。由于杨柳青畿近京津，受城市文化影响，审美上倾向于市井文化。

杨柳青镇南不远的三十六村则是另一番景象。这里才是名符其实的农耕时代特有的画乡。由于地势平坦低洼，河流（现称丰产河与自来河）自西向东穿过，地下水充裕，宜种小麦玉米、养鱼植果；这里盛产小枣，又多蒲苇；枣木可以雕版，蒲草是造纸的天然材料，都是年画滋生的上好条件。在杨柳青年画极盛时代的清代中晚期以来，许多声势赫赫的画店即已集中在炒米店村临街两侧；这个只有一百四十户人家的小村子，年画店竟然有近百家。给炒米店画店提供货源的就是三十六村的农民。不论男女老少，十有七八善画。他们春天耕地种粮，秋后作画。一些村里还有画铺和作坊，以印画为主，作坊里一般只印线版，余皆交给三十六村的农民填色描花，施粉开脸。在这些农家常常可见，一位老婆婆带领着全家闺女媳妇舞弄丹青的场面。所谓"婆领媳作"就是从这三十六村来的。

三十六村里一些较大的作坊，除去本乡农民，忙时还要请武强等地的印画工来帮工。比如南赵庄的"义成永"和周李庄的"华兴隆"与"福兴隆"，在炒米店都有店面。

炒米店村地处要冲，津保故道从中穿过，使得它成为杨柳青年画得天独厚的集散地。从清初到民国初年的二百年，杨柳青年画输送到最大的需求市场——东北、新疆和内蒙，就从这里发运。一时，武强、东丰台乃至杨家埠也要在这里争一席之地。

谁也夺不走三十六村的农民的"优势"，不仅占据地利，而且人多势众，手艺高强。除去本地一些出名的画师如张曜临（张家窝村）、潘忠义（古佛寺村）、韩景贵（下辛口村）等等，还有众多高手深藏在这些看上去普普通通的农家村舍之中，年年新画样，就是这些村里的"高人"画出来的。

可是，历史对南乡三十六村并不公平。翻遍历史文献，也很难找到关于南乡画业的任何记载。即便在杨柳青年画史家王树村先生的著作（如《杨柳青年画画版聚散记》）里，也略有提及而已。可是从这凤毛麟角般的寥寥数言中，却可获知早在清末南乡画业的衰败即显端倪。先是光绪二十六年（一九〇〇年），八国联军突入杨柳青，致使古佛寺、老君堂、木厂一带作坊画版多半"被毁于火"。后来最惨烈的一次是一九三七年九月抗日战争期间，日军进犯杨柳青，时逢秋雨连绵，道路泥泞难行，日军便强以沿途各村画版铺路。此后，我们就再找不到有关南乡画业的片纸只字了。直到上世纪九十年代出现了一篇文章，名为《杨柳青南三十六村画业兴衰记》，它看上去更像一篇田野报告，但它极为重要。作者是张茂之先生。此文在南乡三十六村日薄西山那一刻，十分及时地将南乡三十六村画业残存的状况记录下来，看得出作者为此做了大量的调查并付出辛苦。他记下了二十多个村庄数十位知名的艺人及其师从脉络，擅长的画种、题材、技艺以及营销方式，使得南乡画业终于从历史的烟雾中现出一些生动的身影。尽管这身影历经劫难，飘零欲碎，如果没有此文，恐怕南乡会彻底埋没在历史中。后来，王树村《中国年画发展史》中"杨柳青南乡诸画师"一节所载画师的姓名，也都出自此文。

九十年代那一阵子，我在杨柳青寻找木版年画时，能见到的只剩下《灶王》《全神图》《农家庄》和《缸鱼》数种，大都是信仰与应用类的年画。其中放在暗处——大概怕市场管理人员说他卖迷信品吧——有一种手绘的卷轴式的《五大仙图》，画艺老到，虽然风格是杨柳青的，然衣褶的染法和花饰的画法，竟是从高密的扑灰年画中"学"来的。我向卖画的小贩打听，据说出自一位居住在张家窝村的老妪之手，她画得不多，每年只出手数轴而已。她是一位当年从山东高密嫁到杨柳青来的媳妇吗？这引得我去暗访绘画者，一度走进那个极安静的村子，但还是在各种"摇头不知"中失去了寻找的方向。

进入本世纪，中国木版年画抢救工作启动，我们的专家小组在南乡三十六村跑了一遍，只找到四位——即房庄子的房荫枫，南赵庄"义成永"传人杨立仁，古佛寺的董玉成和宫庄子画缸鱼的王学勤。如前所述，房荫枫搬到张家窝镇上的居民楼中，董玉成放下印画的刷子，杨立仁也只是每逢年根儿印一些灶王"过把瘾"而已，当时还没有下一代传人。真正还在坚持年画制作与销售的只有王学勤一人。

我能为这画乡做些什么呢？

看来只有支持王学勤了。跟着来的问题是——

三、为什么关切王学勤?

在有些人的眼睛里，王学勤的缸鱼虽有乡土气味，但终究很粗，根本不能与极盛时代那些堪与工笔国画相媲美的精湛的杨柳青年画同日而语。

然而，持这种看法的人显然不知杨柳青的年画分粗活与细活。细活多为职业画工在印好线版的画页上进行手绘，由于杨柳青近及京津，受城市文化影响，趋近于国画工笔技法。特别是清代晚期一些专业画家钱慧安、高桐轩、张祝三、阎文华等介入了杨柳青年画，更推动这种在审美上推崇精工的细活。这使得杨柳青年画——特别是工细的手绘，在中国年画中一直占据很高的位置。

然而，杨柳青还有一种粗活，是农民的一种画艺，不尚精细，追求神采；类似中国画的写意，但又不是国画的写意画法，而是代代相传的一种程式性的画法，这种画法与效果，经过一代又一代的集体认同，便鲜明地体现此地特有的审美习惯。比如宫庄子的缸鱼，那种真率、火爆和浑厚，与静海、独流一带的缸鱼的风格就明显不同。

在王学勤的记忆中，他的手艺来自太爷，然后经爷爷王贵银、父亲王文明，直线地传到他身上。先人告诉他，太爷之上还有几辈人，但是不是也画画就不得而知了。他家的年画不止缸鱼，还有《薛仁贵征东》《龙生虎奶》《欢天喜地》《海市蜃楼》《鱼龙变化》等。但到了王学勤手上，缸鱼是其代表作。

民间艺术在传承过程中，一种传统的既定的风格可能由于传承人个性的因素发生变化。倘若传承人性情平和持重，其艺术风格就不会变化太大；倘若传承人个性火爆爽直，其艺术往往随之变得强烈与真切。王学勤天性质朴、开朗、大大咧咧和不拘小节，便在不经意中给他祖传的技艺中加入了自己一些性情上的真率与气质上的放达。

他的笔触粗犷而雄健，很少顾及细部，这就给人一种浑然天成的整体感。色彩全是原色，异常纯朴和炽烈。赤红、鲜红、翠绿、湖蓝，相互对比又相衬。由于后工业时代的艺术追求天性与非理性，因此常有人感觉他有些"现代"色彩。

在画法上他还有一些自创的东西。比方祖传缸鱼的设色为前后十二遍，一遍一色，所谓"十二色缸鱼"；这种设色的祖传法则是"红爱蓝绿，黄爱水红（玫瑰红）"；但他的绿色中常常配一种俗名"鬼子蓝"的色精，蓝中有绿，特别抢眼，使画面鲜亮又有视觉冲击力。与其他地方的缸鱼一比，王学勤的缸鱼就会"跳"出来。

今天是王学勤搬迁的日子，冯骥才再次来到王学勤家探望。

他另一个自创的画法是给缸鱼"点睛"时，不用毛笔，改用高粱秆。他认为用笔画容易死板，用高粱秆去点则有活气。这说明他追求鲜活的生命感，也正是民间绘画的特点：生命感与情感化。

更重要的是直到今天，他从没有离开自己祖祖辈辈生活的土地，依旧按照千年来亘古不变的方式生活。日出而作，日没而息，农忙种地，农闲作画；他用老纸、老颜料、老工序、老画法；却不是自觉地保持"传统工艺"，而是他没有进入现代社会。他不过还在农耕时代种麦子、打枣、磨颜料和画画罢了。他将画纸固定在门子上的"按钉"，是用枣树枝子上的刺；他为防止门子相碰而玷污画面，则用玉米芯相隔。一切都是原生态。所以，我说他是农民年画的活化石。

自上世纪五十年代以来，六十年间杨柳青或不断地受时风的熏染影响，或受"新年画运动"硬性的改造，早就发生质的变化，怎么可能一成不变?但是当我第一次见到王学勤的缸鱼便大吃一惊。他好像一直活在历史中，或者历史一直没有从他身上撤离，并把它鲜活而真实的一小块生命神奇地留在这"南乡三十六村"的田野里。

还有，缸鱼又是天津地区所独有的。由于海河水系充沛，天津又是九河下梢，鱼是最常见的动物，也是最重要的食物。在民间文化中，谐音是人们经常使用又喜闻乐见的手段；"鱼"与"余"同音与谐音，因此鱼的形象一直被人们作为生活富裕的象征。

缸鱼的意义远不止于此。

缸鱼在使用上还有实用的生活功能。

它通常只能张贴一个固定的位置，即水缸之上的墙壁上。

由于海河水系泥沙量大，从河里取来的水较浑浊，传统的净化河水的办法，是从河里挑水倒入缸中后，投入少量白矾，然后用竹竿或木棍搅匀。白矾有净化水的作用。在白矾的作用下，缸水中的杂质渐渐沉下，水便渐渐清亮。一旦贴在墙上的缸鱼映在缸水中的形象清晰可见，表明水已干净，即可饮用。

所以说，缸鱼有三个意义：

一、作为净化水的标准；二、满足人们过年时对富裕生活的向往的心理；三、美化与装饰，并伴有趣味性。

缸鱼是天津地区特有的地域性年画品种，也是杨柳青年画中必不可少的题材。它在历经时代变迁之后，依然活态的存在，不是一种天赐吗？

故此，自我普查中发现王学勤后，一直致力通过写文章和在对媒体的谈话中介绍他，在组织各种民艺和非遗活动中邀请他参加，希望社会认识他的价值。因为在农村开始使用自来水后，缸鱼渐渐失去了实用价值，很希望在由过去的"生活的年画"转变为将来的"文化的年画"、由功能的年画转化为艺术的年画的过程中，不会因为不理解这种艺术的文化意味和审美特征而无人问津，那么缸鱼就会消亡。

这期间如我所愿，王学勤渐渐受到人们关注。一次去宫庄子看他，听他的邻居们笑嘻嘻地说，不断有各地访者乃至海外洋人也来求购他的缸鱼。

我为他高兴，却又担心他会因此受到现代文明的冲击，为了讨人喜欢，变了自己的味儿。愈是长久的封闭环境里存活的文化愈脆弱，一旦包在外边的壳儿打破，就会导致一种破坏与毁灭。

我这种担心一时也多余。

王学勤一如既往地拉着骡子耕地、收麦子、打枣、站在炕上印画，再到他小画室里手绘，然后捆成捆儿，赶在年前的集日，绑在自行车后衣架上，蹬车去集上卖画。

尤使我高兴的是他的儿子开始跟他学画。原先他儿子对父辈这种乡土的绘画毫无兴趣，现在有了传承，就有了希望。我还将王学勤列为中国木版年画代表性传承人口述史的对象，并把这事交给我的学院非遗中心的一名研究人员来做，以整理他的年画记忆。谁知这本书刚刚出版，还没来得及叫王学勤乐一阵子呢，他的家乃至村子便要被"连锅端"了。

大灾难往往是空降的。

在这场决意将南乡三十六村一举荡平的所谓的"城镇化"面前，刚刚亮起来的火苗"噗"一下——变得一片黑暗。

四、为什么关切"义成永"？

二〇〇二年对南乡年画普查中，来到南赵庄的杨立仁家。那次给我印象最深的有两点：一是年近八十的杨立仁对年画情怀十分深切；二是他家是南乡历史上数一数二、颇具规模的年画作坊，藏版甚丰，在历经劫难后，残余下的几块老版如《独灶》《增幅财神》《八仙》之类，雕刻十分精美，依然可见当年其家画业所臻之高度。

杨家的老字号叫义成永。我曾翻阅各种资料，看到的最多是提到"义成永"的店名而已，别的一无所知。

在历来年画的研究上，只重画的本身，不重画的文化，故画店史是一个空白。包括戴廉增、齐健隆等这些名店，在它故人健在、记忆犹存的时期，也很少进行过调查，致使其画店的画工状况、技术讲究、制作习俗、营作方式、销售手段以及它本身的变迁史，都成了空白。

随后，一个发现引起我的兴趣，就是在杨柳青年画的产地普查中，西青区文化局马仲良等人组成专家工作小组经过三年努力，收获不菲，居然发现了为数不少、十分珍贵的古版，近四十块，皆属"细活"，极其精美，且题材齐全，包括娃娃美人、神话传说、历史故事、各类神像、吉祥图案等，还有几块是罕见的贡尖版。其中《秦琼·尉迟恭》《天仙赐贵子·麒麟送状元》《状元·天仙》和具有鲜明的民国时风的《听话匣》和《自动车》等，都称得上是杨柳青年画中的代表作。

自上世纪五十年代，杨柳青就是中国民间美术关注的重点，其遗存早已收罗殆尽，从哪儿冒出这么多经典性的宝贝？

问明方知，藏家姓杨，名仲达，是杨立仁本家的侄子。后来，从杨立仁的口中知道，光绪年间是义成永的极盛时代，由杨立仁的父辈杨永义、杨永成、杨永兴兄弟合伙经营，影响深远。逢到春节，京城各大门楼张贴的巨幅门神，多是义成永制作。民国初年，杨家兄弟分家，义成永的店号与千余块画版便由杨永兴继承。杨永兴有四子，民国中期杨永兴后代又分家，义成永便由杨立仁继承，其他兄弟也分得一些画版。此次杨柳青年画普查发现的画版就是杨立仁兄弟杨立德手中的一批家藏老版。杨立德已故，这批老版的主人便是其子杨仲达。由此说，这批版正是"义成永"的老版，有的版面上还刻着"义成永"的店名呢。

这样，南乡老店"义成永"便一点点变得"实"了起来。

接着，一个关于义成永的重要发现是在日本学者三山陵女士编入《中国木版年画集成·日本藏品卷》的画作中。这次发现竟有十幅之多，一律为署名"义成永画店"和"义成永本号"的年画。原先看到杨仲达所藏都是画版和线本，现在看到的已是五彩缤纷原版年画的本身了。

义成永年画的真面目看到了。

这批画绝大部分是贡尖。其中九幅为 59×107 厘米，一幅为 30×51 厘米线版彩绘。五幅是历史戏曲故事，有《拿白菊花》《收陆文龙》《八门金锁阵》《大破锁阳城》和《四杰村》；四幅是民俗与生活题材，有《打夯歌》《发财还家》《时来运转》和《士农工商庄家忙》；一幅是谐趣画《俏皮话图》。

画面场景都较宽阔，人物多，动态各异，景物繁盛；设色艳丽，但并不工细，多用类似国画的"小写意"画法，流水作业式的点染为主，这正是杨柳青南乡画风的特点，也是"清代中期"与"清末民初"的时风的相异之处——清代中期的手绘多为工笔，民国初年多为小写意。这批"义成永"的年画，显然是民国初年南乡的出品了。

这批年画作品为日本早稻田大学图书馆所藏。日本学者小林邦文在《早稻田大学图书馆所藏的中国民间版画资料》中认为这批画是二十世纪二十年代到三十年代杨柳青的作品，它的收集者可能是日本学者以会津八一博士。

我认为小林邦文先生对这批画作年代的推断大致正确。

令人饶有兴趣的是，如果将杨仲达的藏版与早稻田大学收藏的年画比较来看，杨仲达的藏版较为精细，年代略早一些，应为清代晚期；早稻田的藏画，虽然所用的版不一定是当时刻的，但画风却是民国时期较典型的小写意了，略晚一些，应是民国早期作品。

我顺藤摸瓜再翻阅其他资料，在《杨柳青年画线版画稿集》中又发现三幅署有"义成永"店名的线版。这样，前后加起来，义成永连画带版的遗存，已经有六十余种了（见附录一）。义成永的画版有的有署款，有的无署款，还有一种画版下角只有一个长方形线框，框内空白，没有文字。这种版通常不是画店订制的，而是由刻工刻好卖给画店的，所以没有署款。哪个画店买去，把画制好，便在框线内加盖自家店名的图章。一般来说，无店名的画版往往多于有店名的画版。但我们这次普查发现了如此之多的"义成永"署款的画版，说明此店当年财力之雄厚，画业之强大。

这几天，杨家在清理院中的杂物时，意外发现一个巨型的研墨的石臼，约五六百斤重。杨立仁说这正是当年义成永的遗物。多么惊人的墨汁需求，才要用这么大的石臼？

看来"义成永"的根要往深处挖一挖了。

尤其是这些年，杨家有了自我复兴的希望。杨立仁老人健在，其子杨仲民与儿媳，以及其孙杨鹏，都能制作年画了，且具一定水准，并恢复了作坊，开门授徒，并且把"义成永"这个家传的老字号也写在屋外的墙上，他们想重振家族的雄风。然而老天不帮忙——义成永和王学勤的命运是相同的，同样面临了空降下来的城镇化的当头一棒。

又一个难题摆在我们面前。

五、救活缸鱼行动

这期间的一天，走过校园水池时，一个难看的画面跳进我的眼睛。一条红色的鲤鱼不知何时跳上岸边，时间久了，已经干死。僵硬的鱼身颜色刺目，散发出阴冷的金属般的光；鱼眼空洞无物，显然对这个世界已经毫无感觉。它为什么跳到岸上，受了惊吓？不知道。但我马上联想到宫庄子的缸鱼，并有种不祥之感。

这期间，在宫庄子负责口述调查的我学院非遗中心的研究人员与博士生，还有紧随拆迁跟踪拍摄的摄影家王晓岩，全都恪守职责，而且都有珍贵的收获。王晓岩以镜头为笔，记下宫庄子消亡前这一段日子令人惊愕的视觉日记，他的有些照片很震撼。口述史注意加宽了工作面，从更多村民那里记录此时此刻的人们心理心情所思所想，并从记忆中挖掘其村落史。

像南乡这一片村子，基本属于由最初的聚落式自然村发展成的行政村，基本没有文献记载。它没有文本的历史，只有无形的口头史。口述调查便会成为其"历史"唯一的来源。

虽然此前在我院对王学勤进行口述史调查时，对宫庄子做过村落调查，由于这次调查是"终结性"的，必须做得更加透彻与翔实。

民间传说宫庄子的居民来自山西洪洞，经静海迁移至此。村民中有宫、王、展等几姓。宫姓最大。王姓一家（即王学勤）有家谱。上世纪九十年代中期村民达一百八十户，人口六百六十五人。种庄稼和枣树为生，收入有限，所以人人都学会印制一手好画。主要是给炒米店的名画店加工或提供货源。年画可以换来现钱，所以每至秋后，大多村民都在家中支版印画，调色挥毫，干起年画的营生。宫庄子知名的年画艺人除去王学勤一家，还有宫宝元、宫凤发、宫凤桐、宫作森等人，但其画作久已佚传，无从得见。如果我们再不详尽调查与记录王学勤，恐怕将来最多也只是一个空空的人名而已。

三月十八日上午王学勤来电，说当地搬迁增加力度，他家马上要拆。

三月十九日我赶到宫庄子王学勤家。他显得紧张、踌躇和无奈。一边乡里在加紧催他动迁，一边他还没有找到暂住房。我一头钻进他那个小画室，忽然往日那种魅力已然不再，好像只是呆在那里，任人宰割。

我们应该马上对他伸以援手。转天便由去往他家做口述调查的人，捎去一万元。小小一点钱，他竟在电话里哭了半天。

这就促使我与区政府联系沟通，希望对王学勤给予照顾。我强调王学勤在当今全国各产地中皆属罕见的"活化石"，如果被这次"城镇化"过程所泯灭，当是重大损失。三月二十四日这天，我的希望和意见得到区政府的认同，政府决定给予帮忙，这使我心里踏实一些了。

我忙带人去王学勤家，研究将他小画室原状搬迁到我院跳龙门乡土艺术博物馆的具体办法，而且尽快动手来做，妥善保护这一珍罕的历史文化形态。

这几天，摄影家王晓岩已经天天守在宫庄子和南赵村，拍摄下大大小小各种动迁中的景象。王晓岩自觉采用"视觉人类学"方式，存录下一切具有见证价值的信息。

拆迁的速度快得叫人喘不过气来。两天之后（二十六日）王学勤就要搬迁了。这两天，他在南边一个村庄租到两间土坯房。周日（二十七日）就要搬走。据说宫庄子村民多半已经人去房空，而且房子都已卖掉。买主当然不是买房而是买料——砖瓦和木料，买价都很便宜，而且不等人搬完，就已经提着铁镐铁锤去砸墙破屋。

我想，二十七日我无论如何要去送一送王学勤一家。这是他与祖祖辈辈创建的家园的永别，也是与生他养他的丹青热土的诀别。在他离去之后，这个家园会立即被推土机推平。对于我们来说，这是与农耕文明自然存留下来一块原生态的文化空间彻底地分手了。

这天天气尚好，只是风大。原本这种早春的风会把冻了一冬的僵直的柳条吹软，此时却将拆迁的瓦砾堆里扬起砂土，使人不敢迎面而对。

往日进了村子好似进入一种软软和无声的梦境。从村口到道路右边王学勤那条窄巷之间的一百米的路上，大多时间只有树影笼罩，偶尔才有一条狗几只鸡穿过，静静的罕见人影。此刻，村口已乱哄哄停了许多卡车，一群群人或坐或站聚在那里说话抽烟。这些都是闻讯赶来拆房买砖的外地人，也有本乡请来的搬迁人员。这些搬迁人员由于"执行公务"，显得硬气。往往来自外地折腾建材的人要和他们搞好关系，才能从这大规模的动迁中得到好处。

今天车子是无法进村了。村中多家正在搬家装车，到处是人，而且谁也不管谁，都是自顾自，叫着喊着招呼着自家的人。

待进了王学勤的院子，颇有"散了架"的感觉。几间屋子里的家具物什都已搬到外边的车上，剩下的一片狼藉，全是一时弄不清是该要还是该扔的。王学勤有一种六神无主的神气，见到我上前一把抓住我的手，用他惯常的大大咧咧的口气说："不要了，全是不要的了。"

像他这样贫穷的农民，破破烂烂的东西放在一起还是个满满当当、热乎乎的家，一旦拆开往外搬，好像全不成样。有如美丽的鸟巢拆散全成了一堆碎枝烂草。那么他失去的是什么？他此刻有从此改天换地过上好日子的感受吗？

我忽然想到他的画室那间小屋。

这画室已经整体地搬进跳龙门乡土艺术博物馆了。尽管是些竹筐、木凳、色罐、笔刷、门子、枣刺钉、玉米坠儿以及一些缸鱼的半成品，但它们却能立即组成农耕时代贫苦农民的罕见的一方艺术天地。

此时再入他的画室，已是人去楼空，只剩下一些花花绿绿、层层叠叠数十年作画时贴在墙上的老年画。我们原想把这些墙体或墙皮也保存下来，但墙皮松脆，技术上解决不了。这些历史的遗存注定不久就要化为尘埃。我便请王学勤与我在这神奇的小屋里合影留念。王学勤明白我的意思，他去取了一张缸鱼，与我拿着画，在闪光灯里告别历史，也定格历史。这一瞬，我扭头却见他苍老的脸上一片悲哀与苍凉。

据说这几天他在村里跑来跑去，给每一户世代同村的老乡送去一张缸鱼。可能我们不懂临别时为什么赠一张画，但唯他们才是真正的艺术的知己。在数百年间，这条通红的大缸鱼不是一直在他们心灵之间游来游去吗？缸鱼是宫庄人乡情特有的载体。

他告诉我从此不再种地了，农具也全扔了，卖也没人要。自家枣树还能再收一次枣，随后连枣树也不属于他了。这些老枣树给他家结了十多辈子的枣，今后也一定像他那头骡子一样——不知归谁了。

原本隐含在这个北方汉子满脸深深的皱纹里的一种悲凉夹着怒气，此刻散发了出来。

这次来送王学勤，没想到意外还碰到两件事，印象殊深。

一件事是一位本村的宫姓人家，听说我来，拿来约三十份契约书给我看。多数是分家契约。这些写在早已变黄的薄棉纸上的古老的契约，给他用手捏着，连个纸套也没有，从中看出宫庄子的贫困。他把契约铺在炕上，一份份打开给我浏览。时间较早的竟有清代乾隆的纪年。我从一份乾隆二十七年宫家（宫鸿业与其侄宫懋勇）的分家契约中，竟然发现有"老作坊"和"画铺"的字样。当即认定这份契约十分重要，它证实了宫庄子在乾隆年间已有作坊和画铺，表明宫庄子当时画业的规模。

在现有的杨柳青年画文献史料中，从来没有任何文字性材料可以佐证此地年画具体的历史状况。此文献应是首次发现。

也正是人们在离开故土故园时，才对自己的由来进行追究。这追究不正是要抓住自己的历史吗？不是由于城镇化浪潮冲击带来的心头的渺茫与失落，才迫使人们去寻找自己在这块土地的根吗？然而，愈是寻找就会愈痛苦愈失落，因为人们马上就与这块世代生存的土地"永不相关"了。

第二件事是一位六十多岁的男子找来，向我哭诉关于修建二道爷塔却一直得不到允许的事。

我知道宫庄子关于二道爷的传说。相传清代村里一位人称二道爷（本名宫天庶）的人，鳏寡孤独一人，然而人品高尚，一生做尽好事，死了之后，村中人集体捐修一座塔纪念他。这塔后来就成了村人心中的一座有求必应的神庙。人们把当年日本人没进村来祸害人，也归功于二道爷的灵验。凡心中有事相求，便到塔前烧香祈求。我曾见过一帧五十年代二道爷塔的老照片，式样很像佛教僧人的舍利塔。这座塔在"文革"中遭到捣毁，人们一直想恢复重建，却得不到村里同意。据说这座塔的根基还在。使我惊讶的是，多少年来，人们竟然一直把塔基作为祭拜之地。

我便请这男子和王学勤领我去看。它就在村口外的道边，一道倾圮的砖墙内，野木横斜，杂草丛生，藤条纠结，中间果然一座倾圮已久的砖塔的塔基，中间几块普普通通的灰砖围起来就是一个"香炉"，里边积着厚厚的灰白色的香灰。强烈的心理需求与物质的贫困，使人们不避它的简陋寒酸。信仰心理在这里极其执着地表现着，使我受到很强的感染。

这男子含泪对我说：

"我们不就是要这一点精神吗？有它我们心里就舒坦得多！为什么不给我们？现在，我们的村子给拿去了，能不能叫我们把塔建起来。您能不能帮我们说说话？"

此时，王学勤家装满家具物什的卡车已经从身边驶过。我和坐在车子上各种物品中间的王家老小招手作别。我感受到那招手中的可怜与无奈。

由此我更明白，当代农民遇到的真正的文化问题时，恐怕并没人去想，或为他们去想。

他们被切断的不只是一个物质贫困的历史，还有他们世世代代积淀在那里的看不见的东西——文化与精神。他们将失去记忆，特有的文化与习俗，与生俱来的劳作习惯与天人关系，土地里的祖先及其信仰。

年画只是他们这个世界中的一个外化的细节。如果他们活生生的世界没了，这个细节也一定变得虚无。

我还应该为王学勤做些什么？

六、挖掘义成永的根

经过对义成永遗存的版与画的调查，可以确定这个画店是杨柳青南乡历史上最重要的画店之一。其他画店——如周李庄的"两条龙"华兴隆和福兴隆早已无影无踪，现在可以实实在在抓到的只有义成永了。那么，我们最后要做的工作则有两项：

一是对杨立仁进行详细的口述史调查。早在二月二十三日我对杨立仁进行过摸底性的口述史调查（具体细节见附录二），已发现杨立仁的记忆是一个宝库。这笔记忆遗产一定含有不为我们所知的杨柳青年画史重要资料。

二是根据杨立仁的要求，要对其家地里边所埋藏的老画版进行发掘。这使我想起二〇〇五年在武强南关旧城村发掘屋顶秘藏古版的那次行动。那次抢救的古版二百多块，多数腐烂，完好的十五块，有的很珍贵。但那些古版是在屋顶上，上有油毡防雨，下边有稻草可以透气。可是南赵庄杨立仁家的这些画版是直接埋在土里的，又时隔半个多世纪，我估计多半烂掉了。然而，结果究竟如何，只有挖出来才知道。何况它一直是杨立仁老人揣在心中的夙愿。

我派到义成永杨家去做口述史的博士生王坤的口述工作十分得力。她从二月二十四日到三月九日对杨家三代人的口述史调查共做了五次，重点是杨立仁。由于她有滑县年画产地做口述的经验，口述的宽度和深度都达到一定程度。从村落史、义成永画店史、家族艺术传承史（传承谱系）、画店营销、技术诀窍，以及张贴习俗等等，都获得了可贵的资料。尤其通过杨立仁所述义成永的营作方式的调查，可以清晰地看到一个画店生动而丰盈的昔日。我看了王坤的口述材料，认为我们确实做了一件极重要的抢救工作。杨立仁是如今健在的农耕时代杨柳青画店唯一的传人。他的记忆是活的历史。我们所做的工作是把这活态的、因人而在也会因人而去的历史，通过口述转化为文本的、确定的、永存的历史依据。

我坚定地认为，口述史是非遗调查与存录最重要的方式。

但是另一件事——挖掘藏版，得需要等天气转暖一些进行。连续的口述访谈使得年近九旬的杨立仁老人有些疲倦，染上了感冒。于是，一直等到三月十七日，杨家打来电话，决定发掘古版。我提议在午后二时发掘古版，因为这个季节里午后的温度较为暖和，杨立仁老人肯定要亲自到现场来看的。

转天午后我赶到南乡南赵庄，感到既宽阔又荒凉，邻村古佛寺已经被拆平，南赵庄又搬走一些人家，只见远远的一辆鲜黄颜色的铲车停在一片瓦砾与废墟之上。原本老版是埋在一间小屋里边地底下的，这次小屋拆了，地面就暴露在外。一些好事的记者闻讯赶来。杨立仁老人已经从家里走出来，他要将一直耿耿于怀的往事看个究竟。杨立仁之子杨仲民兼营挖方的铲车司机，待他轰隆隆发动起机车，挥起铲车的铲臂，就像舞动着他放大的胳膊，很快就把地上的碎瓦乱石清理干净并着手掘地。随着他一铲铲将泥土搬上来，杨立仁的双眼紧紧盯着挖掘得愈来愈深的土坑。本来我就对发掘结果不抱希望，此刻忽见距离这里十米开外是一个养鱼的水塘。水塘的水肯定要渗入这块土地，年深岁久，埋在土里边半个多世纪的木版还不早已烂掉?

忽然，我院非遗中心的马知遥和杨立仁的家人都跳进坑中，从中拣出一些泥土般的大大小小的碎块。拿过来一瞧，果然是朽烂的画版，混在泥土的朽木中还有一些清晰可辨的红色黄色。我扭身拿给杨立仁看，说："即便烂了，也毕竟看到它了。"我这话是想安慰他。老人冷静地说："我知道它保不住，当初就是用油毡草草裹了裹，肯定烂掉了。知道它怎么回事就行了。"

我听得出这话里的苍凉。

一段伤心史就这么划上句号。

"年画的DNA留在这画乡的热土里了。"我对身边几位非要我说些什么的记者讲。我看了看杨立仁老人慢慢走回房屋的背影说，"这也了却了老人的一个心愿。因为，他们对祖传的东西是非常在乎的。"

这次行动的一个意外收获，是杨立仁的侄子杨仲齐为了给我看看他珍藏的那批古版，今天特意从杨柳青镇上搬了过来。这就是《中国木版年画集成·杨柳青卷》中冒出来的画版。对于今天来说，杨仲齐这些珍藏似乎告诉我们几十年里烂在地下的画版究竟是什么样的。

杨家的这些古版叫我爱不释手，虽然先前已在图集中见过，然而唯实物才拥有真切的力量。这些版镌刻很深，"底"铲得干净，线条精整老到，其中一块贡尖版《空城计》，一群武士好似用笔画上去的，线条带着虎虎生气。非雕版高手，难有此作。我随即召集在场的杨氏全家开一个会，包括杨立仁、杨仲齐、杨仲民、杨鹏等三代人。

我说："今天我们都看见了，埋在地里的版烂了没挖出来，但没挖出来也是一种收获，因为毕竟知道它是怎样了。可进一步，更加说明现在留在咱们老杨家的这批画版的重要。我在全国各地普查，还没见过哪家的家藏的画版比咱们杨家的版多，也没这么精。这些版可是祖先留给咱们和后代的。不仅是杨家的，还是杨柳青甚至是国家的。咱可得看好了，如果一散，就再也聚不到一块了。义成永可就真的彻底没了。义成永三个字到了今天实实在在就在这几十块版上了。回头我叫王坤帮你登记编号，做个资料库。不管这东西今后在谁手上，也不能叫它散了，是吧？"

我这番话得到他家三代一致认可，他们共同认可才使我放心。

这样，义成永的挖掘工作就算完成了。依我看，杨家的后人（杨仲齐和杨鹏）都有文化上的自觉，不会轻易放弃祖业和画业。这条线索和酒态应该放心。只是在这城镇化的催迫下，南赵庄面临拆迁，坚持不离故土的杨家将何去何从？此时，南赵庄已停水停电，晚间没灯，更甭提电视，饮水要到别的村庄去运，而且此刻村中大半村舍已拆，遍地瓦砾，进出困难。他们能熬过今年夏日里的炎热与雨季吗？倘若顶不住，一旦搬走，数百年凝结文化的"气场"没了，这戏怎么唱法，谁听？

还是一个问号。

我们已经尽了全力，把力所能及的事都做了。在"城镇化"浪潮前，我们势单力薄。即使力量再大，也只是螳螂之臂，怎么可能去阻遏"历史巨轮的前进"。我又想，还有许许多多遇到同样困境的文化的传承怎么办？

我忽接到缸鱼艺人王学勤的电话。他兴致勃勃地告我，西青区政府已派人来告诉他，区里将在镇上帮他解决居住与作画的实际问题。他的喜悦之情传到我的身上。我说等你搬入新居我提两瓶酒给你去贺喜。像王学勤这样幸运的人不多，当然我们还要为他们继续出力。

二〇一一年五月二日

中国木版年画的价值及普查的意义
——《中国木版年画集成》总序

在我国灿如繁星的民间美术中，木版年画是最夺目的。不仅由于它题材广博，手法斑斓，地域风格多彩多姿，其他任何民间美术都无法与之攀比；若论其人文蕴含之深厚，信息承载之密集，民族心理表现之鲜明与深切，更是别的民间美术难以企及的。虽然自上世纪三四十年代，木版年画渐入式微，但它至今留下的遗存仍是农耕文明一宗巨型的财富。为此，中国民间文化遗产抢救工程启动之始，即将木版年画列入整个民间文化普查第一个专项，便是势所必然的了。

在论述木版年画的价值之前，首先要对木版年画这一概念进行确定。木版年画并不完全等同于年画。广义的年画是一种岁时的绘画，早期这种绘画为手工绘制，卷轴形式，传统的国画技法。其功能乃是装点节日，并未进入普遍的习俗。而狭义的用木版印刷的年画则是一种年俗艺术。只有大众过年时对年画有一种不可或缺的需求——即民俗需求，木版年画这一画种才会真正地确立起来。它诞生于何时呢？

历史地看，木版年画的出现与雕版印刷密切相关。我国的雕版印刷兴于唐，盛于宋，最初主要应用于佛教经书插图的制作上。渐渐地，民间木版印制的纸马开始流行。《东京梦华录》与《武林旧事》都记载着当时的开封已有了专事销售此类版画的纸马铺。宋代名画《清明上河图》中就绘有一家名为"王家纸马"的店铺。这表明至迟在宋代，逢到岁时，以木版印刷的神灵乞求平安的习俗即已出现。但是，更完备的张贴年画的风俗及其文化体系并未形成。也就是说雕版印刷——从刻版到印刷的技术早已成熟，却一直耐心地等待着大规模的张贴年画的风俗姗姗到来。这一风俗的真正形成应是明末清初，尤其是"康乾盛世"，使得这五彩缤纷的风习得以普及到九州广大的乡野。尽管明确的"年画"一词直到道光年间的《乡言解颐》一书中才出现，但张贴年画的风俗在明末清初即已风靡朝野，已然定不可移。一旦大众有了这样的民俗需要，具有巨大复制能力的木版印刷的年画便扬帆启程，并得以迅猛地发展。南北各个年画产地几乎是同时崛起，并齐头进入了辉煌期。就其本质而言，木版年画不是单纯的艺术。在民间的生活中，它更是一种风俗的需要，是年俗方式与年的情怀的载体，浓厚的人文精神与年心理便注入其间。年画自然也就不是一般意义的绘画了。

人文的价值

在数千年漫长的农耕社会，人们生活的节律与大自然的四季同步，从春耕与夏种到秋收和冬藏。为此，一年中的节庆莫过于年。年是大自然与生活旧的一轮的终结，又是新一轮的开始。年的意义对于农耕时代的古人，比起工业社会的现代人要重要得多，也深切得多。岁月的转换在古人的生命中可以清晰地被感知到。每逢年的来临，心中油然生发的是对未知的新的一年幸福的企盼，以及对灾难与不幸的回避和拒绝。所以避邪与祈福是最基本的年心理。这年心理中避邪的部分，最初是被桃符、门神和爆竹表达出来的。在现代科学到来之前，人类与大自然的对话所凭借的是自己感悟和想象出来的神灵。由于灾难的威胁远比锦上添花的福分更为人们关切，所以首先进入年俗并成为一种雏形的木版年画的是作为神灵崇拜的纸马。已知宋代的纸马有"钟馗、财马、回头鹿马"等数种。这里边有避邪的内容，也有祈福的含义。有人认为宋代画家刘松年那幅失传的《新年接喜》、苏汉臣的《开泰图》和李嵩的《岁朝图》这些节令画就是一种准年画，而且有一种岁时祈福的含义。其实这种在过年时拿出来挂一挂的吉祥瑞庆的图画在史籍中记载得很多。虽然它还不是木版印刷品，更不是广大民间过年时使用的风俗用品，但这表明祈福是普遍存在的年心理。等到这些祈福的愿望真正成为年画的主题，并进入了风俗范畴，祈福的题材就变得汪洋恣肆了。

从民俗学角度去看，春节是中国人一种伟大的创造。出于对生活切实又强烈的热望，而把年看做步入未来的一个充满希望的新生活的起点。一方面，着力地去用比平常生活丰盛得多的新衣和美食，使生活接近于理想，把现实理想化；另一方面，又大肆铺张地以吉瑞的福字、喜庆的楹联和画满心中向往的图像的年画，把理想布满身边，把理想现实化。再加上灯笼、祭祖、祭灶、年夜饭、鞭炮、空竹、糖瓜、吊钱、窗花、迎财神、拜年、压岁钱等这些过年专有的风俗性的事物与事项，将岁时营造成一个极特殊的、美好的、虚拟却又可以触摸的时间与空间。这是一些被强化和夸张了的日子，一种用理想的色彩搅拌起来的缤纷的生活，也是农耕时代的中国人创造的年文化。而在这独特的文化中，年画唱主角。

面对年画，人们可以直观地看自己心中的想象。一切对生活的欲求与向往，比如生活富足、家庭安乐、风调雨顺、庄稼丰收、仕途得意、生意兴隆、人际和睦、天下太平、老人长寿、小儿无疾、诸事吉顺、出行平安等等，都在年画上。其中金钱的形象是民间年画中最常见的形象。杨家埠、武强和杨柳青的木版年画都有挂满金钱的摇钱树。山西临汾地区甚至有一种把金钱作为敬祀对象的纸马，更别提民间无处不在的财神了。但这并不能说是一种拜金主义。在物质匮乏的农耕时代，它只是生活幸福的理想化的符号罢了。就其本质而言，年画是理想主义的图画。不管年画中有多么真切的生活场景和细节，但它所展示的却是普通大众理想主义的形象世界。特别是在送旧迎新的日子里，这些画面就分外具有感染力和亲切感，给人们带来安慰、鼓励、希冀；为年助兴就是为生活助兴。还有哪一种民间艺术能够如此充分地展示人们的生命理想与生活情感？所以年画中最重要的价值是精神价值。

年画中另一层民俗内容是在张贴上。民俗是经过约定俗成，最终成为一种共同遵守的生活规定与文化的规范，谁也不能违抗。年画的张贴时间（比如灶王、财神、门神、各种纸马等）、地点（大门、影壁、房门、仓房、炕围、窗旁、水缸、钱柜、舱门、车厢、马厩、猪圈、牛棚等）及其张贴的具体部位和内容都有严格的规定。在规定的时间，把特定的年画贴在规定的位置上，是一种民俗行为。而在不同地域，生活环境不同，年画的需求不同，也就自然会产生不同体裁的年画来。此中包含着作为非物质文化遗产的十分丰富的文化记忆。因此，这些内容也是本次中国木版年画普查的重点之一。

木版年画的功能与内涵是多样的，有祖先崇拜、自然崇拜、宗教信仰的成分，也有教化、传播和装饰美化的意义。

木版年画往往是广大民间进行道德伦理规范、生活知识教育、文化艺术传播的重要工具。木版年画所涉及的历史、宗教、神话、传说、小说、生产、建筑、风光、戏曲、自然、游戏、节庆和社会生活之广阔，可谓无所不包。在农耕时代，戏曲艺术的魅力不小于今天的电影电视，木版年画描绘过的戏出多不胜数，各地的戏曲年画所表现的又多是自己的地方戏，不少在年画上绘声绘色出现过的剧目如今早已绝迹不存；此外究竟还有多少小说与传说被搬到木版年画上？单说《白蛇传》和《天仙配》，就被各个产地、各个时期以各种形式——单幅、多幅、成套的条屏以及连环画一遍又一遍地描绘过。至于那种无以计数的民俗风情的年画，带着不同地域与时代的气质，记录下大量的珍贵的人文信息，是木版年画留给我们的宝贵财富。特别需要注意的是这些画面都是农民独特的视角。农民是木版年画的原创者。他们的画笔与刻刀直接反映着自己的爱憎、趣味、生活态度、文化心理以及价值观。俄罗斯圣彼得艾尔米塔什博物馆收藏一幅杨柳青的木版年画《一人一性，百鸟百音》，表达着农民对人的不同性格的一种宽容的心态，由此让我们了解到民众对人际之间和谐美好的企望。还有一幅《猪羊一刀菜》，描绘屠夫宰杀一头大猪后，小猪崽们到天上玉皇大帝那里去告状。玉皇大帝劝告小猪崽们要宽心，因为"猪羊活在世上，只是供给人们的'一刀菜'罢了"。农民正是用这种诙谐的方式来化解掉世间的弱肉强食带来的不平。这诙谐是不是也含着一种嘲讽与无奈？如此深刻地外化农民心灵的年画何止这两幅，它们大量地深藏在年画的遗存中。然而，这遗存却不为人知地散布在田野里。

特别值得注意的是清末民初那些表现当时社会情景与重大事件的木版年画。从中体现出农民的政治敏感和思维视野不亚于大都市的时事画刊。在杨柳青、桃花坞、杨家埠、小校场、武强等产地中都曾有不少这样的作品问世。

它们一反传统，十分写实，细节非常逼真，在照相术尚未流行之时，这些木版年画竟成了当时社会的琳琅满目的写真。在这个层面上，其他哪一种民间美术能够与之相比？

数百年的木版年画的历史究竟创造了多少画面，无人能做出回答。年画是消费品，没人保存，也没人将其视为历史文化，即使到了上世纪年画走向消亡，仍不为世人重视与收藏，更别提各种人为的损坏与销毁。但如今只要在民间发现一幅老画或一块古版，竟然大多仍是不曾见过的孤品！存世于中外的年画应该数以万计。在这如此浩瀚的木版年画作品中，蕴藏着的是农耕时代中国民间立体的影像，广角的生活与社会，还有过往不复的精神情感。木版年画的人文价值可以说，既是深不见底，又是浩无际涯。

艺术的价值

木版年画另一个巨大的价值是艺术价值。它的艺术特色鲜明，表现手段纷繁，审美含量极高，自成一个十分独特的审美系统。这里分做三方面，即特定性、乡土性和地域性加以论述：

首先，木版年画艺术的特性，来自于年俗的特定要求。为了满足殷实与丰足的年心理的需要，其特色则是画面的饱满和内容的红火。年画的画面基本不留空白，即使天空与地面也被各种形象充实与填满。画中所有人物大都面含笑意，这与年的禁忌——禁哭有关。画里的孩童个个健硕丰腴，人人新衣新裤，所有器物全是完美无缺，这都是象征着生活的富足与吉祥。为了努力表达这种渴求与热望，大量的吉祥图案（各种具有吉瑞喜庆含义的动物、花卉、瓜果、物品、暗八仙以及紫气祥云等等）便被一样样地添加在画面上。艺人们不怕这些蜂拥而至的吉祥物彼此无关，因为这种一再被强化的吉庆才是人们对年的愿望。艺人的高明则是把这些密集的形象用装饰手法和谐而优美地组合在一起。于是欢乐、祥瑞、红火、繁盛、饱满和装饰性是年画最突出的特征，也是一种极具感染力的年画美。

渲染着这种年画特征的是木版年画的色彩。年画大多是套版印刷，最多

这部图集既是中国木版年画的全纪录，也是一部空前完整而详备的文化档案。

的套版是六色。所以颜色必须既简练又有表现力。木版年画为了顺应年心理的要求，色彩追求鲜明热烈。在各种颜色中以火热的大红为主，用得也最多，因为大红是年文化的主色。在色彩关系方面，多采用对比色，比如民间口诀说"红配绿，一块肉；黄配紫，不会死"（天津）。"红间黄，喜煞娘；红重紫，臭其屎"（山东）。这些经验都说明木版年画的色彩基调是相互对比而非谐调，以达到彼此强调的作用，使画面强烈又明快。年画的颜色多用植物和矿物原料直接制成原色，很少用调和色。为了使这简单的几种原色具有丰富的表现力，艺人采取色彩相互交错的方式，使得整个画面花花绿绿、斑驳响亮，简洁又丰富，具有很强的冲击力。这正是木版年画独有的色彩语言。

木版年画艺术的乡土性，是它价值之所在。这种在田野中诞生、在乡土中成长起来的艺术，纯朴真率，乐观诙谐。艺人们在农忙时耕作，农闲时作画。他们身在天高地远的穷乡僻壤，与朝廷里的文字狱全然无关。整个中国木版年画史上，没有一幅年画由于抨击时弊而招来麻烦。它们是农民的自娱自乐，嬉笑怒骂，一任自由。于是画面上人情物态，都是充分的农民的性格形态。农民作画没有多少理性的技术，除去一代代口传心授而积累下来的程式化的经验，便是各自的天性与自生自灭的才华。虽然他们笔下的形象时而简率，时而稚拙，却有一种朴直的、天真的、极其生动和一任天然的乡土美感。这种乡土美包含一种情感的自由与自然。

同时，这种农民们的艺术又是具有很高智慧的。最高超的表现手法便是谐音的图像。在农耕时代，农民识字有限或者干脆是文盲，他们巧妙地利用与字同音的形象，将美好的词句可视地展现出来。谐音的图像分两种。一种为一个形象与一两个字的谐音（如鸡的形象与"吉"字，蝙蝠的形象与"福"字，打开外皮而露出许多子儿的石榴形象与"多子"等）。另一种为两三个形象的组合与一句成语的谐音（如一匹马、一只蜜蜂和一只猴子的组合与成语"马上封侯"的谐音，一只喜鹊和一株梅树的组合与成语"喜上眉梢"的谐音，莲花和金鱼的组合与成语"连年有余"的谐音等）。谐音的文字与成语都是兆征幸福的吉祥词语，所以这些具有特殊意味的图像又被称之为吉祥图案。奇妙的是，组合在一起的谐音的形象，在生活中本来是相互无关的，但在这里却意趣横生地组成并呈现出人们心中的向往。农民真是聪明至极，他们巧妙地绕开不识字的缺憾，通过这些谐音的形象，让人去猜画中的寓意（成语）。而这成语人人皆知，谁都能通过画中的图像慢慢把藏在其中的成语找到。这样，一方面提高画面的趣味性，一方面使得观赏者在猜解画中的题旨时获得了欣赏的快感。同时，谐音形象本身的内涵也被奇妙地扩充了。

谐音的方式是农民的创造，自然也适合农民。在民间，这种谐音的吉祥图案还广泛使用在各种物品的装饰上——服装、家具和建筑的石雕、砖雕和木雕中。这是民间习惯的一种读解艺术的方式，也是百姓喜闻乐见的一种艺术表现手段。

木版年画中的吉祥图像，除去谐音的，还有另一类不谐音的。不谐音的吉祥图像大多来自于历史典故，具有象征与寓意的性质。比如蟠桃象征长寿，松竹梅（岁寒三友）寓意情义常在，鲤鱼跃龙门表示一种平步青云和飞黄腾达，等等。在年画中，往往还把谐音与不谐音这两种图像相互搭配，组成一片热烈丰盈、富丽华美又富于浪漫色彩的景象。这种奇特的绘画氛围与情境，只有在年画中才能见到。

另一个能够体现木版年画艺术非凡的价值的，是它的地域性。木版年画几乎覆盖整个中国。除去青海、内蒙古、宁夏、新疆和吉林之外，几乎全都有自己的木版年画产地。由于中国地域多元，民族多样，文化资质有别，风俗各具特异，木版年画——从题材、体裁、风格、手法和制作方式又迥然不同，因而呈现出绚丽多姿之局面。

北方年画如杨家埠与武强之粗犷豪放，南方年画如桃花坞与佛山之细腻柔媚，是一望而知的。然而，往细处瞧，单是北方各个产地的画风也相去甚远。比如山东杨家埠、高密和河北武强置身于林莽与乡野之间，具有强烈的乡土气息，农民的气质最为醇厚；河南朱仙镇地处中原腹地，雕版历史可上溯两宋，至今带着中古时代的典雅与大气；天津杨柳青畿近京都，为了顺应都市大户人家的审美要求，崇尚精雅与华美；清代中晚期，一些都市的职业画家如上海钱慧安等介入到天津的杨柳青，当地作坊又冒出高桐轩等一些丹青高手，木版年画出现一种主动靠近都市文人性质绘画的倾向，同时在构图和技法上又吸收外来的营养，故而手工彩绘日臻其妙，妆金饰银，华贵富丽，达到了另一种极致。这些北方木版年画产地虽然同属北方的乡间美术，彼此又都是独树一帜。

再进一步看，皆以北方农民气质为其特色的杨家埠与武强年画，艺术个性上也存在很大差异。杨家埠的文化背景是齐鲁文化，雄强、阳刚、浑厚和乐观；武强的文化背景是燕赵文化，带着苍劲和辛辣的味道，在清代末期它曾引入过津沪一带流行的都市"讽画"，冒出过许多揶揄、讥讽甚至怪异的图画来。将这块燕赵大地人们的个性表达得淋漓尽致。这是杨家埠所没有的。

各地年画由于自然和地理环境的差别太大，历史与民俗的传统各不相同，年画的题材与体裁都自持独有的特点。杨家埠冬天寒冷，墙体很厚，年画中便有专门贴在窗口的"窗顶"与"窗旁"；杨柳青乡间多在屋内置一水缸，贮备饮用水，故有半印半绘的粗路货"缸鱼"一种，专门贴在水缸之上的墙壁上，每每打开缸盖，大红大绿的鱼影即入缸中晃晃荡荡，如游其中；河北一带农村喜好灯彩，故武强的"灯方"是年画中的主项；山西风沙大，晋南地区在橱柜与门首垂挂一种年画，叫"拂尘纸"，一为装饰，一为遮尘。对这些百别千差的画儿，将在本图集各卷中尽述。

各个产地在漫长的历史进程中，形成自己的一整套各具特征的艺术与技术以及制作手法，也创造出一批大众喜闻乐见、经久不衰的典型的年画形象。比如，杨柳青年画的《莲年有余》、绵竹填水脚的《门神》、朱仙镇的《大馗头》、桃花坞的《一团和气》、杨家埠的《深山猛虎》、武强的《六子争头》，等等。到了进入全球化的今天，这些风靡了数百年的艺术形象已经成了这些产地乃至中国民间文化最耀眼、最迷人的符号了。

中国木版年画还有一个重要的贡献，是在雕版方面。如前所述，木版年画肇始于唐宋以来的雕版。历代雕版的中心，对年画都有明显的影响甚至渊源。如汴梁（开封）与朱仙镇，平水（临汾）与晋南，北京与杨柳青，苏州与桃花坞，建阳与泉漳二州，还有徽州、扬州等等。然而刻印图书与木版年画远非同类。刻印图书应是典籍文化，印刷年画属于民间文化。前者多在都市，后者皆在乡间。从大的方面比较，刻印图书受文人审美的影响，崇尚典雅精致、含蓄和诗意；印制年画受大众审美和年俗的要求，追求鲜明强烈，热情洋溢。于是，刻版的手法、技巧、审美，完全是两种不同的语言。许多年画产地的刻版刀法纯熟，刻技高超，称得上是雕版的上品，但属于"另一种"雕版，与图书刻版的标准全然不同。年画的线条追求简练流畅，刀随情走，生动自由，富于张力，印出画来天真自然。如果将明清时期徽派和金陵派经典的书版和皇家的殿版拿出来，与杨柳青、朱仙镇、武强、杨家埠的年画古版比较一下，一望而知全然是两个审美的世界。连"版味"也是两种味道，好似一个丝竹，一个唢呐。木版年画对中国雕版印刷史的贡献是"另一半的江山"。

木版年画是我国民间美术中一笔巨大的遗产。由于漫长而纵向的历史变迁，多元而横向的地域背景，独特而深刻的年俗底蕴，还有一代代才情并茂的艺人的创造，使年画发展成中华文化中的一个高峰。峰顶之上，几近云天，灿烂迷人。

它最清晰地描绘出农耕时代人们的精神天地，最炽烈地展示了老百姓的心灵向往，最缤纷地表达了那个漫长的历史时代社会生活的全相。因此说：木版年画是中国民间美术的龙头。

普查的意义和方法

中国农耕社会的瓦解始于十九世纪末，木版年画也随之走向衰落。这个衰落过程在上海小校场年画上可以看得一清二楚。开始是内容上对外来文化显露出的新奇，跟着是本土生活形态的改变。既有生活方式上的，又有生活审美上的。农耕时代的精神系统发生动摇。清末民初以来，进步的改良主义者倡导移风易俗，从正面促使传统风俗的解构。而风俗的消退才是年画没落的根本缘故。同时，又有外来印刷技术的涉入。从一八八〇到一九三〇这几十年，年画从木版年画变为石印年画，再变为胶印年画。当年画变成胶印，审美的改变即已完成，木版意义的年画便进入终结期。

但那时人们并没有从文化上认识到这种古老的民俗艺术行将灭亡。首先将年画视为一种独特文化和艺术并进行收藏和研究的是西方学者。他们从异文化的视角，比较容易看到年画的形态具有强烈的中国特征。日本人最早收集中国木版年画，至今他们珍藏着不少康乾年间苏州年画的杰作，在今天的苏州反而很难见到了；英国人在一八〇〇年也开始关注中国的木版年画，也有一些珍贵的藏品；俄国科学院院长科马罗夫在一八九六年和一八九七年在我国东北收集一大批年画，并于一八九八年在圣彼得堡举行展览，这是世界上第一次中国木版年画展；紧随其后便是另一位俄国汉学家阿列克谢耶夫在我国北方一些年画产地进行广泛的考察活动，继而从事研究，著书立说，逐渐成为一位研究中国年画的专家。

中国人认识到自己的年画价值是在"五四"之后。钟敬文先生创立的民俗学为我们奠定了认识年画人文价值的理论基础，虽然钟先生本人未做年画研究。到了二十世纪五十年代，中国美术界开始进行有组织的年画调查。一九五〇年刚刚创刊的《人民美术》第二期就是一本"年画专号"，其中包括对年画调查的内容。此间对年画的兴趣，虽然含有力图将这种大众艺术改造为政治工具的功利性的目的，并且由于时代的局限，仅仅将其作为一种民间美术的画种来调查，但终究及时地抢救了一大批木版年画的历史精华，并收集和整理了有关木版年画大量的口头传承的遗产。由此，我国第一批优秀的年画专家王树村等脱颖而出。但是这一良好的势头并没有得到顺利发展，在此后相当长时间的革命风暴中备受摧残。人为的破坏要比自然的流失致命得多，有些产地的破坏几乎是灭绝性的。到了二十世纪八十年代后，全球化的冲击加速了农耕社会的衰退。农村的现代化和城镇化造成从居住群落、人文板块到历史记忆和民俗方式的全面瓦解，必然构成对木版年画终结式的冲击。二〇〇二年年底，在我们开始对中国木版年画进行全面的普查之时，看到的景况是，年画产地已经萎缩得十分微小，有的产地已经没有活态的存在；传承艺人寥寥无几，大多没有后继之人。许多年画里的含义已经无人能解，民间记忆严重中断。至于古代遗存，无论古画还是古版，都已寥如晨星。我们不相信曾经覆盖着九州大地数百年、曾经年年贴满千家万户的木版年画会消失得如此空寂与净绝。真情实况只有由"普查"才能告诉我们。

此次普查从观念到采用的方法上都是"空前"的，有三点：

第一，不是把年画仅仅作为一种古老的民俗艺术对待，也不是对一个个产地分别地进行调查，而是把它作为中华民族重要的非物质文化遗产，对所有产地进行一次整体性、地毯式、统一标准的普查。第二，不是把年画仅仅看作一种民间美术，而是作为遗产学、民俗学、人类学和美术学的对象，对其历史人文，村落习俗，生产生活，地域信仰，以及制作手法、技巧、程序、工具、材料、艺人、画店、销售，还有相关的画法口诀乃至民间的故事传说，做全面和彻底的调查。从物质性的到非物质性的，从活态的到已经消亡的，皆做记录。对各产地重要的传承人——即非遗主体做口述档案。第三，这次普查采用二十世纪七十年代西方兴起的视觉人类学的方式，运用"文字、拍照与摄像"（摄像含音和像）三结合的手段，既有翔实而周全的文字记录，也有静态和动态的视觉记录。这样的记录才是一份可靠的全记录。

二〇〇二年初冬在河南朱仙镇国际年画研讨会上，我代表中国民协做了一个讲话，题目是《年画是民间艺术的龙头》，我说我们马上要启动全国性规模浩大的中国民间文化遗产普查工程，年画作为重点的龙头项目之一率先发轫。我还说我们一定要把中国木版年画的文化遗存"一网打尽"。实际那天就是发动，就是开始。那天是十月二十八日。

由此一直不间断地做到今天。当日本年画学者三山陵女士将其主编的《中国木版年画集成·日本藏品卷》最后几页文稿发到我的邮箱里，已是二〇一〇年一月大雪纷飞之时。

这一工程竟然做了长长九年，是原先不曾想到的。其缘故：

一是没想到中国木版年画资源如此雄厚。我说过，对于山川大地的民间文化，我们已知的永远少于我们未知的。比如云南的甲马，原先只知道在遥远的西南地区存在一种神秘又古老的版印纸马，总数大概五六十种。待我们到那里组织专家将云南地区细细调查一遍，两年过去，竟有一千四百余种，尤其是与白族文化交融地区，所有甲马后边都有一个美丽的传说或神话。再比如此次对冀豫交界的广泛地区密集的产地群的发现，宛如发现一座辽阔的年画富矿。这片产地北至邯郸，南达黄河北岸，包括邯郸、内黄、汤阴、濮阳、滑县等一带乡村，多以制作信仰类的年画为主，兼有手工版印的灯笼和纸扇；

风格古朴浑厚，乡土气息浓重。这里曾是冀豫晋鲁之间广大地区岁时所需信仰类年画的源头产地，至今还保持着丰厚与活态的遗存。

如此的例子，举不胜举。由于以往的年画调查多属专家个人的艺术调查，而此次普查所采取的则是全方位拉网式的人文调查，其发现必然是大量的，第一手的。

二是不曾想到年画消亡得这样快。木版年画的消亡始自上世纪三十年代。先是时代嬗变，人换物改，习俗演化，年画渐渐退出生活舞台，这是一种自然的瓦解与消亡。随后是社会的转变，人为的强制性的破坏，尤其是二十世纪七十年代的"文革"对年画的破坏可谓伤筋动骨。许多产地的年画古版就是在这期间烧毁的，比如桃花坞几乎是"片甲不留"。古版是木版年画的生命，没有古版便断绝了传续。再有便是近三十年各地古董市场的崛起，"文革"后各地残存的古版因其具有商业价值而被古董商贩收罗殆尽。此次普查中，许多产地已经找不到任何遗存，无版无画，没有工具，只有"空口无凭"的记忆，自然就没有了活态。一些名产地如四川夹江、安徽阜阳、临泉宿州、福建的福安与福鼎等等，本来要列为重点普查，终因人亡歌息、文脉中断而割爱了。

三是不曾想到专家这样缺少。

从这次普查看，大多数产地是没有专家的。这就给普查带来困难，甚至无从入手。幸亏各地民协协助政府积极组织通晓地方历史文化的热心人士，组成普查小组致力工作；一些地方科研部门和大学师生主动承担，更有一些民艺专家热心投入，才将一个个产地由挨门逐户的调查到精心细致的整理，最终完成年画档案的编制。

各个年画产地档案的完成，为其成功地进入"国家非物质文化遗产名录"确立了科学依据。

现在将这套档案性的成果，以系列的大型图文集《中国木版年画集成》形式编辑出版。在《集成》的总体把握上，首先是将产地划为两部分。

一为大产地，即规模大、水准高、影响广泛的产地。这些产地独立立卷，也有两个产地合为一卷。这部分包括《杨家埠卷》《杨柳青卷》《朱仙镇卷》《武强卷》《滩头卷》《高密卷》《绵竹卷》《滑县卷》《凤翔卷》《平阳卷》《平度·东昌府卷》《内丘卷》《云南甲马卷》《桃花坞卷》《佛山卷》《绛州卷》《漳州卷》《上海小校场卷》《梁平卷》，凡十九卷，二十个产地。

二为小产地。这种小产地，即规模较小、影响局限于一定地域、但风格独具的产地；还有一些历史上有较大影响却遗存不多、无法单独立卷的产地。本《集成》将这两种产地汇总成集，名曰《拾零卷》，凡一卷，二十个产地。包括东丰台、郯城、晋南、彭城、泉州、南通、扬州、江苏、徽州、樟树、获嘉、汤阴、内黄、苏奇、卢氏、老河口、夹江、邓州等。此卷中将澳门与台南米街两地年画调查资料收入，历史上当属首次。

需要说明的是各卷本都是横向地展示当地的年画文化，唯《中国木版年画集成·上海小校场卷》加入了石印"月份牌年画"，以纵向地表明中国木版年画被外来石印技术终结的历史。

此外，还有一部分是海外的年画藏品。由于年画为生活文化，最初发现其价值的往往来自外部与异国。最主要收藏与研究中国木版年画的国家是日本和俄罗斯。日本较早，所藏苏州的"姑苏版"年画犹为珍贵。姑苏版年画兴盛于清代康乾年间，后来传承中断，与后世桃花坞版大相径庭，故姑苏版年画被视为古代年画之奇葩；然而过去学界难窥全豹，更难见到清晰又真切之印刷品。

俄罗斯所藏中国木版年画数量最巨，时间多在十九世纪末至二十世纪初，正是年画"最后的辉煌"期，各大产地作坊林立，技艺高超，风格成熟，品种繁多，而且当时中国社会处于内外冲突与新旧碰撞的时代，一些大产地的年画主动接受来自都市的时尚信息，使其题材从长久以来固定不变的传统突破出来，显示空前的活力。

日俄的绝大部分藏品在中国国内已无法见到。应该说，凭着这两国学者的慧眼，先于我们认识到的年画的文化与艺术的价值，才使这些年画珍品完好地保存至今。

一部完整的中国木版年画的档案，应该包括它所有珍贵的遗存。故而，本《集成》刻意制定了《中国木版年画集成·俄罗斯藏品卷》和《中国木版年画集成·日本藏品卷》，对珍藏海外的中国木版年画进行调查和整理。日俄两国都有国际上一流的研究中国木版年画的专家。我们特邀俄罗斯科学院院士、年画专家李福清先生和日本国立大学讲师、年画专家三山陵女士承担上述工作。凭着他们的学养、见识、经验与不辞辛苦的努力，跑遍其所在国家的博物馆，广泛调查，深入研究，摘精选要，因这两卷图书为日俄珍藏的中国木版年画的首次面世，价值极高，意义深远。这一成果也是此次年画普查的重要成果之一。如果没有这两卷就无法获知中国木版年画的历史全貌。应该说，从调查到编选，从最初策划到最终成果，都深具国际性学术合作的性质。

本次年画的抢救工作，分做两个阶段。

第一阶段是地毯式普查，收集物质遗存，调查和记录活态状况，查清家底；工作顺序是制定普查计划，规定各项普查要求，确定统一的标准要求和方法；然后是人才培训，分工安排，以团队方式进行田野普查。

第二阶段是分类整理直至档案性集成的编纂。其工作包括制定编写提纲，按分项（章节）进行学术梳理与归类，制定图文要求与规范。这些编写工作大都在产地完成初稿，然后送到中国民协抢救办公室和总编辑部审稿与加工。

如此全国性规模的调查与编写绝非易事，其中的错综复杂自不必说。九年间，始自朱仙镇的全面动员，直至全部工作在京津结束，其间在各地召开无数启动会、专家座谈会、工作交流会，以及中期推动和收尾工作会。总编辑部和中国民协抢救办公室的主管者，不间断地到各地协同地方民协进行发动、组织、安排与推进的工作。如此坚持不懈，才使得这样庞大又繁复的工作一贯到底。

这部《集成》区别于以往任何形式的单纯的年画集，它以普查所获资料为主，重点放在文化而非单一的美术上。各种资料，经过专家整理，逻辑有序，总结成集。所有作品经过专家鉴定，甄别真伪，确定年代，其体裁、尺寸、年代、内容与含意，在图版上都有注释。由于本图集为各地木版年画之全相，遗存古画之外，也注重选取当今传承人代表作，以表明作为非物质文化遗产年画的活态现状。此外为了清晰地表明画店的源流与艺人的传承脉络，还有传统品种的类别、规格与功能，往往配以表格。至于年画的应用及销售地区，则以地图方式表达。一些重要的人文场景，用照片展示；动态的图像（如年俗生活、制作过程和张贴方式等）则刻录于光盘，附在每卷卷尾。然而，画集的方式终究有局限性。更多的普查资料，还要请计算机帮忙。在全套《中国木版年画集成》完成之后，即将这次普查的全部材料编入"中国木版年画档案数据库"，以供全民享用和拥有。至此，本《集成》编者的使命——即中国木版年画的普查与整理，即告完成。我们吸在胸中的一口气，长达九年，不敢松弛，现在终于吐出来。因为，我们把抢救中国民间文化中的一出大戏唱罢。对年画——这些田野大地灿烂又神奇的艺术与文化，我们没有任凭它在社会转型期凋零与消亡，而是齐心合力，坚持不懈，拼力抢救，精心整理，请它登堂入室，传之后世。

可以说，我们为中国木版年画做了一份完整的文化档案。我们不敢说做得尽善尽美，只能说我们对它怀着一片至爱至诚。当然，我们还会不断去完善它、充实它、研究它与弘扬它，让历史的花在明天仍芬芳地开放。

是为序。

二〇〇四年六月　写于醒夜轩
二〇一一年元月一日　修改于心居

东方大地上的人文奇花

——中国木版年画新论

近千年来，人类地球东部的山川大地上，一直绽放着一种美丽又绚烂的人文和艺术之花，它就是中华民族伟大的民间创造——年画，其影响曾衍至东亚和南亚一些国家，并早在一个世纪之前就成为欧美及日本人文学者关注与研究的对象。始自二〇〇二年我国将年画视为珍贵的文化遗产进行了历史上首次地毯式的田野调查，以及科学整理和系统保护，从而使我们得以全面审视中国木版年画的历史与现状，并深刻地认识到它在中华文化中重要的位置及所拥有的非凡的价值。

本文试以论之。

一、历史

年画的历史——先是年的历史，然后是年画的历史。

中国是农耕古国，生产周期与大自然四季一轮的周期同步，每逢新旧两个周期的交接——过年，则必是大事。在这几天里，要感恩天地，崇仰先人，和睦族亲，祈盼福祉，把对生活的理想与愿望尽情宣泄出来。为此，数千年来人们创造了无数充满魅力的民俗方式，其中——中华文化性质最鲜明、文化内涵最深厚、艺术最绚烂而独异者就是年画。

史料记载，早在晋唐时期人们便把具有驱邪意味的神像与老虎画在门板上，但这还不是真正意义的年画。年画必须是可复制性的，人人能够拥有，并成为约定俗成的习俗。使用手绘很难实现，只有印刷才能完成。

所幸的是中国是世界上最早使用雕版印刷的国家，现今保存在大英博物馆的唐代（八六八年）印制的精美的《金刚经》插图，表明至迟九世纪中国已有了高超的图像复制的雕版印刷技艺了。这给年画的诞生铺出一条宽广之路。

同时，纸也是中国古代伟大的发明。纸价便宜，民间又广泛生产各种材料（树皮、竹、麻头等）制造的土纸，这又给年画的滋生和普及准备了优越的条件。

在这时期，正好是古代城市高度发展期。特别是宋代，无论朝野都十分重视良好风俗的培育。单从宋人诗文中便可看到各种优美的社会风情常常从乡土习俗中散发出来。于是，雕版印制的优美而受看的纸画便悄然出现了。北宋张择端的《清明上河图》中出现了专营各类纸画的纸马铺。由此看，贴年画的风俗在宋代已经初露端倪。

最初的年画以信仰类功能性的神像为主。敬祀神像是年俗中必不可少的。这是年画的习俗的基础。

上世纪俄国人柯兹洛夫在内蒙古黑城子发掘到一幅金代平阳印制的年画，名为《随朝窈窕呈倾国之芳容》，这幅画很重要，它表明金代已有了生活类装饰性的年画。

然而，一种风俗真正确立起来，并非易事。

年画由它在民间渐被认同，蔚为习俗，需求日大，到农民站出来自我承担，自刻自画，自给自足，还确立了自己的审美个性与艺术体系——这个过程至少用了三百年。所以，直到明代中期以后，才遍地兴起；再到清代中期，方显出百花齐放的繁荣景象。不仅大小产地星罗棋布，题材广泛无所不包，体裁繁多不一而足，而且产量之大令人惊叹，年画最终成了每逢新年必定登场的年俗主角之一。

二、形态

中国木版年画是一种特殊的画。它从形态到本质，都与国画不同，甚至相反。

首先，年画是雕版印刷与手绘相结合的画，兼有版画与绘画的特点。有时它全凭雕版印制，单版或套版，不加手绘，艺人高超的雕版的刀法及腕底的版味尽显无遗；有时要加上一些手绘，有的手绘成分很大，除去墨色的线版之外，开脸点睛，上妆施粉，随类敷彩，全用手绘。但这种结合版画的手绘与单纯的绘画是完全不同的两种画法，技巧另类，意趣别样。

年画是一种民间画，它与精英文人画全然两样。年画艺人是农民，农民作画没有刻意的艺术理论，也没有学理的追求，只是要把心中的东西直接画在纸上。就像远古的岩画，不写实，只写意写神。一切都是原发的，随性的，情感化的，呈现着大地人文的本色与生命的本真。

年画是一种共性的画。年画与其他民间艺术一样，不追求个性，却追求周围人们的认同。认同是共性的体现。只有被认同才能成立。任何一种站住脚的民间艺术都是与当地人们共同的人生向往、心理与审美长期"磨合"的结果，所以最终它体现的是民间文化最重要的价值之一，即地域性。表现共性而非个性是民间文化与精英文化最关键的区别。民间艺术之间不是艺人个性的相异，而是地域性的彼此不同。如朱仙镇之豪放、桃花坞之精巧、武强之雄劲、漳州之清疏，共同构成了中国年画彼此争奇斗艳的艺术世界。

民间年画又是一种节日的画。年画从属于年俗，自然与年的特定氛围一致。因而中国人的年画喜庆热烈，丰盈饱满，艳丽夺目，这是唯年画才有的。

年画还是一种传承的画。年画的画面和图案，以及制作手法是代代相传的。虽然传承过程有所创新，但他们决不会放弃任何一块古版。一些画面终岁不改，一些制作手段始终不渝，表达着艺人们对祖传文化的恪守和对传统的挚爱，因使中国年画具有很牢固的传统性，积淀着悠久而深厚的历史人文。有的图像（如纸马）甚至含有活化石的意味。

这样一种形态与性质的年画，自然极其独特。

三、内涵

年画看似简单，内涵却非同小可。

一句话应先讲清楚，年画是中国普通百姓特别是广大农民的精神天地的可视的呈现。

古代的中国人，精神世界里位置最高的是神灵，因而神灵之像（神像）是年画的主项。年画中的神像并非宗教偶像。虽然各种宗教（佛、道、儒）的主神常常会在年画里出现，但没有严格的宗教意义。在科学蒙昧时代，人们将自己命运的安危祸福交给想象的神灵主宰，然后设法与之对话，这便是民间崇拜的由来。老百姓的神灵世界相当模糊，而且更相信一个十分原始的概念——万物有灵。因此，人们不但把现有各种宗教的神佛拉过来，还创造出大量的无法理清的地方神和行业神。北京印制过一百种神像俗称"京百份"，滑县李方屯将《全神图》由七十二像扩大到八十三像，白族的本主一村一位或几位。至于各地纸马上的神像更是不可胜数，相当一部分今天已经无法辨识。每逢除夕之时，家家户户屋里屋外到处贴满"各司其职"的神像，平时难得一见的神仙，此刻全围在身边。以神像们构成的庞大的神灵世界，带来一种强大的安全感；特别是在这旧去新来、充满未知的时刻，在心理上给自己以稳定与安慰。

同时，年画又是人间生活的理想国。

年画中一大内容是展示人们自己的生活。这种生活是男耕女织，美妇胖娃，风调雨顺，五谷丰登，花红草绿，人丁兴旺，家畜健壮，连年有余，发财还家，衣锦还乡，金榜题名，日进斗金等等。当然，这并不是生活现实，而是一种理想的生活图画，祈盼中的梦境。年画很少写实。在这特定的迎新之日，人们心里全是理想的图景。如果想知道中国农民千百年来的梦想，就去看他们的年画。他们都已经画在画上了。

年画还是墙上的舞台。

年画是老百姓画给自己看的，古代老百姓的日常文艺大餐莫过于看戏，故而戏曲故事题材的年画最具观赏性。一幅戏曲年画贴在墙上，会给人们时不时指指点点说上一年。大戏难得来到村里，戏画天天都在屋中。中国戏曲年画不仅数量大，戏出多，而且不同产地的年画往往取材于当地人们喜闻乐见的地方戏。比如武强取材于老调梆子、河北梆子、武安落子，晋南多取材于蒲剧、铙鼓杂戏、洪洞道情，滑县取材于大弦戏，凤翔取材于秦腔，桃花坞取材于时令小调等等。于是，大量民间戏曲及其剧目可视地保存在中国年画中。有的年画现在还在印制，画上的剧目甚至剧种却已然消泯了。

年画更是大众的自我教材。

年画中还有一种内涵不容忽视，就是教化。劝善戒恶，催人奋进，敬老爱幼，伸张正义。自古农村社会无人管束，全靠精神与道德传统自律，靠一种自我教育。饶有意味的是，这种教化题材的年画更不是谁来说教，而恰恰是从人们自己耳熟能详的历史典故与传说故事中选出来的，比如二十四孝、孔融让梨、雪中送炭、将相和、孟母择邻等等。于是，从中可以明白古代农村社会超稳定性到底由何而来。

由上述中国年画之内涵，即可知其包藏之大之深之周全。它实际深藏着中国根基性的人文本质、民间哲学以及国民性。

这些都将是我们探究的话题。

四、艺术

中国年画因其民间性、农民性、自发性、集体性、节日与风俗性，在艺术上自成体系；不论是造型、色彩，还是表现方式，都是独特和独有的。

在造型上，强调饱满丰腴，健旺阳刚，宁肥勿瘦，宁动勿静，处处显示新岁来临之际，对生活兴旺与生命活跃的渴望。鸡要雄鸡，猪要肥猪，娃要胖娃，果要硕果。在年画中，所有形象都是充满活力的生命符号，都是理想化的象征。甚至连人物的表情，也都是笑口笑眼。中国人过年时是忌口角与哭相的。阳刚、快乐、健康、活力四射是年画造型的精神元素，也是造型原则。

在色彩上基本上是主观的，没有写实和自然主义的成分。民间色彩充满人文意义。在民间，红色是喜庆的颜色，象征火爆、热烈、喜庆和欢乐，所以红色是年画的主色，也是年的主色。很少年画没有红色（嘉庆四年乾隆驾崩时杨柳青的"断国孝"年画是一特例）。黄色是从属于金的富贵之色，也是年画主要使用的颜色。绿色和紫色在年画中是作为红黄的对比色使用的，以使红黄更强烈和更鲜活。

追求鲜亮夺目是年画的色彩观。为此，年画用色的特点：一是使用原色，很少用复合色；二是运用对比色，极少用谐调色。民间所用颜料多是矿物与植物颜料，朱丹、品红、品绿、槐黄、烟黑等，色彩更加艳丽照人。原色是有限的，因此着色时，要将色彩相互错开，各种色块一边交错一边对比，从而达到丰富和斑斓。

在表现手法上，不尚写实的民间艺术，充分使用象征、比喻、夸张和拟人的手法，一方面使形象得到有力的强调，一方面加深了内涵的厚重。

特别需要强调的是谐音形象的使用。中国民间艺术中最广泛使用谐音形象的是年画和剪纸。谐音形象巧妙地利用一种事物相同的读音，依声托事，另寓他意。这些谐音形象的寓意都含着吉祥祝福之意，谐音形象在民间被视为吉祥形象，人人熟知，喜闻乐见；每每见到而"破解其意"时，都会从中获得别样的审美愉悦。千百年来，人们积累了成百上千种谐音形象，它们布满在年画的画面上，大大加强了年画吉祥意义、装饰美和人文的厚重，并使中国年画在人类绘画中别具一格。

当然，还有那些藏画诗、花鸟字、俏皮话图、灯谜画、连环图等等——这些都是唯有民间年画才有的饶有趣味的艺术方式，因使年画与广大百姓"快乐相处"，并一直百般受宠地活在民间。

五、样式

中国民间年画还有着十分丰富的种类和体裁样式。由于年画是风俗性的，什么时间什么种类的年画贴在什么地方，皆有俗规。比如全神像和家堂画要挂在中厅或迎面大墙的中央，多为立式；门神与门画要贴在大门和房门上，常为一对，分贴左右两扇门板上；各类神像全有指定位置，灶神在灶台上方，家畜神在槽头之上，田祖在粮屯上，送子观音在新婚夫妇的居室里。不同地区往往还有不同规矩，纸马就更是如此。至于各类风俗、戏文、历史故事和装饰性的年画则可依个人意愿贴在屋内墙上，多为横幅（三裁或贡尖）；也有的是对屏和四条屏。

由于中国地理条件不同，文化不同，"五里不同风，十里不同俗"，各地方都有自己"独家"的品种与样式。山东杨家埠和高密冬天冷，墙体厚，窗子两边墙的侧面要贴"窗旁"，上贴"窗顶"，墙角背光的地方贴圆形的年画，俗称"月光"；晋鲁两地的桌边喜欢粘贴"桌围"，沿着炕的墙上贴一圈"炕围"；临汾绛州一带碗柜上沿还要贴一条印着戏文画的"拂尘纸"，既遮尘又美观；漳州一带连蜡烛座上也贴上印着五色的"色龙"。此外，天津杨柳青的"缸鱼"，武强的"灯画"，凤翔的"窗画"，滩头的"窗格画"，绵竹的"门笺"，桃花坞的"斗旗"与"月宫"等等都具有该地区特定的自然人文的含义。

人们以如此丰繁的各色样式、各类内容的年画，把自己包裹其中，使自己进入了一个理想化与浪漫化的花团锦簇之中，美滋滋实现了心中的年。

六、产地

年画制作在中国是产地化的，也称画乡。画乡是一片神奇的土地，可是年画之乡还有些特殊性。它通常要有两种非凡的手艺：一是画艺，一是雕版的手艺。所以许多产地的源起都与古代刻书业的雕版印刷有关。宋金几大雕版印刷中心如南方的苏州、金陵、徽州、建安与北方的北京、平阳和聊城，后来这一带都有年画的产地出现，其年画风格与刻书风格基本一致，如苏州的精细与建安的疏放。

最早的年画产地应在宋金时期。早期产地以纸马铺为主，比方汴梁、平阳、绵竹等。及至明代中期开始多了起来，年画的题材与体裁渐次丰富。重点产地有杨柳青、苏州、凤翔、潍县等。在本世纪初调查产地艺人传承谱系时发现，杨家埠的杨氏、滑县的韩氏、凤翔南肖里的邰氏、杨柳青的戴氏早在明代就立案印画，这些产地后来都发展为风格独具的地区的年画中心。到了清代中期，年画需求日大，新生的产地蜂拥而起，所制作的年画覆盖全国，即使东北和西北地区少数没有产地的省份（如黑龙江、吉林、辽宁、新疆、宁夏等）

也能得到充足的年画供应，足见当时年画习俗势头之盛。

这期间一些年画文化圈形成了。一是京津，以杨柳青年画为核心，供应京津、华北和东北；一是燕赵，从武强为中心，向南至豫北，多印信仰类年画；一是齐鲁，山东为年画产地最多的省份，以杨家埠影响最大；一是晋南，中心是平阳；一是江南苏州、扬州、无锡、杭州等地，以桃花坞为首；一是四川，三大产地（梁平、夹江、绵竹）联手覆盖川地；一是东南，潮州、漳州、福州并跨越海峡影响到台湾的米街；一是安徽，北至阜阳南至歙县连成一线。当然还有一些地区性的中心，如广东佛山、陕西凤翔、湖南滩头、湖北老河口等。

年画产地传承方式是家族式的。传男不传女，不传外姓，这也是古代民间一种原始的"著作权"的自我保护方式。这样的家族式的代代相传有助于文脉不断。非物质性的技艺传承凭借口传心授；物质性的遗产最关键的祖传老版，年画艺人将世袭的古版视若生命。

年画产地的生产方式是家庭式作坊。一般在秋收之后开始，一家老小一齐动手，父子合力，婆领媳作，而且分工明确。有的印画，有的晾画，有的上色；老辈艺人负责关键部位，如开脸、勾眉、画须、晕染；小辈晚辈则填色和刷底色。即使开店，也多是前店后厂，外地画贩上门买画，然后批发与贩运到外地。

年画是季节性的。年画制作有周期性。依民俗，张贴年画通常是在腊月二十四"扫房"之后，张贴灶王则必须在祭灶日（腊月二十三）之前。制作年画的周期是从每年秋收后到腊月中旬这一季度里。

年年此时，中华大地无数画乡便拉开大幕，演绎出农耕社会这种普通农民神奇的艺术生活，以无比瑰丽的生活想象创造出数以亿计的天堂化的人间图画。

中国木版年画走过它长达千年的历史，到了近代（一八四〇年后）遭遇到外来文化的冲击，特别是新颖而便捷的石印技术的传入，直接导致传统的木版年画陷入急剧的瓦解期；随后便是社会的更迭与时代的转型，在迅猛的现代化大潮中，年画作为古老的风俗方式，面临着将从生活淡出和被丢弃的现实。

对文化自觉的关键，体现在它将要消失的时候。错过了这时机，便会失不再来。但我们是有这种文化自觉的。

始自二〇〇二年的中国民间文化遗产抢救工程，以年画作为率先项目，从历史学、人类学、民俗学、美术学等多学科角度上，对其展开历史上空前的全方位的田野普查，继而进行分类、研究和档案化的整理。前后用时十年，投入人数近千，终于完成了中国木版年画所有产地活态遗存的全记录和数据库。这项工作有助于一些已入绝境的产地，从历史与文化高度认识到自己所拥有的遗产的价值，并致力恢复，重获新生。如今大部分产地被列入国家非遗名录，艺人传承重续香火，年画博物馆纷纷建起，一些产地兴办起一年一度的年画节，致使人们树立起自我的文化信心。

正像中国的年最能体现中国人的人文形象那样——这种中国的年所专有的图画，最能从中看到中国人的精神天地与心灵向往。

很少一种民间艺术包含如此之多的文化元素，即中国的纸文明、雕版印刷、绘画艺术、民间文学、民间戏曲、民俗和农耕生产及其生活。

很少一种民间艺术具有如此众多地域个性、地域崇尚与审美，以及相互迥异的表达方式。

很少一种民间艺术以如此浪漫和充满想象力的方式表达自己的精神理想，以完全光明的方式抒发心灵，以自己的笔一年一度去点亮生活。

当然，对它深层的解读，在我们的研究中刚刚开始。

没有研究，我们就不可能真正地拥有它，更不可能真正地传承它。

二〇一三年一月二十三日

年画艺人的口头记忆

——《中国木版年画传承人口述史丛书》总序

随着当代社会由农耕时代向工业时代过渡，一个崭新的学科被人文学界所关注并快速升温，其学术充满活力和魅力。这个学科就是非物质文化遗产学。

然而，由于社会转型，遗产濒危，这学科一开始就面对着强大的时代性的压力——抢救，即抢救大地上随处可见又日见凋蔽的民间文化遗存。抢救最关键和最首要的工作是田野调查。田野调查对象的重中之重是非物质文化遗产的主要载体——活着的传承人。于是，广泛应用在人类学和社会学中的口述史方法，便顺理成章地被拿过来，成了非物质文化遗产田野调查最得力的必不可少的工具性的手段。

其缘故：

第一、口述史面对的是活着的人，而非物质文化遗产的主角就是活着的传承人。

第二、口述史是挖掘个人的记忆，而非物质文化遗产都保存在传承人代代相传的文化记忆中。

第三、口述史的工作是将口述素材转化为文字性文本。当文化遗产只保存在传承人的记忆中时，是不确定的，不牢靠的；只有将这种"口头文化遗产"（即非物质文化遗产），转化为文字后，才可以永久保存。

所以说，口述史调查是非物质文化遗产最重要的抢救手段和保护方式。

因而，在始自二〇〇三年春天展开的中国民间文化遗产抢救工程中，口述史调查被我们广泛地采用。

中国木版年画的全面普查作为抢救工程最先启动的项目已进行六年。如今，全国各年画产地的文化档案陆续完成。其中十六个产地已列入二〇〇六年和二〇〇八年公布的"国家非物质文化遗产名录"。一般认为，只要进入国家非遗名录，田野普查即已完成。

然而，产地的普查成果侧重于对传承人集体性的总结。但是，传承人的个人记忆还保存着大量的具有遗产价值的文化材料。于是，设立在天津大学冯骥才文学艺术研究院的中国木版年画研究基地决定承担这一延伸性的口述调查工作，项目确定为"中国木版年画传承人口述史"。此次口述调查的特点是：一、在每个年画产地选择一位至两位具有代表性的传承人，为调查对象；二、个人文本；三、依照抢救工程的统一标准，对传承人调查的内容包括：家庭年画史，个人从艺史，地域文化背景，个人擅长的题材与体裁，制作经验等；同时对传承人的个人小传、传承谱系、代表作目录、家藏古版目录，以及地方性的制作术语等进行文字整理，以求全面充分，不留空白。四、充分使用视觉人类学中的影像记录方式，使口述史调查之所获更加丰满和立体。对于这种活态文化的记录，影像手段则尤为必要。

民间文化在世代相传中，每一代都有代表性的传承人，他们体现着这一文化形态的最高水准。也可以说，历史活态地保存在他们身上。他们的记忆是宝贵的文化矿藏。故而对这些传承人的口述调查，就是对这一遗产进一步深入的开掘。

此次口述史调查，在整理时分为两步。第一步是将录音转化为文字，保持现场问答的原貌，这些重要的原始资料都已存放在《中国木版年画数据库》中，妥善地加以保存。第二步将上述的问答对话材料转化为传承人的个人口述（第一人称）文本。然后配以珍贵照片，以图文形式每产地一人一集或两人一集陆续出版。

这一系列口述史文本，将以忠于传承人的口述真实为工作原则，为每一个产地重要的传承人，建立一份完整的个人化的文化档案。文字的整理工作只是理清顺序与头绪，剪去与遗产本身无关的枝蔓，决不添加任何虚构的细节。同时，注重口述者个人的语言特点，保持口述的现场感及口述者的个性气质，以使文本具有传承人的生命性。相信这是历史上首次中国木版年画各产地传承人的口述调查。它无论在民艺学、民俗学、美术学，还是人类学和文化遗产学方面，都具有标本的意义和文化研究的基础价值。

当然，只有当这次传承人口述史调查全部完成之后，我们才能说，我们这一代人对中国木版年画的历史性田野普查，便可告一段落。

是为序言。

二〇〇九年四月十日

为未来记录历史
——中国木版年画普查总结

二十世纪末，中国社会进入空前猛烈、急转弯式的转型期，这种转型甚至是翻天覆地的。它给我们民族的文化乃至文明最大的冲击是传承的断裂，于是先觉的中国知识界发动了一场应时、及时和影响深远的文化行动——中国民间文化遗产抢救工程。

在千头万绪的民间文化遗产的抢救和保护中，一项工作犹如一条红线贯穿其间。它涉及全国、规模庞大、难度颇高，这便是对木版年画全国性地毯式的普查和科学的记录与整理。我们紧握住这条工作线索，由始至终，历时八年，现在可以说，这套巨大并十分重要的中国民间文化与艺术的档案，已经完整和可靠地建立起来了。

面对着它，总结以往，不论对于认识自我，还是坚持信念，更清醒和科学地走好下边的路，都必不可少。

一、思想决定选择

早在二〇〇二年，中国民间文化遗产抢救工程启动之前，我们就组织起精悍的多学科的专家小组，在晋中一带对村落民俗、民间文学与艺术进行采样调查，为即将要展开的全国性的田野抢救，制定一系列统一的学术要求与标准，并编印了《普查手册》，为将要打响的遍及全国的文化战役准备好工具和武器。

接下来是选择突破口。这突破口具有试验的意义，试验成功了就会成为一种示范。因此，这突破口（即项目）必须具备四个条件：（一）全国性，同时具有各个地域风格；（二）文化内涵深厚，适合多学科调查；（三）传承形式多样，既有个人和家族的传承，也有村落和地区的传承；（四）处于濒危，即是紧迫的抢救对象。经过论证，我们选择了年画。

在农耕社会，生活生产的节律与大自然春夏秋冬的一轮同步。春节作为除旧迎新的节日，最强烈和鲜明地体现人们的精神愿望、生活理想、审美要求和终极的价值观。年画作为春节的重头戏，其人文蕴涵之深厚，民俗意义之鲜明，信息承载之密集，民族心理表现之深切，其他民间艺术难以企及。同时，它遍布全国各地，地域风格多彩多姿，手法纷繁，技艺精湛，又是绘画、雕版、民间文学与戏剧等多种文化和艺术的交汇相融，也是别的民间文化莫能相比的。然而，这一农耕文明时代留下的巨型文化财富，在社会开放和转型中，如遇海啸，被冲击得七零八落；许多艺人在上世纪"文革"间即已偃旗息鼓、放弃画业，大批画版流散到古玩市场，一些昔时声名显赫的年画产地几乎听不到呼吸的声音。它无疑是我们全国性民间文化亟待抢救的首选的项目之一。

我们选定年画是在二〇〇二年年底。抢救工程计划在二〇〇三年春天展开。然而，年画只有在春节来临时才进入一年一度节气性的活跃期。我们必须抓住它春节前规律性的最好的时机启动。于是，我们选择这年十月在河南与当地政府共同举办全国年画联展与研讨会，邀请全国年画专家与各产地相关负责人出席。在会议上公布了我们即将展开全国民间文化大普查的信息，并发动各年画产地为一次全面的、划时代的、摸清家底的田野普查做好准备。

在那次会议上，我们明确地表示"我们要把年画作为抢救工作的龙头与开端"，"我们要将中国年画的遗存一网打尽！"

这不是一个口号，而是一个明确的目标。因为我们已做好学术性的普查方案。

二、科学的设计

由于我们这次普查处于由农耕社会向工业社会的转型期，对于中华文明

二〇〇九年十二月八日《中国木版年画集成》收尾工作会议。

史前一个阶段的文化创造，它具有一种总结的性质。因此，普查必须注重遗产的完整性和全面性，不能疏漏。特别是民间文化是一种非物质性与活态的遗产，它因人而存在，因特异的人文而存在，因独特的方式与技艺而存在。它不只是一种客观的学术对象，而是一种传统的精神生活，是一种文化生命。

由此反思以往，年画一直仅仅被视作一种单纯的乡土的美术，因而历来多以物质性的年画本身作为调查和研究的主体；如果此次普查仍是片面的美术调查，大部分文化遗产——特别是非物质的成分辄必失去。故而此次普查，我们把一个个产地的地域特质、人文环境、民俗方式、制作工艺、技艺特征和传承记忆，全作为必不可少的调查内容。这种调查是过去很少做过的。为此，我们事先编写了"中国木版年画普查提纲"，将普查内容列为十个方面，包括产地历史、村落人文、代表画作、遗存分类、张贴习俗、工艺流程、工具材料、传承谱系、营销范围和相关传说与故事。这必然超越美术学范畴，而是人类学、民俗学、历史学、美术学等多学科多角度的综合调查。

在调查手段上，除去传统的文字和摄影，还加入录音和录像，以适应活态和立体的记录。同时，口述史和视觉人类学等学科的调查手段在此次年画大普查中也发挥积极作用。

由于我国年画制作是产地化的，这些产地大大小小分布在我国大多数省份。只有青海、新疆、宁夏和东北地区没有形成规模化和富于特色的产地，其余各省则皆有自己的产地。

此次普查将产地分为大小两种。产地之大小，不仅根据历史规模和影响力，还要看现有的活态遗存状况。一些产地历史上颇负盛名，但如果消亡太久和过于萎缩，便要归入小产地之列。

所有产地的普查都是翻箱倒柜式的田野调查，严格按照既定的要求与标准，逐村逐户地搜寻。调查前由各省民协按照《普查手册》和《年画普查提纲》组织人员，进行培训。普查人员由地方专家学者与相关的文化工作者相结合。调查结果要按照程序和标准进行分类、甄选、整理和撰写，并配合影像资料，制成该产地的文化档案。

在总的工作步骤中，第一步是把率先完成普查的《杨家埠卷》精心整理，经专家委员会审核后，先行出版，分发给全国各产地作为普查和编写的范本，以求各产地统一规范与编写质量的一致，这样就避免了后续各卷的参差不一。

最终列入大产地的文化档案包括《杨家埠卷》《杨柳青卷》《朱仙镇卷》《武强卷》《绵竹卷》《梁平卷》《凤翔卷》《绛州卷》《临汾卷》《高密卷》《滩头卷》《桃花坞卷》《平度·东昌府卷》《佛山卷》《漳州卷》《上海小校场卷》《内丘神码卷》《云南甲马卷》等。另有《滑县卷》是此次普查的重大发现，过去对于滑县的年画一直未加注意，甚至知之甚微，然而滑县一带历史上是中原地区信仰类年画的重要源头，其画风庄重浓郁，样式独具，特色鲜明，因另立一卷。大产地的档案凡十九卷，包括二十个产地。山东的平度和东昌府二产地因遗存体量不大，合为一卷。

此外，小产地的文化档案皆归入《拾零卷》中，包括东丰台、郯城、晋南、彭城、泉州、南通、扬州、安徽、樟树、获嘉、汤阴、内黄、卢氏、老河口、夹江、邳州、澳门、台南米街、江苏纸马和苏奇灯笼画。凡一卷，共二十个产地。所谓小产地，其历史规模不一定小，多数由于现今活态衰微或遗存寥寥，难以单独立卷，只能委身于《拾零卷》中。还有一些产地曾经很知名，却因活态不存或片画难寻而不得已割舍之。

这里需要说明的是，从年画史看，木版年画进入上世纪以来，由于外来的石印与胶印技术的引进，石印的月份牌年画开始出现。石印年画形象逼真，有新奇感，而且印刷快捷，价钱便宜，很快占领了木版年画的市场。可以说，石印年画是木版年画的终结者。这在上海表现得十分突出。为此，我们在《上海小校场卷》加入了石印月份牌年画的内容，以体现年画纵向的历史。

此外，为尽可能将中国民间年画遗产完整呈现，不存遗憾，另设两卷《俄罗斯藏品卷》和《日本藏品卷》。在海外收藏中国年画的国家中，尤以俄罗斯与日本两国为最。俄罗斯学者对中国年画的研究早于我国学术界，由于他们的远见卓识，大量丰富的历史作品（主要是清末民初的年画）被收藏于俄罗斯各大博物馆。日本一些博物馆所藏清代早中期的姑苏版桃花坞年画，如今在我国已极为罕见，日本学者对中国年画的研究也颇有建树。为此，邀请俄罗斯科学院院士李福清先生和日本学者三山陵女士对其两国博物馆及私人藏家的中国年画的收藏，广做调查，并主编这两卷藏品档案。图书中还附录了两国学者关于年画研究的专论。这两卷的年画珍品基本上是首次披露于世，具有很高的资料价值与研究价值，并使我们此次普查成果达到了完美的境地。

由于上述的设计和实行，我们实现了预定的目标——即完成了农耕时代中国年画终结式的总结。由三百万字，一万幅图片，大量珍贵的年画发现和全面的文化发掘，构成了这二十二卷巨型的集成性的图文集，终于将我国年画这一磅礴的历史遗产，井然有序地整理成为国家与民族重要的文化档案。从现实意义上论，它成了这些年画产地进入国家与地方遗产名录保护（即政府保护）的可靠与有力的依据；从长远的意义上说，当这种口头与手工性的遗产，在转化为文本与音像档案之后，它便得以牢固、确切和永久保存。

可以说，记录就是一种保护，甚至是首要的保护。因为记录是为了未来而记录历史。

三、立足于田野

贯穿着长长八年抢救工作的关键是立足于田野。因为，民间文化在田野，不在书斋。它不是美丽和无机的学术对象，而是跳动着脉搏和危在旦夕的文化生命。

始自八年前朱仙镇上的发动，一连串的工作是频繁而不停歇的组织、研讨、论证，然后是逐门挨户的调查、寻访遗存、记录信息、艺人口述，跟着是资料梳理、分类整理、图片甄选与字斟句酌的档案编制，并且不断地回到田野去印证与补充。在中国民协抢救办统一协调中，还要一次次组织各产地之间必要的工作交流，调配专家支持各产地的学术整理与编写，然而这一切都立足在田野。一切依据田野，来自田野，忠实田野。田野也使学术充满活力。

由于田野工作不断深入，我们还逐步认识到传承文化遗产最关键的传承载体是传承人，文化遗产的活力及精华主要在传承人身上。于是从二〇〇七年又启动了"中国年画传承人口述史"工作，这项工作由天津大学冯骥才文学艺术研究院中国木版年画研究基地承担。这样，我们再次返回到各个产地，对其重要的传承人进行新一轮口述史访谈。现在，包括十九个产地传承人的口述史也已经出版。当传承艺人的口述史完成，中国大地上的年画遗存基本上被我们打捞干净，完整地抢救下来。正是由于我们始终伫立于田野之中，才能使中国木版年画普查成果达到如此厚重与充分。

中国木版年画普查作为整个工程率先启动的龙头项目，它对整个工程的意义都具有示范性。

由于在文化史上，我们从来没有对民族民间文化做过这种划时代的普查与总结，因此无任何经验可资凭借。我们只有对母体文化深挚情怀及其身陷危境中进行抢救的激情，却没有现成的拿来一用的方法。

八年中，木版年画普查的收获，对于整个"中国民间文化遗产抢救工程"都具有示范的意义。特别是如上所述这种思想与文化的自觉、科学的设计和立足于田野。

科学的设计是指根据普查对象的文化本质、规律与构成，所制定的一整套切实有效的普查方法。正是由于这次年画普查的内容、程序和标准设计具有科学性和创造性，才获得如此收获；可以说，我们没有因仓促的行动和学术上的误判留下较大的遗憾。在二〇〇九年举行的"田野的经验——中日韩学者研讨会"上，我们系统介绍了这次文化普查的内容设计与方法设计，得到了在非物质文化遗产保护上处于领先地位的日韩两国学者的赞许与认同。

木版年画普查的科学设计不仅使普查质量得到保证，并广泛应用到其他项目的普查（如剪纸、唐卡、泥彩塑等），还在各级政府申遗调查中被普遍加以采用。它的科学性、实效性和示范性对转型期文化遗产抢救和保护起到至关重要的作用。这也是中国木版年画普查的学术成果的一个重要的副产品。

而立足田野，即与我们的文化共命运。我们不是文化的旁观者，也不是站在文化之上的知识的恩赐者，而是在文化之中为文化工作。田野是文化本身。木版年画普查的一切成果都来自田野和为了田野。

现在可以说，中国木版年画的普查工作画上句号了。然而在文化的传承中，任何阶段性的句号都是一个起点。只要我们坚持立足于田野与科学的高度，不放弃我们的责任，我们就会接着把每一件承担下来的使命完成。

二〇一〇年三月

中国木版年画抢救

言论·报道

"中国民间文化遗产抢救工程"启动

全国首次普查木版年画
各年画产地代表上午聚首津门研讨

今天上午，中国著名木版年画产地的代表聚首津门，研讨和落实处于濒危的中国木版年画的抢救和普查。这些产地包括天津杨柳青、河南朱仙镇、江苏桃花坞、山东杨家埠、四川绵竹、陕西凤翔、河北武强、山西平阳等，代表中有年画研究专家，有产地专职负责人，也有世代相传的年画艺人。本次会议标志着我国历史上首次对年画遗产的大普查即将开始。

民间木版年画是我国民间美术的龙头。它历史悠久，数百年来几乎覆盖了年节时所有的中国家庭，被称作农耕时代老百姓的"墙上的电视"。它颜色鲜艳浓烈，节日氛围浓郁，题材广泛丰富，画中情趣盎然，深为百姓喜闻乐见。在历史上创造了大量经典型的年画作品，如今已成为中国一些地域乃至整个民族的文化符号，比如：天津杨柳青的《莲年有余》，苏州桃花坞的《一团和气》，山东杨家埠的《深山猛虎》以及河南朱仙镇和四川绵竹的千姿百态的"门神"等等。近半个世纪以来，随着社会经济形态的转型，人们生活方式的改变，失去实用性的年画已走向濒危。在全球化日益加剧的今天，它被作为民族精神和情感的载体，重新又进入人们的视野，成为宝贵的历史遗存及精神文化财富。但由于对这笔遗产认识不清，底数不明，状况十分混乱。

为此，中国民间文艺家协会发动了这次有史以来最大、最全面和系统的文化普查，并把它作为"中国民间文化遗产抢救工程"率先启动的项目。这次普查行动的口号是：整理遗产，摸清家底，保护资源，光大精华。

据悉，中国民间文化遗产抢救工程已被列入国家社科基金特别委托项目。作为发起人，中国文联副主席、天津文联主席、中国民间文艺家协会主席冯骥才接受了采访。他说："普查中，全国数十个年画产地的研究人员和文化学者，将深入民间进行田野作业，全面而彻底地摸清我国年画的现存状况，记录传人，收集散失民间的艺术遗存。普查工作将采用文字、拍照、摄影三种手段，图文结合，动静结合，以使这宗宝贵的文化财富得到立体的记录。整个工作将进行二至三年，将出版二十卷本《中国木版年画集成》《中国木版年画传人录》，同时还要建立'中国木版年画档案信息库'。到那时，才算把散落在民间的这一笔巨大的文化遗产完整地搬进我们民族的文化宝库。"

二○○三年一月六日　《今晚报》　高丽

濒危木版年画开始抢救

　　春节将至，正是各地年画销售的活跃期，一月六日，由中国民间文艺家协会召集全国著名木版年画产地的代表聚会天津，动员普查和抢救濒危的我国木版年画。面对我国年画遗产底数不明、流失严重的现状，中国文联副主席、中国民间文艺家协会主席冯骥才疾呼：抢救濒危木版年画，一天也不能耽误。

　　木版年画是我国历史悠久的民间艺术。天津杨柳青、江苏桃花坞、河南朱仙镇、山东杨家埠、四川绵竹等年画产地诞生了大量经典作品。通过这次普查行动，将用二至三年的时间，出版二十卷《中国木版年画集成》，建立"中国木版年画档案信息库"。

二〇一三年一月八日　《人民日报》　陈杰

终结式呈现木版年画大史记
全方位书写民间艺人口述史

——中国文联、文化部、中国民协在人民大会堂举办中国木版年画抢救与保护工作成果发布暨总结表彰会

四月十六日，由中国文联、文化部、中国民协主办的中国木版年画抢救与保护工作成果发布暨总结表彰会在北京人民大会堂举行。

中共中央政治局委员、中央书记处书记、中宣部部长刘云山专门发来贺信。全国人大常委会副委员长、民进中央主席严隽琪出席成果发布暨总结表彰会。

中国文联党组书记赵实在大会上宣读了刘云山的贺信。国务院参事室副主任方宁，中国文联党组副书记、副主席李屹，中国文联副主席、中国民协主席冯骥才，国家档案局副局长、中央档案馆副馆长杨继波，民进中央副主席朱永新，天津大学校长李家俊，中宣部文艺局副巡视员路侃，文化部非遗司副司长屈盛瑞，联合国教科文组织北京代表处官员卡贝丝，中国民协分党组书记、驻会副主席罗杨，本报社长向云驹，国家图书馆副馆长王军以及张锠、陶思炎、夏挽群、郑一民、常嗣新、曹保明、李岩、吕品田、刘锡诚、乌丙安、乔晓光、三山陵、杨永智、吕军、周燕屏等来自全国各主要年画产地的年画工作者和传承人代表、《中国木版年画集成》总编委会代表、《中国木版年画传承人口述史丛书》作者代表、中国民间文化遗产抢救工程工作委员会和专家委员会的代表出席会议。

李屹、冯骥才、屈盛瑞分别讲话。周燕屏宣读获奖名单。夏挽群、霍庆有、张伟、三山陵、左汉中作交流发言。

会上还举行了《中国木版年画集成》与《中国木版年画传承人口述史丛书》向国务院参事室、中央档案馆、国家图书馆、联合国教科文组织北京代表处、中宣部、文化部、中国文联、民进中央等单位赠书仪式。

二〇一一年四月二十日 《中国艺术报》 张志勇

十年普查　木版年画硕果如花
津门盛会　学者艺人共话申遗

经过十年奋战，终于以"硕果如花——中国木版年画十年普查成果展"，将这一重大的文化收获公诸于众。这个展览于二〇一一年在天津大学冯骥才文学艺术研究院北洋美术馆举行。

　　由中国民间文艺家协会、天津大学冯骥才文学艺术研究院主办的"中国木版年画国际论坛"和"硕果如花——十年中国木版年画普查成果展"日前在该院举办。中国文联党组副书记、副主席李屹，天津大学校长李家俊，中国文联副主席、中国民协主席冯骥才，文化部非物质文化遗产司司长马文辉，天津市委宣传部常务副部长陈浙闽以及刘锡诚、陶立璠、向云驹、曹保明、潘鲁生、乔晓光、刘华、沙马拉毅、郑一民、夏挽群、常嗣新等民间文艺学者，李福清、塔蒂亚娜、三山陵、泷本弘之、詹姆斯福斯、菲拉米尔等国外学者和郭全生、尹国全、房志达、邰立平、霍庆有等木版年画传承人代表出席开幕式。开幕式由中国民协分党组书记、驻会副主席罗杨主持。

李屹、李家俊、冯骥才、马文辉等分别在开幕式上讲话。中国民协副主席潘鲁生代表与会的国内外专家发布《中国木版年画申报世界非物质文化遗产宣言》。

天津大学冯骥才文学艺术研究院申报的"中国木版年画数据库建设及口述史方法论再研究"成功入选国家社科基金重大项目。开幕式上，著名学者刘锡诚和著名木版年画传人杨立仁、邰立平、霍庆有等共同启动这一项目。

在为期两天的中国木版年画国际论坛上，主办方特意邀请了俄罗斯科学院院士、汉学家李福清与日本学者三山陵女士等外国学者，他们带来了大量的研究成果和实物档案，赞同中国木版年画申报世界非物质文化遗产。以这次论坛为契机，中国木版年画抢救工程将由普查、记录、整理过渡到学术研究、理论思考及方法论建构的更高阶段。

名为"硕果如花"的十年中国木版年画普查成果展分"全记录""紧急抢救事件"和"传承人口述"三个部分，以图片、文献、实物、视频等方式直观展示了普查的经验与收获。"全记录"部分再现了中国木版年画普查各阶段的主要工作、相关理念和重要成果之一《中国木版年画集成》，并专门开辟"滑县年画调查"个案空间；"紧急抢救事件"部分通过"武强贾氏屋顶秘藏年画古版发掘"与"南乡三十六村临终抢救"一始一终两个典型案例，披露了民间文化在不同时段的艰难困境和民间文化工作者的积极应对；"传承人口述"部分对全国十九个年画产地三十多位传承人进行了口述史调查，出版了十四本一百余万字的传承人口述史丛书。

木版年画传人房志达、尹国全、霍庆有等在展览现场演示了传统木版年画雕版、印刷及作画艺术。

二〇一一年十一月十八日　《中国艺术报》 民文

中国木版年画申报世界非物质文化遗产工作启动

中国木版年画申报世界非物质文化遗产工作十一月五日在天津大学启动。

由中国民间文艺家协会、天津大学冯骥才文学艺术研究院主办的"中国木版年画国际论坛"和"硕果如花——十年中国木版年画普查成果展（二〇〇一—二〇一一）"于十一月五至六日在天津大学冯骥才文学艺术研究院举行。中国民协副主席潘鲁生代表中国文联书记处书记李屹，俄罗斯科学院院士、汉学家李福清，天津大学校长李家俊等七十余位国内外专家学者、艺术传承人和嘉宾，在开幕式上发表了《中国木版年画申请世界非物质文化遗产的宣言》。文化部非物质文化遗产司司长马文辉当场表示支持。

十年空前抢救结硕果　文化保护仍任重道远

作为中国民间文艺家协会抢救工程的龙头项目，中国木版年画抢救工程于二〇〇一年率先启动。经过十年的艰苦普查，该工程终于将遍布中华大地的年画家底进行了地毯式梳理，出版了二十二卷本的《中国木版年画集成》和十四卷本、一百余万字的《中国木版年画传承人口述史丛书》，并建成一整套数字化档案，使中国木版年画有史以来第一次得到全方位、大规模的田野普查、文献记录和结集出版，是年画史上空前的文化举动。

中国文联副主席、中国民协主席、天津大学冯骥才文学艺术研究院院长冯骥才说，能在世界非遗公约签订前就开始木版年画的普查工作，得益于知识分子的文化自觉。中国木版年画申遗，有利于中国民间艺术的保护、传承与发展，"让中国最好的文化走出去"。冯骥才呼吁，文化良知要成为强音，专家学者要在抢救非物质文化遗产中承担责任，走进民间帮助艺人传承与弘扬民间艺术，"帮帮我们自己的文化"。

"非遗后"进入科学保护时代

十年抢救之后的重要任务就是科学保护。中国木版年画申报世界非遗，标志着木版年画从普查记录转入到传承保护，是保护工作的一个延伸、一个起点。冯骥才在开幕式上说："我们已经进入了一个新时代，我称之为'非遗后时代'。"他认为，"申遗"是木版年画保护新阶段的开始，要做好科学保护、广泛传播、利用弘扬和学术支撑这四方面的工作。

在二〇一一年国家社科基金第一批重大项目招标中，天津大学冯骥才文学艺术研究院的《中国木版年画数据库建设及口述史方法论再研究》成功立项，这是天津大学社会科学研究领域迄今所获最高规格项目。开幕式上，天津大学副校长舒歌群与杨立仁、房志达多位中国木版年画传人共同启动项目。

冯骥才将带领团队利用四年时间让濒危的木版年画完整地通过资料库的方式获得保留，成为全球共享的文化遗产，同时让活态的传承方式通过口述实录的形式得到更为长久的保存。这将对中国木版年画的未来研究提供最为充分、宝贵的资料，口述史方法论也将作为一种非遗保护的前沿理论方法向全国推广。

为总结及深化年画普查中所取得的田野经验与理论方法，主办方特邀请俄罗斯科学院院士、汉学家李福清先生与日本学者三山陵女士等国内外知名专家学者与会，从非物质文化遗产研究、民俗研究、民艺研究等多元视角展开广泛而深入的学术探讨与交流。以这次论坛为契机，中国木版年画抢救工程将由普查、记录、整理过渡到学术研究、理论思考及方法建构的更高阶段。这次大普查所采取的全国性的统一学术规范与科学设计的调查方法，在社会转型期民间文化（非遗）抢救和保护中具有启示乃至示范的意义。

普查成果与民共享 民间艺术深入民间

　　名为"硕果如花"的"十年中国木版年画普查成果展"以图片、文献、实物、视频等多种方式直观地展示此次普查的经验与收获。展览将于十一月七至十三日对公众开放。木版年画传人将现场演示传统作画艺术。

　　设在北洋美术馆的A、B、C三个展厅分为"全记录""紧急抢救事件"和"传承人口述"三个部分，旨在通过大量实物和资料让参观者身临其境地体验到历史上空前的大型普查、中国木版年画的全记录以及各产地年画文化的震撼力，了解中国传统民间文化的精髓。

二〇一一年十一月七日　中国广播网　陈庆滨

汶川大地震期间的羌文化抢救

文章·讲话

快向羌族伸出援手

一、开头

很高兴今天能和四川省从事民族民间文化研究的专家学者见面，倾听你们的意见，向你们学习，这确实是一个难得的机会。然而，今天的会绝对不是一个普普通通的见面和交流的会，而是一个紧急的、实质性的、工作性的会。十天之前，中国民协、民进中央、中华文化学院在人民大会堂就召集了这样一个会，一个首都文化界的紧急座谈会。会议重点是紧急抢救羌族文化。在会上我们决定成立一个专家组到成都，在成都这里建立一个抢救羌文化的工作基地。

大家都知道五月二十二号那天温总理站在北川的高地上讲，要抢救羌族文化，并要把北川县城的废墟建成一个地震博物馆。抢救羌族文化是总理首先提出来的。文化界、知识界对总理的话反响强烈。为什么？因为在当时，在那个人命关天、抗震救灾困难重重的时候，总理能考虑到一个民族的文化问题，这使文化界深受感动。美国人在打伊拉克时，两河流域博物馆——世界上最伟大的博物馆之一，被人趁乱抢劫一空，那是人类多么惨痛的损失，但全副武装的美国人英国人睁着眼看着，管也不管。世界上有哪个国家能像我们的国家在危难当头时还会想到文化的危亡。这显示了我们国家的领导人所拥有的宽广而深远的文化视野，体现了我们作为文明古国的文化情怀，以及所置身于现代文明的高度。只有站在这样的高度上，才能想到和看到文化的问题。看到文化和看不到文化是绝对不同的。在唐山大地震时没有看到文

通过北川县城路卡。

化，留下的"历史"就很空洞。因此说，总理的讲话既给我们启示，也是一个号召，知识界应该响应，所以我们紧急召开了一个会，成立了专家组，赶到成都来。这两天到北川等地考察之后，心里一直流泪，一晚上没有睡觉。因为我是唐山大地震的受害者，我当时在天津，天津也死了一万多人吧。我家隔壁屋顶上的烟囱都砸进我的屋子里，我把孩子塞在肚子下边才幸免于难。那个在心中沉睡了三十年的恶梦昨天在北川被唤醒。从文化的角度看，汶川地震更可怕，因为这次地震竟然匪夷所思地针对着一个民族——羌族。所有羌族的聚居地这次几乎全是重灾区。这是对一个民族全面的、彻底的、致命性的破坏。昨天我在北川的时候中央电视台和我做一个连线，主持人问我最强的感受是什么，我说我的感受这次地震对羌族是致命性的，甚至是粉碎性的。老实说，经过这次地震的摧毁，真不知道这个民族的文化怎么传承下去。这不是我们做个决定、制定个措施、拨些款就可以解决的。文化的问题远远复杂得多。我爱说一句话："你使一个人富裕起来是容易的，使一个人有文化是困难的。"当一个民族失却了它自己的文化，你想让他重新复原他的文化，怎么可能呢？怎么办呢？比如他们原先那些山寨震毁了，摇散了，不能住了，他们必须要离开自己的原住地。那么他们失去的仅仅是一个习惯了的环境吗？比如自古以来，他们都认为万物有灵，他们把周围的所有的山、石头和树林都看作是有神灵的，这样他们才有释比、神林、白石崇拜和瓦尔俄足节。今后，他们搬到城市，也会把汽车、电视看成是有神灵的吗？他们由来已久的认知天地的观念，他们的生命观，他们的精神传统，他们的习俗与审美，还能保留下来么？有人说可以为他们搞一个"生态区"。但如果把这些人都集中在生态区里，尽管还有莎朗，还有锅庄，还有羌笛，还有刺绣，这些东西里面的精神还有吗？他们文化的灵魂还有吗？文化外在的物质性的东西是可以恢复的，非物质的精神性的东西怎么恢复？这是我们考虑的重点。否则我们最终只是"复原"了一些可供旅游的表面的文化皮毛，灵魂早就丢掉了。前些天媒体上说，某某部门已统计出这次地震损失了多少非物质文化遗产。非物质的怎么统计呢？一支歌没有了，你怎么统计？你怎么知道这支歌有还是没有？它本来是无形的文化遗产，现在却无形地消失了。那么我们怎么估量它的损失？我们又不能不去估量它的损失。我想这是一个挺大的问题。

另外还有一个非常重要的问题，就是着眼于未来，还有很多很大的不确定性。比如说汶川前一段时间还不存在迁徙的问题，现在好像也面临次生的地质灾害的问题，也有可能面临迁徙。如果迁徙，离开原来的地方，固有的文化就一定要瓦解，这是不能回避的。一旦瓦解了、粉碎了、失散了、飘零了，谁来聚拢，用什么方式把它重新聚拢起来？物质文化遗产是一种文化见证，一种文化遗存；非物质文化遗产是一个民族的文化生命，是一个民族的精气之所在。怎么样才能把这一个民族的精气聚拢起来？我觉得问题非常大。但是不管问题多大，多复杂，多难，有一件事我们不能不做，就是抢救和恢复羌文化。

当然，我们也应该说，羌族早就被边缘化了。在"五一二"之前，恐怕连报纸上都很少见到"羌"字。这个生存在藏汉之间的人口只有三十万的民族早就被边缘化了。它确是一个弱小民族，是一个弱势，可是这些年来我们民间文化遗产抢救工程一直努力在做的，就是努力帮助弱势文化。在全球化、商业化的大潮里，整个民间文化都处于弱势。我们就是要帮助弱势，不能够让它被强势吞没。"五一二"大地震，对羌族来讲，对于羌这个民族来说是一个劫难，一个历史性的劫难。我甚至觉得像历史上的一个珍稀物种，在遭遇大自然的巨变时面临消亡。

然而我们中华民族是一个多民族共生的民族。我们要保护五十六个民族里面任何一个兄弟。羌族在中华民族大家庭中是一个兄长式的民族。我们不能丢掉这样一个对中华文明做出过重大贡献的古老的民族。平时，当一种民间文化处于濒危，我们常说的话是"紧急抢救"；现在对于羌族，我们要在前边加上"加急"二字。记得在前三四年，在全国政协会议上我曾经专门写过一个提案："要紧急抢救少数民族的文化。"我认为，对于少数民族来说，他们的文化的存在就是他们民族的存在。少数民族生活在自己的文化里，他们和汉族不一样，因为少数民族大多没有自己的文字，基本上是非物质文化，是口头和记忆的文化。这种非物质、无形的、口头的和记忆的文化本来就非常脆弱，在强势文化的围困中十分软弱与孤单。但是一个民族如果失去了自

在北川中学遗址前。

紧急保护羌族文化遗产
四川工作基地成立暨专家调研工作会

主办单位：中国民主促进会中央委员会　中国民间文艺家协会　中华文华学院
承办单位：四川省文联　民进四川省委员会　西南民族大学　四川省民间文艺家协会
2008·6·19

成立抢救羌文化基地。

己的文化，比如苗族或彝族，如果全都穿上牛仔衣，住进"罗马花园"和"美国小镇"——现在新开发的楼盘不都起这种名字吗？那么这个民族不就消失了？如今羌族面临的问题远比这严重得多了。所以要在"紧急"前边再加一个"加急"。

这次我们把工作基地放在成都，马上要做的是三件事。第一件事是调查情况、了解情况。其中最重要的是了解传承人的情况，因为非物质文化遗产的生命就是传承人，如果传承人消失了，其文化立即无影无踪。比如没人吹羌笛，羌笛声就会即刻消失。羌笛本身只是一个物质载体，羌笛的生命是传承人。非物质文化遗产是生命性的，是活态的。传承人是第一位的。我们必须要调查各个艺术门类具有代表性的传承人。比如说舞蹈、戏剧、音乐、各种手艺，还有民俗的主持人——释比等等具有代表性的传承人必须要查清楚，不能疏漏。当然，现在做这个调查是困难的，因为这些人大都离开原来的村寨，不知道被安置到什么地方，怎么找他们呢？我想，要跟四川当地的学者结合起来，因为四川当地的一些学者，一二十年，甚至有一些老学者差不多一辈子都在和这些传承人打交道，很了解情况。所以要想弄清这些传承人，离不开原先的田野调查，离不开四川学者。

第二个要及时帮助羌文化的传承。民间文化最重要的就是传承，如果中间有一代人没有传承，这个文化就要发生断绝，文化生命就会到这一代为止。就像一个家族，没有儿子了，没有男孩了，这个家族就传不下去了。我这个话没有重男轻女的意思，只是打个比方，说明必须要保证传承。关于传承问题，这次民进中央有一个主意非常好，就是要编一本《羌族文化学生读本》，送给灾区的孩子们。昨天，民进中央副主席、著名教育家朱永新同志到绵阳的八一帐篷小学，他问了一些羌族孩子，是否知道自己民族的历史，孩子们都摇头说不知道。如果他们的下一代人不以自己的文化为荣，只知道蔡国庆、刘德华和王菲的话，那是非常成问题的，非常危险的。所以我们要帮助他们的文化传承，要从孩子入手，从民族文化教育入手，而且要立即动手把《羌族文化学生读本》编出来，说做就做。这是我们要做的第二项工作。

第三是物质性文化载体的抢救也很重要，昨天听北川文化馆馆长说，这次北川研究羌文化的地方专家几乎全都遇难，他们多年搜集到的大量资料和民俗文物被埋在废墟下。当时我们特别悲痛。因为这些年在全国各地跑，我们深知，大量的非物质文化遗产没有专门的研究人员。也就是说没有人知道这些遗产真正的价值。一方面，我们要向政府部门呼吁，对埋葬在北川废墟下的羌文化资料与民俗文物进行抢救性发掘；另一方面，要迅速把分散各处的大量的羌文化的资料汇集和整理出来。这是紧急要做的。无论是民间文学、民间艺术、民俗、民间建筑，所有的文字、图片、音像资料，赶紧汇总，赶紧把羌民族的文化档案做起来。这是一个大的系统的工程。我们的工作基地要和四川的学者们联起手来。各位学者手中都有大量的调查材料，这些材料今天更加珍贵。前些年，中国民协在做"民间文学三套集成"的调查时，也保存了十分丰富的羌族的民间文学的资料，一直没有出版过。我们要把这些珍贵的资料整合一起，把羌民族的文化档案做出来。如果有一个扎扎实实的羌文化档案，接下来的工作就会心里有底。如果我们脚下边的东西不完整，都是七零八碎的，都是你说你的、我说我的，那么就无法形成羌文化的整体，无法对羌文化保护提出战略性的规划与方案。所以我们的责任重大。

我们之所以要把工作基地放在四川，原因有两个，第一，这里是灾区，是第一线；第二个就是研究羌族的专家大部分在成都在四川，实际经验多，最了解情况。所以我们把工作基地放在这里。希望大家凭着我们对羌族、对我们中华文明的共同的责任心，一起想办法，勇于承担抢救羌文化的使命。在我们民族大家庭里，当其中一员面临重创、生命垂危之时，我们必须伸出援手，这是中华文化的大情大义和义不容辞。非常希望今天会上能听到大家的意见和指正，我就说这些。谢谢！

二、总结

今天听了各位专家的发言，深感四川的学者理论水平很高，田野工作的经验丰富，所以今天的发言具有高水准的学术价值。我想会后，应把大家的发言印一本书，我还为这本书想了一个名字，叫《羌去何处》，就是说我们都在焦虑地思考着：受难的羌族往什么地方走？

刚刚在大家发言的时候，我有种奇怪的感觉，越来越感觉这个大地震好像是事先计算好了似的，好像是针对羌族来的。整个震区就像受难的泰坦尼克号，船上多半是羌人。那么，我们这次抢救的办法就跟一般的办法不一样了。

二〇〇二年以后，我们做全国的文化遗产抢救，我们强调普查的工作，那是一种井然有序的地毯式的普查。

我们整个民间文化都处于濒危与消退中，但这种消退是线性的、渐变的、逐步消失的。虽然我们也用"紧急"，可是"紧急"二字是应对时代转型时民间（农耕）文化消亡的速度而言。民间文化的濒危和大地震中羌文化的危难是不一样的。羌文化本来已属濒危，这次大地震更是拦腰一击，横遭劫难。世界上还有哪个民族的文化遇到过这样的整体性的颠覆性的劫难呢？

问题不一样，就必须采用全新的办法。不仅要"加急"，还要有些新的办法来解决它。我想根据大家提出的几个问题，说说我的态度。第一个是羌戏申遗问题。我会尽快跟文化部负责国家非物质文化遗产名录的同志说。但你们要把申遗材料赶紧写出来，咱们一起努力。第二个是羌语的问题，语言对一个民族是非常重要的。文字是一个民族文化的围墙，语言是一个民族文化的篱笆，它很重要。文字和语言是一个文化自我保护的天然屏障。比如像鄂伦春，鄂伦春告别了它传统的狩猎生活，搬到现在那个自治的地方之后，文化完全变了。最严重的问题是鄂伦春语很少有人再用。前不久一位搞鄂伦春文化的同志给我寄了一包材料。他说，如今五十岁以上的鄂伦春人都基本不特别会说鄂伦春语了，他们找了一两位七十岁以上的鄂伦春人说鄂伦春语，然后用汉语的语音注音，编了一本《鄂伦春语注音字典》。如果不做这件事，今后恐怕没有人知道鄂伦春语了。鄂伦春人碰到的问题，恐怕羌人也会碰上。因为这次地震后，不少羌人会离开原住地，不再是羌人聚居，使用羌语也会愈来愈少。这个问题怎么办？我没想好，但我们会牢牢记着这件事，找时间专题研究。第三个是传承人。我认为，人类的文明史最初要经过这么几个阶段。第一个阶段是自发的，比如说岩画那个时期，就是一个"自发的文化"阶段。然后它由"自发的文化"进入"自觉的文化"，进入第二阶段。这是人类文明迈出的重要的一步。这个"自觉的文化"的重要标志是传承人的出现。有了传承人，文化就有了延续，有了积累，有了传统。那么人类还有第三步，即由"自觉的文化"走向"文化的自觉"，"文化的自觉"中重要的一条就是自我的文化保护。有了文化保护基本上就可以放心了。

在对传承人的调查和认定中，必须要严格。传承人是民间文化的带头人。确认这个带头人，必须用学术的专业的眼光。

鉴别哪个东西是有价值的，有文化价值的，有代表性，这是专家的责任。在认定传承人之前，先要把调查做充分，做到底，然后定出认定标准，严格按照专业的标准来衡量，这样才能把真正代表羌族文化方方面面的杰出的代表人物挑选出来。有了代表的传承人，文化传承才会是纯正的、高质量的。

还有一个要说的问题就是刚才有的同志提出的建立"文化圈"的问题。上午还有的同志用了另一词儿，是"居留地"。我觉得也很重要。美国人就叫"居留地"，比如"印第安人居留地"。我们现在通常的叫法是"文化生态区"。不管叫什么，关键是它的目的是什么？按照什么标准做？目前文化界对所谓"居留地"和"文化生态区"的争议是它和旅游是什么关系？应该说，它一定和旅游有关系，因为它有旅游价值。旅游是现代人的生活方式，也是现代的经济方式，旅客会给当地带来巨大的经济好处，这是没有疑问的。但是，它不应该是我们设立生态区——"羌文化生态区"的一个目标。当年我在《文学报》写过一篇文章讲了一个观点，我说作家的作品在出版之后，在市场上肯定有商品价值，但作家的追求不能商品化。所有的艺术品，到了市场上都有商品价值，但艺术家的追求不能商品化。同样，羌族古老的村寨肯定也有旅游价值，但是旅游价值不是我们的唯一目的，最起码不是我们文化人的目的。我们不是文化的掮客，这不是我们的追求，旅游部门可以跟我们讨论，我们甚至可以给他们提供一些有利于发展旅游的建议。但我们的工作不能服从旅游需要。因为旅游一定要把这个民族或地域原有的文化消费化，它一定要解构原有的文化，一定要把原有的文化表浅化，一定要在原有的文化里挑选卖点。旅游在它挑选卖点的时候，你的东西好卖——比如歌舞一定好卖，它就一定会被挑选出来，加以利用；民间文学一定不好卖——谁为民间文学付钱呢？

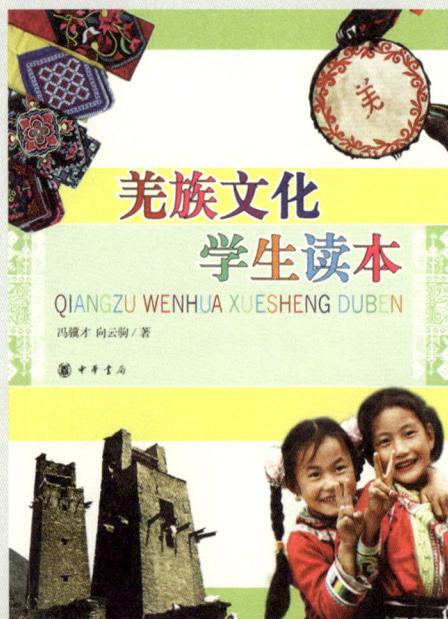

为羌族孩子的文化传承而紧急编写出版的《羌族文化学生读本》，二〇〇八年八月中华书局出版。

《读本》首发时，我的基金会买了五千本，送给灾区的孩子，以促使他们关爱自己的文化。

那民间文学很快就消失了。如果叫旅游做东家，羌语、羌族的史诗传说、羌戏一定消失得最快，因为它们不能迅速成为卖点。最容易成为卖点的是少数民族的服装，是风雨桥上迎宾的酒，是吹拉弹唱那一套。如果叫旅游为所欲为，最终一定抽空了那个地方文化的精神，只剩下了一个文化的躯壳，这不是我们的追求。我们的追求是保护羌文化的原真性和整体性，它必须是一个有灵魂的、有精神的、有生命的文化，一定是当地老百姓的生活文化，否则我们保护的不是羌族文化，我们只是保护的羌族文化的旅游资源。我想这是我们的工作基地必须清醒面对的问题。

我们工作基地还要在羌文化保护的方方面面多提建设性意见，提供给国家和政府，给政府作为参考。有许多工作我们是做不了的，但我的意见是不能少的，不能缺席的。

很感谢大家，整整一天的会大家非常辛苦，但是大家今天确实贡献了自己的智慧，也贡献了自己的思想，这是对我们文化的一个贡献。前两天在北京我说过这样几句话，我说我们一直把民间文化视作我们的母亲文化。从小我们在摇篮里边，是母亲般的民间文化哺育和养育了我们。现在我们的母亲遇到困难，我们就得出手相援。我们的母亲压在废墟下边了，我们就一定要扑过去救她，这是我们每一个文化人的责任。这个责任实际已经体现在刚刚每个专家的发言里边，我都体会到了，所以非常感谢大家。

在"紧急保护羌族文化遗产四川工作基地成立暨专家调研工作会"上的讲话，
二〇〇八年六月十九日　四川成都

要想到建立汶川地震博物馆

　　面对大地震，当前最要紧的事是抢救生命和救助灾民，然而从未来着眼，要想到建立汶川的地震博物馆。

　　汶川大地震无疑是百年来罕见的大自然的灾难。建立一座博物馆首先是要见证这一灾害的巨大破坏力，见证这一悲剧的事实。无论在地震学、地质学、建筑学还是科学地抗震救灾方面都有重要的价值。更重要的是，它将见证当代中国人面对这一特大灾难表现出的特有的气质与崇高境界。它将坚实而鲜明地记忆着中国人勇敢、坚韧、博爱、团结和神圣的生命情感。这是我们这一代中国人伟大的精神创造。博物馆能将其珍藏，使其发扬。

　　世界上有一些非常著名的灾难博物馆，永远记载着历史上的天灾人祸。人祸方面如日本广岛的原子弹灾难博物馆、二战留下的奥斯威辛和毛特豪森集中营、南京大屠杀纪念馆等等；天灾方面的如意大利的庞贝遗址博物馆和唐山抗震纪念馆等。灾难博物馆不是展览痛苦，而是记忆着人类的命运及其表现出的生命的顽强与人性精神。它使人们认识自己，保持清醒，从中自警，或自我激励。

　　我想汶川地震博物馆应建在地震原址上。在结构方面主要应包括三部分：一是留下一块能够经典地显示灾难强度的废墟；二是一座式样独特的博物馆；三是抗震救灾纪念碑和遇难者人名墙。

　　大量典型的地震与救灾的见证应陈放在博物馆中，无论是实物还是音像。比如，一座震毁的小学校受难学生成堆的书包，那位把遗言留做短信的母亲的手机，大大小小写着失踪亲人姓名的纸板，遇难者名单，砸垮的汽车，压断了的担架，挖掘器械与生命探测仪，总书记在余震中讲话的录像，总理穿过的橙色的救生坎肩和向群众喊话的话筒，伞兵的伞，血迹斑斑的迷彩服，各地救援物资与各国救援队，野战医院的标示牌，航拍的地貌图，来自世界为灾区手写的捐款单，以及无以计数的震撼人心的照片与录像等等等等。

在整个大地震和救灾过程，一切不能遗忘的实物与资料，都将在博物馆构成永远的可视和可感的历史。历史，不仅是站在今天看过去，还要站在明天看现在。今天的一页终要翻过去，但我们要把今天的真实的情感与精神高度传到下一代。这便是建立博物馆的目的。

我之所以现在提出要考虑建立汶川地震博物馆，是希望有关方面（比如文博界）现在就要动脑子想一想应该怎么做，并开始收集具有见证意义的细节。许多珍贵的见证物往往认识不到就会丢弃。有些事办起来要有先有后，有些事必须及时地去做。如果事后才想到，从博物馆角度看，无比充实的现实就会因为缺失细节而变得有限与空洞。

我想，将来的汶川地震博物馆一定会为我们的后代永远地留下这个黑暗又光彩的今天；它将成为中国人心中一份沉甸甸继往开来的精神遗产。

二○○八年五月二十一日

汶川大地震期间的羌文化抢救

言论·报道

专家学者紧急投入保护羌族文化遗产

正当抗震救灾取得阶段性胜利，灾区重建全面规划之际，民间文化界著名专家学者响应温家宝总理号召，积极投身灾区各民族民间文化遗产抢救与保护工作。六月一日，中国民主促进会、中国民间文艺家协会、中华文化学院联合在人民大会堂召开"紧急保护羌族文化遗产座谈会"，并向全国民间文化工作者发出倡议书。

全国人大常委会副委员长、民进中央主席严隽琪，中国文联党组书记、副主席胡振民，中国民间文艺家协会主席冯骥才，以及来自北京和四川的文物、历史、民俗、民间文艺、非物质文化遗产方面的著名学者罗哲文、李学勤、刘锡诚、宋兆麟、朱永新等五十余人出席会议。

严隽琪在座谈会上讲话。她指出，此次受灾严重的北川县是我国唯一的羌族自治县，又是古代治水英雄大禹的故乡，北川的大禹遗存丰富，北川的羌族村寨、羌族史诗、羌族雕镂、羌族民间歌舞等物质和非物质文化遗产多姿多彩，是中华民族文化宝库中的奇葩。紧急实施羌族文化遗产保护工作，是北川震后重建的重要任务，是落实温家宝总理指示，也是贯彻落实《民族区域自治法》的一项重要举措，对再建一个新北川，重建灾区人民的精神文化家园具有深远而现实的意义。严隽琪希望文化界专家积极投身灾后文化重建工作，深入调查与了解羌族文化和灾区各民族文化遗产在震中受损情况，贡献专家智慧，提供建设性意见。

中国文联党组书记、副主席胡振民在座谈会上讲话。著名作家、文化学者冯骥才在会上介绍了实施紧急保护羌族文化遗产工作的具体措施和意义、目的。

著名作家、文化学者冯骥才、罗哲文、李学勤、刘锡诚、宋兆麟等曾经深入考察和研究过羌族文化遗产的专家学者就如何抢救、保护羌族文化遗产发言。专家们深入讨论了灾区各民族文化遗产的重要性和历史文化价值，纷纷为灾后重建中的文化保护建言献策。

会上成立了紧急保护羌族文化遗产工作委员会，决定成立由冯骥才任主任的专家调研组，迅速组建工作小组赴灾区调查民族民间文化遗产受损情况，提出保护规划。

保护羌族文化遗产座谈会与会专家学者还向全国文化工作者发出了《倡议书》，呼吁为重建灾区人民的精神家园，保护羌族文化遗产，贡献爱心，贡献知识，贡献智慧，贡献力量。

二〇〇八年六月二日　中国网　苏娜　王一辰

集中了专家颇多高见的《羌去何处——紧急保护羌族文化遗产建言录》。

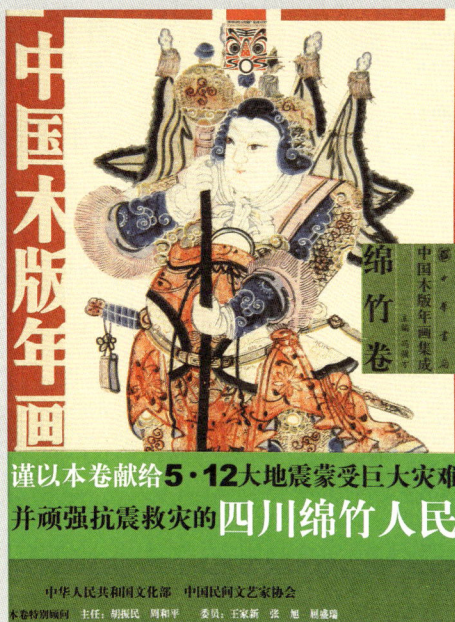

灾区绵竹的年画集成，也在当年出版，以鼓舞灾区人民守护好自己文化的信心。

专家着力整理出版的《羌族口头遗产集成》，将羌民族这一重大的文学遗产，牢靠地保存下来。

冯骥才建议将北川地震遗址"申遗"

近日，媒体公布说，北川地震遗址博物馆的概念规划已初步完成。中国文联副主席冯骥才就此接受新华社记者采访时表示，在建立北川地震遗址博物馆的同时，我国应尽快向联合国教科文组织紧急申报北川地震遗址为世界文化与自然遗产。

北川县在"5·12"汶川大地震中受到重创，全县 15645 人死亡，4300 人失踪，26916 人受伤，县城被夷为废墟。四川省绵阳市计划对北川县异地迁建，为保留新中国成立以来最大的地震灾害实物见证，北川老县城将建成北川地震遗址博物馆。

冯骥才指出，汶川大地震无疑是百年来罕见的大自然灾难，建立地震遗址博物馆见证了当代中国人面对这一特大灾难表现出的特有的气质与崇高境界，坚实而鲜明地记忆着中国人勇敢、坚韧、博爱、团结和神圣的生命情感。这是我们这一代中国人伟大的精神创造。

冯骥才说，世界上有一些著名的灾难博物馆，记载着历史上的天灾人祸，如日本广岛的原子弹灾难博物馆、二战留下的奥斯威辛和毛特豪森集中营、南京大屠杀纪念馆以及庞贝遗址博物馆、唐山抗震纪念馆等。

冯骥才表示，在建立北川地震遗址博物馆的同时，应将其列为国家级文物保护单位，同时尽快向联合国教科文组织紧急申报北川地震遗址为世界文化与自然遗产，使之成为全世界瞩目的灾害现场。将来也可以成为世界遗产及世界遗产旅游中最独特的项目。

二〇〇八年七月二十六日　新华网记者　周润健

大冯抢救羌文化：不能放弃的神圣使命

他曾冒着余震的危险，带着专家组深入汶川大地震重灾区北川考察被毁灭的古老而迷人的羌文化，在最短的时间里，向国家提交了保护羌文化的建议书，并编写出版了《羌去何处》和《羌族文化学生读本》，为抢救和传承羌文化而殚精竭虑。前天，在北京举行的全国抗震救灾英雄集体和模范个人表彰大会上，他披红戴花，接受了中央领导同志颁发的荣誉证书。受表彰归来，冯骥才在第一时间接受了本报记者的独家专访——

我只是文化界一个代表

记者：　发生在二〇〇八年五月十二日的汶川大地震，是中国人民久久挥之
　　　　不去的巨大心理伤痛。您正是在这举国悲痛的时刻，在第一时间提
　　　　出建立汶川地震博物馆的，并冒着余震的危险前往"大禹文化之乡"
　　　　也是在受灾最严重的北川考察，提出抢救几近毁灭的羌族文化的。您
　　　　的行动表现了一个文化人的社会良知和责任感。请问，您作为一个文
　　　　化人，与抗震救灾的一线英模人物一起受表彰，是否有其特殊意义？

冯骥才：　面对表彰，我只是文化界的一个代表。这次汶川大地震后，文化界、
　　　　文博界动作很快。许多专家学者奔赴第一线。他们在尽力尽快摸清
　　　　遗产（特别是羌族文化）震损情况以及抢救方面做了大量和细致的
　　　　工作，而且做得很出色。这次受表彰的应是整个文化界。这也体现
　　　　了党和国家对少数民族文化遗产及其保护的关切与重视。

记者：　汶川大地震发生时，您正随全国政协主席贾庆林在欧洲访问，听到
　　　　国内发生地震的消息后，您的第一反应是什么？最担心和牵挂的是

什么？采取了什么行动？

冯骥才： 大地震发生那天，访问团正在斯洛文尼亚首都卢布尔雅那。得到消息后，我感到极其震惊。身在海外，心已飞回祖国，飞到四川。当时，从电视上可以不断得到伤亡人数直线上升的消息。人在外边而家里出事，心中的焦急无以言表。晚间，贾庆林主席接见我国驻斯使馆人员及华人、华侨、留学生代表时，神情沉重。当他开口说到汶川地震时，忽然声音哽咽，泣不成声，半天讲不出话来。我们的领导人和人民是心连心的。当时大家都很动感情。我尤其惦着这几年重点进行文化抢救的绵竹，不断地往家里打电话，打听北川的情况，并叫家里设法先给绵竹送些钱去。

民族精神在灾难中激发

记者： 您为什么要建议建立汶川大地震博物馆？其意义和迫切性何在？这一建议见诸媒体后，从中央领导到普通民众都有哪些反应？您从这些反应中得到了哪些启示？地震博物馆目前的筹建进展如何？

冯骥才： 在日常生活中，我们不是时时都能感受到我们民族的精神。特别是在充满竞争的市场经济条件下，有时还会因感受不到这种精神而茫然。但中华民族是伟大的。在巨大的压力下，我们民族的精神反倒被激发出来了。万众一心、患难与共、舍己为人、一方有难、八方支援，这些古老的话语全变为现实，变得有血有肉有光彩。但是怎样才能把这种精神的高度与境界保留住？博物馆是个最好的方式。但是，博物馆必须依靠大量实物性的细节。例如，现场大大小小呼唤失踪亲人的纸牌子；血迹斑斑的迷彩服；母亲把遗言留在短信中的那个手机；被压垮的担架等，这些无言的实物，最真实生动地体现了大地震的强度和比它更强大的人的精神。所以我提出"要考虑建汶川地震博物馆"。开始一些同志不理解，认为现在人命关天，怎么能去想建博物馆呢？后来渐渐被理解和接受了。现在博物馆事宜已经过多次论证，并列入国家恢复重建规划之中。

站在现代文明高度审视"活化石"

记者：　　羌文化抢救是怎么提出来的？您为何要组织专家组赴灾区调研，召
　　　　　开专家座谈会，并成立紧急保护羌族文化遗产工作基地？这一行动
　　　　　对抢救濒危的羌族文化遗产产生了怎样的作用？

冯骥才：　羌文化抢救首先是温总理五月二十二日站在北川高地上讲的。温总
　　　　　理说："北川是我国唯一的羌族自治县，要保护好羌族特有的文化
　　　　　遗产。"在国家受此大难时，能想到文化的保护——这体现了我们
　　　　　一个文明古国深远又宽广的文化视野，以及所置身的现代文明的高
　　　　　度。文化界对此反响强烈。中国文联、民进中央、文化部、中华文
　　　　　化学院、中国民协、国家民委等单位都组织专家研讨羌文化的抢救
　　　　　和保护。我们首先在北京组织专家座谈，发表了"紧急抢救羌族文
　　　　　化倡议书"，随后组成专家小组到地震灾区考察，并把工作基地放
　　　　　在成都，同时邀请四川省民族学专家参与工作。工作重点是摸清羌
　　　　　文化受损状况，研究科学的保护措施。我们已将专家们的意见整理
　　　　　成建议书，呈送国务院，温总理给了批示。这些工作还在继续。

记者：　　请谈谈羌族文化的历史沿革、特色、在中国文化中的地位以及此次
　　　　　地震中的受损情况？

冯骥才：　关于羌文化，我先跟你说一件事。前几天宋健同志来天大参观，听
　　　　　说我正在做羌文化抢救工作，便对我说了一句话："羌族是向外输
　　　　　血的一个民族。"我说："宋健同志，您太了解羌族的历史了。"
　　　　　羌族是中国一个古老的民族，有着独特的文化。羌字，被古文字学
　　　　　家解释为"羊"字和"人"字的组合。羌族最早以游牧——尤其是
　　　　　以牧羊为主的游牧民族，这个民族至今仍有对羊的图腾式的崇拜。
　　　　　羌族历史上产生过两个伟大人物，一个是发明了农具，使华夏历史
　　　　　由游牧进入农耕时代的先祖神农氏，即炎帝；还有一位是夏王朝的
　　　　　奠基人大禹，这位治水英雄的故事可谓家喻户晓。在当时治水很重
　　　　　要，不治水就无法发展农耕生产。羌族是一个勇于开拓的民族，在
　　　　　漫长的历史进程中，羌族不断与当地原住民相融合，如藏、彝、景
　　　　　颇、哈尼、纳西、土家等，都与古羌人有着一定的族源关系。羌民

族的血液融入这些兄弟民族的血管之中。可以说，羌族是我们祖国五十六个民族大家庭中一位德高望重的老祖母。然而，如今的羌民族多聚居于这次地震的震中，如北川、汶川、理县、茂县、松潘，所以我说这次大地震好像与羌民族开了一个惨烈而恶毒的玩笑，几乎是颠覆这个民族来的。羌族有保存完好如初的灿烂文化，他们有丰富而迷人的各种节日，有独特的歌舞与戏剧，美丽的刺绣和民族服装，极其厚重的民间文学，还有一种声调悠扬动听的乐器羌笛，他们的许多文化有"活化石"的意味。羌民族大部分住在海拔二千米以上的山区，长久与周围的山、水、树、石融为一体，高山峡谷，云彩飘浮，被誉为"云朵上的民族"，何等浪漫神奇！但这次大地震中，相当一部分村寨被崩裂的山石淹没了，大禹的故乡禹里就葬身在堰塞湖的湖底，其中包括传说中大禹的母亲生他时染红的一块"血石"。所以，这次文化抢救几乎是对一个民族文化生命的抢救，来得特别急迫。这些年我们做民族民间文化抢救时有一个原则就是"濒危优先"，对这次"飞来的横祸"，必须向羌族尽快尽力伸出援手。

没有学者，很难科学保护文化遗产

记者：　据说，北川不少地方，您以前都考察过，有很深的感情，这次一到灾区，您受到的最大震撼是什么？最难忘的人、最难忘的故事和场面是什么？

冯骥才：　我们专家组这次到北川看到的景象，令人十分震撼。站在北川县城对面的山坡上，我们看到一座八十多米的"高山"霸气十足地立在县城的中间，这是大地震时从城外"移"过来的。但是，北川县文化馆里六位羌文化专家、还有"禹风诗社"正在开诗歌朗诵会的四十九位诗人，全部被埋葬其中。我深知文化抢救工作者的稀少和珍贵。没有学者的文化是很难被科学保护的。这些学者的逝去，是羌文化最惨痛的损失。我们在雨中为他们默哀，雨点打在雨衣上沙沙作响，仿佛天地都在为他们而哭泣。在汉旺镇，很多街道被夷为平地，高大的建筑彼此"缠绕"在一起。看上去很难理解：一块水泥上面几十条钢筋，齐刷刷断掉了，怎么断的呢？更令人心灵震颤的是，我亲眼看到一团拧在一起的钢筋，里边卷着两样东西，一是一只大红色的乳罩，还有一盘"结婚进行曲"的亮闪闪的磁带，我觉得这应属于一对新婚夫妻。我想如果建地震博物馆，就应把这些东西放进去，是最说明问题的——个悲惨的故事都在里面，一对年轻人未来的希望和幸福瞬间被葬送了，这是最好的历史见证和历史细节。

不能放弃的神圣使命

记者：　您认为抢救羌族文化需要做哪些工作？它还能恢复昔日迷人的风采吗？您对此有多大信心？

冯骥才：　对羌文化的保护，我们给政府有关部门提了很多建议，有的已被采纳。我认为，抢救羌文化当务之急必须做好下面几件工作：一、帮助羌族进行一次全面的文化整理与记录，建立起民族的文化档案，使之传承有确切的依据；二、在恢复重建时，选择与原来生存环境相近的空间，帮助他们恢复原有的文化生态；三、做好下一代人的民族文化普及传承工作，近日出版的《羌族文化学生读本》就是为他们而写，现已进入灾区的课堂。至于我对文化保护的信心，我认为，表彰对我们不是一个句号，为什么呢？因为一个民族的文化，尤其是非物质文化遗产，本来就是无形的、脆弱的，它在大地震中处于震中的位置，受到毁灭性破坏，这在世界民族史上是没有先例的，是一个意外、一个巨大的难题。整个文化生态、文化环境和空间，如何恢复和保护，有大量问题亟待解决。对此我仍然怀着一种忧虑，我有一篇文章《羌去何处》就是谈这个问题的。因为它是一个全新的问题，没有可资借鉴的经验，可是，当一个民族失去了自己的文化，这个民族的个性生命也就不复存在。当然，有忧虑，不等于没有信心和勇气，事情还要努力做下去，这是一个决不能放弃的神圣使命。请你放心。

二〇〇八年十月十日　《今晚报》　杜仲华

文化遗产日

文章·讲话

文化遗产日的意义

本文的目的，是想直指我国文化遗产所面临的困境，兼谈如何走出困境的一些思考。这是在我国首次文化遗产日里必须面对的话题，也是关切当代中国社会不能绕开的十分紧迫的话题。我先从设立遗产日的背景说起：

一、人类的遗产观是怎样形成的？

遗产是个古老的词汇。它的原始概念是先辈留下的财产。在这种传统的遗产观中，遗产只是一种私有的物质财富。

进入十九世纪中期以来，遗产的内涵悄悄发生了变化。

开始有人把祖先留下的具有重要历史文化价值的公共财物视做遗产。这是另一层意义上的遗产，就是文化遗产。它是一种公共的、精神性质的财富。需要人们共同热爱，世代传承。

这种崭新的遗产观的产生，缘于整个人类文明的转型。

人类的文明由远古到今天，一共经过两次"转型"。一次是由渔猎文明转为农耕文明。在中国，差不多是在七千年前的河姆渡文化时期。在那时人类尚没有文化的概念、文化遗产的概念，因此不可能懂得遗产的保护，所以渔猎文明荡然无存。再一次就是近一个世纪——农耕文明向现代工业文明的转化。在文明转型期间，新旧事物的更迭非常无情。而且人们不是很快就能看到正在逝去的事物内在的文化价值与精神价值。遗产的消亡正是在这种"物换星移"的时候。因此说，谁提早认识到遗产的价值，谁就能将珍贵的遗产留住。

迷人而沉甸甸的巴黎和罗马就是靠着一种前瞻性的眼光才得以保存下来的。

最先和最鲜明地表达出这种新的遗产观的是法国作家雨果。他在那篇著名的《向文物的破坏者宣战》中，用激愤的语言斥责当时大肆破坏法国城市历史的人，昂首挺胸地捍卫着法兰西的历史文明。文中有这样一段话——他说要"为名胜古迹制定一项法律。他说要为艺术立法，为法兰西的民族性立法，为怀念立法，为大教堂立法，为人类智慧最伟大的作品立法，为我们父辈集体的成果立法，为被毁坏后无法弥补的事物立法，为一个国家前途之外最神圣的东西立法……"

这段话写于一八三二年，法国正处于工业化发端之际。他的文化敏感和文化责任，令我们惊讶，也令我们钦佩和感动；这篇在人类文明进程中具有先觉性和超前性的文章，竟然把新的遗产观说得如此明明白白。

历史地看，新的遗产观最初总是被一些有识之士顽强地表达着。由于这些人不屈不挠的努力，逐渐得到广泛的认同，然后形成了遗产保护的法律法规。法国的第一部《历史建筑法案》就是作家梅里美努力促成的。到了二十世纪初，英国、意大利、法国、日本、韩国等国陆续有了一些范畴不同的遗产保护法。

到了七十年代，随着全球现代化的加剧，文化遗产在世界各地普遍受到惨重的摧毁，这促使新的遗产观被广泛地接受。法国历史学家皮埃尔·诺拉在《法国对遗产的认识过程》中说："在过去二十年（他指二十世纪后半期），遗产的概念已经扩大，发生了变化。旧的概念把遗产认定为父母传给子女的财物，新近的概念被认为是社会的整体继承物。"一九七二年联合国教科文组织颁布了《世界遗产公约》和《各国保护文化与自然遗产建议案》。这表明人类在遗产观方面已形成共识。共同而自觉的遗产保护就开始了。

然而，对事物认识的过程总是一步步的。一九七二年联合国的《世界遗产公约》主要是针对物质文化遗产的保护。这时，人类对文化遗产内涵的认识还不完整，只看到了遗产的物质性一半，还没有看到另一半非物质的文化遗产。

物质文化遗产是看得见、摸得着的，是静态的，是实体。比如文物器物、经典古籍、大文化遗址、重要的历史建筑等等。非物质文化遗产则广泛得多，但常常看不见也摸不着。这中间包括民俗、民间文学、民间艺术、民间技艺等等。

然而，由于非物质文化大多是老百姓创造的、共同认同的，它一直被认为是底层的文化而不被重视。但它是养育我们的一种生活文化，每个人都是在这共同的文化中成长起来的。因此它直接表达着各个民族的个性特征，还有各自的认同感、亲和力与凝聚力。比如中国人的民族性情，不表现在颐和园和故宫上，而是深邃而鲜明地体现在春节的民俗之中。故此说，非物质文化遗产最能体现各个民族的本质，也最能体现人类文化的多样性。

最早关注非物质文化遗产的是日本、韩国等国家。日本人在一九五〇年确立的《文化财保护法》中首次提出"无形文化财"的概念，并以法律形式规定了它的范畴。韩国人也较早有了这种观念。他们早在一九六二年就颁布了《文化财保护法》，并于一九六七年把江陵端午祭列为韩国的"重要无形文化财"。由于他们不懈的努力，这种前卫的遗产观渐渐得到世界各国的认知和认可，终于在一九九七年联合国教科文组织制定了《人类口头和非物质文化遗产代表作评选法》，进而在六年后（二〇〇三年）通过了《保护非物质文化遗产国际公约》。至此，人类将另一半文化遗产拥入了自己的怀抱。

对于非物质文化遗产国际上有好几种叫法。如口头非物质文化遗产、无形文化遗产等等。我们过去习惯称做民间文化。现在为了与国际上的称谓相协调，便称做非物质文化遗产。将遗产内容由物质的、有形的、静态的，伸延到非物质的、无形的、精神的、生态的，显示了当今人类对自己的文明创造的认识进了一大步。只有进入了现代社会，才会把前一阶段文明视做遗产。因此说，当人类相约对非物质文化遗产倍加珍视与保护时，一个现代的完整的遗产观便形成了。

现代遗产观也是一种现代文明观。文明的对立面是野蛮。那么，与现代文明相对便是对遗产野蛮的破坏了。

如上所述，人类文化遗产观的最终形成并不遥远，就在最近这三十年。在这样的时间背景下，中国的文化遗产处于什么状况呢？

二、中国文化遗产的特殊困境

从一九七二年到二〇〇三年这三十一年，中国社会经历着历史上最剧烈的变化，即从"文革"进入改革。我们的一切，包括遗产都在这剧烈的变化中不断地产生前所未有的问题，也都是一些巨大而全新的难题和挑战。

对于文化遗产来说，"文革"是历史上最大的一次破坏，因为它直接以文化遗产作为"革命对象"。把自己的历史文明作为自己的死敌，这是多么无知、荒谬和匪夷所思！因此说，"文革"对中华文化的损害，不只是对有形文物大规模的毁灭，更是在人们心里注入了对自己文化的蔑视与对立。由此带来的对中华文明传承造成的损害，今天已经看得非常清楚了。在"文革"后期，从批判红楼、水浒，到批判克己复礼，实际上国人心中的中华文化已是空架子。然而，正是在这个时候中国社会突然之间急转弯地进入了改革。

我们的改革开放不是社会线性发展的新阶段。我们是一下子闯进改革、闯入世界的；外来文化也一股脑儿地闯进我们的生活。

在这里需要说明的是，对外来文化的认识一直有个误区。似乎有一种观点认为当代中华文化的困境是外来文化的冲击所致，甚至认为这些麻烦是对外开放带来的。这是一种误解。如果外来文化是负面的，那么近言"五四"时代，远说盛唐时期，外来文化全都是十分迅猛，为什么没有给中华文化带来麻烦？相反中国这条巨龙着着实实地饱餐了一顿外来的精神营养品，更加壮大了自己。从弗洛伊德和马克思到贝多芬、巴尔扎克、达·芬奇与牛顿，不都是"五四"那个时代舶来的吗？那时，知识分子站在中国文化的前沿从容地对外来文化进行选择，从中挑选经典。但这一次不行了。你学贯中西也没用。由于这次从外部世界一涌而入的是麦当劳、好莱坞大片、畅销书、排行榜上的金曲、劲歌劲舞、超市、国际名牌、时尚、以及明星大腕满天飞。这些商品性的、快餐式的、粗鄙又新奇的流行文化一下子填满"文革"后国人空荡荡的精神空间。应该说，当前文化矛盾的本质，不是中外文化的冲突，而是我们原有的文化和商业流行文化的冲突与矛盾。所以，在"两会"上我曾经做过一个发言，题目是"警惕当前文化的粗鄙化"。所谈的是如何认识商业文化的本质及其负面效应，如何对应。

进一步说，在从计划经济突然转型为商品经济时，我们没有自己的现成的商品文化，所以一定会照搬国外。然而由于语言关系，英语世界的流行文化不会一下子登陆中国，那就要通过周边的、汉字圈的、已有成熟商品文化的地区（港台）与国家（韩日）"转口"而来。二十世纪八十年代曾经一度冒出过自己本土的流行文化的苗头，如"西北风"。但这只是一种自发而非自觉的文化现象，完全跟不上飞速发展的商品社会对商品文化的需求，那就只好四处伸手。于是，武侠是香港的，歌曲是台湾的，言情是韩国的，漫画是日本的。其结果是"外边的世界多精彩"，这更加深了人们对自己文化传统的漠视与缺乏信心。同时商品经济的根本手段是刺激消费，刺激物欲，在物欲的社会中，必然轻视精神。尤其文化遗产是公共的精神性的事物，则必受到冷落。

新的一轮直接对文化遗产构成破坏的是高速的现代化和城市化。这些情况，大家都已经很清楚。现在可以说，中国的六百多座城市基本一样。残余的历史街区已经支离破碎，有的城市甚至连一点历史踪迹都没有留下。我们可以将这城市文化的现代悲剧解释为对城市的改造缺乏文化准备；可以解释为老百姓迫切需要解决实际的生活问题；可以解释为在不可抗拒的政绩压力下不得已而为之。但是毕竟在这个世界城市史上绝无仅有的全国性的"造城运动"中，已经将我们的大大小小的城市全部卷土重来一次，抹去历史记忆，彼此克隆，最终像蚂蚁一样彼此相像。同时，堆满了东施效颦般伪造的罗马花园、意大利广场、美国小镇、英国郡，大概我们还乐陶陶地以为自己真正实现了"改天换地"，实现了"与世界接轨"的现代化吧。为什么不去反问自己一句：我们为什么会这样糟踏自己的家园、自己的遗产与文明？

我们的后代将找不到城市的根脉，找不到自我的历史与文化的凭借。当他们知道这是我们的所作所为——是我们亲手把一个个沉甸甸、深厚的城市生命，变成亮闪闪的失忆者，一定会斥骂我们这一代人的无知与愚蠢。

三、问题·压力·办法

二〇〇四年年底，在对文化遗产考察进行总结时，我们认定非物质文化遗产比物质文化遗产濒危。一方面由于物质遗产是有形的和固定的，相对稳定；而非物质文化遗产是无形和动态的，容易被忽略，受到损害也不会立即看到。比如节日文化，直到人们几乎把传统的节日忘却了，才感到了危机。另一方面由于非物质文化遗产是以口传身授的方式传承的，没有文字记录，易于丧失，失去了便无迹可寻。比如说原先极其丰富的民间文学、史诗、传说、故事、民谣，还有几人在说，有几人会说？现在在旅游区内，导游们讲的"民间故事"，多半是为了提高游人兴趣而现编现造的"伪民间文学"吧。

目前，非物质文化遗产中最濒危的是三方面：

（一）少数民族的文化遗产问题

我国有五十五个少数民族，他们遍布全国，经济多样，生存环境各异，社会历史发展阶段不一，其文化底蕴深厚，特征独具，相互迥异，夺目迷人。少数民族为灿烂多姿的中华文明的形成和发展做出过不可磨灭的贡献。他们的文化是中华文明的重要组成部分，是人类文化宝库中的珍贵遗产，也是各个民族安身立命之及其民族身份与独自精神之所在。

由于历史原因，少数民族地处偏远，经济和社会长期滞后，人民生活相对贫困，改革开放以来，始进入崭新的发展时期。特别是随着国家扶贫力度的加大，西部大开发的推进，少数民族地区的经济、生活和社会正在发生空前的急速的变化。这是人民盼望的，也是历史发展和社会进步之必然。但也要看到，在这巨大的变革中，少数民族的传统与文化正面临着濒危与消亡，值得我们特别关注和着意应对。

当前，在强大的经济一体化浪潮中，面对着来势迅猛的西方化、单一化、汉族化、消费化，处于弱势的少数民族文化无力应对，只有随着潮流改变自己。一些富起来的地区，少数民族传统民居已经被"小洋楼"取代，民族服装服饰及其工艺日渐式微。由于没有相关的保护法规，古董贩子乃至外国人在少数民族地区肆意廉价地搜寻宝贵的文化遗存。愈来愈多的年轻一代外出打工，远离自己的传统。比如少数民族聚居的贵州黔东南地区，大约三十万年轻人到江浙一带打工。他们的文化兴趣逐渐被流行文化"化"了。不少地方听唱史诗与民歌的，已经不是本民族的年轻人而是一批批的旅游者。学校教育很刊登《文化遗产日的意义》的报纸原件。

少有民族文化内容，青年人对自己的文化传统缺乏必要的知识，缺少必要的感情。杰出的民间文化的传人大多人老力衰，或相继去世，很多经典文化无人传承。如今，民族语言在不少村寨已不复使用。一些民族语言（如赫哲语、满语、塔塔尔语、畲语、达让语、阿侬语、仙岛语、苏龙语、普标语等），会使用的都不足千人。随着最后一个鄂伦春人的迁徙和定居农区，他们的狩猎文化至此终结。这些形成于成百上千年前的民族文化板块正在松动和瓦解。

在今天这样一个高速发展的时代，如何抢救和保护少数民族文化是一个历史性的大课题，也是全世界都没有找到最佳方案的大挑战。就是美国对印第安人的保护，日本对阿依努族的保护也大有值得商讨的地方，存在许多难题。但是少数民族文化抢救和保护不是单纯的学术问题，不是几个"高峰论坛"就解决得了的。它正在瓦解，情况紧急，消亡在即。我可以举出大量耳闻目见、亲身经历的例子来说明，无数极其珍贵的民间文化已经永远地失去了。如果再不加紧抢救、存录、保护，就是对历史的犯罪。一些民族就会渐渐地名存实亡。对此我的建议是：

第一、加快我国非物质文化遗产的保护立法。立法保护的重点应是少数民族文化。国家应加大民族地区濒危文化抢救与保护的财政投入。

第二、在民族文化保护上不能项目化，而应该体系化。项目保护是枝节保护，体系保护是整体保护。应建立国家的权威的中国少数民族文化数据库，以图片、文字、录音、录像多种技术手段，综合地存录民族的文化生态资料。各民族自治区域应制定文化抢救方案和保护体系。选择一些少数民族自治区域做经济、文化、社会协调发展的试点，取得经验，进而推广，逐步形成严格、严密与科学的中国少数民族文化保护体系和民族发展的科学模式。

第三、对一个小民族的迁徙，一种重要民族文化形式的消失，乃至杰出民间文化传承人的故去，都要给予极大的关注，应做到事前有紧急抢救，即时开展抢救性记录、调查和整理。要以博物馆方式予以整体保存。

第四、设立少数民族文化抢救基金。资助重要和重点地区的少数民族文化的抢救。募集资金要与唤起社会各界对少数民族文化的关爱紧紧联系在一起。

第五、在全国各地学校教育中开设有关我国各少数民族的文化成就与重要特征的课程，增进民族间的学习与了解；在民族区域自治地区和少数民族较集中地区开展本民族或多民族文化知识的课程，培养民族情感，强化民族审美，提高少数民族传承自己文化的自觉。

第六、少数民族文化的抢救和保护主要是政府的事。政府应当倾听专家的意见。政府应出面组织高层次、多部门、多学科的关于少数民族地区文化和经济协调发展的研讨；研究与探索现代化进程中文化保护与经济发展、传统文化与现代文化和谐发展之路；研究民族民间的建筑、服饰、生活用具的设计与民间工艺的发展关系，以使民族文脉循序进展。

当前，我国少数民族文化受到冲击的趋势正在日益加大，濒危是全方位的，抢救和保护已是刻不容缓。但如何保护少数民族文化，尚没有通盘的考虑。一些所谓保护尚好的地区基本上都是被开发的"旅游点"。在现阶段，旅游是获得保护资金的重要来源。但需要强调的是，少数民族文化是他们的民族之本，而非只供观光的"特色文化"，不能最终全都转化为一种旅游资源。他们的文化是其民族的根本，失去文化便意味着民族的消失。因此说，少数民族的文化是濒危的，是具有"灭绝的意味"的。

（二）民间文化传承人

由于非物质文化是靠口头传承的，一半的中华文化延续的生命线便是代代相传的传承人。如果传承人没有了，活态的文化便立即中断。剩下的只能是一种纯物质的"历史见证"了。比如年画，虽然它本身是物质性的，但年画的技艺与使用时的风俗是由一代代人口口相传的，非物质的，如果艺术没了，技艺消亡，不再制作也不再使用，剩下的却只有物质性的年画，它活态的生命便不复存在。

所以说，非物质文化遗产的保护主要是活态保护，物质文化遗产是静态保护。活态保护的关键是传承人。

在农耕社会里，我们缤纷而博大的民间文化，都是靠着口传心授、婆领媳做的方式，千丝万缕地传承下来。这些传人是灿烂的中华文化一个个具体的拥有者、体现者、活宝库。在当前的文明转型期中，随着家庭、居住、工作和生活兴趣的改变，这些传承的线索大量地中断。这也是我们常常感到中华文化日渐稀薄的原因。比如，当电视机进入一个农民的家庭，人们便不再讲民间传说，而讲电视故事。在所有民间文化中，民间文学消失得最快，也最彻底，而且是无声的，一切都发生在不知不觉之间。

但传承人保护的困难是，首先我们对传承人的状况没有底数。这些民间传人——老艺人、手工匠、画师、乐师、舞者、歌手、故事家、民俗传人等等，分布全国，深藏山野，不见经传，没有任何记载。当他们人走他乡，或者辞世而去，便带走一份珍贵的传承久矣的文化遗产。现在我们已经开展中国民间文化杰出传承人的普查与认定，由于传承人消失速度太快，急需做的事情包括：

第一、建立国家的文化传承人名录。如同日本的"人间国宝"。进入名录者要经过专家严格的评议与审批。对列入名录者要建立档案。以文字、图片和音像方式存录其全部资料。

第二、传承人名录可采用我国文物法中"多级保护"的制度，除国家一级的杰出传承人，还要确定省级、市级、县级的传承人。以全面和整体地保护非物质文化的生态。

第三、对传承人要制定具体的保护措施。国家和地方政府给予经济资助。重要的是保证后继有人，不让任何一项重要的遗产失去传承。

（三）古村落

在数千年农耕时代，农村是最基本的社会单元。由于历史悠久、民族众多，自然条件和文化板块不同，形成了形态缤纷、风情各异的村落文化，所谓"五里不同风，十里不同俗"。广大农村至今保持着极其丰富的历史记忆和根脉，以及丰富的文化遗存。农村的文化既包括村落的规划，各类建筑，历史遗址，这属于物质文化遗产；也包括各类民俗，民族语言，生活民居，民间文学、美术、音乐、舞蹈、戏剧、曲艺、杂技、武术、医药和各种传统技艺等等，属于非物质文化遗产。可以说，古村落是物质和非物质文化遗产的综合体。我们的非物质文化遗产基本上在农村，文化的多样性也在农村，民族之根深深地扎在农村里。由于各民族各地域的文化都是那一方水土独特的精神创造和审美创造，它又是人们乡土情感、亲和力和自豪感的凭藉，以及永不过时的文化资源和文化资本。

鉴于二十世纪八九十年代，我国城市大规模现代化改造中，片面追求经济指标，对城市历史文化造成的破坏已不可挽回，这一次，在新农村建设起步之时，应以全面的科学的谐调的发展观，将文化遗产的保护，率先列入新农村建设的总体规划之中。千万不要再出现城市改造的文化悲剧，把"新农村"变为"洋农村"，或者干脆都变成"新村"。

我国现在有大约一千六百个县，一万九千个镇和三万多个乡，六十万个行政村。文化遗存的状况和特色保持的程度不一。不是所有村庄都是古村落。

古村落应具备如下条件（即古村落的标准）：

第一、有鲜明的地域个性；

第二、建筑格局保存得较为整体和系统；

第三、有较丰厚的物质和非物质的文化遗产。

应该说，古村落的保护是困难的。因为它不是文物，不是颐和园和故宫，而是依然活着的古老社区，如今它正在发生"质"的变化。愈来愈多的村落因农民外出打工而出现"空巢现象"。有的古村落经年历久，多已破败，重修无力；有的在无序的翻建过程中，新老驳杂，不伦不类；有的在匆匆忙忙开发旅游，在现阶段的旅游开发中，只有能够成为旅游卖点的局部"景点"，才得到一些维护。而江浙一带经济发达地区，不少古村落早已从地图上抹去。这样一种状况的古村落，在即刻推动的新农村建设中，会出现怎样的局面？特别是对于一些尚未确立现代文化遗产观和科学发展观的古村落决策者来说，会不会重演城市改造中的文化悲剧？一些建设部门不是已经急不可待为农民设计什么"北方型"和"南方型"的住房了？

古村落保护的另一个难点是怎样使生活其中的百姓，逐渐享受到现代生活的舒适与方便？在欧洲，这些事是老百姓自己的事，而一般百姓都有文化保护意识，政府没有太大压力；而在我国，农村的建设是政府的事。如果一方面要改善百姓的居住设施，一方面再要保护老房子，这就使得事情内在的冲突与难度全集中到决策者的身上。政府又不能回避，压力自然就大了。

那么古村落应该怎样保护呢?

这几年在各处考察中看到一些地方在古村落保护方面做了一些努力与尝试。大致可分为下边几种方式:

第一、分区式。如丽江的束河。采取分区方式,如同罗马古城在老区之外另辟新区;巴黎在维护老城区不动的同时,另建一个全新形态的"拉德方斯"地区。老区原汁原味,新区为新建的现代化社区。

第二、民居博物馆式。如晋中的王家大院、常家庄园。将有重要价值的古民居集中起来保护。

第三、生态式。如西塘和同里。把现代的声光化电的管网埋在地下,村落格局与民众生活保持原生态。西塘的口号是"活着的千年古镇"。

第四、景观式。如婺源。注重景观的历史个性。邀请建筑师设计几种房型,外观是此地传统的粉墙黛瓦的徽派风格,内部的卫生间和厨房符合现代生活的功能需求。村民盖新房必须从这些房型中选择,不能随意乱盖,以保持历史文脉。

第五、景点式。如乌镇。基本上是按照旅游需要来维修和改造的。

上述这些方式各有特点,都有可取之处,也都有成功的地方。鉴于我国村落缤纷多样,原则应是一个村庄一个办法,不能一刀切,按照一种方式必然削足适履。然而上述的各种方式给古村落保护提供了一些很好的思路,值得借鉴。

应该说明的是,现阶段这些古村落的保护,多数与旅游相关。故此,比较注重外观、景点、路线,比较偏重于物质遗产。前几天在韩国,我对一位联合国非物质文化遗产委员会的委员说:"将文化遗产简单地划分为物质和非物质有不合理的一面,会带来新问题。比如古村落,都是非物质和物质文化遗产的总合,相互依存,不能切割开来。但是,现在中国的西递和宏村是按照物质文化遗产申遗的。如果只保护物质这部分,里边的非物质的成分渐渐没了,西递和宏村就会失去生命与灵魂,冷冰冰地变成了木乃伊。"她表示同意我的看法,并说联合国教科文组织正在研究这类问题。

对于古村落保护,我的意见是:

第一、对农村文化的现状进行全面调查，以了解和把握全局。将具有文化特色和遗存的村落，进行分类，针对性地制定切实的保护方案，列入新农村建设的各级规划，使文化遗产保护和发展农村经济同步和谐调地进行，避免片面的开发带来人为的冲突和损失。

第二、国家应设置中国古村落名录，确定保护目标和办法。古村落保护是一种综合性和整体性保护。不宜单方面放到物质（文物）或非物质文化遗产中。其性质应是物质与非物质的"双遗产"。

第三、少数民族古村落的文化保护是重中之重。在开发的过程中，会使少数民族文化大量瓦解和失散，故而一方面要尊重少数民族的文化选择，一方面在重要的少数民族集居地，要像欧洲人那样建立乡村博物馆，以保存历史记忆，继承和传承民族文化。

第四、无论是农村的文化保护，还是旅游开发，都不能离开科学指导。应邀请人文领域的专家学者参与到各地农村建设中来，以准确地科学地把握保护与开发、继承和发展的关系，使新农村能真正成为新时代中国品格和主体的社会主义的新农村。

由于历史形成的惯性，每次大规模的社会变革，都容易一哄而起。当人们对什么是新农村的"新"还没有具体标准时，很容易把"破旧"视为"立新"，把当今的城市形态当作现代形态，把"洋"的当作"新"的。我们的六百多个城市已经基本失去个性，如果广大农村也变得千篇一律，同时内在的个性化的精神文化传统涣散一空，我们的损失将永难补偿。新农村先进文化的建设也就无所凭藉了。数千年的历史文化将从我们的脚下失去，厚重与丰富的文化大地便会变得瘠薄和单一。文化与经济从来是一个整体，不可分割。况且在现代社会中，文化——包括文化遗产也是重要的生产力、资源与资本。我们要以科学的全面发展观来规划拥有几千年历史文化积淀的农村文明的未来。

（四）积极的应对：文化遗产日

通过上述的令人忧虑的背景来看，就会十分清楚，文化遗产日的确立具有非同寻常的必要性和极强的现实意义。

应该说近几年，社会上在对待文化遗产保护的观念上正在觉醒。其原因：一方面是疾速的现代化和遗产大量消亡而造成的文化失落感，引起了民族情感与精神的回归；一方面是协调和整体的科学发展观的提出。由此，文化遗产的保护，以及环境保护和对弱势群体的关怀自然地渐渐成为政界与社会各界的关注点。

还有一个原因：来自文化界和知识界的努力。

自二〇〇三年中国民协实施的中国民间文化遗产抢救工程，正在全国各地全面展开。大大小小数百个民间文化普查项目齐头并进。这一有史以来最大规模的、全方位的、地毯式的普查工作，各类专家组成的田野普查小组，纵入山野之间，目的是要对九州大地文化家底进行彻底的盘点与整理，以利系统而有序地加以保护。紧跟着，是政府文化部门主导的文化遗产的保护工作。一方面是各级文物部门对全国博物馆物性质藏品的普查与登记，一方面是确立国家非物质文化遗产名录。这些工作在我国都是首次。经过严格程序申报和专家科学鉴定而批准的国家非物质文化遗产名录，是推动历史文明进入现代文明的重大举动。

特别要强调的是，知识界和文化界所进行的文化普查，并不只是一种学术行动，一种出自对学术对象濒危处境的关切，而是缘自全球化时代，对民族身份、精神传统、核心价值和自身文化命运的深层的思考使然。这是一种时代性的自觉的文化行动，是直接实践思想的行动。不少文化界的知识分子离开书斋，奔往田野，为文化的存亡而奉献。在商品化的沙尘暴弥漫着中国人的精神天地之时，这些知识分子显现出一种难得的灵魂的纯净，一种舍我其谁的高贵的责任感。然而，对文化遗产的珍视与保护不能只是少数专家学者和政府的事，主要是民众的事。民众是文化创造者，是文化的主人。如果民众不珍视、不爱惜、不保护、不传承自己的文化，文化最终还是要中断与消亡。特别是和世界一些遗产保护相当成熟的国家相比，我们的遗产保护只是刚刚起步。我们尚无非物质文化遗产保护法，公众的文化遗产意识还比较淡薄；文化遗产的本身——如上所述，全面濒危。我们的文化遗产日正是在这样的思考层面上设立的。

最早设立文化遗产日是法国（一九八四年），后来遍及欧洲（一九八五年后）。在面对全球化带来的文化同质化的浪潮中，文化遗产日大大提高了欧洲各国人民对各自文化的自豪与自觉。法国每年有一千多万人（人口的六分之一）主动参加这一盛大的文化活动。在这一天，欧洲各地大到城市，小到乡镇，人民以各种方式，设法把这一天过得五彩缤纷，有声有色。这种活动既有政府出面组织，也有各界自发举办，丰富多彩，效果极好，从而大大丰富了人们的文化情怀，提高了人们对各自文化的光荣感。

在文化遗产日方面，我们不是旁观者，也没有完全缺席。近年来，一些省（河南省）市（苏州市）以及大学生们（中央美院倡办、几十所大学加入的"青年遗产日"）自发地都举办了"文化遗产日"活动。今天由国家确定"文化遗产日"则更为重要，它显示了当代中国对自己文明的认识高度，表现了一个民族文明的自觉。只有进入现代社会，才会把历史文明视为不可替代的珍贵的精神遗产。所以说，珍视和保护遗产的本身是现代文明中一个象征性的内容。

今年六月十日是我国首个文化遗产日。遗产日不是纪念日，它是一种人为的主题日。要想使它落地生根，需要注意：

第一、要强调它的精神意义。不要变成千篇一律、表面热热闹闹的展示当地政府政绩的文化节。要设法使公众成为这一天的主人，成为主动的参与者而不是被动的参加者。要使国家文化遗产日成为全民的文化遗产日；使国家举措转化为每一个公民自觉的文化行为。

第二、遗产日是一个纯文化的主题日。所有活动都应是公益活动。一切文化遗产的场所都应免费开放。商家不能从中牟利，使遗产日变味儿，变成用来赚钱牟利的"黄金日"。

第三、社会各界都应为文化遗产日出力做贡献。首先是文物和文化机构的工作者要在遗产日中充分发挥作用，积极进行遗产内涵与保护意识的普及工作。教育界也要利用好这一天，培养下一代人的中华文化的情怀是文化遗产日不能忽略的。对传承人的关怀，为少数民族文化的保护做实事，都应该是文化遗产日的重要内容。

第四、遗产日可学习欧洲方式，每年确定一个主题。主题要针对性强，立意新鲜，有吸引力和启发性。比如二〇〇〇年法国遗产日的主题是"二十世纪的遗产"。在人们告别二十世纪的时候，即刻引导人们以遗产的视角回顾刚刚成为往事的一百年，将正在挥手告别的生活转为历史财富，并加以珍惜。这一主题，有助于人们树立现代的遗产观，又紧贴时代，紧贴生活，紧贴情感。

文化遗产日体现着当今一代中国人文明的自觉，也是一种自觉的文明。在这一天，我们做得好，一定会赢得世界的关注。

世界需要一个经济高度繁荣的中国，更需要一个社会全面进步与谐调发展、比古文明更加文明的现代中国。一个尊重自己历史文明的国家必然赢得世界的敬重。

前不久，我在国外一次文化遗产论坛上说：我们保护文化遗产不仅为我们自己，也是为人类保护文化的多样性。

我们的文化虽然不是人类共有的，却是人类共享的。我们保护自己文明的同时，也在为人类保护一份巨大的、珍贵的、不可替代的财富。

在国家图书馆为"国务院省部级干部文化学习班"所作的讲演
二〇〇六年六月四日

过好文化遗产日

今年六月的第二个周六是我国的"文化遗产日",也是第一个文化遗产日。由此,我们这个创造了灿烂文明的华夏民族,要一年一度地纪念祖先留下的文明遗产了。

遗产日始于二十年前先发现代化的欧洲国家。这一天,全社会想尽办法通过对遗产的亲近,来重温历史,感受先人,体验其中本民族的精神个性和文化之美,从中获得无上的光荣和自豪。最早确立文化遗产日的是法国,在这一天全国有一万多个名胜古迹和博物馆免费向公众开放。遗产日是一个社会生活的主题日,就像植树日、消费者日、戒烟日一样,但对于酷爱文化的法国人来说,它更像一个文化节。每年将近六分之一的法国人会自动参加这个文化的盛会。

在尊重和热爱历史文明方面,中国人是决不会缺席的。近几年来,已经有一些省市开展了文化遗产日的活动。由中央美院、北京大学、清华大学等几十个大学自发地举办的"青年遗产日"已历时四年,加入其中的大学愈来愈多愈踊跃。这一天,学生们怀着一种神圣感参加对先辈留下来的文化遗产的纪念。他们为知名学者摆设讲坛,自己也发表感想与见解;他们还举办各种各样的民间艺术展览,邀请杰出的民艺的传人到校园来演示,或者结队去造访古迹与田野采风。"青年遗产日"直接推动了一些大学的非物质文化遗产研究组织的建立。今天,政府适时又及时地将六月份的第二个周末确定为全民的文化遗产日,这表明国家对文化遗产的高度关注,并希图在经济全球化带来的文化同质化的浪潮中,全社会都来自觉地珍视文化遗产,以保持中

在国家图书馆"部级领导干部历史文化讲座"中演讲，题目为"文化遗产日的意义"。

华民族的精神传统和文化个性与身份。

我之所以说"及时",是因为我们已深切感受到全球化负面冲击之猛烈。似乎在不知不觉之间,曾经千姿百态的城市已经被我们"整容"得千篇一律,大量的历史记忆从地图上被抹去,节日情怀日渐稀薄,大量珍贵的口头相传的文化急速消失。但我们毕竟是东方的文明古国和大国,对文化的命运是敏感和负责任的。近几年,从政府到民间开展了大规模文化抢救和保护的行动,由加紧制定文化遗产保护法、全方位的田野普查到国家非物质文化遗产的审定与编制。对文化遗产的关爱直接体现一个国家及其社会的文明高度。只有当人类进入现代社会,才会把前一历史阶段的文明视做遗产而倍加珍惜。所以说,珍视遗产是现代文明的重要标志。

"文化遗产日"正是在这一高度上确立的。它既是全面、整体、谐调发展观的具体的体现,也是全球化时代先进的文化观必不可少的内容。

在"文化遗产日"刚刚确立的日子里,我们首先应该做的是普及的工作,告诉大众什么是文化遗产,遗产包括哪些内容;什么是物质文化遗产,什么是非物质文化遗产,这些遗产的价值在哪里。应当更多强调文化遗产中深在的精神价值,包括历史的、见证的、文化的、研究的、情感的、审美的价值等等。只有人人明白了这些价值,才会自觉地爱惜和保护。同时也要介绍怎样做才能保护好它们,以使我们的子孙永远拥有并享用着这取之不尽的巨大的文化财富。

当代人和这些古老的遗产是有隔膜的。特别是站在工业时代里的人们,必然与正在消解的农耕文化相去日远。然而沟通当代人与遗产的方式可以是多种多样的。已经被各国使用的方式很多,包括游览名胜古迹,乡间采风,参观博物馆,访问杰出的传承人,专家讲座,电视展播和知识问答,以及各种各样的画展、音乐会与民间的故事会等等。比如在今年的遗产日里,北京将举行大型的文化遗产特展,在一些公园内,各种迷人而珍稀的民间艺术会展示在人们面前,此外,还要通过"民间守望者奖"的颁奖仪式,向公众推荐一些数十年默默地守护在田野而鲜为人知的文化志士,这些活动都是为过好遗产日而特意安排的。在这一天,引导孩子们参与遗产日活动则必不可少。

一个民族不管创造过多少灿烂文明，倘若不被后人珍视或忘却，便等同于无。

　　"文化遗产日"是全民性和全国性的活动日。我们的文化一方面博大精深，一方面灿烂多样，从各个城市到每一个乡镇，都要采用各种方式纪念与弘扬自己的遗产。为了过好遗产日，需要社会各界与公众的广泛参与。政府的一切文博单位都应免费开放。文化遗产日是公益性的文化日。商家参与也要本着公益原则，不从中牟取利益，以展现中国人高贵的文化情怀。这样才能避免文化遗产日的商业化，以保持其精神的纯洁与神圣。

　　遗产日是一个人为的主题日，落地生根需要靠全社会的精心培育。如果机关、学校、企业、社区都能积极加入，把遗产日作为提升全社会文明高度的一天，当代中国将会更加赢得世界的尊重。

　　我们每一个公民都是这一天的主人。都有责任为这一天尽力，也有福份享受这一天独有的精神和文化的快乐，以使我们的文化遗产在今天开花，在明天结果。

二○○六年五月六日

关于确立"中国文化遗产日"的提案

中华民族数千年来的文化创造，博大而灿烂，虽然历经磨难，仍有大量和丰富的文化遗存，遍布九州大地。既有物质性的，也有口头和非物质性的。它们是东方文明的见证，是民族特征的标志，是民族精神与情感传承性的载体，也是我们以及后代民族自尊与光荣感的依据与凭藉。在经济全球化而促使文化走向趋同的时代，这些意义与价值就更加突出。但同时要看到，随着现代化、工业化、城市化的加剧，我们的文化遗产遭受空前强烈的冲击。对自己文化遗产的轻视与漠视是普遍存在的。这是人们有目共睹、深感焦虑、往往又是无奈的事。所以，在加强文化遗产的抢救和保护的同时，树立公民的文化自尊与自觉就尤为重要。

二十世纪六十年代，法国人在现代化热潮中，曾由政府启动大规模的"文化调查"，对法兰西民族的历史文化财富进行全面的科学的普查、整理与保护。这一浩大的工作完成后，便将每年六月份第二个周日确定为"遗产日"。这一天，全国各地大到城市，小到乡镇，人们都对自己的文化遗存举行纪念活动。这种活动既有政府出面组织的，也有各界自发举办的，形式丰富多彩，效果十分之好，大大增强了人们的民族与乡土的自信与自爱。近些年，一些欧洲国家仿照法国，也将六月这一天确定为"遗产日"，以纪念各自国家与民族的文化遗产。"遗产日"在我国也得到积极呼应。首都一些高校（如中央美术学院、北京大学、清华大学等），将每年的一月一日自发地确定为"青年遗产日"，以表达对中华文化优秀传统的亲情。至今已举办两届，大学生们踊跃参加。它反映了青年一代对自己文化的具有时代意义的自觉。

我们是一个文化大国和文明古国。我们需要全民性的"遗产日"，尤其是在经济一体化和全球化的时代。

遗产日，不仅能激发人们的文化自尊，增强民族、国家和乡土的情感与凝聚力，也促使人们爱惜自己的文化遗产，以保持人类精神的多样。只有全民都热爱自己的文化，这些珍贵的遗产才会得以久存，并永放光芒。故此，建议国家将每年六月第二个周日确定为"中国文化遗产日"。

二〇〇四年三月八日

文化遗产日

言论·报道

守护文化家园
——近访作家冯骥才

　　长期以来，人们对文化的认识一直存在着这样那样的偏颇，城市历史文化在经济发展的影响下逐渐趋于平淡甚至消解。怎样挽留我们的历史文化，珍视我们的民族文化？就此，我们近期采访了作家冯骥才先生。

——编者

李：　以往，人们对文化一词含义的理解大致有三：一是人类创造的一切物质财富和精神财富的总和；二是一种教育程度，即文化知识；三是一种意识形态。随着社会的发展，您认为当代人应怎样正确理解"文化"这一概念？

冯：　长期以来我们对文化的解释主要是后两者，对于前者没"感觉"。那种单一地把文化视做一种意识形态而招致的对文化本身的损害，已经是沉重的历史教训了。而仅仅把文化归结为一种教育程度，又使我们一直对事物的认识偏狭有限。八十年代中期出现的概念"大文化"，表明人们开始有了文化意识。一方面能够从文化上来把握社会生活整体，认识事物的特征和区别；一方面能够注意到事物的一种很重要的价值，即文化价值。我们应反省到，虽然我们创造了光辉灿烂的自觉的文化，却一直缺乏文化上的自觉，对事物的文化价值视而不见，于是很多宝贵的文化都自生自灭了。

　　文化财富主要是精神财富。由于长久以来对文化的漠视，造成重物质而轻精神，也就是轻视精神财富。举例说，在任何一项大型建设工程中，都应该包含着文物保护这一项。它理应在总的工程规划之内，更不应成为它的一个包袱和累赘。对于一个文化大国，怎么能把文化财富视做包袱呢？这个问题实在太大了。如果说当代人应怎样理解文化的概念，就应该从这个问题开始。

李：伴随着我国市场经济的发展，文化也逐步地进入市场。您认为文化进入市场后面临的最大难题是什么？

冯：计划经济的时代，文化人希望文化进入市场，以期文化更活泼和自由，更深入群众，直接满足群众要求。但真正进入市场后，却出现了一系列意想不到的问题，最大的问题就是文化变得平庸起来。文化进入市场后，很难保持自己精神上的独立性。真正站在生活和历史高度影响读者的作品愈来愈少。进入市场的作品必须接受市场真真假假的炒买炒卖；接受价格而扭曲价值；接受"流行"模式而被同化。一些有才华的文艺家顺服于这种市场制约。被包装过的艺术家和艺术作品，都成为了"大师"与"经典"。如此下去，文化很容易走向平庸。因此，这就需要作家、艺术家们一种历史的自觉了。

李：城市外表的趋同，城市建筑的缺乏个性，是否也是文化平庸的现象？

冯：是的。我国是一个后发现代化国家，现代化的速度要求过快，文化上所承受的负荷太重。我们来不及对已经拥有的东西，来不及对自身固有的品质加以认识和认定，就很快进入一个飞速发展的阶段。从城市建筑上可以强烈地感受到这一点。比如，为改善住房条件和发展城建企业，便简单粗暴地把历史建筑视做危房陋屋，不加任何文化限定地大面积地扫荡和开发；而在建设新城市时，又缺乏文化构想。本来城市的发展是线性的，循序渐进的，但我们目前的城市却是一种突变，全面开花，根本不去思索新建筑与城市独有的历史文化保持一种脉络上的联系。清一色的高楼大厦，流行全国的玻璃幕墙和釉面瓷砖，尤其那些简单粗糙的享乐主义建筑到处矗立，取代了历经千百年而形成的个性鲜明、异彩纷呈的城市形象。长此以往，所有城市将呈现相同的面孔，这是多可怕的事！

李：您对经济大潮下的文化充满了忧虑，这是不是与知识分子的思维方式有关？

冯：　新时期以来，知识分子一直非常强调社会责任感。随着社会发展，文化自身的问题十分紧迫起来。我想现在应该明确树立起一种时代的庄严的责任，我把这叫做"文化责任感"。从近代史看，我国有很多具有这种文化责任的先贤。敦煌藏经洞被盗后，罗振玉、向达、姜亮夫、刘半农等一批知识分子到处奔波抢救这批流失的文化遗产。有的人还自费到欧洲的图书馆里把西方人弄走的敦煌卷子一字字地抄写回来。后来，又有张大千、常书鸿往荒无人烟的戈壁滩上保护濒临毁灭的莫高窟。还有梁思成等人曾为保护北京古城倾尽心力。使我们今天想起来，还为之感动！我们今天所面临的文化问题较前一历史时期要严峻得多，紧迫得多。作为知识分子，我们应尽我们的努力，树立和承担这义不容辞的文化责任。

李：　过去几年里，您对天津城市文化建设做了大量的工作，进行了一系列"抢救城市历史"的活动和大量采风工作，并拟定出版系列历史文化图集。您是在什么样的社会及心理背景下做这些工作的？

冯：　中国历史上有文物的概念，没有文化的概念。这因为文物的价值较文化的价值容易看到。文物是一个历史时期具有代表性和典型意义的物品，有明确的认定标准，也有市场价位。中国历史上较重物质，文物收藏在民间是被作为物质财富来收藏的。人们对它财富价值的重视远大于文化上的审视，因而文物容易得到爱护。如故宫、天坛是文物，被国家定为某级保护单位，但北京的四合院、胡同，代表着某一时代的生活文化，是真正具有城市特征的历史空间，因不是文物，就被逐步地破坏和改造了。老百姓没时间考虑这样的问题，开发商也不关心这个问题，但这事来得紧迫，必须着手做一些实际工作。我想应先把城市历史文化的形象抢救下来，并希望用行动引起人们的一些思考。我人在天津，就在天津做起。

我邀集了文化、历史、建筑、考古等各界人士，还有摄影家，对天津进行了地毯式的考察，前后共有三年半时间，实地拍摄照片三万余帧。写了一批研究文章，然后以十五比一的比例精选二千张珍贵照片印成一套大型画册，今年九月份就可以出版了。我相信，我们已经把历史充满文化魅力的天津放在这大型图集之中了。同时在行动过程中，渐渐得到了老百姓的理解、认同、支持和拥护。这行动本身也是一种文化教育、文化启蒙与文化宣传。

李：　为搞好城市文化保护，您认为当前我们应做些什么样的具体工作？

冯：　城市历史文化的保护，关键还要看城市主管人员的文化意识与文化眼光。城市文化的保护一要有规划，二要有立法，三要有监督。文化是有尊严的，谁也无权随意糟蹋。此外，我更关心怎样树立人们的文化意识。我有三点想法：一是希望我国也像欧洲文明古国那样，确定一个"文化遗产日"（即"中华文化遗产日"），使每个地区，哪怕一个县或镇的人民都为自己所拥有的文化遗产感到骄傲，从而培养崇高的文化情感。二是应充分开发和利用我国的博物馆进行文化遗产的教育。我提议在进行老城改造的城市就地建立"老城博物馆"，收藏在改造中发现和拆卸下来的古物，以留后人研究参观。三是应加强文化意识和文化观念方面的教育，要从孩子做起，使每一个中国人自幼树立文化意识和文化情感。我想这应是我国精神文明建设中很重要的一部分。

一九九八年九月四日　《人民日报》记者 李贤

全国政协九届三次会议今日开幕
文艺界委员的新话题

全国政协九届三次会议于今天开幕了。新千年到来之际，文艺界的政协委员会关注哪些新话题？日前，记者采访了靳尚谊、冯骥才、吴祖强、张锲这四位即将赴会的中国文联副主席。作为全国政协委员，他们都"有备而来"。今年"两会"的文艺界热点话题也许就在他们思考的问题之中。

制定未来文化发展战略

中国文联副主席、中央美术学院院长靳尚谊委员将在本次会议中建议，尽快制定二十一世纪中国文化发展战略。他认为，目前中国的经济体制改革和政治体制改革都初见成效，在制定经济发展计划的同时，应该从战略眼光来考虑文化发展问题了。文化发展关系到未来国家发展、民族兴旺，关系到国家在世界上的地位。如果文化发展滞后，未来经济发展势必会受到影响。

中国文联副主席、中国作协副主席张锲委员将在会上呼吁，不仅要从认识上，而且要从组织上、经济上、配套设施上重视青年文艺家的培养问题和繁荣儿童文学创作的问题。在新旧世纪之交的今天，许多老作家故去，活跃在文坛的中年作家也渐老，如果再不重视文学新人的发掘、培养，作家队伍将出现断档。培养社会主义文学新人，不仅是文艺界的事，更是全社会的事。

文艺界如何面对 WTO

中国加入 WTO 的谈判进展顺利，屡有新突破。文艺界如何面对中国加入 WTO 带来的机遇和挑战？中国文联副主席、中央音乐学院原院长吴祖强委员指出，要加强艺术作品的著作权保护。张锲委员指出，要加强打击盗版力度。随着 WTO 的走近，有关知识产权问题的讨论会再度升温。中国文联副主席、天津市文联主席冯骥才委员和靳尚谊委员则不约而同地指出，WTO 带来全球经济一体化，在全球化的趋势中，弘扬传统文化、增强民族自信心和凝聚力不容忽视。

有效保护文化遗产

在弘扬传统文化的具体措施上，靳尚谊委员将着重呼吁加强博物馆建设和文物保护。他深感和经济发展相比近几年这方面工作的薄弱。他说，文物包括器皿和绘画等。中国画体现了中国文化的精髓，前人留下大量的作品，目前却没有相应的博物馆等配套设施去固定陈列、展览。不固定陈列，如何让年轻一代进一步了解，又如何在国际上享有声誉？而随着大规模的城市改造，加强地面文化遗产的保护也刻不容缓。

冯骥才委员将建议设定"文化遗产日"。他说，欧洲许多国家都有和商业操作无关的"文化遗产日"，这一天会举办许多活动，纪念祖先留下的文化，增强年轻人的民族自豪感和乡土自豪感，普及历史文化知识。这样的活动可以使民族文化中的精华部分代代相传。

重视文化遗产也是一个国家进入现代社会的标志。只有进入现代社会，人们才会把历史作为财富。冯骥才委员和靳尚谊委员一样，他对现代化建设中历史文化遗产没有得到足够重视，年轻一代对历史、民俗知识无知等问题感慨良多。

除了上述三个话题之外，委员们还提到了国家大剧院的软件建设、艺术院校的改制，以及文艺界如何为当前的西部开发战略做贡献等问题。预计这些话题都会为"两会"增添新气息。

二〇〇〇年三月三日　《中国艺术报》喻静

二〇一〇年十月举办的第二届北洋文化节"把非遗请进校园"开幕式上，为使学生们感受一下中华大地的文化气息与文化活力，请来了山西新绛的"国家非遗绛州锣鼓"。

最快明年中国有望设文化遗产日

  继河南省将今年十一月最后一个双休日确立为中国第一个省级文化遗产日之后，中国第一个国家级的文化遗产日有望诞生。记者昨日从成都市文化局一负责人处了解到，国家文物局正向全国人大、国务院提交关于建立"中国文化遗产日"的报告。

  如果一切顺利，两年内中国将拥有自己的文化遗产日。

  日前，全国文物局长会和全国文物工作先进县表彰大会在成都召开，两大文物界重要会议首次在地方召开，专家分析与出土于成都金沙遗迹的太阳神鸟金饰图成功当选中国文化遗产保护标志有很大关系。成都市文化局尹副局长昨日透露，目前，国家文物局正酝酿提交建立"中国文化遗产日"的报告，如果一切顺利，最快明年中国就可拥有自己的国家级文化遗产日。

  据了解，全国政协常委、中国文联副主席冯骥才早在今年三月便呼吁在每年的六月二日建立"中国文化遗产日"。冯骥才提出：欧美许多国家都会借助于国庆等节日来凝聚民众对国家的荣誉感。而中国有着光辉灿烂的多元的文化，这些文化是我们民族的标志，是我们中华文明的见证，是我们民族情感、自尊心和光荣感的一个凭借。但是，在工业化的进程中，它们受到了猛烈冲击，特别是人们对自己的文化的漠视和轻视，所以我们需要抢救，也需要提高国民对自己文化的自觉。

  至于"中国文化遗产日"的具体日期，有专家认为可以选择一个得到广泛认同的传统节日，例如春节、元旦、端午节等。专家希望"文化遗产日"能在奥运会之前尽快确立，因为奥运是千载难逢的向世界宣传中国文化的最好时机，尽早提高全民的遗产保护意识，能使全世界都关注中国的时候，展现一个拥有更加丰富多样民族文化的中国。

链接

今年九月，河南省委宣传部、省文化厅宣布：将每年十一月份的最后一个双休日定为河南文化遗产日，这是中国第一次确立省级文化遗产日。今年十一月二十六日至二十七日首届河南文化遗产日期间，郑州、商丘、开封、洛阳、三门峡、安阳等六个城市的七十处景点向公众免费开放两天。

而在国外，一九八四年法国便举办了首次遗产日活动，每年九月的第三个周末，每一个人都对自己先圣留下的文化顶礼膜拜，这一天小到一柄勺子，大到一个教堂、一座城堡，凡是属于文化遗产的项目都会被普查记录，公众可免费参观各处古迹和历史建筑。据统计，现已有四十多个国家设立了自己的文化遗产日。

二〇〇五年十二月二十六日　《华西都市报》记者 蔡宇 实习生 何文宗

让文化遗产日落地生根

　　日前，中国文联副主席、中国民间文艺家协会主席、今晚传媒集团高级文化顾问冯骥才在为中央省部级干部作的民间文化遗产保护方面的演讲中指出，确立中国首个文化遗产日意义重大，表现出一个民族文明的自觉。

　　冯骥才在回顾了人类遗产观形成的历史过程后说，对文化遗产的珍视与保护不能只是政府与专家学者的事，主要是民众的事。我们尚无非物质文化遗产保护法，公众的文化遗产意识还比较淡薄，文化遗产的本身面临濒危。我们的文化遗产日正是在这样的思考层面上设立的。今天由国家确定"文化遗产日"十分重要，它显示了当代中国对自己文明的认识高度，表现了一个民族文明的自觉。

　　要想使它落地生根，需要注意：一、要强调它的精神意义；二、遗产日是一个纯文化的主题日；三、社会各界都应为文化遗产日做贡献；四、遗产日可学习欧洲方式，每年确定一个主题。

　　冯骥才最后说，我们的文化虽然不是人类共有的，却是人类共享的。我们保护自己文明的同时，也在为人类保护一份巨大的、珍贵的、不可替代的财富。

　　　　　　　　　　　　　　　　二〇〇六年六月十四日　《今晚报》

留住民族的文化基因

"民间文化是我们民族的精神传统的重要组成部分，是我们珍贵的历史记忆，对于一个民族的未来十分重要，我们必须留住民族的文化基因。失去它，我们的文化将失去凭依，也将失去产生文化的原动力。"

第二个"文化遗产日"到来之际，著名作家、中国民间文艺家协会主席冯骥才在接受记者专访时这样表示。

"抢救速度跟不上濒危、消亡速度"

二〇〇三年，冯骥才率先发起中国民间文化遗产保护工程，并着手普查中国民间文化家底。他在感奋于家底丰厚之时，也慨叹遗产消逝之快。

"抢救速度远远跟不上濒危、消亡速度！大规模的开发，过分重视经济增长速度，轻视精神意义的事物，以及民间生活方式的重大改变等，是中国民间文化濒危、消亡速度日益加剧的主要原因。"

近年来，他们重点进行了民间文学及民俗志以及以剪纸、年画、泥塑、唐卡为代表的民间艺术和传承人的调查等，并在今年"文化遗产日"上公布第一批中华民族杰出民间艺术传承人。

"这是非常重要的。传承人是非物质文化遗产的灵魂，如果没有传承人，非物质文化遗产根本不会存在。但是，非物质文化遗产又是十分脆弱的，往往是人死艺亡。在进行第一批传承人调查过程中，就有四位传承人离世。这从另一个方面反映了民间文化濒危、消亡的严峻性。"

"老百姓应是'遗产日'主人"

冯骥才表示，在民间文化遗产的保护上，政府的作用十分重要。

"有些遗迹老百姓是拆不了的，只有政府才可以做到。从保护意义上来说，也是如此。"他说，"政府应建立健全相关法律，要把文化保护措施纳入政策规划，比如把古村落等物质及非物质文化遗产的保护纳入新农村建设规划里。这是一个和谐的整体。"

他强调，老百姓应该是文化遗产的直接传承者，应是"遗产日"主人。

"'文化遗产日'的目的是要唤起中国人民对文化遗产的情怀。只有人民热爱自己的文化遗产，对自己的文化充满自信，才能真正做到有效保护。"冯骥才说，"法国的'遗产日'何以成功？因为它已成为全民对自己国家、民族的文化和精神纪念。"

他认为，以法律、教育的方式尊重各族人民的文化，让各族人民、尤其是年轻人建立对自己文化的荣誉感和尊严感，至关重要。

萨尔茨堡铁艺与中国"空巢"

近年来，中国古村落游客日见增多，一些少数民族原生态歌舞更多登上了城市大舞台，冯骥才在感到欣慰的同时，也不无担忧。

"西递、宏村、乌镇的确很美，但不少房子都是空的，实际上是一个'文化空巢'，没有了血肉和灵魂，只是一个旅游区，而不是作为一个生命来对待。"

"原生态歌舞并非不可以转化成现代艺术的营养，聂耳、冼星海就从民间音乐中汲取了养料。但是，它最重要的意义是在那块土地上的存在，都跑到大城市的舞台上了，原生态实际上就死亡了。如今，作为当地百姓生活原生态部分不多了，更多的变成旅游产品。"

他特别提到奥地利的萨尔茨堡。在这座闻名于世的小城，全世界统一经营模式的"麦当劳"，其骄傲的"M"标志被镶嵌进了萨尔茨堡引以自豪的传统工艺——铁艺里。

"这不只是文化保护，而是一种很强的历史精神和历史尊严。虽然社会发生了很大变化，但是变化的只是生活方式，不变的是她的民族灵魂。萨尔茨堡始终十分自信，始终保持着自己的个性，在浮躁中始终保持着自己独特的美。"

　　"如何在发展经济的同时不失去我们文化的灵魂，如何消除现在普遍存在的文化涣散感和浮躁感，是我们的责任。"冯骥才说，"农耕文明向工业文明和现代商业文明转型过程中，我们必须特别珍惜自己民族的文化。这些文化传承了几千年，已经成为我们民族的重要基因。留住这种文化，不只是留住我们的美好传统和精神财富，更是为了民族的未来。"

二〇〇七年六月八日　新华网记者 廖翊

节日文化保护

文章·讲话

像点燃奥运圣火一样重振传统节日

各位领导、各位专家：

在国家把这三个节日——清明、端午、中秋确定为法定节日，还有除夕前调一天之后，我们应该做的一件事，就是往这个新确定的假日空间里放进去什么？这涉及到节日文化问题，但又不是一般的节日文化研讨。因为，我们不是在这里坐而论道，这是一个非常有针对性的、现实的，甚至带有功利色彩的问题。为什么这么讲？我觉得应从两方面来说。一是过去争论节日的淡化问题，争论节日为什么淡化。现在明白了，节日淡化很重要的原因是因为不放假，是因为没有空间使这个节日表现出来。节日是一个民族生活的高潮，是一个民族集体对生活的理想和愿望，包括审美在内的集体的精神追求与向往，它是我们生活终极的价值体现，或是对核心价值的集体追求。因此，一个民族的节日非常重要。二〇〇六年第一批国家非物质文化遗产评定的时候，就评定六个节日进入名录，除去现在放假的三个节日（清明、端午、中秋）之外，还有春节、七夕和重阳。第二批国家非物质文化遗产还没有公布，我们前两天在文化部刚把第二批名单定下来，这次要再增加一个元宵节。现在可以说，我们国家七个最重要的节日，都定为国家非物质文化遗产了。我想，国家能够把这个节日定下来放假，是很有眼光的。应该说，放假本身实际就是一个保护措施。清明节不放假，没时间去扫墓，扫墓的习俗不就被淡化了吗？如果春节不放假，日久天长也会淡化。节日作为一个文化生命，必须有它的生存空间。节日是通过无数节日的风俗表现出来的，是一代一代的人年深日久，约定俗成，最后共同认定的民俗形式。如果没有这个空间（时间），这些形式无法表现，久而久之，一定会消失，一定会淡化。一定会从人们的记忆中消退，最后消失，一定是这样。所以，放假不放假可不是一件小事。因为，有些节日从民国那时就不放假，太长的时间了，早就淡化了。可是从今天起，开始放假了，把节日的空间给我们了，但怎么把这个空间利用起来呢？如果什么也不放，节日是空的，就和没放假一样。这个问题我们不能不讨论，可是我们到底放什么东西呢？这又是另一个问题。长久不放假，与节日传统渐行渐远，节日文化实际上已经生疏了。我们在座的学者们当然记忆深刻，可是你们也不按照这个形式、这些风俗过节吧？如果我们也不按照这个风俗过节了，为什么怨年轻一代呢？我们真的与传统隔绝太久了。我们民俗学不是说传承三代的习惯才能定为民俗吗？记得我曾经用这个衡量过春节晚会。我们说春节晚会之所以具有能够成为民俗的可能性，有三个原因。第一个原因，是阖家欢聚式的，符合民俗传统；第二个是以欢乐为主题，这也符合过年的心理要求。所以，中国所有的笑星都是从春节晚会发家的；第三个是熬夜的，所有的电视晚会中只有春节晚会是熬过午夜十二点的。它符合春节守夜的习俗。但是它只有一条不符合民俗——它是被动接受的、非参与性的。但所有民俗都是参与性的，如果人不能成为民俗的主角，这个民俗就很难成立。所以我说春节晚会得等到三代，就是等我们孙子孙女那一代还看春节晚会，那才能叫新民俗，才能说是中国电视人为中国民俗做的一个伟大的创造。再有，一种民俗许久不再应用，重新拾起，也会走样的。我最近看了一篇文章，是某校一位博士生批评巴金，他说样板戏是一种文化，但巴金没有把样板戏当成文化，而当做他对这种文化的个人化的怨恨而发泄。他对样板戏的不满，那只是个人的怨恨。我想这个荒谬论点的背后是这位年轻人根本不知道什么是"文革"。他自然简简单单地把"文革"样板戏当作一种文化。还有的人说，我们新时期文学是政治一体化的文学。他显然不知道那个时代不是文学和政治一体化，而是生活和政治一体化。文学怎么可能没有政治，怎么能没有政治？任何事物都是这样，事隔太久，一定会把那东西里边深在的内容与意义忘却了。民俗也是这样，如果现在我们要是把那些古老的民俗都拿回来，在我们的大众之中可能流行吗？民俗是一种生活呀。还可能流行蹴鞠吗？可能流行秋千吗？"寒食"我觉得倒有点可能，因为咱们中国是"民以食为天"。这个也是确定国家非物质遗产名录时，我特别提出的一个观点，就是最近发现食品类申报非遗的愈来愈多。自从道口烧鸡的传承技艺被评为了国家非物质文化遗产之后，现在德州扒鸡啊，这鸡那鸡全来了。泸州老窖当时被列入国家非遗名录时指定是其"制造技艺"，现在泸州老窖干脆打出牌子说泸州老窖本身就是非物质文化遗产。泸州老窖本身是物质的，怎么变成了非物质的？所以我提出，食品类的咱们尽量少评，因为食品是靠嘴保护的，我们中国人好吃。民以食为天，我们的嘴是这些"遗产"的忠实的保护者，什么东西只要好吃一定会保护，如果不好吃它也不应该算作"遗产"，因为遗产是我们中华民族留下的优秀的东西。我建议食品类评得越少越好。为什么呢？因为一个民族的遗产主要指精神文化。这就涉及到一个最根本问题：为什么要保护我们的国家的文化遗产？因为在一个全球化的时代，在一个充满各种文化相互冲突的一个时代，特别是我们跟西方文化碰撞的时候，我们的整个经济还是弱势的，那么强势的一定要影响弱势的，无论是经济还是文化。在这个时候，我们要守住自己文化的根，守住自己的文化的传统，守住家园。这是保护我们文化遗产的一个重要原因。我们节日的文化遗产的最重要精神的内核是什么？我在这本《我们的节日》小册子的序言里写一句话，我说，个人最重要的纪念日是生日，一个民族、一个国家最重要的纪念日是他们集体的节日，集体共有的这个节日。这个节日它表现了一个民族共同的生活理想、愿望及其终极的追求，也包括他们的审美——这是一个方面。还有一个呢，就是表现了这个民族跟大自然的关系。春节把这两个方面都表现出来了，清明节也表现出来了。清明节与大自然的关系十分密切。它本身最初是作为一个节气的，后来渐渐变得复杂，一部分继承了寒食节的内容，另外也吸收了一部分上巳节的内容，渐渐的，祭扫的活动也加入其中。渐渐形成两个最重要的核心：一个是对亲人的怀念；一个跟大自然的联系，就是万物复苏，人和大自然的亲和。这在《清明上河图》中表现得非常明显。尤其是描述开始的那一部分，春意融融是其渲染的主题。一行扫墓归来的人骑马骑驴远远走来时，有一头驴惊了，因为它被另一头驴惹得发情的。这是清明这个节气特有的生活细节，叫画家拿来把生活画活了。整幅画人和大自然之间，充满情致，非常亲密的。现在，我们传统节日的空间来了，我们能把清明节特有的情氛表达出来吗？这是一个很重要的问题。现在有一种观点，就是我们的节日来了，可以随便过，反正我们把它过得高兴，老百姓高兴就行了。我说这个不行。对传统节日，它必须具有它特定的传统文化内涵。我们过节日不是光让老百姓高兴就行了。如果周末想让老百姓过得高兴，就在周末使劲折腾去。但是文化节日不行，文化节日它有精神传承的东西在里面。它必须要传承这个节日固有的核心价值。就是我们刚才讲了，一个是共同的生活理想和愿望，一个是人跟大自然那种理想的关系。离开节日的核心价值，也就是离开了传统节日的本身。

刚才有一个记者还问我，关于这个母亲节的问题。我说我在十年前很为我们的年轻人过母亲节和情人节担忧，我写过一篇文章叫《过洋节的中国人》，我担忧。现在我不担忧了。因为什么，首先是如今我们都开始认同传统节日，重视自己的节日了，现在我们吸收一些外来的节日，也无所畏惧了。但是，吸收不吸收不在我们，在于人们需要不需要。节日是人们的一个需要，节日的情怀就是精神的需要，是情感的需要。母亲节是一种人本的节日，我们过去没有这个节日，我们表达对母亲的感情只有在母亲过生日那一天。如果再有一个母亲节当然更好，我们一年总得有一天来表达我们对母亲的感情。老实说，多年来我虽然反对过洋节，但每年母亲节，我会给我母亲送一束花，亲我母亲一下，人需要这种感情。情人节我觉得也很难抵抗。有人提出用牛郎织女来抵抗，我说牛郎织女没法抵抗，牛郎去看织女的时候，挑着孩子去看织女，那根本不是恋人情人节，牛郎和织女是结完婚的，是夫妻，最多是爱情节，表达忠贞不渝的爱情观。所以说，节日是一种精神情感的需要。那么清明节呢？不也有一种人对故去的人的情感的表达吗？一年也总得有一天思念故人。中国人很有意思，选在清明这个日子。因为清明作为一个节气，这个时候万物复苏，憋了一冬天了你没法去看葬在野外的亲人。春天，天暖和起来时去看一看，这也自然。再有，春天总得要收拾收拾房子吧，在古人来看，雨季跟着就要来了，得修补一下自己的房顶，很自然想到了给故人修坟。

清明节是一点点产生出来，是应运而生的，因情感需求而生的。在过去时代，人和生活和生产的关系很密切，人和自然的关系很密切，因此我们所有的民俗都是天人合一的。所以说，这样的我们节日的精神的内核，不能改变，不能把我们的所有的节日都变成嘉年华，都往西方靠拢，就像我们武术大赛那样，每局开始的时候，就上去一个靓女穿着露肚脐眼的衣服，举着那一局的牌子，学西方的拳击，好像我们中国人再没有别的形式。我们在丰富自己的节日时不能向西方靠，尤其不能向商业性的通俗文化靠，不能把我们所有的节日都变成了"欢乐中国节"。不能这样过。清明节本是一个温情的，感情深切的节日，很有人情，人和人，人和故去的亡人、先人，和故去的上一辈人的情感，也有与大自然的一种亲和力。其他节日也是这样，中秋节也不能搞成嘉年华，也不能"欢乐中秋节"。中秋节表示人和月亮之间的关系非常美的，而且是一种很宁静又诗意的关系。其中还有一种对人间团圆的期望。我们不能丢掉传统的节日的精髓，必须得严格地依循自己的传统。

这里有一个特殊的情况，我们的民俗由古至今，不断嬗变和演化，每个时代都会放进去不同的需求，但核心价值没有变。可是到了近代，特别是"文革"，历史彻底中断了，一片空白。这一个中断造成了一代人和两代人的文化的失忆。所以我们必须要重温传统，要恢复传统，要严格地恪守传统，选择传统和发扬传统。那么谁选择，谁保护，谁恢复，谁发扬？谁呢？政府吗？专家吗？文化界吗？今天这一届清明节，山西使劲了，政府有眼光，而且是在清明节的发源地把一个传统节日的架式拉出来了，把这个事儿承担了。我们的学者们很热心，勇于承担这个时代赋予的一个特殊的使命，就是文化传承的使命，跑到这里来讨论怎么恢复节日文化。三佳公司的阎总很有气魄，这么大的规模的活动，需要很大的经济力量和人力来承担。但这只是今年的清明节，往下怎么办？全靠政府吗？如果我们的节日文化，我们整个的文化遗产保护，只是政府和专家保护，那就麻烦了。我们的保护，一定要最后形成全民保护。这才是我们最终的目的。物质和非物质的文化遗产的保护目的是不同的。物质的保护，只要保存好就行了，非物质文化遗产保护的目的是传承，因为它是一种生活文化。所以只有全民保护，文化才能传承。政府和专家在开始时是重要的。但怎么从政府保护和专家保护过渡到全民保护？我觉得有几个方面是必须要做的。一是教育界。文化最重要的还是扎根在当代人的心里。扎根在年轻人心里就是传承到位。对于节日来说，如果没有这种情怀，就不可能过这个节日。他没有这种需求，你总不能强制他过节吧！节日是不能强加的。那么我想，一项重要的工作就是使传统的节日文化进入教育的读本，从小就培养节日情感。这很重要。还有，知识界都应该积极地参与进来，以往我们知识界参与的并不是很多，而是很少。然而真正的文化第一线是最需要人的。那么到第一线做什么呢？第一线需要什么样的人呢？举个例子，我们在最近这几年里抓的一件事是民间美术。中国是个美术大国，尤其在民间，生活无处没有美术。因历史、地域、民族的不同，我国民间美术在种类上无以计数，但不少品种正走向消亡。为什么？因为它没有存活的可能，因为现代人更关心外来的城市化的审美，很少有人去认识它们的价值，没人给它们以调整，没人帮助它们做好时代的转型。可是我们掉过头来看，所有旅游地区最受到人们欢迎的纪念品都是当地土生土长的民间艺术。美术是一个地域最鲜明的符号。但我们现在所有的旅游景点卖的东西基本都一样。好像全国只有那么几十种旅游纪念品，来回批发，你批发到我这儿，我批发到你那儿。我们有数十万美术家和设计家，山东省一年考美术学校的学生就十万人，这些人都跑哪去了？为什么不帮助民间，不帮助我们自己的文化？它们是那么的灿烂，那么有想象力，那么有地域的特点，那么有创造性和迷人！为什么没有人关心它们的消亡？我觉得这是一个民族的文化良心和一个文化责任的问题。所以，知识界非常重要的一点，就是对我们自己文化的责任应有一种舍我其谁的承担精神。

今天，清明节在绵山这个地方过，在寒食节的发源地过，昨天晚上忽然从心里涌出一种感觉，觉得我到这里，有点像奥运会到奥林匹亚去点圣火的感觉——在它的发源地重新把火点起来。因为我们很多的节日都淡化了，淡得快没有了，这些迷人的、诗意的、情感的节日，快要消失了。我们要把这些快要熄灭的火重新点燃。今年清明节我们在绵山；端午节我们准备在汨罗，就是在屈原投江的那个地方，也是端午节的发源地之一。然后我们还要选择一个地方过中秋。我们要像点圣火一样把这个火点起来，重新让它燃烧。我们每一个文化人、学者都是一个火炬手。我们的责任就是要把这个文明之火传下去，能够使我们的清明节重新回到人间，使大地真正地拥有我们祖先一辈一辈留下的这样一个文化遗产。这样才是我们真正的目的。我简单地讲这些，讲得不好，欢迎大家批评，谢谢。

在"我们的节日"中国传统节日
暨山西介休绵山首届（清明、寒食节）文化论坛开幕式上的讲话
二〇〇八年四月二日　山西绵山

二〇〇八年至二〇一〇年，连续三年在绵山上举办"清明文化论坛"。

论坛出版的寒食清明文化论文集。

节日不是假日

可能由于节日常常是放假的，所以这里就出现一个误区或者说是概念上的混淆——假日等同于节日。其实这是完全不同的两回事。假日是公民应该享受的权利，比如公休日，那是《劳动法》规定的劳动者享有的休息的权利，是不容侵犯的；比如一些企事业单位给员工的休假，则是一种福利。从字面上看，假日是按照规定或经过批准可以不工作或不学习的日子。假日是人们自由支配的日子，没有特定的文化上的意义。

节日却不同。节日是一种纪念日。任何国家，节日都有四种，一种是宗教节日，一种是政治节日，比如国庆节，我国还有建党纪念日、八一建军节；再一种是民俗节日，这在我国十分之多。有生产性的，也有娱乐性的。少数民族的节日就更多。现在我国比较重要的民俗节日有春节、中秋节、元宵节、端午节等；还有一种就是外来节日，如五一劳动节、三八妇女节，还有近些年热起来的圣诞节、情人节、母亲节等。节日与假日不同。节日是有内涵的，是一种文化。

节日，无论是政治性的还是文化性的，都是有精神内涵的、有纪念意义的、庄重的。在节日里，主要是体验和感受它的精神意义。比如国庆，我们感受一种崇高的国家情感。在民俗节日里主要体验着一种传承久远的迷人而执着的民族精神。所以不能将节日当作一般假日来对待。

比如即将到来的春节，几千年前老祖宗留下的最大的民俗就是"过年"。它通过各种传统的方式与形式表达人们对生活的愿望、情感、理想与追求，无论是贴春联，吃年夜饭，祭祖，还是守岁，燃放鞭炮，拜年，等等。这些年文化的方式代代延续，其实是一种文化的传承，它体现着一个民族的文化心理，也就是团圆，亲情，祥和，此中包含着无比强大的民族的凝聚力和亲和力。

无论是在古代缓慢的生活节律中，还是在现代化快节奏的生活环境里，也无论你远游到什么地方，到了过年时都要回家。不用人提醒你，你也会千里迢迢赶回去，坐在一家人中间吃那顿年夜饭。如果吃不上那年夜饭，心中总是怅然若失。是为了那一餐也许并不丰盛的饭食吗？当然不是。而是家庭的信念，团圆的信念，故乡的信念。这便是节日中最深刻的东西。

但是，不知不觉，我们的许多节日正在被变成假日。春节、国庆、五一，被称做黄金周。黄金周是商家炒作的卖点，于是国庆节快成了旅游节了。至于民俗的节日几乎成了一种饮食节。中秋节吃月饼，端午节吃粽子，灯节吃元宵。所以大家愈来愈觉得过节很空洞，没有内容，只好去旅游。根本的缘故是我们把节日的精神文化内涵抽空了。

当然，这并不是要否定物质的享受，否定购物和旅游。问题是，我们把节日当成了假日。我们在强调商业目的的同时，忽视了民族的文化内涵。文化符号还在，但这些符号所代表的文化意味却在发生着集体无意识的改变，这才是我们要清醒面对的。

关于外来的节日，我并不反对。一个伟大的民族，就应该有这种博大的胸襟，接纳一切文明的、进步的文化包括节日文化。一个民族吸收另一个民族的节日，一定是一种精神的需要。因此，我赞同当前被一些年轻人引进的情人节和母亲节。我们国家这种人本的节日比较少，恐怕与长期的封建社会有关。对节日也可以采取"拿来主义"，补充自己的不足，使我们的精神生活更丰富。但是，在引进国外节日的同时也不要忘了自己的节日。我们的节日很美好，关键是我们是否能在节日中体验和传承中国人独有的动人的民族情感、文化情感与传统美。

二〇〇四年九月

春节是中华民族最大的非遗

　　春节是中华民族最重要的节日，也是民间生活最大的事。在几千年农耕生活中，人的生活与自然节律一致。年是大自然季节更迭周期之始，也是人们生活的新起点，人生道路的共同节点。人们自然要把对未来的希冀、憧憬和热望，通过年俗表达出来。数千年来，中华民族集体创造了一整套极其密集和丰富的年文化。年文化的本质是精神的、理想的。它是中华民族精神、文化、道德、价值观和审美的传承载体；它最鲜明地体现中华民族独特的文化基因，它是中华文化形象最迷人的体现；它是民族凝聚力和亲和力的源泉；是中华民族精神遗产和传统的软实力。无论其文化规模与价值，还是精神内涵与意义，春节都是中华民族最大的非遗。

　　从文化学角度看，春运是一种文化现象。它是民众心中对年的需求乃至渴望的表现，它象征着春节在人们心中至高的位置，表明春节这一重大遗产今天仍被生机勃勃传承着。反过来，它也体现春节在中国人心中非凡的精神文化分量。

　　近五年春节作为非遗受到政府和各界的重视，如列入国家非遗名录、假期前调、春晚、取消除夕禁放烟花爆竹等，春节已初步摆脱被淡化的威胁。

　　我国在世遗的申遗上，建议将春节放在首位。作为非遗的春节，全民都是传承者。将其推入世遗，可以提高人们对春节文化保护的全民自觉，增强人们的文化自信，促进中华民族的四海一家的认同感与亲和力，同时，加强国家与民族的软实力、文化影响力和民族人文形象。

在国务院参事室春节文化论坛上的发言要点

二〇一〇年一月　北京

关于建议春节假期前挪一天的提案

春节是中华民族最重要的节日。在数千年的农耕时代里，经各族人民的文化创造，春节成为一年一度生活中的大事。它独特而丰富的民俗文化，体现着中华民族的精神个性与生活情感；它欢乐、祥和、团聚的节日主题，蕴藏着强大的民族凝聚力，为四海华人所认同和共享。

二〇〇六年，经国务院公布，春节已被列入首批国家非物质文化遗产。

如何保护和弘扬中国的年文化，使百姓过好春节，便是首要的事。

从这点上说，现行的春节假期是不合理的，应予调整。

由于农耕时代，人的生活节率与大自然的四季是同步的，年预示着新一轮生活的开始。过年最重要的生活与生命意义是"辞旧迎新"。所以，依照传统，最重要的日子是除夕这天。只有除夕这天才真正具有辞旧与迎新的意味。

故而，这一天外出工作的人全要赶回家，全家老小聚拢一起，以美食美酒助兴，相互祝福，享受亲情，还要燃放烟花鞭炮，共同度过这个关键的时刻。除夕这天（俗称大年三十）是春节中最重要、最关键的一天。

但是现行春节的假期都是从初一开始，直到初七，致使人们直到除夕心里急着回家过年，人却还在单位上班。近年来，外出打工的人愈来愈多，由于人们无论如何要在除夕这天赶回家，这便是人为地造成人们的精神以及运输的紧张。

此外，依照民俗初五（俗称小年）之后，各行各业都已开市开业，年俗事项基本结束，已经"无年可过"，春节假日却要一直延至初七，反而使春假变得乏味与疲敝。

造成上述的春节假期不合理的原因，是假期的制定没有依照节日的传统习惯和民俗内涵，而是把它当作一般节日对待。

节日遗产不同于艺术遗产。艺术遗产传承者是艺术传人，节日遗产的传承者是全民。只有广大人民过好春节，从精神到心理都能得到充分满足，节日遗产才能传承下去。这也是最好的文化保护。那就首先要遵从文化的规律，顺乎民情表达，合乎年心理的需要，以使优秀的文化得到弘扬。

为此，建议将春节假日向前挪一天，即从每年的除夕之日到初六放假。

二〇〇七年二月二十二日

建议春节除夕恢复放假

春节是中华民族最重要的节日。在数千年的农耕时代里，经各族人民不断的文化创造与代代相传，春节已成为一年一度民间生活中的头等大事。它独特而丰富的民俗文化，体现着中华民族的精神情感与文化身份；它欢乐、祥和、团聚的节日主题，蕴藏着强大的民族亲和力与凝聚力，为四海华人所认同和共享。

为此，二〇〇六年，经国务院公布，春节已被列入首批国家非物质文化遗产。

如何保护和弘扬中华民族这一优秀的传统文化，使百姓过好年，是一件大事。其中深为人们关切的是除夕是否放假的问题。

在农耕时代，人的生活节律与大自然的四季是同步的。年预示着新一轮生活的开始。过年最重要的生活与生命意义是"辞旧迎新"，而"除旧迎新"的日子就是除夕这一天。依照传统，这一天外出工作的人全要赶回家，全家老小聚拢一起，合家团聚，相互祝福，享受亲情，并以各种民俗方式，共同度过这一时刻。应该说，除夕这天（俗称大年三十）是春节中最重要、最关键、真正具有"年"的意义的一天。为此，年年才会发生上亿人必须在除夕这天赶回家过年的春运。

如果除夕不放假，人在班上，不能回家"忙年"和过年，必然会给人们的节日生活造成各种困难与损失；而且，长久以来，由于除夕不放假，已是这一传统节日的传承受到阻碍的主要原因之一。

二〇〇七年国家决定除夕放假（将原有的初七假日换到除夕），受到欢迎。

这个决定实行六年来，人们春节过得充分，大家高兴，没人反对或呼吁取消除夕放假。

去年重新取消除夕放假之后，通过实践检验效果不好，与传统相悖，有碍节日生活，故此建议恢复除夕放假，以使人们能够松快又充分过好"大年"，也使这个具有巨大民族亲和力和凝聚力的传统节日文化得到加强而不是削弱。

二〇一四年二月二十八日

和民间艺人们聚一聚是快乐的事。

在节日中享受我们的节日文化

　　为了建设我们的清明寒食文化，我们选择了绵山，因为绵山是清明寒食节的原点，也是清明寒食文化的源头。在绵山，清明寒食节的时间、地点、人物都是确切的，非常清晰，这在我国节日中是少有的。所以我们今天在这里搭建这样一个文化研究平台，请来全国各地和周边各国的文化学者专家，相互交流，共同探讨。其中有几个自觉值得我们特别关注。

　　首先是国家的自觉。清明节和端午节、中秋节一道在二○○七年十二月由国务院公布为法定假日，国家能够拿出三天放假不是小事。节日是我们生活的高潮，它极致地表现了人们对于生活的情感、愿望、理想，以及价值观。节日作为中华传统文化的体现是非常重要的，国家要给人民过好这个节日，就需要创造一个平台，一个时间的平台。如果没有这个时间，就没法过节日，就谈不上节日文化自觉。今年"两会"上温家宝总理的讲话非常好，他在政府工作报告中第一次对文化下了定义：文化是什么？文化是国家民族的精神和灵魂，深刻影响了一个国家的运程，甚至改变了一个民族的命运。总理还讲，没有先进的文化，没有全民文明素质的提高，要实现现代化是不可能的。这就说明，文化是作为一个民族的灵魂而存在的。文化可以产生经济效益，但是文化绝不是为了创造经济效益而存在，它的存在意义在于精神价值。政府正是看到了文化在国家发展进程中对提升全民素质和社会文明的重要性，所以才把这几个节日放假，我觉得这体现了一个国家的自觉，这种自觉对于文化建设至关重要。中华民族不能光在物质上富有了，我们还应有很高的文化，很高的气质，很高的精神境界，这些东西相当一部分保存在我们的节日里面。

也可以说我们所说的"核心的价值体系"的一部分保存在我们的节日里。我想，这是国家将传统节日放假的主要根由。

其次是地方政府的自觉。文化传承任重道远，不是我们搞几次活动就可以解决我们的传承问题的，地方政府义不容辞。在这方面，我和张平副省长、秦太明书记有共鸣。山西是一个文化富省，可挖掘的资源很多，谁来挖掘、怎么挖掘？我觉得，更重要的还是人民要自己知道自己的文化宝贵在什么地方，但在现阶段离不开地方政府的引导。应该说，各地政府这种自觉已经有了。

第三个自觉来自下面的社会各界。比如企业做文化要有理念，有担当，不能纯粹拿文化卖钱。绵山风景区用文化推动旅游，从最早的荒山发展成现在的规模，同时很多历史遗存也得到了有效保护。这与一个地方企业的文化自觉有很大关系。

第四就是老百姓的自觉。节日不能只是政府过、专家过，还应该人民过，而且就应该人民过。这两年有一个非常好的理念叫：我们的节日。节日文化和别的文化遗产不一样，后者的传承靠的可能是一个村落、几个艺人，而节日的传承人是广大人民。每个人都是节日文化的携带者，也是传承者。只有人民过上了节日，我们的节日文化才能代代相传。

但是现在有很多节日已经跟我们渐行渐远了，有两个原因，一是因为社会的转型，我们迅速由农业文明转向现代文明；二是我们曾经人为地削弱了自己的文化，出现了文化断层。现在来看这个断层很是可怕的。一代人的中断是疏离，两代人的中断会隔膜，三代人的中断就难以弥补了。我们常讲，物质文化遗产怕毁坏，非物质文化遗产怕中断，所以说形势非常紧迫，我们怎么抓紧时间来传承文化？

我们讲传承，首先要知道传承什么东西。我认为节日文化建设最重要的就是传承节日的精神。中华民族五千年生生不息，靠的是什么？靠的就是这些全民共同认可的精神力量，这是节日最重要的、最需要传承的因素。所有的节日都有它的精神。清明节有两个主题，一是认祖归宗、怀念亲人，另一个重要主题就是对大自然的亲和，所以就有了扫墓、祭祀、蹴鞠、踏青、插柳一系列的风俗。我们下一代人、下两代人不一定像我们现在这样过清明，他们会有所发展，但他们不能丢下清明真正的含义，即它的文化精神。实际上，中国所有的节日都包含两个方面：一是对人际与生活的期望，二是对人与自然关系的理想。这两个关系都期望和追求和谐。清明是很美的，踏青，寻根，这是多美的词，人们像寻找恋人一样寻找春天。所以我说，我们的节日最重要的就是精神、情感，是我们共同的心灵生活。清明，体现了这个季节老百姓对祖先、对大自然的情感，人们需要在节日里享受生活、享受自然、感悟心灵。我们的职责就是要挖掘节日文化，弘扬节日文化，这需要政府、专家和企业的共同努力，让人们在节日中享受我们的节日文化。

可以说，只有人们享受着我们的节日文化，节日就传承了。

节日是我们的集体记忆。如果我们的孩子在一个缺少节日记忆的环境里成长起来，对节日符号一无所知，这只能怨我们没有尽到自己的责任。所以我建议，我们的节日文化要进入小学课本，但同时我反对节日文化教育应试，不能再给孩子们增加负担和压力了。美好的东西，应该像在博物馆欣赏藏品一样，重要的是让他们享受，在观赏、娱乐的同时理解，自然而然地流入他们的血液，形成文化记忆。没有这个记忆，就没有这样的节日情怀，节日建设是不可能的。节日跟一般的假日不一样，星期六星期天可以踢球、游泳、睡觉都没关系，但是节日有特定的文化内涵，政府、社会、旅游部门要给公众特别是我们下一代搭建这样一个平台，创造这样的一个文化环境，让他们有文化记忆，我觉得这是一个非常重要的问题。节日文化重建最重要的就是对下一代负责。

传统节日放假到现在不过三年时间，还处于政府、专家和社会各界通过呼吁、旅游、报道等各种方式进行宣传和引导的阶段。但是我们永远不要忘了，最重要的一点是传承，是唤起每个人对节日的情怀和情感，去享受我们的文化，为我们的后一代留下美好的文化记忆，这样我们的中华文明才能传承下去。

在第三届中国传统节日（清明、寒食）文化论坛上的讲话
二〇一〇年四月四日　山西绵山

节日文化，关键是建设

　　弘扬传统的节日文化，事关中华民族的精神文化的传承，事关民族凝聚力和国家软实力的加强，是一个十分重要的话题。自国家传统节日法定放假确定之后，国家非物质文化遗产专家委员会和中国民协陆续开了不少会，举办过多次论坛，论证节日在传统民俗和当代人民生活中的重要性，还有节日文化如何传承和弘扬等问题。

　　对于个人来说，一年之中最重要的日子是生日；对于公众来说，一年之中最重要的日子就是节日。节日是广大人民集体的共同的欢乐的日子。是生活的高潮。

　　任何一个国家民族的节日都分好几种。有政治和宗教性的，比如国庆节、圣诞节、"八一"建军节等；有一种是某一部分人的，比如儿童节、妇女节、以及这几年方兴未艾的母亲节等；还有一种是传统文化的节日，我们是多民族的国家，各少数民族也有各自的节日。因此我们称得上是节日大国，节日非常多，节日是各民族千百年来不断创造，不断得到公认，然后才形成的。一旦形成人们共同的节日，就会一代代传承下去。民俗学对节日有个说法。一种节日要经过三代人以上的传承才能确定下来。我们总议论春节晚会到底能不能成为"新民俗"，我认为它有成为新民俗的可能，但也有不能成为新民俗的因素。比如春节晚会具有全家欢乐的特点，这符合新年之夜合家团聚的传统。再比如，它以欢乐为主题，符合过年的心理要求。还有，它超过午夜十二点，也符合中国人"守夜"的习俗。中国没有一个晚会过十二点以后还在进行，只有春节晚会过十二点。由于它符合传统民俗，所以被老百姓所接受。如果除夕夜办一个公众大联欢，肯定不会被接受。这说明节日文化必须符合传统文化的规律，即节日民俗的规律。但是，春节晚会有一点是不符合民俗的——这也是春节晚会致命的缺陷。就是在传统民俗中，所有人都是民俗的主人，都是参与者。比如说今年单位效益不好，心里不痛快，放一挂鞭，崩崩邪气，平衡内心；或者家里谁有喜事，心里高兴，吃年夜饭时多喝上两杯来助兴。每个人都可以在节日里尽兴，每个人在民俗中都是节日的主人。但是面对春节晚会时，所有人都是被动的，无法参与，只能被动接受。所以，大家总是年年盼春节晚会，却年年都不满足、不尽兴。这是春节晚会要思考的深层问题，需要按照民俗的规律来创新。

民俗一旦形成以后，节日文化就有几个特点。第一，它是理想化的。比如春节里，我们说日进斗金、终岁平安、五福临门，我们互相的"拜年话"，都是理想的话。节日是把生活理想化，再把理想现实化。所以在节日的时候必须要吃得好，穿得好；平常穿不了这么好，吃不了这么好，节日这天却要努力把理想拉得近一些，所以在传统节日里，总是身处于一种非常美好的氛围里。理想化是节日一个最重要的特点。

第二，它是情感化的。这些年有人说年意淡了，其实年意在人们的心里，并没有淡。只是我们缺少足够的方式去把年的情感表达出来罢了。每到过年的时候，我都要到火车站或长途汽车站去感受一下返乡过年的民工，至少一亿民工回家过年，世界上哪有这样的节日啊，这是多宏大又动人的景象啊，这是多么巨大的节日的力量！

一次我看到一个情景非常感动。在火车站看到一个人没有票，但他急着回家过年。车要开了，他就从车窗往里爬。如果在平时，下面的警察会往下拉，因为他没有票，而且也很危险。但在这时，车上人却一起把他往上拉，车下的警察居然往上推，因为人民有共同的节日情感，都要在过年的时候回家好好过个年。这就是民族的亲合力和凝聚力。这不需要国家花一分钱，一年一度老百姓自动去增添民族的凝聚力和亲合力。今年闹经济危机，老百姓过春节还是那么大劲儿，自动"拉动内需"。节日也是巨大的经济资源，就看怎么用了。现在的节日经济远没有用到位，远远比不上西方的圣诞节与情人节。

如今国家看到了传统文化的重要，有了十分明确的文化自觉。非常明显的表现是对三个传统节日的法定放假和春节假期的调整上。放假和不放假是完全不一样的。放假，就给了节日文化一个发挥的平台和空间。长期不放假，就没有这个空间，节日文化一定就会慢慢地萎缩，节日里蕴藏着的传统道德、文明精神和中华民族终极的价值观就会与人们渐行渐远。所以放假的本身就是对传统文化的保护。这是令人称道的国家行为。

但是，放了假怎么办？去年一年，我们的清明活动是在山西绵山搞的，端午活动是在湖南汨罗搞的，中秋活动是在江苏南京搞的。我昨天做了一个表格，从民俗学角度把节日民俗内涵分成六个方面。第一是它的主要形式，第二是崇拜对象，第三是精神内容，第四是民俗活动，第五是饮食，第六是新的创造。再把四个主要的传统节日（春节、清明、端午、中秋）从上边说的六个方面进行分析与比较，排了一个次序。

从中可以看出，春节的节日仍很强劲，清明因普遍有祭扫习俗而位居其次，中秋和端午已很淡薄。不少人甚至不知道为什么要过端午与中秋。这是很可怕的。当代人全都不知道了，历史文明就成了失落的文明。具体而言，我们首先得承认，节日的崇拜对象基本上没有了，有些地区还有一些祖先崇拜，其他崇拜对象都消失了。故而节日精神内涵就特别需要加强，需要告诉年轻人每个节日的精神文化内涵是什么。现在很现实的问题就是节日文化淡薄，其结果是节日情怀的淡薄。如果人们对节日没感情了，节日就一定会从我们的生活淡化出去，传统的力量就会涣散。这是我们下一步主要考虑的问题。前几十年，经历那么多的"革命"，再加上"文革"，人们跟传统文化的距离已经太远，很多美好的传统习俗都中断了，淡忘了。如果重温它，现代人接受不接受是一个问题。如果现代人不接受，也就不会传承。怎么让现代人接受？这是第一个很实际的问题。第二，有没有人们喜闻乐见新的形式和新的方法？这些新的形式从哪儿来？这也是我们需要考虑的。第三，谁是节日的主人？去年的几个节日看上去挺热闹，却多是政府行为，包括文化遗产的保护。政府保护当然是最重要的，但如果只是政府保护那就麻烦了；因为节日是人民的生活，它必须是全民的。如果老百姓没有兴趣，它不是老百姓的生活，只是一种与地方官员的政绩相关的大轰大嗡地虚张声势，也就没有存在价值了。

对于如何弘扬传统习俗和传统的方式方法，我有三个想法。第一个就是要努力帮助公众温习传统。现在是媒体强势的时代，或说是"媒体指导生活"的时代，所以媒体要在节日里主动承担弘扬节日文化的使命，营造节日氛围，让公众对传统节日有兴趣。第二是对下一代进行节日文化教育，要使节日文化多彩多姿地进入中小学课程，让孩子们从小熟悉与热爱自己的传统；可以给孩子提供一个节日文化读本，举行丰富多采的节日活动。但是不要进入考试，一进入考试孩子就变成"死知识"了。总之要想办法让节日文化进入我们下一代的心灵。

第三个就是节日文化一定要有新的创造。实际这些年也搞了一些创造、试验，包括春节晚会，包括网络、短信拜年，创新的节日玩具、饰品、礼品等等，做了一些努力，但远远不够。节日文化大有可为，节日经济大有可为。当然，我们文化界要担起责任，致力创造各种各样的方式，不断地尝试，以期不断地得到认同。弘扬的根基是建设，不是造势。这样，节日文化才会一点一点地重新建立起来，也就会"新桃换旧符"了。

在中央文史研究馆"弘扬中国传统节日文化座谈会"上的发言
二〇〇九年三月十一日　北京

节日文化保护

言论·报道

二〇〇八年国家采纳知识界的意见，将清明、端午、中秋三个传统节日列为法定节假日。随即我们把它做为推广重点。有些传统节日"阔别已久"，需要想方设法做大量的推动和传承的工作。

不要把传统文化节日
变成一个个美食节

金秋十月，走进大大小小的商场，浓郁的月饼气味提示着人们中秋佳节即将到来。这是一个承载人们美好希望的节日，一个人们渴望团圆的节日，一个被历代文人墨客反复歌咏的节日。近日，一直关注民俗的著名作家冯骥才在接受记者采访时说，当务之急是要还原传统节日的文化内涵，不要把这些节日变成一个个美食节。

冯骥才说，人们对节日的需求主要是精神和情感的需求，情感价值是节日里最主要的核心，对我们这个民族来讲表现得更为鲜明，更具特色，比如老百姓必定要吃的中秋团圆饭和春节年夜饭，即使不能来也要"千里共婵娟"，心也是要在一起的，这也是中秋节和春节产生和被重视的原因。这个需求从大的方面来看，是一种民族亲和力和凝聚力的体现，是我们这个民族五千年来聚而不散的最大的精神内核。

冯骥才指出，一个节日是有很多载体的，它必须有传说，必须有故事，比如中秋节有嫦娥奔月、吴刚砍树，端午节有屈原投江；二是它必须有活动和仪式，如歌舞、百戏、赛龙舟、踏青、登高、插柳、插艾、插茱萸等等，包罗体育、文学、舞蹈、医药等各个方面。每一个节日都有丰富的内容，而且这些都是能创造和表现出中华民族那种文雅、雍容、浪漫的气质。春节、中秋节、端午节、重阳节、清明节，这些节日是与大自然相和谐的，是天人合一的，在这些节日里充分表现了中华民族的精神需求，寄予了人们对生活的美好理想和祝愿，展现了中华民族优秀的文化内涵和价值取向。

随着社会的变革，时代的发展，尤其是面对全球化和商业化的冲击，一个严峻的现实是，我们的很多传统节日中断了，有些甚至已经名存实亡。对此，冯骥才认为，一些传统节日之所以中断乃至消亡，实际上是说它的精神内涵被人们忘记了，它的精神载体不复存在了。原因主要有两方面，一是人们生活方式的改变。中秋节是要赏月的，古时过节，人们在种满桂花树的院子里赏月，听嫦娥奔月的故事，对月高歌，把酒问天，是非常美的。可是现在我们看到的是亮起来的城市，到处是闪耀的霓虹灯和林立的高楼大厦，被遮挡住的月亮不容易看到了，人和月亮疏远了，所以人们赏月这种兴趣也就渐渐地淡了；二是人们没有自觉地认识到传统节日的精神价值。长久以来，很多人认为节日不过就是吃点好东西，穿些好衣裳，由于忽视了这些传统节日的文化和精神价值，这些节日被我们人为地淡化了，尤其是进入商业化社会以后，我们将这些传统的节日推向了市场，有的甚至成了"黄金周"。"黄金周"就不是节日了，它成了商人赚钱的一个时机，这样的结果使我们的很多文明在某些方面中断了，这是我们追求物化的结果。所以，很多时候老百姓过节时常常感到很失落，不知道节该怎么过了，这种失落不是一种简单的"肚子失落"，而是一种精神上的失落。当然，在这一点上我们不能埋怨现在的年轻人，文化和文明的传承是需要一代人告诉一代人的，我们大人不说，他们不会了解，如果连我们大人自己都稀里糊涂，再谈传承和发展就成了一种奢求。

冯骥才最后说，现在过节，很多人把其中的文化内涵摒弃了，就剩下月饼、年夜饭、粽子、元宵，每一个节日都只剩下一种食品，基本上把中华民族这些传统的节日变成了一个个美食节了，这是我们民族的悲哀。他认为，当务之急是要重新认识和建设我们的节日，要研究我们的节日文化，创造我们的节日文化，通过多种形式还原这些传统节日的文化内涵，还它们一个"本真面目"。节日民俗是一个民族的盛典，它绝对不是简单地吃喝穿戴。一个民族的文化光靠几个人呼吁是没有用的，它需要整个民族的一种自觉，这种自觉是一种文化精神的自觉。

二〇〇四年九月二十四日　新华网记者　张淑英　周润健

基金会

文章·讲话

苦乐参半的画集

　　这是一本例外的非同寻常的画集。本集中所有画作，将在一次公益画展中全部义卖，以支持正在进行的举步维艰的民间文化抢救事业。

　　近两年，为了这一神圣的文化使命，我几乎放弃了小说与绘画的创作。每当看到文友与画友们新作问世，心中的矛盾与苦涩，唯有自知。当然，这是一种心甘情愿的自我抑制。面对民间文化身处全球化的泯灭与追杀中，只能先吹灭一己的艺术欲望。

　　然而，当纵入田野后才发现我们身陷孤立。一边是整个民间文化支离飘零，承继无人，等待着终结。我的心几乎可以听到它们奄奄一息时沙哑无力的呼救。它是我们民族精神情感的根基，又是传承了数千年文明的遗产！怎么办？

　　而另一边，我们三军在外，手无粮草。面对着如是困境，许多学者与文化工作者却从来没有迟疑与放弃过。他们深知这是自己的责任，不少人慨然用个人有限的钱财来支撑这一时代的重负。我钦佩这些文化人的品格，他们给我以鼓舞，叫我于迷惘中看到希望之光。一个民族文化的真正希望，最终是看有没有视其为神明和自己生命的人。

　　为了支持我的同道，以及我们共同的使命，我决定贡献我的绘画。这也是一介书生唯一能做的事。

　　甲申以来，白日忙碌各种事务，晚间进入画室，平心定神，挥笔作画。谁料得，这不得已之所为，竟使自己进入久违的艺术创造中。一笔色彩是一道霞光，一抹水墨是一片夜的浓雾。此刻，一张张纸面上的纤维全是超敏感的神经，笔锋可以神奇地开口说话，或清灵地快语，或深切地倾诉，或绵长地叨念，或爽直地道白。以我的经验，当手中的笔不再是一种制作工具，而是心灵的器具时，我便进入最佳的创作境界。而真正使我进入这种境界的不正是长久以来自我的压抑么？我忽然想到我说过的一句话：艺术的原动力来自深重的压抑。不信，就去克拉玛依看一看那朝天冲起的井喷。

于是，半年多来，尤其是整个夏天，我挥汗如雨，常常画到夜深人静，已然不知是苦是乐。待画过这些画，准备在画展上来卖掉这些心爱的近作时，心里竟生出依依不舍。这是我近年来一次真正的艺术创作，这些画与我共度了一段难忘的时光，但是它们纷纷要离我而去？

我必须要正视现实。我不能过分自我，必须回到这次创作的缘起与原点——民间文化在向我们紧急呼救。此刻，我感到这次卖画有如卖血。但如果我们的血是热的，就一定会得到回报。这回报最终应是日渐荒芜的田野重新开满斑斓而无涯的花朵。何况，在这次公益画展中，还可能遇到真正的支持者与文化上的知己呢。

于是，我将这一阶段的全部作品完整地拿出来，其中数幅乃是不可能再重复的个人的顶极之作。

为了纪念这些绘画和甲申这段时光，我在它们即将四处流散之前，拍照留影，端印成集。我要特意感谢中州大地上几位出版界好朋友的支持，并感受到这支持不只是友情，还有一种令我感动的道义和对文化的虔诚。

二〇〇四年十月

在北京现代美术馆再次举办公益画展，台湾电影艺术家赵文瑄被我感动，跑到现场捐款，反过来也使我受到感动。这样，自己努力，大家帮助，私募性质的"冯骥才民间文化基金会"便成立起来了。

我在画展的题词前留影。

媒体对我的这种举动甚感兴趣。记者问我："你认为你用卖画的钱能救得了民间文化吗？"我说："救不了，但我只有卖画的钱。"记者问我："你很绝望吗？"我说："我还没有绝望，我也是在寻找知己和呼唤希望。"

二〇〇七年六月十六日在南京爱涛艺术中心举办"冯骥才公益画展"，此为开幕式现场。

民间自救

　　当前，我们几乎是在零经费的情况下承担着一个时代的使命——民间文化的抢救。我想如果再过五十年、一百年，我们的后代在这个地球上看不到多少我们先辈传承给我们的文化，看不到多少文化遗存的时候，他们怨怪我们的时候，他们也许会说，如果他们是我们这代人，他们会怎么做。但是历史是一次性的，我们不做，他们就一无所有，我们将愧对他们。所以，在这个全球化的时代，我们深深地感到中华文明的传承遇到了空前的挑战。怎么办？我经常感到一种尴尬。因为我作为这个工作的总的倡导者、发动者，我没有力量做。我感到尴尬。我觉得我把学者们逼上了绝路。我在苦苦思索中想到了一个问题，因为我们是为思想活着的人，再大的困难也不能使我们放弃我们的思想。现在只有选一种办法，就是"民间自救"方式。一方面，我们希望政府、各个地方的领导给我们支持；另一方面，要把广大的民众对我们文化的爱心调动起来，来救助我们自己的文化。所以这样，我才有最近十个月来的工作。我天天夜里绘画，因而才有今天的展览，才有今天的阵势。使我特别感动的是，这些文化界举足轻重的人物站在这里像大山一样地支持我。我在天津短短的一天多的展览，工作人员已经告诉我说，"冯先生你已经不用太着急了，你的目标已经达到了，你的义卖已经突破百万了"。我不认为这是我的画卖了一百万，我觉得这一百万是帮助我们民间文化的工作者，帮助那些在田野中为我们中华民族精神文化的传承而默默工作的人。所以我要感谢他们。在这之中，有一个非常出色的人就是赵文瑄。赵文瑄是我的好朋友，他是台湾的演员，大家比我熟悉他。大家有不知道的另外一面，就是他有深远的眼光，有很好的文化品位，有文化的思考。所以，我们多少年以来一直视彼此为知己。今天他宣布要把他的一百万元片酬捐出来，这使我非常感动，还使我由此认识到海峡两岸的中国人共同拥有一个文化的根，爱护、弘扬和保护这个根是我们共同的责任。我还非常希望海峡两岸的年轻一代都应该像文瑄这样帮帮我们自己的文化。我谢谢文瑄！

最后，我想说，为什么选择中国现代文学馆办这次画展。最近一段时间里已经有十几个艺术馆要给我办这个画展，我为什么要选择她？就因为这个文学馆是巴老当年创建的，是巴老捐助的。我觉得我这个展览也是一种捐助。我找到了一种联系。我感觉到我在这个展览馆里有一种神圣感，有一种光荣感。我触到我们前辈的一种精神。我这个展览从另外一个意义上讲，它又不是一个完全的画展，而是我在追随我们前辈的路途中所走的一步。所以，我非常感谢中国作家协会、现代文学馆给我的理解与支持。完了。谢谢。

在"冯骥才公益画展（北京展）开幕式"上的讲话

二〇〇四年十月二十日　北京

为周庄卖画

上世纪九十年代初(一九九一年),冬天里,我在上海美术馆举办个人画展,期间二位沪中好友吴芝麟和肖关鸿约我去远郊的周庄一游。

那时周庄尚无很大名气,以致我听了反问道:

"值得一去吗?"

二位好友眯着眼笑而不答,似是说:"那还用说。"

这眼神看来是周庄最好的广告——诱惑我去。

车子出了城还要走很长的路,随后在一片寂寞又灰暗的村落前停住。车门一开,湿凉的水气便扑在脸上。水气中分明还有许多极其细密、牛毛一般的水的颗粒。一股南方的柔情使我心动。

穿入一些窄巷,就是入村了。两边的房子大多关着门板,开了门的里边黑乎乎的也不见人,只有一只黑母鸡带着一群小鸡在巷子里跑来跑去地觅食。村里的人跑到哪里去了?

这天雾大。树枝、檐角、晾衣绳,到处挂着湿雾凝结成的亮晶晶的水珠,时而会有一滴凉滋滋落在头顶或脖梗,顺着后背往下滑。待到了江南水乡的生命线——那种穿村而过的小河边,竟然连河水也看不清。站在石板桥上,如在云端,四外白白的全是流烟,只听得水鸟的翅膀用力扇动浓重的雾气时"扑喇喇"的声音就在头上边。更奇妙的是,看不见河,却听得到船儿"吱呀呀"的摇橹声穿过脚下的石桥;声音刚在左下边,几下就到右下边去了,也像一只飞鸟。

下了桥,走进一条宽一些的街上,便能看见来来去去的人影了。古村落

这是基金会的标志与简介。标志是"鲤鱼跳龙门"，以寓意把大地文化的鱼升华为民族精神的龙。

在二〇一三年"天津皇会文化展"开幕式上。

的活力从来就是在这样的老街上。

那时候，周庄尚未开发，却有了一点点文化的觉醒。听芝麟说，不久前周庄刚刚度过九百岁的生日，村民们还在村口立了一块纪念碑呢。芝麟请来当地的一位文物员带领我们走街串巷，一边他滔滔不绝地讲着这古村的历史，话里边带着几分自豪，不像后来的旅游向导多是取悦于游客的"买卖腔儿"了。

走进一幢老宅，从砖木的精雕细刻中始知周庄当年的殷富。谁想到文物员一介绍，这老宅竟是江南巨贾沈万山的故居，我马上感觉与周庄有了一种异样的亲切。这缘故，来自童年时心爱的一本厚厚的小人书，叫做《沈万山巧得聚宝盆》，描写心地善良的沈万山贫困交加，走投无路，一头撞向家中破墙，不料在被他撞倒的老墙里，惊现一个巨大的煌煌夺目的聚宝盆——据说是祖辈为了怕家道衰落后人受穷，秘密藏在墙中的。沈万山靠着这个聚宝盆经商发财，并用赚来的钱财济困扶危，赢得一世的赞许。且不论这小人书里有多少虚构，由于它是我儿时崇拜的画家沈曼云所画，便将这本小小的图书视同珍宝。这书一直保存到"文革"，抄家后再也找不到了。以后许多年，每次想起这本失去的书，都会生出一点点怅然，好像失去的不仅仅是这一本书。没想到这早已沉睡在记忆底层的一种情感竟在这湿漉漉而幽暗的老宅里被唤醒了。这老宅外墙的雕砖还刻着一个精巧的聚宝盆呢！

我情不自禁把这桩童年往事说给文物员听，他笑着对我说，他还能使我对沈万山印象更深一些——请我们一行吃一顿"沈家肘子"。

沈家肘子的确非同寻常。红通通、油亮亮、肥嘟嘟的大肘子端上来时，浓浓的肉香没有入口，已经先钻进鼻孔里。猪肘子有两根骨头，一根圆而粗，一根扁而细。文物员从肘子中将细骨头抽出来。这骨头又扁又长，像一柄白色的刀。拿它在肘子上轻轻一划，毫不用力，肥肥的肉便像水浪一样向两边翻卷，肘子就这样被美妙地切开了。我说就像船桨在水上一划那样，关鸿说："划得大冯口水都出来了。"

中午过后，从沈家走出来，没几步就是河边。此刻，大雾已散。一条被两排粉墙黛瓦的小屋夹峙着的小河，弯弯曲曲伸向远方。周庄的景色真是晴时美、雾中奇——雨里呢？忽然，我注意到远远的有一座两层小楼略略凸出岸边，二层的楼外有一条短短的木梯一直通到下边的水面，那里系着一条轻盈的扁舟。我指着这远处的小楼说，不用画了，这就是画。

文物员告诉我，这座如画的小房子，被称做迷楼。当年这里是个茶馆，柳亚子的南社诸友常聚在这里活动，被人误以为这些才子们叫茶馆主人的一个美丽又姣好的女儿迷住了，还闹出一些笑话来。我说："看来周庄无处无故事。"这话本该引来文物员更得意的表情，谁料他面露一丝忧愁，还叹了口气。我问他是何原因。这原因出乎我的意料！原来迷楼的主人想拆掉房子，用卖木料的钱去盖一座新房。这是此时周庄流行起来的改善生活的一种做法，很多老房子就这么拆掉了。

我一怔，马上问道："这座小楼的木料能卖多少钱？"

文物员说："三万吧。"

我便说："我来出这笔钱吧。现在正有两位台湾人在上海的画展上想买我的画。我不肯卖，但为了这座小楼我愿意卖。一会儿回上海马上就把画卖掉。咱把这迷楼留住。"

吴芝麟笑道："大冯也被这迷楼迷住了。"

我也说着笑话："茶馆老板的女儿至少也得一百岁了吧。"然后认真地对芝麟说，"这房子买下来就交给你们报社吧。今后再有文人来游周庄，便请他们在楼里歇歇腿，饮点茶，吟诗作画，多好。你们就拿这些诗画布置这小楼。"文人的想法总是理想主义的。

朋友们说我这个想法极妙。当日返回上海，联系那两位台湾人，把两幅心爱的小画《落日故人情》和《遍地苏堤》卖掉，得款三万五千元，马上与周庄那位文物员联系。没想到事情不顺，过了几天才有回信。原来房主听说有人想买这座迷楼，猜到此楼不是寻常之物，马上把价钱提高到十万以上。

我一听便急了，还要再卖画，吴、肖二友对我说："这房子买不成了。等你出到十万，他会再涨价。不过你也别急，你不是怕这房子拆掉吗？这一买，一不卖，反而不会拆了。"

此话有理。如此迷楼还立在周庄。

我写此文，不是说我曾经为周庄做过什么努力——我并没为周庄花一分钱的力气——真正为周庄立下不朽功勋的是阮仪三先生。但在周庄遇到的事令当时的我惊讶地看到，在经济生活的转型中，我们的精神家园竟然在不知不觉之中悄然无声地松垮了。一个看不见的时代性的文化危机深深地触动并击醒了我，使我的关注点移到这非同寻常的事情上来。由此，才有了三个月后，在宁波为了保护贺秘监祠的第一次真正的卖画捐款。

我的文化保护是以周庄为起点的。从周庄思考，从周庄行动。

二〇〇六年九月

基金会举办的项目：颁发中国民间文化守望者奖，旨在支持默默无闻、坚守田野的民间文化工作者。

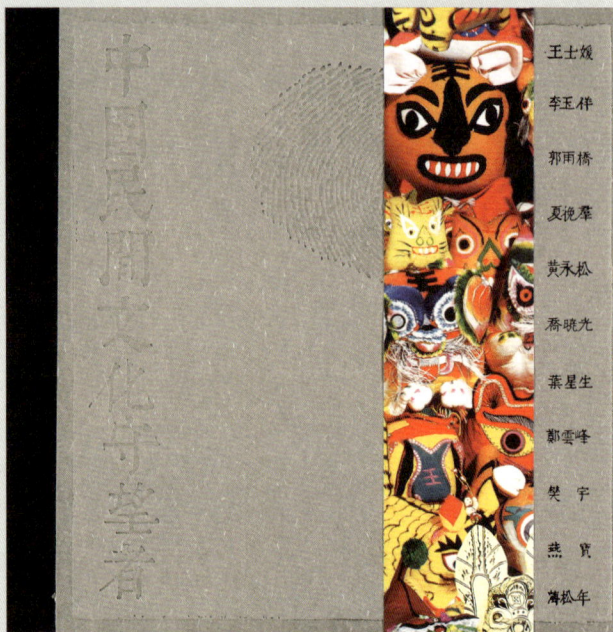

基金会设立的民间守望者奖，旨在奖掖多年为中华文化抢救和保护做出重要贡献而一直默默无闻的人士。我在这本图文集所作的序言《沉默的脊梁》中，表达了对他们崇高的敬意。

民间守望者奖杯状似一块砖，表明他们每人都像一块砖那样，献身给中华民族的文化大厦；这块砖纯净透明，象征他们的品格与境界的纯净。

精卫是我的偶像

这一次，当我把两年多来的绘画精品拿出来卖掉，以支持艰难的文化遗产抢救的事业时，心中的矛盾加剧地较量着。

并非我不够慷慨，而是这些画都是我的心灵之作。我说过，艺术是艺术家心灵的闪电。它是心中的灵性，只有偶然出现。这也是我的画数量不多和很少重复的缘故。因之，我一向十分珍视自己的画作，不肯拿它去换钱。

此时可以说，这些画不是从我手里拿出去的，是从心里拿出去的。

记得，甲申年在京津举办第一次画展时，我将自藏多年的两幅画《高江急峡》和《树之光》卖掉。虽然价钱很高，一位好友却对我说："你不该把这两幅画卖掉！"

我承认，这句话加重了我心里的矛盾。因为我的画一如文章，无法重复，也不能重复。记得前一幅画作画时激情飞扬，溅得满身水墨，后一幅画光线之强烈竟使我自己愕然。在那次公益画展上我心想，这样大规模卖画的事只做一次吧。

然而，事过两年，我又要义卖画作了，而且是我两年来绝大部分的心爱之作。其原因既简单又直接——我们的文化遗产仍然身处危难，破坏和消亡的速度与力度大大超过抢救的速度与力度；特别是在这个物质化和功利化的时代，人们对这种文明受损的严重性尚不清楚，故而文化遗产全面受困，为其工作的人员极其有限，经费困窘得常常一筹莫展；我一手创立的专事文化抢救和保护的基金会始终处在社会边缘，仅此一家，无人垂顾，境遇尴尬。

当我身在书房和画室，对个人的作品自然会心生爱惜；当我涉跋在广阔的乡土和田野中，必然又会对那些随处可见、一息尚存、转瞬即逝的文化遗产心急如焚。此时，个人一己的艺术得失怎能与大地文化的存亡相比？我说过，我们大地的文化犹如母亲的怀抱，我们都是在她的滋育中成长成人的。当母亲遇到危难，危在旦夕，怎么能不出手相援。卖画又算什么？

应该说，此次公益画展是一次自相矛盾和自我战胜后的行动。在这次行动中我看到了自己依然站在当代文化的前沿上，很高兴自己没有退缩。

记得有人问我："你靠卖画能救得了中国的文化遗产吗？这莫不是精卫填海？"

我说："精卫填不了海。精卫是一种精神，一种决不退却、倾尽心力乃至生命的精神。我尊崇这种精神。它是我的偶像。"

二〇〇七年五月

基金会

言论·报道

卖画有如卖血

冯骥才为民间文化遗产保护身体力行

十一月二十日，"冯骥才公益画展"在北京中国现代文学馆举行。近年来从文坛和画坛消失、潜心文化研究和城市文化保护的天津著名作家冯骥才，再一次出现在公众面前。

这次画展是冯骥才为自己所倡导的"民间自救"文化遗产的实际行动。十一月，二十八幅画作在北京和天津两地巡展并进行义卖，所得收入将作为冯骥才民间文化基金会原始基金。在展览的同时，《民间，民间——冯骥才公益画集》也由中州古籍出版社出版。

二十多年前，冯骥才走上文坛并一鸣惊人，成为"伤痕文学"的代表作家之一。一九八五年后文坛开始寻根，冯骥才开始写文化反思小说，以一双《三寸金莲》迷倒了无数读者。到目前为止，他已出版了各种作品集五十余种，各种译本三十余种。冯骥才在文学上成就显赫，但很多人不知道，他从事绘画的历史要比写小说的历史长得多，并以中西贯通的绘画技巧和含蓄深远的文学意境，在中国当代画坛独树一帜，被评论界称为"现代文人画的代表"。

冯骥才表示，此次前来参展的作品都是他的呕心之作，"这是我近年来一次真正的艺术创作，谁料到，这不得已之所为，竟使自己进入了久违的艺术创造中。我想，这就是所谓的艺术的原动力来自沉重的压力吧！"

很多观者感觉，展出的作品中无论是《初照》的鲜活明朗，还是《水上人家》的恬静怡人，每一笔色彩，每一抹水墨，都能让人从中感触到激荡的心灵世界。"其中数幅是不可能再重复的个人顶极之作。"冯骥才不无遗憾地说，"但我必须正视现实，我必须回到这次创作的缘起与原点——民间文化在向我们紧急呼救。"

这几年，冯骥才一直在为民间文化的抢救工作鼓与呼，几乎放弃了小说与绘画的创作。冯骥才坦言，每当看到文友与画友们新作问世，心中的矛盾与苦涩，只有自知。"面对民间文化身处全球文化的泯灭与追杀中，只能先吹灭自己的艺术欲望。"

从一个倡导者到一个身体力行的实践者，从一种爱好变成一种责任。冯骥才说，按照国家的规定，注册一个像"冯骥才民间文化基金会"这样的组织，注册资金至少需要两百万元。据悉，参展画作在天津展览的时候就已经卖出了十八幅，共筹集到了八十四万元。在北京展览期间，冯骥才从家中拿出的两幅珍藏画作，在展览当天就以十万元和八万元的价格被抢购。

在《民间，民间——冯骥才公益画集》的自序中，冯骥才写道："我感到这次卖画有如卖血。但如果我们的血是热的，就一定会得到回报。这回报最终是日渐荒芜的田野重新开满斑斓而无涯的花朵。"

二〇〇四年十一月二十八日　《中国青年报》记者 桂杰 黄小芸

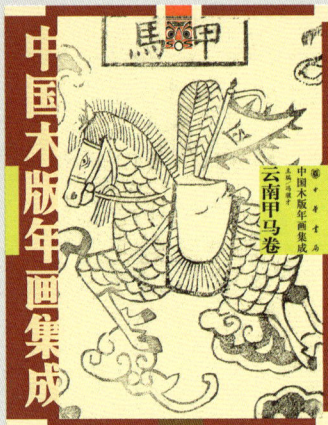

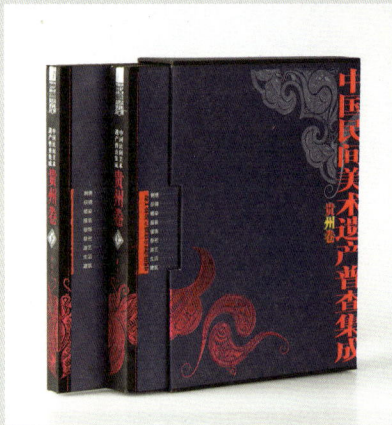

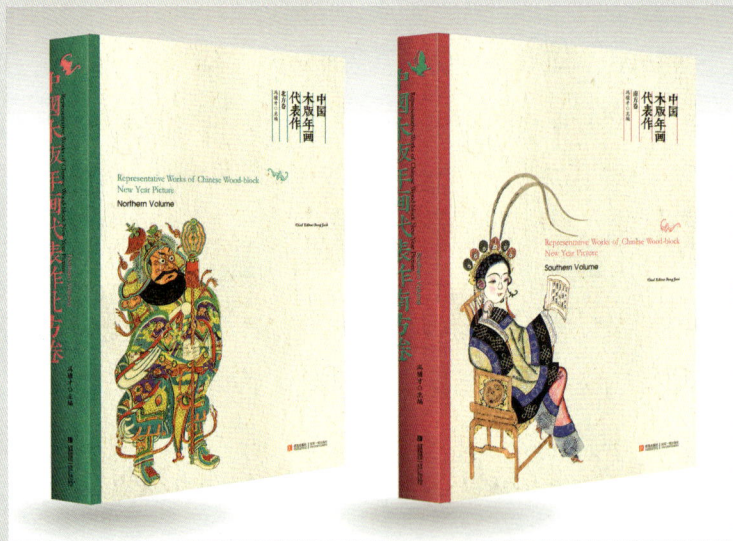

基金会主编与赞助的出版物。

冯骥才倾情卖画

为给正在进行中的中国民间文化遗产抢救工程筹集资金，中国文联副主席、天津文联主席冯骥才将于近日义卖自己的三十幅画作。本月十四日上午，这批有着非同寻常意义的艺术品将在天津美术展览馆与观众见面。

此次义卖画作全部是冯骥才的心血之作。作为知名作家、学者和中国民间文化遗产抢救工程的发起者，冯骥才此举完全是因为举步维艰的民间文化抢救事业，与之前的作品相比，笔墨中更有一份文化责任。据了解，中国民间文化遗产抢救工程从二○○二年初启动至今已经收到喜人成果，但同时各地方抢救经费不断陷入困境。有很多老专家和年轻的研究者们，正在用自己的积蓄和力量继续做着这件事情，他们不懈的努力让冯骥才大受鼓舞，他说："我想我应该给他们以帮助，贡献我的绘画。这也是一介书生唯一能做的事情。"

即将义卖的三十幅画是冯骥才今年夏天集中创作完成的。这两年，为了中国民间文化遗产抢救工程，为了这项神圣的文化使命，冯骥才几乎放弃了小说与绘画的创作。这一次，为了给抢救工程筹集资金，冯骥才第一次不情愿地拿起了画笔。不得已而为之的绘画，却出人意料地将自己的创作激情燃烧了起来。冯骥才说自己也没料到，最佳的创作境界是在这样近乎"悲壮"的状态下被点燃的。"感觉笔锋可以神气地开口说话，清灵快语，深切倾诉，绵长叨念。我忽然想到，艺术的原动力是来自深重的压抑。"

据悉，这批绘画作品在天津展出一天后将送往北京，在北京民族文化宫继续举行公益展览，然后在天津举行义卖，全部钱款将作为冯骥才民间文化基金会的第一笔资金，一分不留地用于民间文化遗产抢救工程。冯骥才说，他想让更多的人知道自己的想法，看起来的艺术行为，实际是一次公益活动。

"卖掉这些心爱的近作，心里是依依不舍的，这几个月的时光也被一同分割。但我必须要正视现实，回到这次创作的缘起，民间文化在向我们紧急呼救。"

二〇〇四年十一月十二日　《今晚报》高丽

口头文学

文章·讲话

发现《亚鲁王》

在多年来全国民间文化遗产抢救过程中，最大的快乐是发现。

前年初夏，身居贵阳的文化学者和作家余未人在电话里激动地告诉我，她那里发现了苗族的长篇英雄史诗，一时我感到她的声音兴奋得闪闪发光。但我的脑袋里还是响着一个疑问：这可能吗？

始自上世纪初，中国文学和文化界的有识之士发动的一轮又一轮民间口头文学的调查中，不断有收获涌现，我们数千年古老的中华大地文学蕴藏之深厚真是无法估量，然而自《格萨尔王传》《伊玛堪》和《江格尔》等等搜集整理完成之后，很难想象还有不曾知晓的一个民族的长篇英雄史诗会横空出世。特别是在现代化和城市化高速推进的今天，随着传统生活的骤变、农耕聚落的瓦解和现代传播方式革命性的强力入侵，无形地依附于口头的文学比任何文化遗产都消失得快，而且像风吹去一般无声无息。怎么还会存在一部体量巨大的史诗？

最初，我和中国民协抢救办对此尚不明晰。经那里的学者初步判断，这部史诗的内容为广泛流传于苗族生活地区的始祖亚鲁王的创业史，字数至少一万行，至今活态地保存在贵阳西南紫云等六县交界的麻山地区，并伴随着原始的"祭祀"包括"砍马"习俗的仪式而传承。然而传承歌手年岁较大，其中能较完整地唱诵的年长者已九十三岁。尤其这一带使用的"西部苗语"相当艰涩，外界难懂，能在第一线进行搜集和调查工作的只有一位年轻的苗族大学毕业生。

余未人的信息明显有告急和求援的意味。我深信余未人的文化功底与学术的判断力，当即与中国民协罗杨、向云驹二位研究决定，由我学院非遗中心立即派出一个小组，成员包括研究人员、摄影家及向山东电视台求援而来的影视摄像人员，火速奔往贵州余未人那里报到。同时，中国民协决定给予必要和有力的资助。

在贵州麻山地区前沿的调查紧张、艰难又有效。尽管当今社会仍然没有我们所期盼的文化自觉，但在《亚鲁王》抢救上却幸运地得到各方面必需的支持与合作。

首先是以余未人为代表的一些学者和作家的积极参与，这极为重要。对于一大宗自然存活于田野中的口头文学遗产，首先需要对其性质与价值进行判断；而在收集与整理过程中，又必须具备学术的眼光与能力。余未人他们始终坚守在遗产抢救的前沿，这就保证了《亚鲁王》如此浩繁的工作有条不紊地进行下来。

另一关键因素是《亚鲁王》的收集与翻译者杨正江。直至今天，能够通晓西部苗语、又能以拼音式苗文笔录并译成汉文的人，只有这位出色的苗族青年。他最早发现麻山地区的《亚鲁王》，最先认识到它非凡的价值，并一直在田野里千辛万苦、甚至形影相吊地默默工作着。本地域、本民族文化的先觉与行动者，是至关重要的。单说苗族，多少古老的村寨由于不知晓其珍贵的服饰遗产的文化价值，而被国内外的淘宝者轻而易举地搬卸一空？可以说，没有杨正江和一些当地有识之士的努力，就没有今天出版的汉、苗文本史诗《亚鲁王》。当然，这中间也有余未人在文字上一遍遍地精益求精而付出的心血与辛苦。

再有，便是紫云县政府、贵州省文化厅、省非遗中心与京津文化单位、大学及社科单位纷纷伸出的援手。文化遗产是一个民族精神性的公共遗产。共同爱惜和保护，使其达到永存与共享，乃是我们理想的境界。尽管现有的力量尚十分微薄，但各方共同的努力已使我们欣喜地感受到了。

经过专家判断，史诗《亚鲁王》所传唱的是西部方言区苗人的迁徙与创世的历史。史诗主角苗人首领亚鲁王是他们世代颂扬的英雄。由于崇拜至深而具有神性的亚鲁王，不是高在天上的神偶，而是一位深谋远虑、英勇豪迈、开拓进取、有情有义又狡黠智慧的活生生的人。为此，他千百年来才会与代代苗人息息相通，在"东郎"的吟唱中有血有肉地活在他们中间。

史诗开篇宏大，具有创世意味。通篇结构流畅大气，程式规范庄重，节奏张弛分明，远古气息浓烈，历史信息密集。细细读来，便会进入远古苗人神奇浪漫又艰苦卓绝的生活氛围中；大量有待破解的文化信号如同由时光隧道飞来的电波繁渺而至。

从这部长诗的价值看，无论在历史、民族、地域、文化还是文学方面，都是无可估量的。

专家认为，由于麻山地区地处偏远，外人罕至，语言独特，交流不便，又信息闭塞，直到前几年才有电流连同电视信号通入山寨，故而亘古以来，麻山苗人几乎在自闭的状况中生活着。更由于他们世居于荒岭僻野之间，在乱石块中有限的土地里种植谷物，生活状况十分原始，精神信仰便成了他们最有力的支柱，这位顽强坚忍、从不妥协的亚鲁王的精魂才一直是他们浑身筋骨中的力量。这便是亚鲁王数千年传唱不绝的根本缘故。

苗人的关于亚鲁王之说，广泛流传于其聚居地，但在其他地区多为故事、传说和短诗形式，唯麻山地区以长诗形式传唱。是否其他地区原先也是长诗，因与外界交流得早，渐渐萎缩了？这只是猜测。然随着全球化与信息化时代的高速发展，麻山地区与外界渐渐相通，这部浩瀚的活态史诗及相关习俗与仪式必定难以避免地迅速走向瓦解甚至消亡之路。我们正处在这时代更迭的转折处，抢救存录便成为首要的工作。无形的、动态的、只在口头流传上依存的遗产变得极不可靠，只有转化为文本才有确定性。这也是本书出版的最重要的意义之所在。

现在出版的《亚鲁王》只是第一部，凡一万二千行。调查重点为紫云县的六个乡镇，也是《亚鲁王》活态存在的中心地区。紫云县这六个乡镇属于麻山地区，而麻山地区又涉及到六个县，另外苗语西部方言区的不少市、县也都有《亚鲁王》的传说。显然还有大量的搜集整理工作尚待去做，其规模与体量尚无法估计。目前，人力与财力的缺乏仍使工作力度不尽人意；特别是从已调查的资料看，在数百"东郎"口中，其保存内容不一、版本不一、甚至说法也不一。如何记录与整理，是日后工作难度要点之一。

依我之见，《格萨尔王传》为藏族史诗，《江格尔》为蒙族史诗，《玛纳斯》为柯尔克孜族史诗，这些民族皆有文字，也有手抄本。而《亚鲁王》为苗族史诗，无文字，从无抄本，一切都是由经过拜师仪式的"东郎"口口相传。由于记忆各异，或传唱中各自的发挥，致使流传"版本"与内容纷繁多样。这也正是口头文学活态存在的特征。我想，当前急迫的工作应是对《亚鲁王》做更彻底和全面的普查与存录。存录的主要方式是用文字和音像记录，将其原始生态原真地保存下来。这样一说，本书出版仅仅是《亚鲁王》搜集整理的开始，而非大功告成。

我国文学史上第一部文字作品是《诗经》，即民间口头文学集。这表明口头文学是一个民族文学的源头。此后，虽然我们的文学史向着文本化与精英化发展，但口头文学在民间仍充满活力，直至今天；然而，谁曾想到与《诗经》前后时代差不太多的一部口头文学《亚鲁王》居然活在田野里而且还没有进入我们的文学史呢。

本书的出版，标志着《亚鲁王》的一只脚已迈进我们的文学史。中国文学史因此增添了分量。

发现《亚鲁王》的意义还不止于此。

在它舒缓沉雄、铿锵有力的诗律中，清晰地呈现出苗族——这个古老民族的由来与变迁的全过程，活生生见证了中华民族在上古时代相互融合的曲折进程。这部口述的诗化的民族史，还是苗民族精神与生活的历史经典，是其民族文化所达到的历史高峰的令人叹为观止的见证，故其意义远远超出文学本身。

它的发现是当代文化遗产抢救的重大收获，使我们备受鼓舞与激励。

让我们迎接这一迟到的民族文学的瑰宝吧，并接续把《亚鲁王》未了之事认真做下去。

感谢为这部中国口头文学巨著的诞生付出努力和做出贡献的各位人士。

是为序。

二〇一一年七月十八日

《亚鲁王》，二〇一一年由中华书局出版。

总目之意义

——《中国口头文学遗产数据库总目》序言

中国口头文学遗产数字化工程自二〇一〇年启动，旨在将中国文化界半个多世纪来从田野大地收集到的十数亿字的民间口头文学数字化，建立起中国民间口头文学数据库。这是中华民族历史上首次对自己的口头文学遗产按照学术规范，进行全面和科学整理的超大规模的文化项目。

中国因其农耕历史悠久，幅员辽阔，民族众多，自然不同，地域多样，民间文化创造极其驳杂，形式十分丰富，体量极其庞大，口头文学表现得尤为突出。口头文学是人民大众自己创造的文学，它直接体现人民精神的天地和文学的创造力，直接体现一个民族的精神向往、性情气质和人文传统。我国口头文学相传之久、流布之广、种类之多，世所罕见。口头文学是一种集体的文学创造。可以说，每一人都是口头文学自觉和不自觉的携带者和创作者，两个人在一起就有口头文学的传播。在由农耕文明向工业文明转型时，要对此前这样的无所不在的无形的文学进行搜集、挖掘、整理，岂是易事？

所幸我国知识界这种文化自觉来得较早。大型的有组织的口头文学抢救有三次，都是中国民间文艺家协会发起和组织的。第一次是上世纪五十年代（一九五七年）发动的民歌调查；第二次是自八十年代（一九八四年）起在全国展开的《民间文学三套集成》的搜集整理工作，这一工作延伸到世纪末；接着是本世纪初规模浩大的"中国民间文化遗产抢救工程"。由于这一次突出了遗产性，并且是从文化视角认识口头文学的，因而对其本质与价值的认识深度就更进一层。口头文学被作为了整个抢救工程的重中之重。

由是而今，经过几代民间文化学者和工作者坚持不懈的努力，坚持抢救第一，坚持田野工作，所搜集和整理的各类民间文学达十多亿字，这在世界上都是不可想象的。民间文学创造的规模不可想象，文化抢救的数量也是不可想象。这些口头文学的记录文本现在主要保存在中国民协。民间文化是在生活进程中生生灭灭的，大量当年搜集到的口头作品，今天已不再流传，为使这些珍贵遗产不再得而复失，成为民族宝贵的文化记忆并能为今天与后世享用，二〇一〇年，中国民协开启了史上空前的数字化工程。中宣部、文化部、中国文联给予了强有力的支持。

为保证这一工作的学术质量和技术质量，中国民协一方面组织了编委会和专门的工作室，邀请了当今国内这一领域最优秀的专家学者负责编纂事宜；一方面，与汉王公司合作进行数字化处理与数据库建设。由于此项工作前无先例，无可借鉴，又要兼顾使用、研究、检索、查寻、档案等多种功能与要求，难度甚大。然而，幸有各位专家学者之严谨与执着、组织者之勤奋与敬业，以及汉王公司高水准的技术支撑，时过五年，计划中的口头文学数字化工程第一期已经完成，这一期字数达八点七八亿字。数据库基本构建完成。

口头文学第一期工程完成后延伸的工作是编制《中国口头文学遗产数据库总目》（下称《总目》），以纸质的图书形式出版。其目的：一、提供使用的索引；二、得以纵览数据库存录的所有篇目；三、为数据库提供必要的文献性物证。

为此，依照上述要求，编写了《总目》体例。在这部《总目》的编制过程中，也是首次对刚刚建成的数据库的使用与享用。

这部《总目》以省（自治区、直辖市）划分，以省立卷。内容以体裁分类，按类列出数据库所存录作品的篇名，各篇皆注有民族、流传地区、出处、讲述者、字数和数据库编号。在各类体裁篇目前，都有对该类口头文学基本概念与特性的表述。在各省卷卷首，还邀请权威专家著文，对该省口头文学总体状况、地域特点和搜集历史予以综述。其余编纂要点，皆写在各卷的"凡例"中。

这部《总目》无疑有助于对数据库总体的了解，有助于数据库的使用。

尽管中国口头文学数字化工程仍在进行中，新二期工程（字数约十亿字）在等待着我们启动，但是首期完成的数据库和《总目》，应是我们民间文化界五十年来对口头文学抢救和整理工作的一个阶段性的总结，一个巨大的值得自豪的成果。对于我们自己，这既是一个成就，更是一种自我的鼓励。我们一定要在这条来自田野的文化之路上坚定地走下去；用我们的双手，把中国口头文学这一伟大的历史文化遗产挖掘和整理好，传承下去，成为永久的民族财富。

二〇一五年十月十八日

口头文学

言论·报道

中国口头文学遗产数字化工程启动

口头文学有了"四库全书"

今天，"中国口头文学遗产数字化工程"由中国民间文艺家协会正式启动。

这个被称作"中国民间口头文学的四库全书"的数据库，内容将囊括中国民协成立六十年以来组织全国民间文艺工作者所记录、采集的所有民间文学文字和图片资料，涉及地域包括全国各地县（市、区、旗）和乡（镇、苏木、街道），字数达八点四亿。如此超大规模地、全面系统地将口头文学资料进行数字化，在我国尚属首次。

中国民间文艺家协会主席冯骥才在启动仪式上表示：口头文学保护的前提是保存，而数字化保护是一种最好的保存方式。"中国口头文学遗产数字化工程"计划于二〇一四年七月前，完成对神话、传说、民间故事、民间歌谣、史诗、谚语、谜语（包括灯谜）、歇后语、曲艺小戏等所有类别作品的数字化处理，并建立数据库。与此同时，中国民协将继续在全国征集目前尚留存在各地基层文化机构和个人手中的民间文学资料，以进一步丰富和完善数据库。工程将最终建成我国规模最庞大、种类最齐全、资料最丰富的民间口头文学数字图书馆，人们可以通过浏览器在线阅读和检索，可以更大范围内实现资源共享。

二〇一〇年十二月三十一日　《光明日报》记者 李韵

给古代的文明安一个现代的家

中国民间文艺家协会主席冯骥才三十日在此间举行的中国口头文学遗产数字化工程启动仪式上说，中国民间口头文学是最脆弱的非物质文化遗产，很容易消失。当务之急，就是把如此庞大的文化遗产用数据库的方式保护起来，给古代的文明安一个现代的家。

据冯骥才介绍，中国口头文学遗产数字化工程计划用四年时间，将中国民间文艺家协会成立六十年以来组织中国民间文艺工作者记录、采集的五千余册、八点四亿字的史诗、叙事诗、神话故事、歌谣、谚语、谜语、笑话、俗语等口头文学资料，以数据库的方式保护起来，为其建立严格的分类、科学的编排程序和完善的检索方式，以利于资料的保存、传播、使用和共享。

"它将来可能是一部《诗经》，或者是无数部《诗经》。"冯骥才说，"对前人创造的文明负责，对后人的文化传承负责，是我们的使命。我们选择从二〇一〇年的最后一天开始做这件事。我们不想错过这一天，错过了这一天就错过了一年。"

二〇一〇年十二月三十一日　中国新闻网　杨娜娜

数千年来百姓口头文学创作的数字化定格

——中国口头文学遗产数字化工程纪实

二月二十八日，由中国民协主办的中国口头文学遗产数字化工程（一期）成果演示会在中国文艺家之家举行。中国文联党组书记、副主席赵实，党组副书记、副主席李屹，中国文联副主席、中国民协主席冯骥才，以及民间文艺界专家学者百余人出席会议。李屹、冯骥才、叶舒宪、刘锡诚、刘晔原在会上致辞，对此项工程的历史意义和价值作了充分肯定。会议由中国民协分党组书记、驻会副主席罗杨主持。

自上世纪五十年代至今的六十年间，中国民协先后组织了三次大规模民间文学搜集整理活动。采集者不仅按照国际惯例对民间故事、歌谣、谚语做了详实记录，还将讲述人情况、记录人与记录情况一并附上，其原始性、原真性、文献性、整体性、资源性十分珍贵，无可比拟，是几代民间文艺工作者田野普查的结晶。遗憾的是，囿于各种因素，绝大多数县级传说、故事等没有机会公开出版，大部分原始资料还以手抄本、油印本、铅印本等落后的方式保存着。

为了将这些休眠的资源唤醒，使其充分发挥传承文明、砥砺文化的作用，中国民协与汉王公司从二○一○年底开始合作，组织有关专家将这些原始资料中的图片、文字全部数字化。经过三年的努力，数据库一期工程收录的内容囊括了新中国成立以来所收集的神话、传说、史诗、歌谣、谚语、歇后语、谜语、民间说唱等民间文学原始资料，收书品种与总字数已远超《四库全书》，堪称一部"民间文学四库全书"，一座"数字化的民间文化长城"。该数据库利用当代科技手段录入原始资料，提供了按地区、按故事主题等多种检索方式，为使用者提供了方便。口头文学遗产据此焕发生机、整体呈现，必将逐渐改变固有的文化观和知识观，其学术研究价值将惠及千秋万代，其教育功能和文化传播的潜力未可限量，其市场开发和应用前景在即将到来的大数据时代必将日益凸显。冯骥才高兴地将其比作"我们拥有了一座文化大山"。

演示会上，中国文联和中国民协领导为在数字化工程建设中作出突出贡献的专家学者、工作人员颁发了"中国口头文学遗产数字化工程贡献奖"奖牌，与会嘉宾观看了数据库效果演示并进行了现场体验。

二〇一四年三月十九日　《中国艺术报》 刘洋

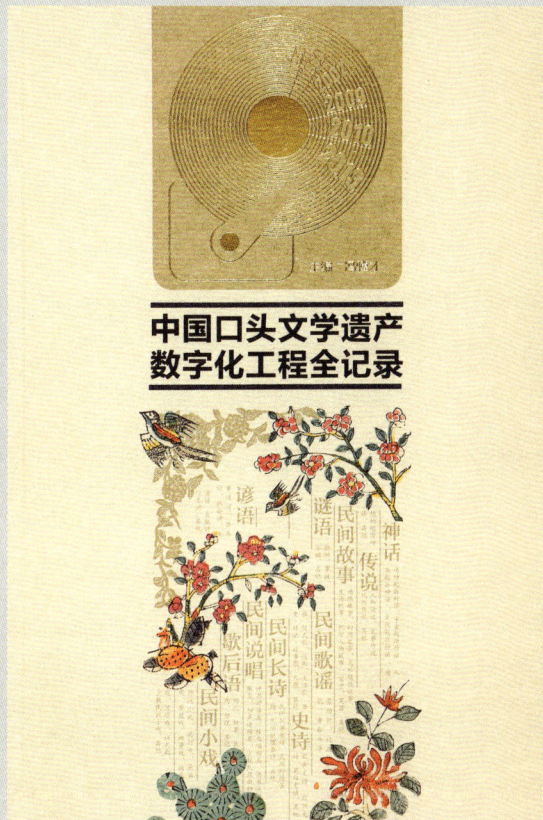

《中国口头文学遗产数字化工程全记录》，二〇一四年中国
文史出版社出版。

"我们拥有了一座文化大山"

中国口头文学遗产数字化工程二月二十八日在京举行演示会，展示了工程一期取得的丰硕成果。这是我国文艺界向今年"两会"献上的一份厚礼，多年前曾在全国"两会"上为此事呼吁的全国政协委员冯骥才在演示会上形容该工程——

二月二十八日，中国民协在京举办中国口头文学遗产数字化工程演示会，展示了该工程一期建设成果。该工程在中国文联、文化部的支持下，历经三年艰辛，录入我国口头文学遗产资料4905本，总计8.878亿字，圆满完成预定目标，为我国非遗保护工作增添了新亮点，该口头文学资料也启动了申报联合国教科文组织"世界记忆遗产"的工作。

中国口头文学遗产数字化工程汇集了近百年来几代民间文艺工作者的心血和汗水，工程实施以来，他们迅速转换角色，从乡村田野走到电脑桌前，使得该数据库在学术性和专业性上得到了可靠的保证。演示会上，中国文联党组书记、副主席赵实以及李屹、冯骥才、姜昆、马盛德、白轶民等为在数字化工程建设中作出突出贡献的陶立璠、杨亮才、刘锡诚、万建中、刘晔原、安德明等专家学者和工作人员颁发了"中国口头文学遗产数字化工程贡献奖"奖牌、证书。

党的十八大以来，习近平总书记在一系列重要讲话中多次强调要传承中华优秀传统文化，并提出让陈列在广阔大地上的遗产、书写在古籍里的文字都活起来。演示会上所展示的口头文学遗产数字化工程一期成果，正是中国民协充分发挥专家学者的智慧和优势，与有关科技人员紧密合作，把口头文学遗产和当代科技有机结合的成功尝试。

对此，中国文联党组副书记、副主席李屹评价说，数据库的建成和投入使用，实现了口头文学遗产的永久储存，不仅会赋予其新的生命，还将为广大文艺家提供取之不尽的灵感和素材，同时还将实现资源共享，实现让全人类共同拥有文化遗产的愿望，为更多的人了解民间文学、热爱民间文学，并成为民间文学的传承者、传播者搭建起现代化的交流平台。

口头文学是民间集体口头创作、口口相传的文学，与个人用文字创作、以书面传播的文学共同支撑着一个民族的文化与精神。早在上世纪三十年代，具有先觉意识的民间文学工作者便已开始了口头文学的搜集和整理。据了解，中国民协的口头文学资料库里还保存着上世纪早期周作人、刘半农等进行口头文学调查的手稿。

"可以说，现在我们已经拥有了一座文学大山——屹立在世界东方的巍巍的文学大山。"全国政协委员、中国文联副主席、中国民协主席冯骥才说，"经过几代人的努力，终于将遍布在山川大地上的口头文学一篇篇采集来，筑垒起这样一座 8.87 亿字令人叹为观止的文学大山，使它屹立于世界东方，彰显着中华文明的博大，可以永存，可供后世永享。"

中国民协分党组书记、驻会副主席罗杨表示，中国民协成立六十多年来，先后组织二百万人次在全国二千八百多个县进行口头文学的普查、搜集、记录工作，积累了近百年的成果，获得了四十亿字的民间文学原始资料。这些资料大部分为手抄本、油印本、铅印本，都是原始记录，附有讲述人情况、记录人与记录情况，符合记录民间文学的国际惯例，具有高度的科学性。鉴于数据库对这一遗产能够提供更为安全的保存和更为便捷的使用，中国民协于二〇一〇年十二月启动中国口头文学遗产数字化工程。

二〇一一年三月，数字化工程启动不久，冯骥才在"两会"期间再次呼吁加强史诗、叙事诗、神话、传统歌谣等民间文学的搜集整理，力争在五年内完成总规模超过八亿字的"口头文学"资料库建设，确保濒危民间文化的存留与传承。如今，中国口头文学遗产数字化工程（一期）预定目标已经圆满完成，录入口头文学资料 4905 本、8.878 亿字，形成 TIF、PDF、TXT 三种数据格式；对神话、传说、民间故事、民间歌谣、史诗、民间长诗、谚语、谜语、歇后语、民间说唱、民间小戏十一类口头文学作品进行了一级分类，总计 1165000 篇（条）；并完成了检索发布系统软件和数据库文档多种形式的备份。

该工程对口头文学资料的处理包括技术加工和知识加工两个方面。参与该项工程建设的汉王科技公司工程师在演示数据库效果时说："技术加工是一个纷繁复杂的过程，为了保证处理后的书籍保持原来的样子，汉王在数据处理过程中设计了四十道大大小小的工序，每本书都经过这套完整的流程处理后封装，并进行大量的抽检，也会有很多返工再处理，最终达到了差错率为万分之一以内。"

"这些文字文本转化为数字文本之后，不能堆在一起，必须要进行分类，即知识加工，什么作品应该放在什么分类里面，这是民间文学专业人士才能完成的一个工作。"北京师范大学教授万建中说，民间文学研究不是研究单篇作品，而是研究类型，现在一级分类已经结束，二级分类完成了一百本，为学术研究提供了很多可能性。

刘锡诚、叶舒宪、刘晔原等学者在演示会上发言，对该工程的历史意义作出了充分肯定，认为补足了中国文化半壁江山，这对我们的文化观、知识观将带来巨大的颠覆作用，它的价值也许我们这一代人还无法充分估量到。来自中国社会科学院、北京大学、北京师范大学、中央民族大学、中国传媒大学的民间文学研究者对数据库表示出浓厚的兴趣，现场操作体验后，"什么时候上线使用"成为他们最为关切的问题。

冯骥才在接受记者采访时表示，二〇一四年"两会"召开在即，他还有一个梦想，希望把这部巨型的口头文学印刷出来，总计约四千册，希望能得到国家的支持，能有贤达人士予以响应，伸出援手。"这样伟大和举世罕见的文明遗产，理应以图书方式面世，使这五千年来一直无形存在的口头文学，看得见摸得着，登堂入室，真正进入中华文明的殿堂。"

二〇一四年三月三日 《中国艺术报》记者 张志勇

唐卡的抢救性普查

文章·讲话

《中国唐卡艺术集成》。

藏族唐卡普查的必要性
——《中国唐卡艺术集成》总序

　　始于二〇〇三年的中国民间文化遗产抢救工程，自发端之日就将藏族唐卡的抢救列为重点项目，随即对藏区现存的唐卡绘制之乡，进行同一学术标准的地毯式普查，并将普查成果编制成完整的文化档案，陆续出版。

　　为什么要将唐卡列为这次抢救首批重点项目？

一

　　从宗教学看，唐卡是藏传佛教神圣的法物；从美术学看，唐卡是中华文化中一朵极其宝贵的奇花异卉；从文化学和人类学看，唐卡则体现着藏民族特有的无比美丽的精神方式和文化方式。

　　藏族人民具有高超的绘画才能。可以说，艳丽五彩的绘画是他们喜爱的一种语言，这种语言在藏族神奇地通用和通行着。理想的佛国，神话的故事，世间的万物，心灵的悲欢，智慧的认知，都可以用色彩和形象来表达和诉说。从寺庙、居室、墙壁、家具，到一切宗教乃至生活物品，都是他们抒发精神想象和绘画才情的地方。其中，最极致地显示其绘画禀赋与水准的当属唐卡。

　　唐卡，又称唐喀，是藏语音译，即在布面或纸面上绘制的佛像，然后装裱镶缎，安轴成画，悬挂在佛龛中供奉。藏族美术史家康·格桑益希先生认为唐卡起源于早期教徒布道时使用的卷轴画，使用起来灵活可变，用后又易于收藏。

　　关于藏族唐卡的起源，一般依据于五世达赖喇嘛所著《大昭寺目录》的一段记载，文中说："藏族第一幅唐卡是法王松赞干布用自己的鼻血画了一幅白拉姆女神像，后来蔡巴万户长时期果竹活佛塑造白拉姆神像时，作为核心藏在神像腹内。"松赞干布所画唐卡已无迹可寻，但唐卡由此渐渐兴起应无疑问。现在珍藏在大昭寺、桑耶寺等处的吐蕃时期的唐卡便是明证。在随后的赤松德赞和赤热巴巾时期，大力地弘扬佛教，唐卡得到了发展的机遇，如一株树木开始窜枝生叶，迅速成长。

经过宋元两代，进入明清时期，中央政府采用敕封西藏首领之策，明封八王，清封达赖、班禅及各呼图克图，这些措施给西藏地区的社会带来安定，经济文化得以发展，唐卡随之进入自己的成熟期与辉煌期。

在画技与画风上，唐卡一直受东、西两方面的文化影响。一是来自印度和尼泊尔的域外之风，一是来自中原的汉风。前者随佛教东传而来，后者则是源源不断的汉藏交流。这两种文化一直在西藏画风中发挥着积极而有力的影响。这种影响随处可见。然而，到了明清两代，经过无数藏族画师们的努力，在融合了梵式与汉风之后，终于将具有独自的民族气质和审美特质的唐卡鲜明地确立起来，成为藏传佛教的艺术象征与文化符号。

这一历史阶段唐卡的重要特点是：

（一）唐卡的社会化

随着佛教的兴盛，唐卡从宗教场所——寺庙与僧舍，走向民间百姓的经堂。唐卡的内容便很自然地从佛国扩展到民俗生活。农耕、天文、历法、医疗、药物、器具、生物、肖像、世俗以及吉祥纳福等内容的唐卡纷纷涌现，它大大扩展了唐卡的功能。在其宗教神圣的供奉意义之外，还有教育、传播、欣赏乃至装饰等社会与生活的价值，因而成为藏区人民喜闻乐见、不可或缺的宗教崇拜的象征物和审美的艺术品。

（二）画派的涌现

任何时期和地区绘画繁荣的标志都是不同画派的异彩纷呈。由于各地历史、教派和风情的不同而造成的藏文化自身的多元，致使其唐卡的画风各不相同，渐渐形成了画派，到了唐卡的全盛时代便愈加明显地表现出来了。大致地说，最早出现的突出的画派是江孜画派，继而是前藏和后藏的不同风格次第形成。前藏的唐卡构图严谨，刻画精工，善于刻画人物的内心；后藏的唐卡设色华丽，笔力饱满，属工笔重彩一类。此间勉唐、钦则和嘎赤三大画派各立门户，影响深远，彼此区别一目了然。其余诸派皆有名师，且各有源流，各具特色；在构图、造型、设色、技法方面，皆富于独自的魅力，相互不能取代，而且全都是人才济济，高手辈出，许多精美绝伦的画作名垂青史，流传至今。在数百年发展中，各画派的画风又不断嬗变，支流迭出，共同构成唐卡艺术斑驳灿烂、令人目不暇接的繁盛景象。

（三）行业的职业化与技术的专业化

这一时期，由于寺庙内外对唐卡需求日增，因而促使画工队伍不断壮大，早期唐卡的绘制是一种分散的个人化的作坊方式，自五世达赖阿旺罗桑时期，将画工组织起来，为寺庙绘制唐卡。布达拉宫扩建时，曾组织六十六名画师，三百名画工绘制唐卡。各寺院都以所藏唐卡之多，以示佛事之盛。一些寺院所藏唐卡往往成千上万，于是一种名为"拉日白吉社"的民间画工职业化的结社组织应运而生。在这种集中绘制的背景下，画工们的画技得到交流，日见精进，经过长期的集体认同，形成了严格的画式规范和评价标准，促使了技术的专业化和形式的定型。

（四）种类的多样化

成熟期的唐卡，不仅内容丰富，画艺精湛，有的作品堪称精美绝伦；同时在绘制样式上也逐渐多样化，大致为止唐和国唐两种。止为绘，止唐即绘制的唐卡，因画法与设色不同，分为彩唐、金唐、黑唐、朱红唐多种；国为彩绸，国唐即绣制的唐卡，因手工不同，分为彩绣、刺绣、贴绣、织绣、堆绣、缂丝等等，工艺纷繁，各尽其美。此外还有便于普及的版印的唐卡。其藏语的名称非常繁多。

唐卡的尺幅大小不一。最小为一二十厘米，普通为一米上下；最大的唐卡当属五世达赖圆寂后，摄政桑结嘉措主持制作的《无量光佛》，高五十五点八米，宽四十八点八一米。此外，为了适应盛大宗教活动的需要，以数十幅乃至上百幅为一套的唐卡也出现了。

然而，对唐卡如此厚重的历史意蕴、深邃的宗教思想、百科全书式的藏文化内涵、高超又丰富的画技画风，以及浩瀚的实物遗存，历史上从未有过全面的调查与整理。也许由于昔时的田野调查多为学者的个人行为，只身孤力，难以胜任如此广阔又艰辛的工作；这些画乡又散布在西藏、青海、四川、云南诸省，多数地区在偏僻的高原之上，虽然学界都承认唐卡是中华民族民间文化中顶级水准的艺术品种，却至今没有出版一部全面掌握和研究唐卡的专著。于是，对此家底，无人能知。

还有值得关切的问题是，唐卡一直为中外艺术收藏家所注目。特别是在当代社会进入全球化、旅游业成为时髦的文化产业的时代，对神奇又神秘的西藏文化充满好奇的游客与日俱增，历代珍贵的唐卡流失于藏区本土势不可免，令人深深忧虑。同时，被称作非物质文化遗产的各地唐卡代代相传的制作技艺，以及传承人的现状，我们所知寥寥，几近为零。在全社会快速的现代化转型期间，哪些已经中断失传，哪些仍属活态，哪些亟须加以抢救和呵护，这些正是我们亟须在此次普查中弄清的。

如果我们现在还不知道它的存在，将来就一定不知道它是何时失去的。

因此说，对藏区唐卡的普查不但是必须的，而且是要加紧的。

二

对藏区各地唐卡的普查工作从二〇〇四年正式展开。在长期历史中形成的画工聚集之地有两处：一是各大寺院，一是各地画乡。寺院对画工管理严格，制作程序井然，唐卡的保存也较好。因此，我们将此次普查的重点主要放在产地化的民间画乡。除去西藏地区，还有甘南、迪庆、德格八邦、年都乎、吾屯和玉树藏娘等，这些都是十分古老的唐卡制作之地，并都存在活态的传承。

我们采用的调查的学术立场、方法、内容和标准，与中国木版年画、中国民间剪纸两个系列完全一致。

首先是跨学科的角度，包括文化学、民俗学、民族学、人类学和美术学，以立体和整体地把握文化遗产的生命存在，其内容包括历史变革、自然环境、地域民俗、文化现状、艺术特征、代表作品、制作流程、工具材料、传承谱系、销售方式以及相关传说。此次调查是地毯式的，不留死角；主要调查对象与方法是传承人口述史；记录方式为四合一，包括文字、摄影、录音、录像，以全面了解这一遗产的历史与现状。最终目标是为这一遗产制作文化档案。一为大型图文形式的书籍《中国唐卡艺术集成》，一为《中国唐卡艺术数据库》。

三

在上述工作正在进行时，一个重要的古老的唐卡制作之乡——玉树地区发生严重地震。玉树藏娘地区历史文化积淀深厚，具有国家级文化遗产多处，其唐卡风格个性强烈，制作技艺迥异他乡，历代画工传承有序。但这次地震使这些文化遗产受到严重损毁与破坏，这对于本就处于弱势而濒危的非遗无疑是雪上加霜的打击。

唯使我们感到些许安慰的是，担负玉树藏娘地区唐卡调查的青海省民协以及专家学者和相关人士，经过多年非常艰辛的努力，付出极大代价，已将这一地区唐卡的田野普查全部完成，并进行了学术整理，制成了文化档案。现在，我们加速将这一珍贵的成果推出，为了及时给当下的玉树非遗保护提供科学依据；无论是这一地区传承人的全面信息，还是遗存状况，本书都具有十分可靠的第一手资料的价值；同时，本书的出版也是为了给受灾的玉树人民尤其是藏民以精神的支持，使他们能从这宗值得自豪的宝贵遗产中汲取力量，重建美好的物质与精神的家园。

由此，我们更看到自己肩上工作的意义以及紧迫性，并致力把面对的每一项非遗的抢救与保护抓紧，并做深做细，做得踏实。

二〇一〇年四月

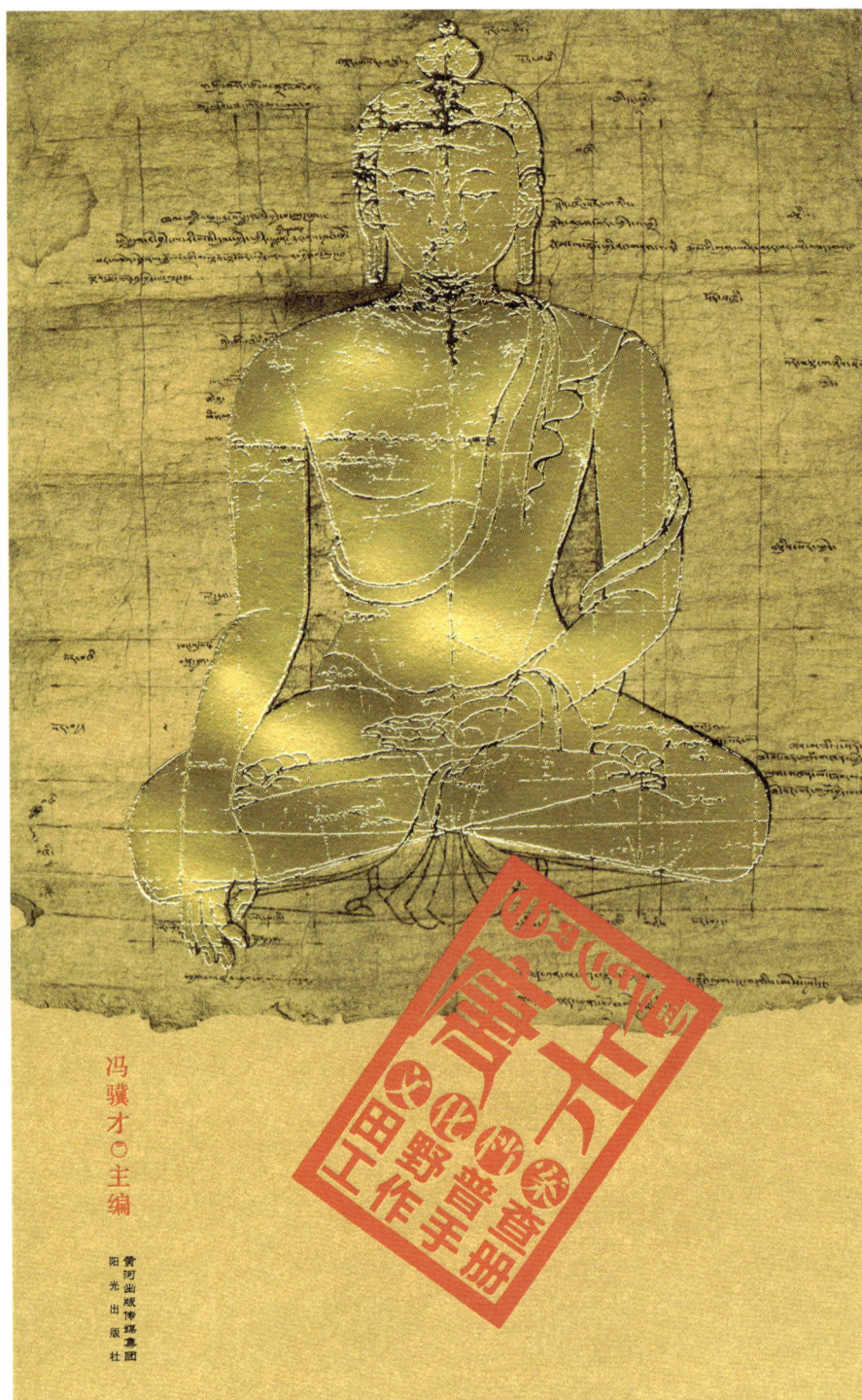

《中国唐卡文化档案田野普查工作手册》，二〇一三年阳光出版社出版。

一定要为唐卡建立文化档案
——《中国唐卡文化档案田野普查工作手册》序言

一

这本田野普查的工作手册，是提供给参加这次藏族唐卡文化普查人员的工具书。目的是统一普查的目标、内容、方法和标准。

唐卡非凡的价值，以及这次普查的重要意义大家深知，无庸多说，但普查起来却非易事。

它历史久远，内涵博大，气息密集，遗存海量，画派纷纭，名师如林；而且分布广阔，地跨多省区，现状十分复杂。最严重的问题是各产地都缺乏文字记载，大部分无形地保存在代代相传的记忆中。存在于记忆里是脆弱的、分散的、不确定的。面对上述状况，普查若无统一的科学的方法、规则、标准，就很难将其梳理清晰，有序地存录和完整地把握，也无法达到最终目的：为中国唐卡建立文化档案。

专家们经过半年多的反复和精心的研讨与论证，制定出了这样一套统一的学术标准与要求来。

这是我们的普查工作必须遵循和完成的。

二

本手册的思路与方式，和中国木版年画、中国民间剪纸两个系列的普查思路完全一致。（一）普查服从立档要求；档案所需，普查必做。（二）不是单方面的艺术调查，而是全方位的文化调查。因为我们要做的是文化档案。

故此，这次普查的特点如下：

A．这次普查采用多学科综合的角度，包括文化学、民俗学、民族学、人类学、美术学。这样才能立体地认识唐卡，整体地把握唐卡。普查内容包括：村落的历史沿革、自然环境、生产方式、地域民俗；唐卡的历史流变、艺术特征、代表作品、制作流程、工具材料、传承谱系、传播方式以及相关的传说与文献性的依据。

B．调查方式是深入村落，串巷入户，地毯式地进行，不留死角。

C．主要调查是口述调查，特别是传承人及其家庭的口述调查。

D．追寻遗存，重视实据，保存线索。

E．记录方式为文字、录音、拍摄、录像。

这样，我们才可能为唐卡（包括各产地）建立起一份科学、可靠、详尽的文化档案。我们要完成的成果十分具体，一为大型图文式书籍《中国唐卡文化档案》，一为《中国唐卡数据库》。

三

中国民协于二〇一二年确立中国唐卡文化普查的项目，确立方案和计划，组成学术委员会与工作机构。此方案于二〇一三年二月经全国哲学社会科学规划领导小组批准为"国家社科基金特别委托项目"（13@JH004）。属于国家级重要文化项目，这就直接给唐卡的抢救和保护以十分有力的支持与推动。

新的特定的目标，需要清晰和统一的学术标准。这本手册缘此而生。它将人手一册，伴随我们今后多年的田野工作，成为我们普查之所本。希望各位普查工作者熟读它、掌握它、依据于它。

从今天起，我们进行的中国唐卡的大普查，将是对唐卡——这一伟大而灿烂的文化遗产进行一次全面的抢救总结、梳理与记录。它是历史的首次，它要"一网打尽"，它具有抢救性和紧迫性。它的意义深远，规模浩大，工作艰巨，困难很多，需要我们各地区、各领域、多民族学者和文化工作者通力协作，共同努力。需要我们有高度的文化责任、对文化的挚爱和持之以恒的工作精神，以使中华民族这朵古老、神奇而艳丽的花永世开放。

二〇一三年十二月十七日

唐卡立档的缘起与意义
——《中国唐卡文化档案》总序

每一种文化遗产都需要一份严格的科学的档案。档案是这一文化遗产原真性的全记录，是其生命性存在的确凿见证，是其身份的依据，也是不可或缺的文献。然而，物质性的文化遗存多有档案，而非物质的、活态的、应用性的民间文化遗产大都没有档案。它们飘忽不定地保留在人们集体的记忆里，或散见于各种物证上，存耶失耶，无从确保。尽管诸多非遗在申报国家文化遗产时提供出一定的文字资料与说明，但并非严格的真正意义的档案。应该说，我们大部分非遗是没有档案的。在当下时代与社会的转型中，这些没有档案、没有凭借的文化遗产怎么可能真正做好保护与发展呢？因此，为非遗建立档案是首先要做的，而且必须抓紧做。

为此，对于唐卡——这一藏民族特有的宗教性的神圣而灿烂的传统文化，这一中华民族至少有一千五百年的杰出的历史创造与艺术创造，为其建立档案，更是当务急需。因故，自二〇〇三年中国民间文化遗产抢救工程启动之日，就将其列入第一批开展普查的名单中。

然而给唐卡做档案绝非易事。它历史错综，内涵博大，体量庞大，信息密集，遗存海量，产地众多，画派纷纭，风格丰繁，技艺精湛，且分布广阔，地跨多省区，现状十分复杂。这种复杂性远远超出我们的预想。特别是，它们大多缺乏文献记载，不确定地存在于世代相传的生活记忆里和五彩斑斓的历史遗作中。故而，对唐卡普查的工作量相当艰巨，整理起来专业性极强，整体工作的把握更需要严格的学术规范。我们在二十世纪末对唐卡的普查与整理工作收获虽然不小，多个产地（如吾屯、玉树藏娘、德格八邦等）卷本

《中国唐卡文化档案》项目论证和各卷主编会议。

已然完成出版，但是作为"档案"却存在较大缺憾，主要是"重画作，轻文化"，致使许多宗教性、风俗性的内容以及相关的生活文化没有采集和编制进来，这些都是唐卡重要的生命土壤。非遗的立档，必须充分和完整，不能有缺少与失漏。不能把遗憾留给历史。历史记忆的存在是有时间性的，倘若漏失与错过，后世永远不能弥补。

于是我们决心"返工"，从头再来，进行重新一轮的论证、规划、组织、普查、整理与编纂，来为唐卡建立一部真正完整的科学的档案。在启动前我们成立了筹备组，先做好如下的准备：

第一，建立由全国一流的藏学学者、人类学者、文化学者和美术史家组成的专家委员会和相关各省民协负责人组成的工作委员会。工作委员会负责工作的组织与推动；专家委员会负责制定工作规划大纲、分卷内容、调查提纲、图文标准和编纂体例，以及对所有编制完成的档案的审定工作。

第二，以历史形成的具有独立的文化艺术特征的产地立卷。经反复论证，确定为十六卷：《吾屯卷》《藏娘卷》《年都乎卷》《迪庆卷》《甘南卷》《拉萨卷》《日喀则卷》《昌都卷》《阿里卷》《苯教卷》《阿坝卷》《炉霍甘孜卷》《德格八邦卷》《山南卷》《拾零卷》以及《域外卷》；《域外卷》为海外收藏藏品档案卷。各卷的专家委员会由当地的专家组成，负责该卷的调查、整理和编纂。各卷主编皆由重要的唐卡研究专家担任。

第三，此次立档所强调的是"文化档案"，不只是"艺术档案"。不仅仅把唐卡作为一种藏族绘画，更是作为一种藏民族的宗教生活、民间文化与独特的艺术方式，来进行调查与建档。在田野普查中，将采取木版年画与剪纸两项全国性大普查中所执用的学术理念与工作方式，即对遗产的历史流变、宗教内涵、供奉方式、地域特征、自然环境和文化空间，以及画派、画风、画技、工艺、工具、材料、传人、传承、艺诀、传说等，展开全方位的一网打尽、不留死角的普查，然后进行学术整理。同时强调，传人的口述史调查是重点的田野方式之一。调查采用文字、录音、摄影、摄像四结合的立体化的手段，其技术标准必须达到专业水准，以使档案饱满、充分和高质量。

重新规划的唐卡建档工作，经过专家确定以《中国唐卡文化档案》为项目名称。二〇一二年申请国家社科基金。二〇一三年被全国社科规划办公室列为"国家社科基金特别委托项目"，项目编号 13@ZH004。

该项目最终的成果除去上述的十六卷唐卡文化档案，还将建成《中国唐卡文化档案数据库》。

该项目于同年启动。项目工作室设在中国民间文艺家协会。首先的工作是将此次普查的宗旨、目的、要求、标准、方法，编印成《中国唐卡田野普查工作手册》，普查人员人手一册；同时在北京、西藏、四川等地组织各卷调查人员进行专业培训，以使如此浩大的工作能够得到统一的规范、严格的把握和有序的推进。

经过为时一年的努力，率先完成的《昌都卷》具有范本的意义。这一力图体现项目设计的全部理念与初衷的卷本，将是整套档案最终成果的一种预示性的展现。

此次为中国唐卡立档，是历史上第一次对这一优秀的中华文化遗产全面的调查与科学的梳理和总结，也是一次大规模跨省区的文化行动。此前，对唐卡的田野调查与研究多属于专家学者的个人行为，从未有过这样的"集体行动"。然而，只有这样的兴师动众的全面和全方位的调查与整理，唐卡才能获得一份史无前例的完整和科学的文化档案。这体现了国家的文化高度和知识界的文化视野与文化担当。

同时，这件工作过去从未有人做过，从学术理念、标准、体例到具体方法，既充满开创性，又深具挑战性。

为唐卡立档，是当代文化遗产保护中一件十分艰巨又必须承担的大事。它对于这一优秀的传统文化的保护、研究与持续的繁荣，意义之深刻与深远，也许到了将来才会看得更清楚。

二〇一五年一月十一日

唐卡的抢救性普查

言论·报道

《中国唐卡艺术集成》示范本首发

近日，由中国民协组织实施的中国民间文化遗产抢救工程重大项目《中国唐卡艺术集成》示范本《青海吾屯卷》首发式在京举行。中国文联荣誉委员仲呈祥，中国文联党组成员、书记处书记白庚胜，中国民协分党组书记罗杨，青海省文联党组书记樊光明等出席了首发式。

《中国唐卡艺术集成》示范本《青海吾屯卷》将唐卡作为一种活态文化和重要的非物质文化遗产进行全面考察，是一份文字、图片与动态影像完备的藏区唐卡艺术的文化档案。

据悉，中国民协于二○○四年开始对藏区唐卡艺术进行抢救性普查，在此基础上编纂出版《中国唐卡艺术集成》，目前青海玉树藏娘卷、四川甘孜德格八邦卷、云南迪庆卷等也已完成普查与编纂工作，将于两年内陆续出版。

首发式上，中国民间文化遗产抢救工程另一重大项目《中国傩文化集成》合作出版签约仪式同时举行。此外，由中国文联副主席、中国民协主席冯骥才任名誉所长，中国民协秘书长向云驹任所长的中国民间文艺研究所正式挂牌成立，该研究所作为中国民协下属的研究机构，聘任三十名中外著名民间文艺研究人员为第一批研究员，将在民间文艺学科发展、建设规划、研究和队伍建设，与国际相关组织、世界各国民间文化研究机构和组织建立联系、进行交流合作等方面开展工作，并将完成国家委托的重大民间文化项目。

二○○八年二月十五日　　《中国艺术报》记者　云菲

首次大规模跨省区唐卡文化普查展开

由中国民间文艺家协会组织实施的"中国唐卡文化档案"项目二〇一三年被列为国家社科基金特别委托项目，中国文联副主席、中国民间文艺家协会主席冯骥才担任项目首席专家和总负责人。为保证项目普查的科学性和成果编纂的质量，"中国唐卡文化档案"项目普查培训班日前在四川绵阳举行。

此次培训班旨在通过对项目普查人员的集中培训，为我国首次大规模的跨省区唐卡调查提供科学、规范的学术标准和具体方法，为编纂工作奠定基础。其间，学者就转型期唐卡文化的记录、唐卡文化编纂体例、唐卡艺术史、唐卡田野调查方法、唐卡田野调查个案研究、唐卡影像记录方法等问题展开了讨论和交流。

随着旅游业的发展，进入西藏的游客与日俱增，历代珍贵唐卡的流失势不可免。但目前，我们对唐卡的制作技艺以及传承人的现状所知寥寥。对此，冯骥才认为，在社会快速转型期间，弄清传统文化中哪些已中断失传、哪些仍属活态、哪些亟须加以抢救和保护，将是此次普查中亟须弄清的问题。中国民间文艺家协会分党组书记罗杨表示，保护唐卡文化需要提高三个意识：一是提高档案意识。确保唐卡人文图谱记录的真实性、原真性和历史性。追溯唐卡文化原点，力争全面完整地认识唐卡传统。二是要有历史担当和责任意识。要对民族文化负责、对历史文化负责，通过不断挖掘唐卡的内在文化和隐藏在唐卡背后的不断遗失的唐卡文化原貌，从而获得完整的藏族文化认识。三是要有精品意识。作为文化传承者，学者要坚守学术的境界和底线，创造学术精品。

近年来，随着我国加入联合国《保护非物质文化遗产公约》，国内学界开始以新的视角对唐卡文化进行记录和研究。据"中国唐卡文化档案"项目组负责人、《民间文化论坛》副主编冯莉介绍，受市场经济影响和外来文化冲击，优秀的唐卡作品已很难见到，充斥市场的多为逐利者粗制滥造的次品。目前，唐卡技艺已后继乏人，另外，寺院管理者的保护意识和管理手段滞后，一些不法之徒通过各种渠道将文物价值及艺术价值俱佳的唐卡贩卖到国外。她认为，对中国唐卡文化的记录，不仅要研究唐卡作品本体，还要更加关注绘制唐卡的艺人；研究内容不仅关注唐卡的绘制流程及其形式内涵，还要扩展到唐卡的传承、流通和传播；研究脉络要更注重阐析唐卡流派之间交流与借鉴的动态性过程；研究方法从考古学、文献学和艺术史学，走向结合文化人类学田野调查的综合性方法。

据介绍，此次唐卡文化普查以藏传佛教唐卡文化流布区域立卷，以田野调查一手资料为主，与历史文献资料相结合，尊重地方性文化特点，力争体现不同流派和地域的差异性，强调动态性研究与记录相结合。据悉，此次普查计划编纂唐卡文化档案十六卷，分别为《吾屯卷》《藏娘卷》《年都乎卷》《迪庆卷》《甘南卷》《拉萨卷》（上下）《日喀则卷》《昌都卷》《阿里卷》《苯教卷》《阿坝卷》《炉霍·甘孜卷》《德格八邦卷》《拾零卷》和《域外卷》。

二〇一三年七月十日　　《中国社会科学报》记者　项江涛

立档：民间文化遗产保护的首要工作

——访中国民间文艺家协会主席冯骥才

【核心提示】新中国成立后，包括唐卡艺术在内的藏族优秀民间文化受到党和政府的高度重视，国家投入大量人力、物力、财力对其进行抢救挖掘、整理研究和传播弘扬。在接受采访时，冯骥才表示："这次唐卡文化立档工作可以说是一个'举国体制'的项目，我们拥有的优势超过以往。"

"中国唐卡文化档案"经全国哲学社会科学规划领导小组批准，被立为二〇一三年度国家社科基金特别委托项目。中国民间文艺家协会为该项目责任单位，国务院参事、中国民间文艺家协会主席冯骥才任首席专家。在《中国唐卡文化档案田野普查工作手册》出版之际，记者就相关问题对冯骥才进行了采访。

立档：为唐卡文化留下历史

"唐卡"是藏传佛教的传统绘画艺术形式，发端于吐蕃时期，广泛流布于我国西藏、青海、甘肃、四川、云南、内蒙古等地的藏、蒙古、土、羌等民族，在缅甸、泰国、印度、尼泊尔、蒙古等国也有流布。唐卡是阐释、表现、传播、弘扬藏传佛教和藏族人民精神与社会生活的重要载体。

新中国成立后，包括唐卡艺术在内的藏族优秀民间文化受到党和政府的高度重视，国家投入大量人力、物力、财力对其进行抢救挖掘、整理研究和传播弘扬。在接受采访时，冯骥才表示："这次唐卡文化立档工作可以说是一个'举国体制'的项目，我们拥有的优势超过以往。"

然而，他也坦言，目前唐卡的保护与传承状况并不乐观，"那些由高僧大德倾注毕生心血绘制的传世之作难得一见，充斥市场的多为逐利者粗制滥造的次品；唐卡市场化、旅游化趋势日渐明显；唐卡艺人后继乏人，有的技艺濒临失传；一些不法之徒通过各种渠道将文物及艺术价值俱佳的唐卡贩卖到国外；一些寺院管理者的保护意识和管理手段滞后，导致有些唐卡精品毁损或难以面世。"

因此，对唐卡进行抢救与保护刻不容缓。冯骥才表示，为唐卡文化立档，就是为其留下历史，具有时代意义。他特别强调，"非遗"保护的最大问题是没有档案，缺少学术性的跟踪和监督。此次唐卡普查有别于以往的民间文化遗产抢救工程，更不局限于抢救式摸底。这次普查是在之前摸底的基础上为唐卡立档。"中国唐卡文化档案"涉及三个概念：唐卡、文化和档案。为唐卡立档是最基础、最重要的工作。

"非遗"保护不能只盯着"产业化"

"尽管一些民间文化申请了'非遗'项目，但也仅限于一些简单的上报资料，这对一个国家的文化历史来说，是远远不够的。"冯骥才对民间文化遗产保护的现状流露出些许担忧。

冯骥才认为，类似"非遗"的这种文化身份是虚的，只是进入市场的名义或招牌罢了。"很多'非遗'传承人、民间艺人等，如今并不都在原生地，而在各个旅游区找活儿干，他们被市场吸引着。'非遗到处打工'，这是最可怕的。"冯骥才表示，"非遗"离开原生地，离开原来的文化空间，是目前"非遗"保护面临的重大问题。

为此，冯骥才认为，在民间文化被确认文化身份后，学术界要为其立档、进行学术性的监督，而不是在"产业化"上瞎忙活。"没有档案的文化是没有依据的，假如有一天，这些民间文化消失了，我们都不知道失去了什么，最多是在文化部的国家名录中注销了。"他强调，"建立民间文化的档案工作是学术界的职责，也是学术界的本分。"

口述史系记录"非遗"重要方式

对于此次唐卡文化调查，冯骥才介绍，与以往不同，课题组成员都需接受培训，培训的目的是实现统一，即统一标准、统一方法、统一目的、统一工作内容。课题组专门制订了《中国唐卡文化档案田野普查工作手册》，明确提出具体翔实的普查标准。普查将从文化学、民俗学、民族学、人类学、美术学等学科入手，立体地认识唐卡，整体地把握唐卡。普查内容包括村落的历史沿革、自然环境、生产方式、地域民俗，唐卡的历史流变、艺术特征、代表作品、制作流程、工具材料、传承谱系、传播方式以及相关的传说与文献性依据。调查要求普查人员深入村落，串巷入户，地毯式展开。通过对传承人及其家庭的口述调查，追寻遗存，重视实据，保存线索，最终以文字、录音、录像等形式全面记录普查成果。

在诸多研究方法中，冯骥才认为"口述史"是一个重要方式，"非遗"主要承载于两个方面，一个是人的大脑记忆，一个是传承人的技艺。这两方面必须由文化的主人，即传承人通过口述表达出来，未经文字记录过的记忆，是不确凿的、脆弱的。而相对于个人口述，集体口述则显得尤为重要。一个人的口述内容难以构成历史，"整体调查要本着集体口述的原则，不怕费事，要多问，多记录"，以保证档案的可靠性。"当然某一细节别人不知道，只有一个人知道时，就特别珍贵，我们必须要记录在案。"冯骥才补充道。

冯骥才坦言，他十多年来从事民间文化遗产抢救工作的深刻感受是："我们好像对中国文化知道得不少了，但是在祖国大地上走一走，发现我们不知道的还是比知道的多得多，这是田野普查最大的乐趣所在。"

二〇一四年二月十二日 《中国社会科学报》记者 项江涛

传承人保护

文章·讲话

保护传承人就是保护非物质文化遗产

各位领导、各位同志：

我首先代表中国民协向今天获得河南省首批命名的七十六名民间文化杰出传承人表示衷心的祝贺。在这地方开会，心里涌起一种感情，一种亲切的、温馨的感情，使我想起在二○○二年冬天河南省文化界在开封市举办的首届朱仙镇木版年画国际学术研讨会。借着那个会，我们启动了中国木版年画的抢救。实际上中国民间文化遗产抢救工程是于二○○三年三月在人民大会堂启动的，但先于这个国家级的抢救工程之前我们就有点迫不及待地、也是急不可耐地抢先地开启了木版年画的抢救。记得那一天在朱仙镇的广场上风很大，很冷，但居然有七万民众参加，我在主席台上坐着，风吹得嘴唇直发木，可是看到很多群众站在墙头上，站在房顶上，非常让人感动。

河南是中国著名的文化大省，是中华文明的腹地，河南人民跟艺术、跟文化本来就是融为一体的。河南人民深爱着自己的文化。几年过去了，今天——《中国木版年画集成·朱仙镇卷》——厚厚的、沉甸甸的一卷出版了，这是一部高水平的图书。它不仅是一般的画集，它是从文化学、民俗学、人类学、遗产学、美术学等不同学科角度对朱仙镇这块神奇的产生木版年画的土地进行终结式的普查的成果，或者说这是一种终结式的文化总结。

前边说过，二○○二年朱仙镇木版年画国际学术研讨会开完以后，二○○三年我们就开始启动了全国民间文化遗产抢救工程，这几年来，河南一直走在前面。我们给河南的奖最多。河南上上下下有一种很强烈的对文化的热爱，保护上很自觉，组织上非常得力，政府给予很多支持。政府的支持我认为是最重要的。前些日子，我在一个地方讲城市保护的时候，我讲过一句话：如果破坏，力度最大的是政府；如果保护，力度最大的也是政府。所以说政府的保护是第一位的，政府的自觉是第一位的，我觉得河南有很好的领导，有清醒的文化自觉。

人类文明经过这样一个历程：它第一个阶段是自发的文明，然后由自发的文明进入自觉的文明阶段，但最重要的阶段是文明的自觉。从自觉的文明到文明的自觉，保护的意识就产生了。珍惜文明，爱护文明，自觉地、理性地爱护文明。这个阶段的产生，人类就进入一个更高的文明阶段。令我尊敬的一点，是河南能够自觉进入这一阶段，不是像有些地区至今还在野蛮地破坏着。

当然，我们也不能太埋怨目前的社会，不能太简单地埋怨这个埋怨那个，因为中国的社会太特殊，我们的社会不是一个线性的、循序渐进的、一点点发展起来的。我们是从"文革"急转弯一下子进入改革的。"文革"做的一件事是世界上其他国家所没有的，在"文革"的时候我们把自己的文化当作自己的敌人，"文革"时基本把文化扫荡一空。我们恰恰又是在这样的背景下进入了改革开放，当时的文化已经是一个空架子，而由外部涌入的舶来的文化又是商业的、流行的文化，我们怎样衔接好这个历史脉络？一时来不及。外来的流行文化席卷了我们的社会，湮没了公众和年轻一代的心灵，这是事实。我们也不可能直接接受欧美的流行文化，而是经过港台转口贸易式的，经过华语化、汉化的一种商业文化。所以我们时下的流行文化是港台腔的。

同时，还要讲明，在世界上文化遗产的概念形成也不是很遥远的，《非物质文化遗产保护法》是联合国于二○○○年前后才正式确定的，二○○三年颁布了《保卫无形文化遗产公约》，中国民协在同一年就开始了全国的非物质文化遗产的普查。在这之前我们很多同志做了大量工作，周巍峙主席就领导过规模浩大的"十套集成"的调查与整理。说实话，中国知识分子的觉醒并不慢，我们有足够的文化敏感，因为我们是个文化大国，我们在文化上有足够的视野和眼光。所以全世界形成非物质文化遗产概念的同时，我们中国的文化界就动起来了。人类对遗产的认识是有一个过程的。早先遗产只是一种个人的与继承权相关的概念，是物质的概念，而文化遗产是精神的概念，是一种公共的遗产，是一个民族、一个国家、一个地域共有的精神的财富。为什么在二〇〇〇年前后全世界才认同了保护非物质文化遗产呢？因为在全球化加剧的情况下，农耕文明加速瓦解，全人类开始有了这种意识，这种自觉，我觉得这一点中国人没有输给洋人，我们也有这种自觉。我们率先做的木版年画普查抢救工作是在二〇〇二年，在中国学界还没有正面接触到非物质文化遗产这个理论时，我们就已经启动，因此我要为我们的文化自觉而骄傲。

通过这几年的努力，非物质文化遗产抢救保护取得了很大的进步。中央财政给予了很大支持，各级政府也给予了很大支持。从以下几点可以说明当今我们文化遗产保护的基本情况：

第一是体系基本形成。共形成了两个大体系，一个是中国民族民间文化遗产保护工程，由国家文化部领导的国家工程，是以保护为主的，国家通过行政体系实施的，是专家不能代替的，有财政部强大的支持，由国家的行政体系由上而下进行层层布置，这是一种方式，政府的方式。国家保护、政府保护是第一位的。第二个体系是由中宣部批准的，由中国文联、中国民协做的中国民间文化遗产抢救工程，以专家学者、民间团体为主，联络各种社会力量，争取政府支持，由下而上的，以普查工作为主要手段的一种方式。这两个方式互相不能代替。正是有这两种重要的方式，才形成了"政府主导、民间参与、相互协作、形成合力"的体系。在这个体系核心之外，还有大学、研究所、社科院等各种各样的非物质文化遗产研究中心、保护中心，并在短短几年内基本形成规模，很了不起，对此大家比较满意。

第二是建立了非物质文化遗产国家名录。今年六月份国务院公布的第一批国家名录确定为五百一十八项非物质文化遗产，对世界影响非常大，有了名录对民间文化遗产家底便清楚了，以后每两年评一次，公布一次。名录的建立对国家来讲是一项最基本的文化建设工作。

第三是《非物质文化遗产保护法》正在制定中。我国在物质文化遗产方面已有一个《文物保护法》。现在对于非物质文化遗产正在制定《非物质文化遗产保护法》，已进入最后讨论阶段，估计不会太长时间全国就会通过《非物质文化遗产保护法》。有法就好办得多，没法就没办法。

第四是确定每年六月份第二个公休日为全民文化遗产日。文化遗产日最先从法国兴起，现在基本整个欧洲都过这个节日。在欧洲，这一天所有企业、单位、学校都要对祖先留下无论是物质还是非物质文化表示景仰与热爱。这十分有利于加强全民的文化保护意识。目前日本和韩国还没有，我们有了。

第五是通过各界努力，全社会对非物质文化遗产的认识已从边缘之外慢慢移到视野之中。愈来愈重视。

第六是对传承人的重视。河南的领导、文化界的同志和我们的共识是，传承人是非物质文化遗产之本。物质文化遗产和非物质文化遗产从形态上有个很重要的区别：非物质文化遗产是活态的、生态的，物质文化遗产是静态的、物质性的。民间的吹拉弹唱、手上的技艺都是活态的，必须有传人；如果没了传人，文化就消失了，人是文化的主人。对于物质文化遗产来讲，物质是载体，所有文化信息保留在静态的物质上。非物质文化遗产则生动地、情感性地表现在文化传承人的身上，这些传承人是大地上的文化精华，是黄土地上的艺术大师，是传承我们龙的精神的代表，我们特别尊敬他们，我们看到了传承人就看到了非物质文化遗产的本质，就看到非物质文化遗产的本身，我们保护非物质文化遗产主要就是保护传承人。但是现在农村社会变化大，很多传承线索中断，传承人改行身份就变了，不再做了，离乡背井打工了，导致传承人不断减少，这也是民间文化遗产日渐稀薄的最重要原因，所以传承人变得越来越珍贵。河南领导和文化界跟我们有共识，看到了传承人的重要性，因此今天命名了七十六名民间文化杰出传承人。这是一件十分重要的、根本性的文化保护的工作。

河南的普查工作做得也很有成绩。最近在滑县发现一个木版年画产地，整体上跟朱仙镇木版年画完全不一样，两个产地距离这么近，完全不同的风格。我想去看看，如果这个年画能被确认为一个独立的产地的话，这将是中国年画史上的一个奇迹。自从二十世纪五十年代那次年画调查以来，从来没有发现过新的木版年画产地，其间还经过"文革"，现在居然又冒出一个古老的

调查与评选杰出的民间文化传承人的标准。

木版年画产地，艺术风格和内容是独立的，这是多神奇的事！这也是我们河南普查工作做得非常到位。如果真是这样的话，我们将把它作为会议成果之一向外发布。今天下午我将带一个小组下去考察。

这两天我们开会，要作各方面的交流，但是我还是要提醒大家，我们文化遗产处境依然是非常濒危的。一是文化种类太多，极其博杂丰繁，很多地区对文化遗产没有底数，对传承人情况也是这样，尤其少数民族地区更是这样；二是农耕生活瓦解得太快。农耕生活转为工业文明，原有文化消失是一种正常死亡，但不能因为正常死亡，就扔掉原有文化所包含的我们民族独特的精神的文化的 DNA，其中重要的精神财富，以及传统、审美、文脉都不能割断；三是民间文化的执有者不知道自己创造的文化的重要与珍贵，因为民间文化是一种生活文化，是与生活融在一起的，但现实生活正在不断和飞速地变化着。现在是一个商业文明的社会，商业需要不断推陈出新，不断有新产品，不断有新时尚，生活变得太快，审美变化太大，对原有民间文化造成非常强烈的冲击。原来我讲过一句话，每一分钟我们都有大批文化消失和灭亡，我现在仍然这么看，甚至认为它们在加速地消亡。因此我们的工作，除普查、抢救工作外，更要做对大众的普及工作，让民众对文化有一种热爱和保护上的自觉。我们知识界的同志、政府官员们对文化的保护是重要的，更重要的还是老百姓的保护，因为他们是文化真正的主人，如果他们不知道这是重要的遗产是不行的。只有全民觉悟才能保护好这种文化，才能传承好这种文化，所以我们唤起民众的自觉，这是我们今后工作的重点。只有人民热爱自己的文化，文化的保护与传承才有希望。应该讲，全民的保护才是真正的保护，所以说我们除了自己去抢救之外，我们还有一个责任就是唤起民众。

第二个就是弘扬发展。现在文化处在转型期，文化内容、文化审美、文化方式都要发生变化，保护没有一个新的方式是不行的。比如古村落的保护，原来我是反对旅游的，旅游一进去，把村落全糟蹋了，因为旅游是一种商品化的经济手段。商品经济一个最大的特点，就是在原有文化里挑选卖点，能成为卖点就被拉到前台，不能成为卖点的就要甩到一边，所以在民间文化中消失得最快的是民间文学。只要电视信号进入村庄，就没人再讲民间故事了，同时文学很难被商家作为卖点，这样一来保护就变成第一位了。但另一方面，我们的民间文化艺术不转变，不跟我们新农村建设融为一体也不行。我们要做的另一方面的工作就是转型，探讨怎样跟现实生活与时代结合起来。这种结合又决不是简单的庸俗化、娱乐化地把我们古村落原有的深厚的文化商业化，这些都需要我们去研究。也就是在当前这个文明转型期，我们如何使我们的文化保持着自己的基本精神和固有的基因平安而顺利地进入一个新的历史阶段。民间文化是动态的、变化的。一成不变的文化是留不下来的。所以我们文化必须要转化它，把它和新农村建设结合起来。

当然工作压力很大，问题很多，挑战很多。然而工作的魅力就在于挑战多，因为挑战多，我觉得我们身上充满了活力、充满了激情，不是因为有压力就受不了。困难不是我们的障碍，条件差或缺乏经费都不是我们的理由，我们只凭着一颗心，凭着一种时代最重要的精神——就是责任，希望我们能在河南中州文化沃土上，在曾经产生灿烂文化的神奇土地上，在今天能够虔诚保护自己历史文明的神圣土地上，多汲取精神、汲取思想、汲取力量，让我们的事业再攀高峰。

在"中国民间文化遗产抢救工程经验交流会
暨河南省首批民间文化杰出传承人命名表彰大会"开幕式上的讲话
二〇〇六年十二月二十五日　河南郑州

活着的遗产
——关于民间文化传承人的调查与认定

一

人类一边前进，一边把它创造的精神财富留在遗产里，这种遗产就是文化遗产。文化遗产的存在形态极其丰富和繁复，当代人共同认定的区分方式是分为两大类，即物质文化遗产和非物质文化遗产。

物质文化遗产是物质性的、静态的、看得见摸得着的，以物为载体的，它首要的价值是对远去的历史文化做确凿的见证；非物质文化遗产主要是非物质的、无形的、活态的，以人为载体的，它依靠人的口传心授而世代相传，因此它是活着的历史，也是我们精神生活的一部分。

自觉地传承这种非物质文化遗产的人就是传承人。他们是非物质文化遗产的主角。在人类尚没有"文化遗产"的概念之时，广大民间各种世代相传的文化中，唱主角的也是这些传承人。他们就是数千年来一直活跃在民间的歌手、乐师、画工、舞者、戏人、武师、绣娘、说书人、各类高明的工匠以及各种民俗的主持者与祭师。这是一种智慧超群者，才华在身，技艺高超，担负着民间众生的文化生活和生活文化。黄土地上灿烂的文明集萃般地表现在他们身上，并靠着他们代代相传。有的一传数百年，有的衍续上千年。这样，他们的身上就承载着大量的历史信息。特别是这些传承人自觉而严格地恪守着文化传统的种种规范与程式，所以往往他们的一个姿态、一种腔调、一些手法直通着远古，常常使我们穿越时光，置身于这一文化古朴的源头里。所以我们称民间文化为历史的"活化石"。

传承人所传承的不仅是智慧、技艺和审美，更重要的是一代代先人们的生命情感，它叫我们直接、真切和活生生地感知到古老而未泯的灵魂。这是一种用生命相传的文化，一种生命文化；它的意义是物质文化遗产不能替代的。

有史以来，中华大地的民间文化就是凭仗着千千万万、无以计数的传承人而传衍。它们像无数雨丝般的线索，闪闪烁烁，延绵不断。如果其中一条线索断了，一种文化随即消失；如果它们大批地中断，就会大片地消亡。

二

人类的非物质文化遗产基本上是农耕时代的产物。可是当前人类的文明正由农耕文明向现代的工业和商业文明转型。工业和商业文明要根本性地改变人们的生活内容和生活方式，民间文化是一种生活文化，它必然首当其冲受到冲击和排斥，一部分被工业文明淘汰掉，一部分被商业文明转化为商品。这是全球性的问题，无论多么古老迷人的文化也得不到豁免权。我们所面临的这种转型又与急转弯式的社会变革紧密相关。工业和商业文明几乎是横向地"杀入"到农耕社会中来。看上去，这更像一种文明的宰割。随着快速进行的乡镇农村的城市化、生活的现代化，原先固有的文化便被视为时代的弃物而撇在一边。在人们迟迟没有把农耕文明的创造当做遗产时，它们就已经支离破碎，大量地飘失与流散了。

其中最令人忧虑的是传承人的锐减。其原因，或是传承人年事已高甚至离世而去；或是无人承续，后继乏人；或是后人弃农经商，进城打工，改换身份等等，都致使传承线索的中断。这是今天我们深感中华大地的文化日渐稀薄甚至空洞的缘故，也是我们要尽快认定和着力保护传承人的根由。

三

保护传承人的前提是认定传承人。对传承人全面、细致和快速的普查又是认定的前提。

此次展开的对全国五十六个民族的民间文化传承人的普查，得到中宣部的直接支持，定名为"中国民间文化杰出传承人调查、认定和命名"。该项目属于中国民协主持的中国民间文化遗产抢救工程中一项重要与核心工作，起始于二〇〇五年三月。项目对象是杰出的民间文学、艺术和手工技艺传承者三大类。这些传承人应是技艺高超、传承有序，并为某一地区特有的民间文化传承人的优秀代表。

由于这项工作事关对历史的总结与今后的保护与传承，规范性、程序性、严格的学术鉴定和认定是必须遵循的工作原则。

对传承人的调查是在正在进行的民间文化遗产抢救性的田野普查中展开的。经过近两年的有条不紊的工作，已产生第一批"中国民间文化杰出传承人"，凡一百五十三项一百六十一人，都是经过普查发现、申报推荐、专家鉴定、调查核实和网上公示等严格的程序才最终被认定的。他们是中国民间文化各个领域中杰出的传人，是活着的历史精华。传承人得到了国家一级评定标准认定的同时，他们所传承的文化也被认定。中华文化的家底在他们身上被一件件认清，非物质文化遗产保护的目标也被具体地锁定。

为了使这项关乎中国文化传承的重要工作得到更确凿的延伸，我们对所有认定的传承人生活的文化背景、地域特征、民俗习惯及其传承史、口述史、技艺过程、艺术特点和代表作，按照统一格式进行进一步的调查与整理，建立完备的档案和数据库，并以图书方式加以表现。本书即是其中的一种。

四

必须强调，认定传承人在非物质文化遗产保护中至关重要。因为我们对传承人所知十分有限。对其保护的力度，抵不上其消失的速度。

在这第一批传承人的调查中，就多次遇到过闻讯而去，却已人亡艺绝的憾事！特别是这批传人经过专家鉴定上网公示是一百六十五位，但在公示的过程中已有四位辞世，目前剩下的是一百六十一位。超过八十岁的十八位，年纪最大的是纳西族东巴舞者习阿牛（九十三岁）。

一旦失去传承人，非物质文化遗产就不存在了。传承人去后，只有遗存，遗产的非物质性就转化为物质性的了。因此说非物质文化遗产比物质文化遗产脆弱得多，它的关键是传承人的脆弱。所以，抢救性的普查、科学认定以及切实有效地保护传承人，才是保护非物质文化遗产的关键所在。

　　我们留给后人多少非物质文化遗产，就看我们能查清、认定和保护住多少杰出的传承人。如果失去传承人和传承，这些遗产只有一个归宿，就是一动不动地躺在博物馆里，并永远沉默着。

　　这是巨大又细致的工作，是不能绕过又十分艰难的工作，并且是必须亲临田野第一线的艰苦工作。但这是我们必须承担的工作。

　　这桩至关重要的事刚刚开始，愿更多的人投入其中。

二〇〇七年三月二十八日

沉默的脊梁

——《中国民间文化守望者》代序

　　人身上最承重的是脊梁，但脊梁隐藏在后背里看不见。它终日坚韧地弯成弓状，默默地承受着背上沉重的压力。有时，在过重的负担下脊骨会发出"咯吱"一响。可是只要脊梁不断，便会把任何超负荷的重量扛住。从来没有一个人的脊梁是被压断的。

　　本图集的人物全是这样。他们是民族文化事业的脊梁。当全球化的飓风把我们的文化遗产吹得纷飞欲散之时，这些人毅然用身体顶上去。他们不在世人关注的范围内，故而既没有迎面送上来的香喷喷的花束，也没有频频的雪亮的曝光。他们远离繁华闹市，身在荒野或大山之间，孤立无援，形影相吊，财力微薄，却倾尽个人之所有，十数年乃至数十年如一日，为民族抢救和守候住一份实实在在的灿烂的遗产。如果没有他们，明日的中华文化版图将会出现许多永远无法弥补的空白。

　　他们以舍我其谁的精神，把整个民族的文化使命放在自己背上。他们是用身体做围栏，保护着我们的精神家园。这种行为有如文化的清教徒。所以他们不求闻达，含辛茹苦，坚韧不拔，默默劳作。然而，今天我们把他们推到社会的台前，不只是为他们鸣冤叫屈，呼唤公平，而是张扬一种为思想而活着的活法，一种对文化的无上尊崇的感情，一种被浅薄的商业化打入冷宫的高贵的奉献精神与使命感。

　　本图集中这些当之无愧的文化守望者，有的与我早早相识，一直是我钦敬的朋友；也有的东西南北各在一方，心仪已久，却无缘相见。不管对他们知之或深或浅，这次仔细读了他们的事迹，仍为他们非凡的文化行为和卓然的业绩深深打动。由此深信在我国首次文化遗产日里，他们将以强大的感召力和人格魅力，呼唤出更多的文化良心与文化情怀。

由于民间文化守望者都是沉默的行动者，我们知之不多，挂一漏百，在所难免。故此，深望本图集将引起社会关注这真正的精神一族和文化一族，让整个社会都能感到脊梁在为我们负重和使劲，并促使各种力量汇集到民族精神的脊梁中来。

二〇〇六年五月　天津

和华阴老腔艺人们坐在一条板凳上感觉真亲切。

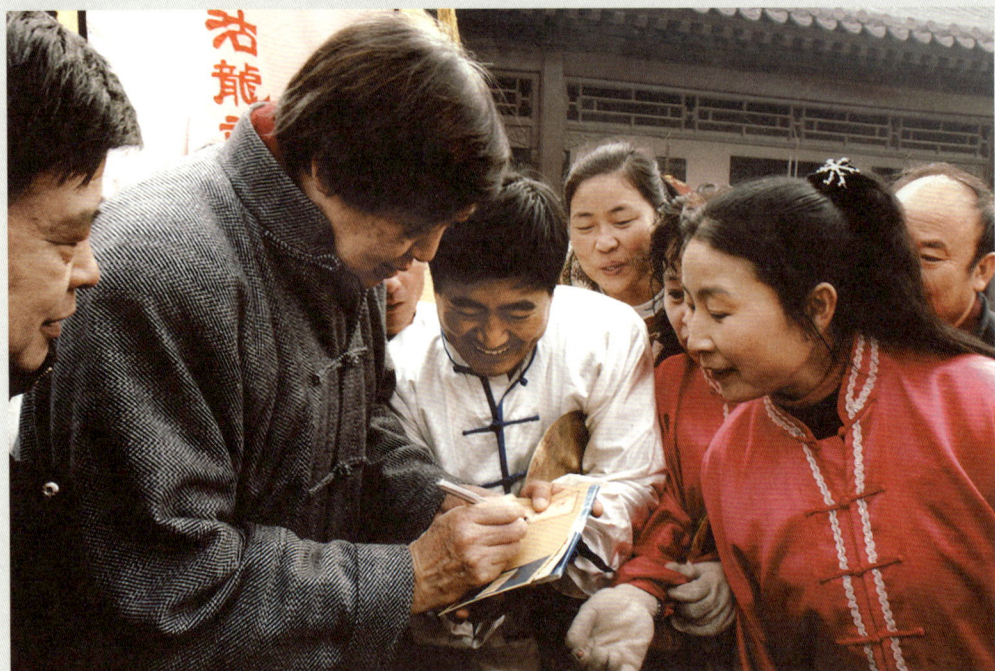

给艺人们留下联系地址。

为传承人口述史立论

  口述史，作为一种特殊的研究方法与文本样式已经在历史学、社会学和人类学等领域中广泛应用，相关的理论体系亦已形成，但是"传承人口述史"还是一个崭新的概念，还缺乏理论支撑；这是因为理论建设需要足够的积累、丰富的实践和自身的历史。我国非遗（民间文化）的保护自二十一世纪初才步上正轨，传承人的认定和保护不到十年，而"传承人口述史"的概念更是在其后才出现的。然而，一经出世，便站住了脚，并显示出它对于非遗的挖掘与存录有着不可替代的功能和意义。

  物质文化遗产的传承载体是遗产本身，非物质文化遗产主要保存在传承人的记忆和经验里；这种记忆与经验通过目睹、言传和身教三种方式代代相传，没有文字记录，没有确凿与完整的书面凭据；它的原生态是不确定的，传承也不确定。这样，在当前时代转型、现代文明冲击的背景下，极易瓦解消散。出于保护民间文化遗产的需要，非遗档案调查与建立的需要，保护传承人的需要，口述史便应运而生，派上用场；再没有一种方法比口述史更适合挖掘和记录个人的记忆与经验，并把这些无形的不确定的内容转化为有形的、确切的和可靠的记录下来。于是，在我们的社会学、历史学、文学和人类学的口述史之外，又出现一个新面孔，就是传承人口述史。

  很久以来，民间文化的研究，大多采用口述调查来获取田野资料，很少采用现代意义的独立的口述史文本。口述调查与口述史有着根本的不同。口述调查只是一种简单的问询方法，注重的是材料本身；口述史则不然，它更是一种文本样式，一种体裁，更着意于独立的以人为主体的口述内涵，显示现代科学对人的尊重。由于民间文化在本质上是一种生活的、人的、自发的文化，口述史就来得更为重要。

当然，由于传承人是一个独特的各擅其能的群体，是一群另类的人，同时传承人的口述史还有民俗学和遗产学等方面特殊的要求，因而"传承人口述史"自具特征、标准和文本的方式。一方面，它与历史学、社会学的口述史有共同和一致之处，一方面又有鲜明的不同。比如说，传承人口述史文本要有资料性、档案性和知识性，这就自然与其他口述史迥然不同了，需要用理论来总结。

十年来，我们做了大量的传承人口述史。比如《中国木版年画传承人口述史》（十四卷），对全国各年画产地所有代表性传承人都做了口述史，记载了每位传承人的村落文明、家族背景，以及个人生命史，同时对其擅长的非遗的传承源流、技艺特征、工艺流程、画作品类、艺诀口诀、相关传说等等，也做了周详的考察与存录。这套传承人个人化的生命档案与我们通过大规模田野调查完成的各产地的文化档案《中国木版年画集成》（二十二卷），共同构成中华民族这一重要文化遗产有血有肉的全记录。由此我们认识到传承人口述史在非遗挖掘和存录上的重要意义及不可或缺，同时，也深感建立这门学科的理论已是时不我待。只有经过理论上的再认识，才能更清晰地把握和发展这门学科。

在当下国际学术界，口述史已经由从属于历史学、人类学和社会学的研究方法，发展为一个新的学科，但是还没有传承人口述史——这一专门概念的提出。它是中国文化界提出来的，是我们在非遗抢救和保护中对口述史的广泛运用从而获得的学术发现。由此进行相关理论的建设，则体现出我们学术上的自觉。我们要把"传承人口述史"作为一个学科分支从实践到理论扎实地建立起来。

现在我们所做的努力还只是一种理论的初建，肯定问题多多。但随着传承人口述史在遗产保护领域的应用与推广，这一学科的理论建设一定会引起更多人的重视；反过来说，理论的日益成熟，必将使传承人口述史的学术水平得到提升，从而为民间文化遗产的挖掘和保护发挥更大的学术作用。

国家社科基金重大项目"中国木版年画数据库建设及口述史方法论再研究"
的结项成果之一《传承人口述史方法论研究》的序言
二〇一五年四月三十日

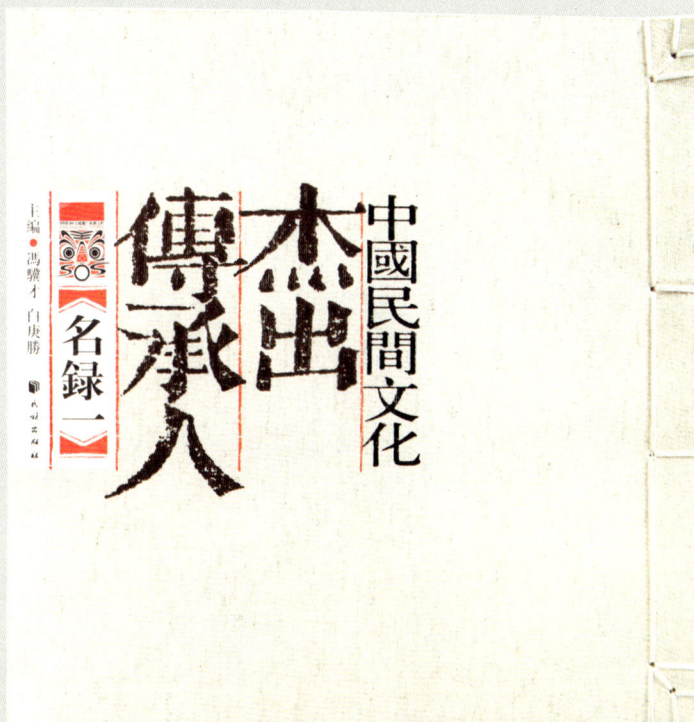

《中国民间文化杰出传承人名录》，二〇〇七年民族出版社出版。

中国民间文化杰出传承人调查、认定和命名项目实施细则

一、项目名称

中国民间文化杰出传承人调查、认定和命名。

二、项目进行时间

自二〇〇五年三月起至二〇〇七年三月。

三、项目范围

全国各省、市、自治区、新疆生产建设兵团。

四、项目对象

（一）杰出的民间文学传承者
民间故事家，民间歌师，民间说唱艺人。
（二）杰出的民间艺术传承者
民间歌手（长于唱演民歌），民间乐师（长于民间器乐演奏），民间戏剧师（民间戏剧编导演），民间舞蹈家，民间杂技家（含魔术师），民间曲艺家，民间武术师等。

（三）杰出的民间手工技艺传承者

民间技（艺）师，民间画师，民间手工匠艺人。

五、实施目的与意义

我国历史悠久，民族众多，文化灿烂。一大批杰出的各民族民间文化传承人，掌握着祖先创造的精湛技艺和文化传统，他们是中华伟大文明的象征和重要组成部分。当代杰出的民间文化传承人是我国各民族民间文化的活宝库，他们身上承载着祖先创造的文化精华，具有天才的个性创造力。他们有的是民歌手，有的是民间故事家，有的是民间画师，有的是民间乐师，有的是民间舞蹈家。中国民间文化遗产就存活在这些传承人的记忆和技艺里。代代相传是文化乃至文明传承的最重要的渠道，传承人是民间文化一代代薪火相传的关键，天才杰出的民间文化传承人往往还把一个民族和时代的文化推向历史的高峰。

然而，随着经济一体化的浪潮，农耕文化的迅速瓦解，城市化进程正在不断推进，传统文化的原生环境正在变异和消失，散落在乡村的各种民间艺人大多年事已高，技艺近乎失传，人亡歌息、人去艺绝的现象十分突出。因此，对于民间文化传承人的抢救和保护，成为民间文化遗产抢救与保护的重中之重。

联合国教科文组织一九八九年的《保护民间创作建议案》、二〇〇一年的《教科文组织世界文化多样性宣言》、二〇〇三年的《保护非物质文化遗产公约》都强调"尊重有关群体、团体和个人的非物质文化遗产"，主张"承认各群体，尤其是土著群体，各团体，有时是个人在非物质文化遗产的创作、保护、保养和创新方面发挥着重要作用，从而为丰富文化多样性和人类的创造性作出贡献"。

开展对民间文化杰出传承人的调查与认定、保护与传承其杰出技艺迫在眉睫。有鉴于此，中国民间文艺家协会经中央宣传部、中国文联批准，决定自二〇〇五年三月起至二〇〇七年三月在全国实施"中国民间文化杰出传承人调查认定和命名"项目。

中国民间文化杰出传承人调查、认定和命名项目实施目的和特色是：以科学求实的态度，建立一个民间文化杰出传承人的名录体系，通过认定、命名、研讨、总结、宣传中国民间文化杰出传承人，有利于保护本土文化的多样性，增强社会各界保护民间文化遗产的意识，唤醒各级政府对民间文化传承人的高度重视和充分尊重，为传承人营造适合其技艺传承的社会环境；强调学术品位和学术规范，对杰出传承人的文化传承进行全面科学的记录和调查，并将调查材料进行档案登记、数字化存录，建立专门的图文影像数据库；出版中国民间文化杰出传承人系列成果；通过组织讲课、授徒、教学等方式，促进中国民间文化杰出传承人的技艺传承，解决传统艺术与传统工艺后继乏人的问题，使其重焕生机、重获新生。

六、项目实施原则

第一，专家委员会对各省推荐的杰出传承人候选人进行评定。评定必须坚持严谨、公正、公平的原则。

第二，专家委员会必须经过充分讨论、研究，在对候选人作出全面评估的基础上，对候选人进行无记名投票，入选者应获得与会专家三分之二以上同意，报中国民间文艺家协会审核批准。

第三，中国民间文化杰出传承人首期评定与公布一百名，采取完成一批、评定与公布一批的原则。

第四，评定应尊重文化多样性，考虑民间文化杰出传承人在不同行业、不同地区、不同艺术门类等方面的适当平衡，并请特别关注少数民族杰出民间文化传承人。

七、中国民间文化杰出传承人认定标准

第一，民间文化杰出传承人必须是掌握精湛的、卓绝的、独特的民间知识、技艺、艺术的优秀传承人，其技艺来自师承、祖传或民间独特的授受，乐于

在民间民众中广泛运用和传承自己的技能、技艺、知识。

第二，民间文化杰出传承人应当在本土、本民族中享有良好口碑，得到所在区域、行业普遍赞誉和认可，是全国该类别民间文化传承的优秀代表人物。

第三，民间文化杰出传承人必须经过相关专家实地调查，并记录整理或出版过珍贵民间文化资料者，或所拥有的知识、技艺、才能，所创作的作品经专家新发现并认定具有重大的调查记录整理价值者。

第四，民间文化杰出传承人拥有多种民间技艺者，可依据其最突出的技艺，归入相应的传承人类别，但对其所作调查与记录要科学、全面、真实。

八、实施步骤

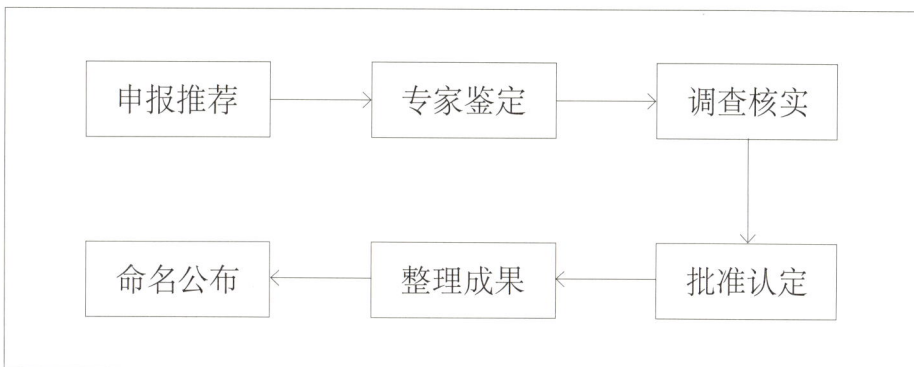

（一）申报推荐

A. 途径

由省级民间文艺家协会推荐报送，但必须经过申报人所在地县级人民政府或县级党委宣传部门的同意和认可。

由被推荐人所在地有关部门、单位或两人以上的相关专家推荐报送，但申报材料必须经所在地县级人民政府或县级党委宣传部门和省级民协组织审批。

B. 内容

必须报送对传承人的文化传承与成就所做的调查材料（包括文字、录音、图片、影像资料等），其中包括他们生活与技艺的文化背景、传承谱系、技艺传承史、口述史、技艺过程、技艺特征以及代表作、村落或地域特征、个性特征等。

已经整理或出版的传承成果，可以直接纳入申报材料作为附件。

推荐和申报材料按照中国民协提供的统一体例，填写申报表，撰写传承人传略，整理其代表作，记录其文化成就。相关文字、录音、图片、影像资料，应符合科学标准和达到出版水平。

（二）专家鉴定

所申报推荐材料汇总到中国民协进行登记、整理归档，在进行初步分类后，送交专家委员会各小组成员进行评阅，甄别鉴定，并给予同意上报、建议缓报或需要补充调查三种初评意见。同意上报者将提交评委会评审。其中，材料不足或不完善者，将要求各地进一步补充和完善申报材料。

（三）调查核实

对申报材料被中国民协有关专家组认定为未达到命名标准但传承人技艺的确杰出者，可重新进行补充调查与申报、审核。

（四）批准认定

A. 专家组专家评阅申报材料，进行评审后，写出评审意见；

B. 召集小组评审会，对申报材料进行讨论、研究，并分别作出全面评估。对所报候选人进行无记名投票，获得与会专家三分之二以上票数者方通过初审；

C. 由中国民协组织专家终审委员会进行终审评议复核，并将通过名单报中国民间文艺家协会审核批准。

（五）整理成果

按中国民协拟定的调查提纲对已批准的杰出传承人进行成果整理或详细调查，由中国民协（或当地民协）指派调查人员与当地县级主管部门配合，写出杰出传承人的有关详细文字材料，整理杰出传承人个人卷档案资料和出版资料，并再次报送中国民协审定。

（六）命名公布

中国民间文艺家协会将对"中国民间文化杰出传承人"的申评结果报中

国文联、中宣部备案，给予命名和表彰。

九、项目时间进度

详见"中国民间文化杰出传承人调查、认定和命名时间进度表"。

十、宣传、推介与后续工作

（一）对"中国民间文化杰出传承人"进行命名、并颁发奖牌和证书。

（二）公布中国民间文化杰出传承人名录，编纂出版"中国民间文化杰出传承人"系列丛书（总名录和个人专集）。

（三）由中国民间文艺家协会和各地民间文艺家协会对杰出传承人及其文化传承进行的专业性影像记录和调查材料作档案登记、数字化存录，建立专门的图文影像数据库。

（四）对中国民间文化杰出传承人的文化传承及其成就组织专家进行研讨。

（五）组织中国民间文化杰出传承人文化成就的展示，向全社会进行有效推介与宣传，扩大其社会影响。

（六）通过组织讲课、授徒、教学的方式，促进中国民间文化杰出传承人的技艺传承。

中国民间文化遗产抢救工程办公室
二〇〇五年四月二十八日

（本文为二〇〇五年三月二十一日中国民协在北京人民大会堂召开的"中国民间文化遗产抢救工程首批成果出版暨中国民间文化杰出传承人调查认定和命名项目发布会"相关文件，选自中国民间文艺家协会编印的《中国民间文化杰出传承人调查·认定·命名工作手册》。）

传承人保护

言论·报道

让民间“活化石”活下去

六月三日，北京人民大会堂。格萨尔说唱艺人阿尼、泥咕咕艺人王学锋、安塞剪纸艺人李秀芸等一百六十六位穿着打扮乡土味十足的民间艺人，在民间文化杰出传承人命名仪式上拿到了中国民间文化杰出传承人证书，成为国家首批命名的中国民间文化杰出传承人。这是政府在抢救非物质文化遗产上的又一次“大手笔”。

首批中国民间文化杰出传承人的命名由中国文联、中国民协专事负责。其间，全国范围的调查、推荐、专家论证、评定、公示等工作持续五年之久。

中国文联胡振民副主席称，一百六十六位传承人有许多人年事已高，超过八十岁的就有十八位，年纪最大的是九十三岁纳西族东巴舞蹈传承人习阿牛。就在我们申报过程中，已经有两位民间故事讲述传人马巧枝和黄仁锡过世，他们带走了精绝的艺术。

中国民间文艺家协会主席冯骥才在命名仪式上说出这样一段意味深长的话：在人类尚没有“文化遗产”的概念之时，广大民间各种世代相传的文化中，唱主角的也是这些传承人，他们就是数千年来一直活跃在民间的歌手、乐师、画工、舞者、戏人、武师、绣娘、说书人，各类文明的工匠以及各种民俗的主持者与祭师。这是一种智慧超群者，才华在身，技艺高超，担负着民间众生的文化生活和生活文化。依靠口传心授世代相传的文化，是活的历史。如果其中一条线索断了，一种文化就随即消失。

冯骥才表示，现在必须强调的是，尽快调查认定传承人，这在非物质文化遗产保护中至关重要，而我们的保护力度，抵不上它消失的速度。现在传承人数正在锐减，有的或年事已高，或已经离世；有的或无人承续，或后继乏人；有的是后人弃农经商，进城打工，改换身份等，致使传承线索中断。

二〇〇七年六月八日 《工人日报》 张楠

"非遗后时代"：传承保护需全民文化自觉

第八个中国文化遗产日来临之际，中国民间文艺家协会主办了"呵护传承人，关注守望者：非遗后时代民间文化传承的实践与思考"研讨会，非遗保护专家、非遗传承人汇聚一堂，倾听传承人心声。

我国在"非遗"保护方面已有《中华人民共和国非物质文化遗产法》作为法律依据，在参与制定国际国内保护举措方面也下了不少功夫，但具体到民间文化的传承仍有不少问题有待解决。此次参会的民间文化传承人认为，目前不少传承人面临经济与人才培养的困难，口头叙事传承较尴尬、出版较困难，政府资金支持还需加大力度等难题。

与会专家认识到，民间文化传承人主导作用的充分发挥是实现民间文化有效保护和传承的重要手段，传承民间文化遗产必须坚持以人为本的原则，只有在保护好民间文化遗产传承人的基础上，才能使民间文化遗产永续传承。

"今天我们所有的目光一定要集中在传承人身上，他们是非遗的主体，非遗的主人，文化的主人。"中国民间文艺家协会主席冯骥才说，目前对于传承人的保护依然面临着"保护不周"的问题：在城镇化、城市化、现代化步伐加速的背景下，村落的消失导致文化土壤的丢失；传承人离开本土，文化传承在市场的氛围中因商业要求而面临着变异与新的消亡；代表性传承人的认定导致了传承变为单线，传承脉络更加脆弱；地域文化中的专家缺位，导致对文化遗产价值认识的疏离等等。

除了梳理问题，"怎么办"才是与会者更为关心的问题。大家在发言中逐渐在以下五个方面形成共识：第一，政府的管理是第一位的，要上上下下做工作，需更加务实。第二，要把"非遗"保护和对传统村落的保护结合起来，第三，不要将非物质文化遗产引向市场。第四，呼唤"非遗"专家、学者走向田野。第五，传承人要有承担，有责任感。

大家认为，文化传承不仅仅是个人的事，也不仅仅是传承人的事情、专家的事情，更是一个全民文化自觉的问题。在传承的过程中，每个人都需要这种自觉，将文化传承看作是一个集体的、共同的传承，它是每一个人都应有的情感和责任。

二〇一三年六月二十日　《人民日报》　聂莉

传统村落保护

文章 · 讲话

古村落是我们最大的文化遗产

　　这个会我们策划已久，计划已久。最近四年以来，我个人是在两方面工作：一方面是中国民间文艺家协会在做的"中国民间文化遗产抢救工程"，现在正在全国各省市全面铺开。中国民间的木版年画、剪纸、唐卡、泥塑、民间美术、民间故事、民俗志、杰出传承人等一系列的普查和抢救项目正在生气勃勃地进行着，有很多项目现在已经普查过半。另外一方面，我又帮助政府文化部方面在做"中国民族民间文化保护工程"和"国家非物质文化遗产名录"的认定。

　　在做这些工作时，一直没有忘了开这个会——古村落出路问题的研讨会。为什么？首先，我一直认为古村落是我们中华民族最大的文化遗产。在所有文化遗产里，不管是物质的还是非物质的，古村落这个遗产是最大的。我希望大家有个共识。去年在婺源举办中国乡村文化节的时候我也讲了这个观点，有位记者便问我：能比万里长城还大吗？我说：是，比万里长城大得多。为什么这么说？首先，它悠久而博大。从河姆渡文化开始，我们有五千年到七千年的农耕社会，有五十六个民族，有九百六十万平方公里。我们有多少村落？算算吧，我们有一千五百九十九个县，一万九千个镇，三万多个乡，六十二万个村委会。长城是一条线，古村落遍布中国。当然，不是所有的村落都是古村落。因为有很多村落的遗产都已经被我们自己搞没了。江浙一带大批的古村落，大批所谓"小桥流水"的江南古村，在近二十年里已经搞完了，搞光了。现在我们中国到底有多少古村落，我跟一些专家们探讨过。我问李玉祥，他是中国专拍古村落的摄影专家，我问他中国还有多少古村落，

不断深入的探讨与思辨必不可少。

他说有三千到五千个。今天上午我问从贵州黔东南地区来的一位学者，我说你们黔东南有多少古村落，他说搞不清，反正公路边儿上的愈来愈少，像样的古村落都藏在深山里。我们的文化不是被我们自觉保留下来的，它是自然保存下来的。所以越是边远的、不发达的地区，古村落反而保护得越好。尤其是省和省交界的地方、行政力量比较弱的地方，村落反而保存得好。因此我特别担心西藏铁路通了以后，西藏的古村落会急速消失。尽管如此，我们现有的古村落的数量仍是世界第一的。李玉祥的估计差不多，三千到五千。

第二，在农耕时代每一个村落都是一个基本的社会单元，也是一个文化的容器。村落规划、建筑群落以及桥梁和庙宇，是物质的文化遗产。同时里面还有大量的非物质文化遗产，这包括各种民俗，生产生活、婚丧嫁娶、商贸节日、信仰崇拜等等民俗；还有民间文学，神话、故事、谚语、歌谣，都是无形的、口头的；还有大量的民间艺术，民间戏剧、音乐、美术、舞蹈、制作工艺等等，都是村落的非物质文化遗产。刚才我和西塘这里的沈书记接受中央电视台采访时，我举了个例子，我说昨晚我和沈书记在西塘吃饭出来，一个很窄的巷子里边有一个人卖新毛豆。沈书记顺手抄一把毛豆，说你来尝一尝。他想叫我同来的人都尝一尝，伸手又抄一把。我当时就问沈书记，你是不是仗着你是书记，就随便抓人家的这毛豆？沈书记笑了，他说完全不是，这是我们这儿的一种文化。买东西之前你可以尝一尝，这是此地的一种人际的关系，一种人情，一种文明，其实这些东西就是他们的非物质文化遗产，他们独特的民情、民风。我在奥地利萨尔茨堡住过两三个月，那个地方的风俗非常有意思，碰到下雨你可以就近从旅店里拿出一把伞打。雨停了，你随便找一个旅店把伞放在里边就行了。意大利也这样，这叫人感到一种人情。我们中国人也一样。楠溪江那边的那些亭子的柱子上，现在都可以看到一些钉子，那钉子是挂草鞋的。人们打草鞋时多打一些，拴成一串儿挂在柱子上，路人鞋穿破了，可以从这里换一双。这些鞋是给陌生人的，给路人的。这种民风、民情，是他们物质文化遗产里面升华出来的一种文明。文化遗产不是供人赏玩的，它里边蕴寓着一种灵魂，文明之魂，这也是我们保护文化遗产真正的目的。我们中国有五十六个民族，把各个民族的民间文化——舞蹈、音乐、歌谣、传说、民俗加起来，不比万里长城还大吗？第三，我们的古村落不仅有它的历史文化价值、研究价值、见证价值、学术价值、审美价值、欣赏价值……多方面的价值，最重要的一个价值是它的精神价值。因为我们所有要传承的遗产，最终的目的是传承我们民族独特的精神方式，就是把我们民族的身份、血型、基因传承下来。现在国际上把文化遗产分为物质的和非物质的两部分。物质文化遗产和非物质文化遗产的关系是这样的：物质文化遗产是以物质的形式存在的，而非物质文化遗产是通过人的行为方式体现的。非物质的方式大多时候是无形的。舞蹈通过人体的动态和动率表达出来；音乐通过声音表达出来，声音也是非物质的。当然，非物质与物质也不能截然分开。比如我们的民间版画、年画，是通过木版印刷表现出来的，最后的载体却是物质性的年画。但是为什么我们把年画归到非物质文化遗产里边呢？主要因为年画有制作的技艺、口诀以及使用年画的民俗。这些东西代代相传时不是靠文字著录传播给后代的，而是通过口头和行为传承下去，如果传承中断，无人再制作和使用年画，年画便失去了非物质的意义，而转化为单纯的凝固的历史遗物。所以我们将年画归为非物质文化遗产。剪纸、皮影、刺绣等等都是这样。

非物质文化遗产的本质是活态的。它必须是活态的。我们对它的保护，就是保护它的活态。

因而，我说无论从它的规模、内涵还是价值来讲，我们的中国古村落都是一个最大的文化遗产。但是它现在碰到一个巨大的问题，就是从改革开放以来，我们的文化遗产就像城市一样，受到空前的冲击。第一，我们面对的是全球化，全球化就是一种文化的同质化，就是要把你的文化都变成它的样子。第二，它又是一种商业文化，它必须要在你原有的文化里挑选卖点。能够成为卖点的，才受到关注，但还要进行商业改造；不能够成为卖点的，便被搁置一旁，形同抛弃。在这个巨大的变化之中，我们中国的六百个城市的历史遗存，我认为全完了。如果追究责任，我认为这是我们这一代文化人的失职。因为在当代中国城市改造的二十年里，我们的知识分子基本上是缺席的。前不久在朱家角的一个建筑师的会议上，我说今天我不谴责官员和开发商了，该谴责你们这些建筑师了。就是因为你们的无能、急功近利、趋炎附势，你们把我们的所有城市都搞成一个样子了。你们在电脑上急功近利地反复翻用那些现成的、畅销的建筑图纸，你们在相互抄袭，中国的城市能不一样吗？开发商的标准当然是越畅销的越好，然而什么样的房子畅销却是建筑师推荐给他们的。全世界没有任何一个国家，迅速地把自己千姿万态的城市变成了一个样。多愚蠢的民族啊。我们多愚蠢啊。这么多沉甸甸的令人神往的城市，这么深厚的城市记忆，全部毁了。而现在，新农村热潮卷地而来之日，正好是开发商们在城市里找不着多余的地皮可以炒买炒卖之时，他们的目光一定要转向新农村这个大得没边的市场。因为那里可以大量地生产房子，可以赚大钱。而我们新农村的"新"，还没有一个非常明确的概念。于是，新农村的"新"一定离不开一个思维，就是形象。这个形象很容易跟政绩形象在思维上合二为一，那就太可怕了。现在非物质文化遗产没有法律保护，国家文物法只保护物质的、文物性的遗产。我们的非物质文化遗产保护工作刚刚开始，古村落根本没有保护法。古村落到底是放在文物这一边，还是放在非物质这一边，现在谁也说不好。没有法律保护，完全凭大家做成什么样就是什么样。前不久天津的开发商们搞了一个峰会，他们创造出一个主题词，是"有多少城市可以重来？"我看了吓了一跳，便在会上抨击他们。我说在世界上我知道只有两个城市是"重来"过的。一个杜塞尔多夫——二战的时候被炸平的德国城市，还有唐山。再没有什么城市重来过。城市是一个生命，你怎么能随意宰割它、挥霍它？城市里承载着大量的历史文化，你怎么能把它卷土重来呢？这是多无知的口号啊。重来就是胡来。我们的城市保护一直是一个最大也最困难的事。面对着困难，我坦率地讲，我是不乐观的，甚至是悲观的。这些年我像堂吉诃德一样四处奔跑，最终我趴下了，感觉到彻底的失败。曾经一个网站对我提的问题说，你对你的成功有什么感受？我说我没有成功，我是个彻底的失败者。我还有什么脸面说我自己成功呢？我致力保护的城市的历史文化全完了。我凭什么说自己成功呢？现在，我开始担心城市的文化悲剧在农村上演。我必须大声说的是：我们中华民族文化的多样性在农村；文化的根在农村；非物质文化遗产主要在农村；少数民族的文化全部在农村。如果少数民族全住进华西村那样的房子的话，少数民族就没有了，我们就不是个多民族的国家了，我们民族也被全球化真正地全球化了。这是个多可怕的问题啊。这关乎我们民族的精神呵。在"文革"期间，我们什么都替老百姓决定了，老百姓的吃、穿、糖、麻酱、副食一切都替老百姓选择了、规定了。思想也是。告诉老百姓怎么想，老百姓就得怎么想；告诉老百姓说什么，老百姓就说什么。我们没有想到人的精神情感。现在我们以为老百姓只要发财赚钱，不需要历史文化，不需要精神遗产吗？下一代也不要吗？如果后代想要，找谁要去？

我们这个时代正经历着一个特殊的时期，就是文明转型期。整个人类的历程中，总共有两次大的转型。一次是从渔猎文明向农耕文明的转型，一次是由农耕文明向工业文明的转型。由于当时农耕文明对渔猎文明没有认识，转型期间没有保护意识，所以渔猎文明的遗存今天基本上没有了。当农业文明向工业文明转型的时候——也就是二十世纪以来，人类很了不起，想出了一个词叫"遗产"。这遗产是指人共有的精神文化遗产，它体现着人类文明的核心价值、多样性的历史创造和自身的尊严。人们保留遗产是需要不断地重温它。我们过一个文化节日，不完全是为了喜庆，我们还享受一种来自遥远的祖先，一直传承到今天的、无可替代的亲切的人类情感。我们在海外出差不能回去，给家打一个越洋电话的时候，那种激动跟平常打电话是不一样的。那是一种文化情感。这些东西才是我们中华民族五千年生生不息的民族凝聚力的根源，这才是我们最深的独有的根。但是我们必须清楚，我们要保护的遗产早已经支离破碎。我国是一个正在急速变化的国家，而恰恰又是从"文革"进入改革的。我们不是线性地发展过来的。"文革"的时候传统文化基本上被掏空了，什么都没有了。在批红楼、批水浒、批克己复礼的时候，中华文化已经只剩一个空架子，然后进入了改革。而迎面而来的偏偏又是商业文化，是超市、NBA、时尚、时装、汉堡包，是一种快餐性的、沙尘暴似的、一过性的、粗鄙化的消费文化。吃起来非常痛快，消化起来也很快。商业文化是谈不到积累和建设的。面对这种情况，我们又没有任何的文化准备，来不及挑选。我们对原有的城市根本没有做过文化普查，也没有经过任何文化认定。我们只认为北京文化的代表是天安门和故宫。其实北京的文化特征不在故宫和天安门上，那只是文化的象征。北京文化的特点在四合院和胡同里。一个地域的文化是在它的民居里，而不是在它的宫廷或者是皇家建筑的经典里面。我们所讲民族的根、民族的魂、民族的情，都在我们的民居里，在老百姓的生活里面。但很长时间，人们并没有认识到这一点。

应该承认，这两年有了变化。国家的视野里也出现了非物质文化遗产的概念。一方面《非物质文化遗产保护法》正在加紧制定，另外"非遗"国家名录现在也开始确立。今年申报名录的是一千三百五十五项。我非常尊敬浙江省，我计算了一下，浙江省报的最多，这证明浙江比较重视自己的文化遗产。名录经过几轮筛选与评定，最后确定的是五百一十八项，有人认为国家第一批非物质文化遗产太少了，但这已经相当于日本国家"重要无形文化财"的总数。韩国搞了几十年，现在国家认定的"无形文化财"也只有一百项出点头。我们确立国家名录是一件大事，表示我们的国家对自己的文化遗产的尊重。今年的六月十日我国还将首办"文化遗产日"，它表现出我们中国人对自己的文化开始有了一种自觉的珍惜和尊重。我们中国有无数个文化性质节日，但是这是第一个自觉的文化节日，一个为文化设立的节日。应该说，只有现代人才会尊重历史，因为尊重历史是现代文明的一个重要内涵。但是有了节日不等于就有了一切，关键怎么把这个节日过好，并把这个旨在珍爱文化的节日确立起来。

讲到这里，我似乎变得乐观起来，我想起去年在各地考察时的一些感受。去年的三月份到七月份，我主要是搞古村落的考察，去了七个省，秋天到了婺源，没想到婺源的文化保护搞得这么自觉。此后来到江浙，一进西塘我非常吃惊，我说我来晚了，应该早来。这么好的一个典型，做得这么优秀，而且它的方式——活着的西塘——我非常赞成。我感到现在古村落保护已经出现一些优秀的典型，一些具有现代精神的基层领导人物出现了。他们凭着自己的先知先觉和相当高的见识来做，他们的修养和知识结构越来越好，我觉得跟他们一交谈就能成为知己。不像我在前十年到处跑的时候，怎么说也说不明白，很费劲。比如刚才会上谈了好多见解，有的问题我也没有想到过，非常好，对我很有启发，值得我们思考。而且现在已经出现不同类别的村落保护的典型。第一个要说的典型就是西塘，我认为西塘是注意生态的，活态的，以人为本的，注意保持这个地方的历史生态的延续，这是非常难得的。上回到西塘来的时候，沈书记陪我在河边散步。路边有一扇窗户支着一根细木棍，此时天已经凉了，窗台上摆着一个花盆，屋内老太太想把花盆拿进去。她拿起花盆的时候，花上正落着一只蝴蝶，可能睡着了。老太太把花盆拿起来时轻轻地摇了一摇，似乎怕惊吓了这只蝴蝶。蝴蝶飞走了以后，她才把花盆拿进去。当时我特别感动，我觉得西塘把诗意也留下来了。西塘能保护到这个地步，我觉得出神入化了，把灵气都养育出来了。我认为西塘做的是一个活态的典型。第二个是婺源，婺源也是很优秀的。婺源是从文脉上注意它历史的延续。婺源是徽派建筑，粉墙黛瓦，非常漂亮，再加上周围的大片绿色的竹林，黄颜色的菜花，红色的山里红，还有水塘的倒影与反光，简直就像画一样。初次来的时候特别想画画。大片的色彩，特别美。后来回去还真的画了两幅。可是从婺源出来到景德镇，我发现马上变了。那些瓷砖贴外边的房子到处可见，丑陋无比。我问婺源的同志这是为什么。他们说婺源这些年来一直坚持一件事，就是他们请专家设计了几种不同的婺源传统的房型。当然卫生间扩大了一些，里面增加了现代化的设施。老百姓盖房子时不能随便盖，必须从新设计的几种房型中选。这样一来，它的历史建筑和新建筑整体上是一致的，很协调，历史特征十分鲜明。还有一个是丽江市束河的经验，束河的经验基本是古罗马的一种方式：老区不动，另辟新区。新区做得很现代，老区保持原汁原味。另外有一种是晋中大院的形式，如王家大院、常家大院等，它们基本是民居博物馆的方式。这是欧美人常用的方式。比如一些地方老房子大多拆毁了，只剩下几处，单体保存很困难，就把它集中起来。在晋中，是把它们放在一些保存尚好的大院里。大院原有三分之二，现在把空缺的三分之一老房子补进去。补是搬迁，必须按照文物的搬迁办法。基本是落地重建，但所有搬迁的砖石木件全部标号，在这方面，应该说，晋中大院做得不错。还有一个就是乌镇和榆次的方式，基本是做旅游景区的方式。就是非常明确地把它做成一个旅游景区。这样做的问题是，到了晚上基本没什么人了。榆次古城就更明显了，原住民都迁出了，夜间成了空城。乌镇也只保留了少数

全国传统村落立档调查工作会议在沙河召开。

的人。这种类型基本是作为一个景点、景区的方式。当然，乌镇做得很成功，经济效益很好，也很受旅客欢迎。我刚才讲了几种，但是实际上远远不止这几种。我认为原则应该是一个村一个方法，绝对不能一刀切。要根据自己的情况，从自己的文化、自然环境、老百姓的风俗出发。千万不要用同样的方式。比如说外墙，西塘的外墙基本是意大利的方式。它是不动手的，所有历史的记忆都在墙上。但维也纳是不断地刷新，不断地把老墙刷成新墙。在中国婺源也是刷墙的，因为婺源人喜欢他们的白墙，他们在历史上就不断地刷墙，脏了就刷，刷成耀眼的白墙是那里的特点。所以他们就要沿着传统与习惯的这个特点和线索做下去。

关于什么是古村落，首先需要强调的是，不是说所有的村落都要保护不能动，我们要保护的只是古村落。不是古村落保护什么？关于古村落的标准有四条。第一个是有悠久的历史，而且这个历史都被村落记忆着；第二个就是应该有较完整的一个规划体系，比如较完整的村貌、建筑、街道以及庙宇、戏台、桥梁、水井、碑石等等，应该是一个基本完整的体系；第三个是应该有比较深厚的非物质的文化遗存，包括各种民俗、民间文学、民间艺术等等。当然可能这个村庄没有剪纸，那个村庄可能根本没有民间戏剧，但是它应有较丰富的非物质文化遗存；第四个是有鲜明的地域特色，有它的独特性。独特性就是不可替代性，不可替代的价值。如果按这些标准确定是古村落了，就一定要保护，绝对不能破坏，这是原则。谁破坏了，谁对不起前人，也对不起后人。古村落不是一成不变的，需要注入现代科技的生活含量，也需要改建甚至重建。新建和古建的关系主要是注意文脉上的联系，要注重原汁原味。我们讲原汁原味，实际就是历史的真实性。你说这古庙小一点，拆了盖成大的行吗？当然不行。因为历史的局限性就是历史的真实性，历史的局限性就是历史的美，不能破坏它原有的体量，不能随意地增扩。再一个问题大家都很关心，就是古村落开发旅游的问题。说老实话，前两年我特别反对在古村落开发旅游。尤其皖南那些古村落，把旅游权卖给了开发商，但开发商并不真心保护，而且在村前村后两个村口各装一道铁栅栏门，二十块钱一张票就算开发了。最多把几幢像样的老房子里的住户请走，腾空后买点老家具放在里面，买点假字画挂在墙上，当作主要景点。再在外面街道上放几个垃圾桶，表示他们很注意旅游区里的环境。垃圾桶基本是两种，一种是熊猫的，张着嘴等着你把烂纸往它嘴里扔；还有一种是足球的，跟古村落根本说不上话。可笑的是，那些重新装修的老房子里边的对联，常常是上下联挂反了；更可笑的是，导游所讲的关于房主人的故事大多是胡编乱造的。通常在讲到房主人的生活起居时，要领你到后面看一间小屋。老房子里总是有个犄角旮旯的地方。他就说，您知道这个地方是干嘛的吗？几乎所有旅游的故事都这么讲——您准不知道，告诉您吧，这是老爷金屋藏娇的地方。好像我们的古村落主要的文化就是金屋藏娇。旅游庸俗化。我们中国现阶段的旅游文化就是这样一个水平。跟西方的旅游是不一样的。我们到法国去看梵高的故居，绝对没有这样的事情。那些遗存保留得非常真实，房子里的野草和厚厚的尘埃都保留着。你能感到梵高当时生存的痛苦，一幅画卖几个法郎的生活是什么样的景况。但是我们把旅游都变成一种浅薄的、低级和媚俗的游乐了。但这种旅游现在是我们"保护"古村落的主要方式之一。怎么办？有人认为旅游是古村落重要的出路，因为我们必须得有钱养它。我并不完全反对开发旅游，关键是怎么开发。我想我们要专门做些调研和研讨，研究古村落的旅游的保护和开发，必须解决这个问题。

那么，我们现在要做什么？首先，第一个工作就是普查，要做你们地区的普查。弄清家底，看看目前还剩下多少古村落。这一点我跟婺源的陈书记谈过，他说他们已经做过普查了。他们把一千零六十个村全部普查完了，最后确定了有二十多个真正的古村落。这很好。有一点还要讲明，古村落普查不仅仅是建筑普查，还要做非物质文化遗产的普查。大家已经知道非物质文化遗产包括什么，我就不再说了。第二个就是普查完以后要确定古村落的发展规划。规划一定要做。但规划也最容易犯错误。在城市改造中，破坏城市风貌的罪魁祸首就是"规划性破坏"。因为它们仍延续过去的功能性规划，不考虑历史文化。这一来就把城市原有的文化整体解构了。城市这边改成一个商业区，那边来一个娱乐区、休闲区或住宅区。一个城市有它历史积累的过程，是一个互相交叉起来的一个很丰富的、沉甸甸的整体。当把它解构开了之后，这个城市文化就解体了，变成了一个机械的、单调的、功能性的城市，一个浅薄的、平面的城市。所以，古村落的规划一定要避免城市"规划性破坏"的那种规划。要考虑它的历史形象、文化形态和它的独特性，要把文化保护融入农村的建设中去。我认为我们每个古村落最好都能有一个小博物馆，哪怕只有三五间屋。不管这博物馆多大，它是你独有的历史文化的浓缩与归宿。这是应该列入规划中首位的。再一个，要把这个古村的民俗保护、自然特产的保护、传承人的保护列入规划。规划不仅仅是它的建筑、生活设施、旅游的规划，还有文化的规划。当然还要建设新的文化生活，包括构筑现代的文化设施，开发旅游等等，要统一考虑，相互协调，不要对立，更不要"除旧更新"。我希望新农村建设能够想好了再干，别忙着干。我也希望在普查的过程中，特别是规划的过程中，学者和专家多参加进来，不能光指着几位知名的老教授在那使劲地卖命。尤其年轻一代，希望他们别再缺席中国现阶段文明转换期——特别是我们的文明的传承受到威胁的时候，为古村落多尽一份力量。说到面临威胁，我深感十分严重。我在讲话一开始就说，我甚至还有一点悲观。当然——我又十分坚定地认为，不管多么艰难，我们有责任把我们祖辈创造下来的东西保护好，完整地交给我们的后人。我们不能让后代的人认为代代相传的文化是从我们手上失去的，鄙夷我们的无能与无知。我们应让后代的人认为我们这一代是了不起的。因为我们是为他们来做这些极艰难的事情的。所以我很希望在这次会上，各地方的代表多贡献一些自己的经验，相互启发与促进。能够使我们的千年古镇，得到很好的呵护，使我们千年的古树，在未来还能开花。

讲完了，谢谢。

在"中国古村落保护（西塘）国际高峰论坛"上的讲话，
二〇〇六年四月二十七日　浙江西塘

关于建议重要的古村镇抓紧建立小型博物馆的提案

　　我国历史悠久，民族众多，自然气候不同，文化板块多样，形成了千姿万态、风情各异的古村镇。古村镇是中华大地上最大的文化遗产。中华文化的多样性在古村镇中，非物质文化遗产在古村镇中，少数民族的文化遗产绝大部分在古村镇中，中华民族文化的根也深深存在于古村镇中。

　　但是在现代化和城市化的冲击中，古村镇消失很快。一方面，是以建筑为主体的整体上的瓦解，一方面是村镇内部的历史文化遗存的大量流失。有些村镇虽然表面看风格犹存，但实际上内部遗存残存无多，已成文化的空巢。

　　其原因，与近二十年大批的古董贩子走村串乡、穿街入户、上门"淘宝"有直接关系。百姓不了解这些遗存的历史文化价值，许多与其地域有重要关系的文献与器物被廉价买走。这些古董贩子在金钱利益的驱动下，足迹远及内蒙古与西藏最偏僻的古村落，致使许多少数民族古老的村寨中已很难见到传衍久远的遗存了。

　　古村镇的保护，一方面是保护其古老的村容镇貌，一方面是保护它的内涵。否则这些古村镇即使保留下来，也是徒具形骸，内涵空洞，记忆真空。当前急需要做的是在这些重要的古村镇建立博物馆，以抢救和保护所剩无多的极其珍贵的历史文化遗存。具体建议如下：

　　一、古村镇博物馆的布局由政府文化部门主导、专家制定。可以是国家一级，也可以是省一级来规划。

　　二、不要搞劳民伤财的大型博物馆。宜小型和富于实效。条件较差的贫困地区，甚至只需先有几间房，以抢救性收集为主。收集内容包括特色家具、古代农具、历史文献、文化器物，以及其他各类文化遗存。继而进行整理、分类、陈列。

三、古村镇博物馆应是百花齐放、各具特色、多样化的，避免搞简单化统一格式的村史博物馆或民俗博物馆。要突出地域特色，也可重点突出某一种当地富有的非物质文化遗产。

四、博物馆的方案（包括内容、陈列方式、展品说明等等）要请相关专家学者帮助与策划，以使博物馆真正具有历史记忆和文化积淀的价值，并富于科学性和深度。

五、小型博物馆用钱不多，但于文化保护意义深远。经费来源应是多方面的，包括地方财政、企业赞助、旅游建设经费等。个人收藏家热心建立博物馆也应大力支持。可以是民办公助，也可以是公办民助，也可以是民间捐赠性的，也可以是私人性质的，愈灵活愈好，以利尽快将古村镇博物馆在全国全面铺开。

六、要明令禁止古董贩子到古村镇"淘宝"，杜绝遗存的流失，把千百年的文化成果留在本地。同时，向村镇百姓普及遗产知识，保护好古村镇的文化整体。

七、古村镇博物馆的建立，在文化上应是新农村文化建设不可或缺的重要内容；在经济上，还可成为古村镇必不可少的旅游设施，以其收入自给自足。

古村镇面临的破坏是严重的、多方面的，保护是紧迫、艰巨和不能回避的。小型和多样的博物馆是保护古村镇遗产的重要方式，在欧洲和日本已很普及并行之有效。在新农村建设中，博物馆的建立还是建设先进文化不可或缺的内容，而且在旅游开发中，又是促使外地游人认识古村镇必备的设施。因之，希望政府文化部门能确认和启动这攸关中华遗产存亡的文化举措，维护好中华文明的根脉。

二○○七年二月二十二日

关于规划新农村建设要提前注重文化保护问题的提案

最近政府提出的建设社会主义新农村是我国现代化进程中一次意义重大的历史性的迈进，是切实提高农民生活，改善和缩小城乡与贫富差别，实现共同富裕的根本性举措。

然而，在即将到来的大规模的新农村建设中，文化保护不能回避，相反首当其冲。应该说，文化保护做得如何，攸关着最终实现的新农村的精神内涵与文化主体。

在数千年的农耕时代，农村是最基本的社会单元。由于历史悠久，民族多样，自然条件不同，文化板块众多，形成了缤纷灿烂、风情各异的民族民间文化，所谓"五里不同风，十里不同俗"，广大农村至今保持着极其丰富的历史记忆和根脉，以及各具特色的文化遗产。农村的文化包括各类民俗、民族语言、生活民居、民间文学、民间美术、民间音乐、民间舞蹈、民间戏剧、民间曲艺、民间杂技和各种传统技艺等等，属于非物质文化遗产。可以说，中华民族的非物质文化遗产基本上在农村，文化的多样性也在农村。它是民族最重要的精神文化财富之一，是民族历史文化和精神情感之根。

民间文化的本质是和谐。它的终极目的从来就是人与自然的和谐（天人合一），还有人间的和谐（和为贵），因此它是我们建设和谐农村和先进文化的得天独厚的根基。由于各民族各地域的文化都是那一方水土独特的精神创造和审美创造，它又是人们乡土情感、亲和力和自豪感的凭藉，以及永不过时的文化资源和文化资本。

鉴于二十世纪八九十年代，我国城市大规模现代化改造中，片面追求经济指标，对城市历史文化造成的破坏已不可挽回，这一次，在新农村建设起步之时，应以全面的科学的谐调的发展观，两个文明一起抓，将文化遗产的保护，率先列入新农村建设的总体规划之中。千万不要再出现城市改造的文化悲剧，把"新农村"变为"洋农村"。

我国现在有二千八百个县，一万九千个乡镇，数十万个乡村，文化遗存的状况和特色保持的程度不一。故此建议：

一、对农村文化的现状进行全面调查，以了解和把握全局。将具有文化特色和遗存的村落进行分类，针对性地制定切实的保护方案，列入新农村建设的各级规划，使文化遗产保护和发展农村经济同步和协调地进行，避免片面开发带来的人为冲突和损失。

二、加快通过《中国非物质文化遗产保护法》，使保护法能成为建设社会主义新农村的法律依据。

三、加快国家文化部非物质文化遗产名录对广大农村重要文化遗产的认定，对列入名录的遗产实行严格有效的保护。

四、对各地区具有重要历史、文化、科学、审美价值的古村落（村寨），要列为保护重点。对规划上具有历史人文价值的村落要整体保护，对具有重要的建筑学价值的历史民居要重点保护，对具有重要的民俗学价值和艺术价值的民俗，以及民间音乐、美术、曲艺、舞蹈、戏剧和民间技艺，要分门别类地从民俗学和艺术学角度制定保护方案与措施。

五、少数民族古村落文化保护是重中之重。在开发的过程中，会使少数民族文化大量瓦解和失散，故而一方面要尊重少数民族的文化选择，一方面在重要的少数民族集居地，要像欧洲人那样建立乡村博物馆，以保存历史记忆，传承和继承民族文化。

六、对各民族杰出传承人要尽快普查、摸底与认定。民间文化的活态保护，主要靠传承人的口头传授。如果传承人消失，就意味着文化的消亡。故而，对传承人的保护的关键是要保证代代有传人。

七、无论是农村的文化保护，还是旅游开发，都不能离开科学指导。建议邀请人文领域的专家学者参与到各地农村建设中来，以准确地科学地把握保护与开发、继承和发展的关系，使新农村能真正成为新时代中国品格和主体的社会主义的新农村。

由于历史形成的惯性，每次大规模的社会变革，都容易一哄而起。当人们对什么是新农村的"新"还没有具体标准时，很容易把"破旧"视为"立新"，把当今城市形态当作现代形态，把"洋"的当作"新"的。我们的六百多个城市已经基本失去个性，如果广大农村也变得千篇一律，同时内在的个性化的精神文化传统涣散一空，我们的损失将永难补偿。新农村先进文化的建设也就无所凭藉了。故此，希望在新农村建设启动之时，要切实地重视农村的文化建设和文化保护，重视文化的多样性，重视非物质文化遗产，牢牢抓住它，不要叫它从我们手中失掉。否则，数千年的历史文化将从我们的脚下失去，厚重与丰富的文化大地便会变得瘠薄和单一。

文化与经济从来是一个整体，不可分割。在现代社会中，文化——包括文化遗产也是重要的生产力、产业与资本。我们要以科学的全面发展观来规划拥有几千年历史文化积淀的农村文明的未来。

二〇〇六年二月二十八日

为紧急保护古村落再进一言

　　我仍然选择古村落保护作为今天发言的话题。原因是，五千年历史留给我们的千姿万态的古村落的存亡，已经到了紧急关头。

　　数千年的中华文明，基本上是农耕文明。这文明的基础在农村，其中相当一部分农村是古村落。中华民族最久远绵长的根不在城市中，而是深深扎根在这些村落里。

　　我国地域辽阔，民族众多，山川多样，文化多元，历史的经历各地迥异，在不断积淀中形成的村落，不仅形态缤纷，而且蕴含深厚，各具性情。每个古村落都是一部厚重的书，但没有等我们去认真翻阅它，就很快消失了。在数千年的兴衰嬗变中，原本有多少，无从得知；在近三十年前所未有的颠覆性的冲击下，保留下多少，无人知晓。虽然近些年，有些古村落被列为文物保护对象，但由于它仍是生活社区，它的命运听命于地方政府，文物部门力所不能及。

　　由于历史上我们从未对古村落做过科学和严格的调查，我们对这一家底心中没数，这一农耕文明中无比巨大的人文遗产，现在仍是糊里糊涂地存在着和消亡着，最令人焦虑的是，它就以这样糊涂的状态进入了当前快速城镇化的热潮中。坦率地说，由于"新农村"和城镇化中有极大的商机、政绩——有利可图，古村落的消亡便进入一个高潮。

　　二十年前，在中国城市的改造中"千城一面"的文化悲剧，很可能在中华大地的广大农村中再现。这些年，我在各地做文化遗产的田野调查，看到太多的非常优美和诗意的古村落，已经断壁残垣，风雨飘零。春节后我在北方一个马上要夷为平地的画乡进行终结式的文化抢救与记录，我把这次抢救叫作"临终抢救"。我还写了一本书。

说心里话，那一刻我心里在流泪。

为什么这些古村落在欧洲被视为文明硕果，加倍珍惜，但我们却还当作历史垃圾？为什么污染了一个地区的河流与农田要受到惩罚，但毁掉一宗十分珍贵的文化遗产却安然无恙，甚至没人过问？我们不是一个文明的国度吗？

更重要的是，古村落是物质与非物质文化遗产的综合体，它不仅有精美和独特的建筑与大量珍贵的物质遗产，还有那一方水土创造的口头与无形的文化遗存，如民间音乐、舞蹈、戏剧、美术、手艺、民俗，以及民间传说、歌谣。它最直接地体现了中华文化的民间情感、民族气质及其文化的多样性，有数千项进入省市、国家乃至世界文化遗产名录。我国的非物质文化遗产主要在村落，少数民族的非物质文化遗产基本上在村落。可以说，非遗的载体在村落里。如果村落荡平，皮之不存，毛将焉附？其文化不就会立即烟消云散？我们十年来所调查、挖掘、整理出来的非遗不又重新面临消亡？我们不是又回到抢救的原点上？

过去我们一提古村落就只是单一的古建筑。现在我们面临的问题，不大顾及文化选择的城镇化，将带来的更严重的问题是非遗的荡然无存。

我希望国家考虑一个应对措施。

比如，请政府主管部门负责，邀请相关的专家，组成专家组（包括建筑、人物、历史、非遗等方面专家），对我国现存古村落进行全面盘点、分类和甄选。必须保存的古村落先"按兵不动"，留下来想办法保护，特别是已列入世界与国家文化遗产的村落，也要重点保护。一定要保护历史文化的原真性与生态环境。在这里，专家是最关键的。没有专家——特别是没有专家参与决策，就不可能是科学的保护。

我们的古村落保护已经迫在眉睫，没有退路，也没有更多时间，希望国家给予更多关注，使农耕文明的精华经我们这一代的努力尽量多一些传给后人。

在"中央文史研究馆成立60周年座谈会"上的讲话，
二〇一一年九月六日　北京

关于中国古村落保护的几点建议

　　总理认真听取参事的发言后所发表的意见，在社会上引起很大的反响和积极的呼应，在文化界评价十分之高。

　　它体现了国家的文化高度与文化自觉，以及对民生（包括精神文化生活）的关切。

　　紧跟着，总理又着手落实，这体现了总理一贯的务实的作风和对这项工作的高度重视。

　　文化界一定遵从总理指示，全力投入，帮助国家把这件关系中华民族精神遗产及其传承的大事做好。

　　鉴于中国民族众多，文化多样，情况复杂，历史上从未做过严格和科学的普查；近三十年又遭遇到前所未有的各种变迁与冲击，故而底数不清。如何摸清情况，进行科学认定，应该制定怎样的保护法规和措施，以及如何保证法规的执行力，都需要认真研究，以利实施。

　　从总体看，我以为应分两步来做。

　　第一步是调查与认定。

　　第二步是建立保护体系与相关法规。

调查

　　一、调查范围包括中国境内各地区各民族的古村落。古村落不是所有村落，是有重要历史价值与文化遗存的古村落。为此，对古村落要率先做出明确和科学的界定。

二、建设部、国家文物局和各省文物部门、文化部非遗司和各省市文化部门、中国民协抢救办，以及一些相关大学的建筑学院和建筑系如清华大学、同济大学、天津大学等多年调研所掌握的信息和资料，是此次调查的重要基础。

三、古村落是物质和非物质文化遗产的综合体。它一方面拥有十分珍贵的物质文化遗存，同时它又是极为重要的非物质文化遗产的生命载体。调查要从物质与非物质的文化遗产两方面入手，整体进行。

四、调查要制定统一标准与科学尺度，统一的要求、程序和手段。少数民族的古村落调查标准也要一并统一起来。

五、建议由建设部牵头。因为文物局主管物质遗产，文化部主管非遗。而古村落是活态的生活社区，还牵涉其发展的问题，以建设部主管为宜。

六、鉴于这件工作学术性强、文化含量高，建议组成专家委员会。专家包括历史学、文化学、建筑学、民俗学、民艺学、人类学、遗产学等多方面专家。由专家制定、论证与决定。

七、调查以省为单位。

八、工作分期进行。第一时间段应为 3 至 6 个月。

认定

一、采取两级认定，即省一级与国家一级。先由省一级专家论证后确定，再经国家一级的专家认定才是最终认定。

二、认定古村落的过程必须严格。要在专家充分研讨基础上，经过几轮投票来确定，保证科学性。同时在网上公示，以引起国民的关注和参与意识。

三、已列为国家文物局"重点文化保护单位"和列为"国家非物质文化遗产名录"的非遗所落户的村落，应为当然的古村落。

四、建议建立"中国古村落保护名录"。专家认定、国家批准的古村落为国家重要的农耕文明创造的财富，是中国人世代引以为豪的文明硕果。名录分批公布。

五、为确定的古村落科学立档和绘制《中国古村落分布地图集》。

六、认定工作在调查工作开始三个月后进行，第一批认定的名单应在六个月内确定。

建立保护体系与相关法规

对调查与认定后的古村落建立相关的保护体系，包括制定保护法规、确定责任人和监督机制。法规制定的依据是国家《文物法》与《非遗法》。由于古村落是物质与非物质文化遗产的综合体，必须兼用二法。

制定保护法规为第二步工作。需要时，可另做具体建议。

以上是一己之见，稚陋难免，仅供参考。

住建部负责人关于古村落保护来访时的建议书
二〇一一年九月八日

张北古村落大多有土夯的高墙与厚重的堡门。

传统村落的困境与出路
——兼谈传统村落是另一类文化遗产

二〇一二年中国正式启动了传统村落的全面调查，同年进行了专家审定与"中国传统村落名录"的甄选工作。这应是文化上一个意义重大而深远的事件；我深信它必将用黑体字记载于中国文化史上。

在这空前的传统村落调查启动之前，大量出现在媒体上的信息与文章，表达着学界与公众对这一关乎国人本源性家园命运的关切；在传统村落调查启动后，人们关注的焦点则转向这些处于濒危的千姿万态的古老村落将何去何从。

这里，想对有关传统村落现状与保护的几个关键问题表述一些个人的意见，以期研讨。

一、传统村落保护的必要性与紧迫性

如果说中华民族历史五千年，这五千年都在农耕文明里。村落是我们农耕生活遥远的源头与根据地，至今至少一半中国人还在这种"农村社区"里种地生活，生儿育女，享用着世代相传的文明。在历史上，当城市出现之后，精英文化随之诞生，可是最能体现民众精神本质与气质的民间文化一直活生生存在于村落里。

我国幅员辽阔，民族众多，地域多样，气候迥异；在漫长的岁月里，交通不便，信息隔绝，各自发展，自成形态，造就了中华文化的多样并存与整体灿烂。如果没有了这花团锦簇般各族各地根性的传统村落，中华文化的灿烂从何而言？

可是，最近一些村落调查和统计数字令我们心头骤紧。比如，在进入二十一世纪（二○○○年）时，我国自然村总数为三百六十三万个，到了二○一○年，仅仅过去十年，总数锐减为二百七十一万个。十年内减少九十万个自然村，对于我们这个传统的农耕国家可是个"惊天"数字。它显示村落消亡之势何其迅猛和不可阻挡。

如此巨量的村落消失的原因是多方面的。

一是城市扩张和工业发展突飞猛进，大批农民入城务工，人员与劳动力向城镇大量转移，致使村落的生产生活瓦解，空巢化严重。近十年我们在各地考察民间文化时，亲眼目睹这一剧变对村落生态影响之强烈与深切，已经出现了人去村空——从"空巢"到"弃巢"的景象。

二是城市较为优越的新的生活方式，成为愈来愈多年轻一代农民倾心的选择。许多在城市长期务工的年轻一代农民，已在城市安居和定居，村落的消解势在必然。

三是城镇化。城镇化是政府行为，拆村并点力度强大，所向披靡，它直接致使村落消失。这也是近十年村落急速消亡最主要的缘由。

在由农耕社会向工业社会的转型中，村落的减少与消亡是正常的，世界各国都是如此；城镇化是农村发展的重要方向与途径，世界也是这样。但不能因此我们对村落的文明财富就可以不知底数，不留家底，粗率地大破大立，致使文明传统及其传承受到粗暴的伤害。

进一步说，传统村落的消失还不仅是灿烂多样的历史创造、文化景观、乡土建筑、农耕时代的物质见证遭遇到泯灭，大量从属于村落的民间文化——非遗也随之灰飞烟灭。

自二○○六年至今我国已公布三批国家级非遗名录，包括民族与民间的节日、民俗、戏曲、音乐、舞蹈、美术、曲艺、杂技、口头文学等，凡一千二百一十九项，被列入了国家重点保护的历史文化遗产的名单中，其中二十六项被列入世界非物质文化遗产保护名录。这些文化遗产大部分活态地保存在各地的村落里。正如联合国教科文组织对非遗评定的标准是：它必须"扎根于有关社区的传统和文化史中"。如果村落没了，非遗——这笔刚刚整理出来的国家文化财富便要立即重返绝境，而且这次是灭绝性的、"连根拔"的。我们能叫一项项珍贵的国家遗产得而复失吗？

传统村落还有另一层意义——它是许多少数民族的所在地。不少少数民族没有文字，没有精英文化，只有民间文化。他们现在的所在地往往就是他们原始的聚居地。他们全部的历史、文化与记忆都在他们世袭的村寨里。村寨就是他们的根。少数民族生活在他们的村寨里，更生活在他们自己创造的文化里。如果他们传统的村寨瓦解了，文化消散了，这个民族也就名存实亡，不复存在。我们有权利看着少数民族从我们眼中消失吗？

面对着每天至少消失一百个村落的现实，保护传统村落难道不是逼到眼前的一件攸关中华民族文化命运的大事？

二、传统村落是另一类文化遗产

当今国际上将历史文化遗产分为两部分。一是物质文化遗产，一是非物质文化遗产。在人类历史的转型期间，能将前一阶段的文明创造视作必须传承的遗产，是进入现代文明的标志之一；这时间并不久，不过几十年，而且是一步一步的。从国际性的《雅典宪章》（一九三三年）、《佛罗伦萨宪章》（一九八一年）到联合国教科文组织的《保护历史城镇与城区宪章》（一九八七年）和《保护非物质文化遗产公约》（二〇〇三年）可以看出，最先关注的是有形的物质性的历史遗存——从小型的地下文物到大型的地上的古建遗址，后来才渐渐认识到城镇和乡村蕴含的人文价值。然而在联合国各类相关文化遗产的文件中，我们只能见到一些零散的关于传统村镇保护的原则与理念，没有整体的保护法则，更没有另列一类。至今还未见到任何一个国家专门制定过关于传统村落保护的法规。可是，传统村落却是与现有的两大类遗产——物质与非物质文化遗产大不相同的另一类遗产。

首先，它兼有着物质与非物质文化遗产的特点，而且在村落里这两类遗产互相融合，互相依存，同属一个文化与审美的基因，是一个独特的整体。过去，我们曾经片面地把一些传统村落归入物质文化遗产范畴，这样便会只注重保护乡土建筑和历史景观，忽略了村落灵魂性的精神文化内涵，最终导致村落魂飞魄散，徒具躯壳，形存实亡。传统村落的遗产保护必须是整体保护。

第二，传统村落的建筑无论历史多久，都不同于古建；古建是属于过去时的，乡土建筑是现在时的。所有建筑内全都有人居住和生活，必须不断地修缮乃至更新与新建。所以村落不会是某个时代风格一致的古建筑群，而是斑驳而丰富地呈现着它动态的嬗变的历史进程。它的历史不是滞固和平面的，而是活态和立体的。对于这一遗产的确认和保护的标准应该专门制定和自成体系。

第三，传统村落不是"文保单位"，而是生产和生活的基地，是社会构成最基层的单位，是农村社区。它面临着改善与发展，直接关系着村落人民生活质量的提高。保护必须与发展相结合。在另两类文化遗产——物质和非物质文化遗产中，显然都没有这样的问题。

第四，传统村落的精神遗产中，不仅包括各类"非遗"，还有大量独特的历史记忆、宗族传衍、俚语方言、乡约乡规、生产方式等等，它们作为一种独立的精神文化内涵，因村落的存在而存在，并使村落传统厚重鲜活，还是村落中各种非遗不能脱离的"生命土壤"。

综上所述，从遗产学角度看，传统村落是另一类遗产。它是一种生活生产中的遗产，也是饱含着传统的生产和生活。为此，对它的保护一直是个巨大的难题。

难题的原因：一方面是它规模大，内涵丰富，又是活态，现状复杂，对它的保护往往与村落的发展构成矛盾；另一方面是它属于地方政府的行政管辖，若要保护，必然需要政府各分管部门的配合，以及管理者的文化觉悟；再一方面是无论中外可资借鉴的村落保护的经验都极其有限，而现有的物质与非物质文化遗产保护的法规、理念与方法又无法适用。这是传统村落保护长期陷在困境中的根由。看来，它的出路只有我们自己开拓和创造了。

三、找到了出路

近年来，随着传统村落的消亡日益加剧，不少大学、研究单位和社会团

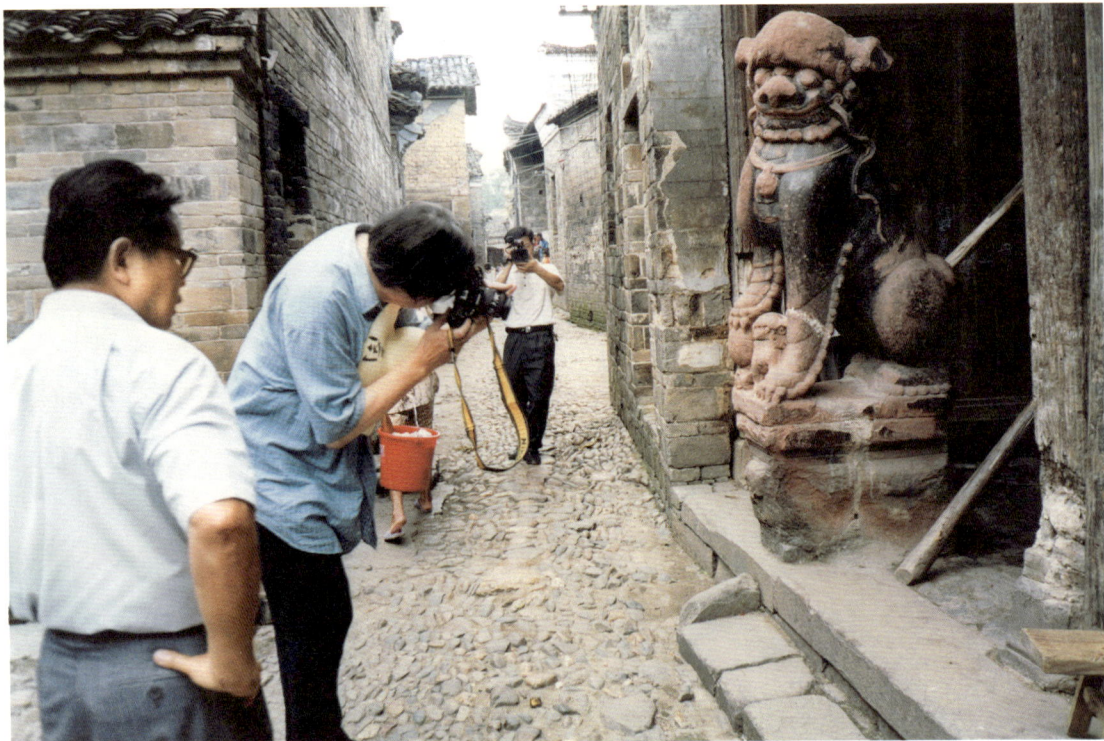

流坑在赣中，村中遗存极丰厚，但是近年来不少珍贵的历史文物都给人花钱买去了。

体频频召开"古村落保护研讨会"和相关论坛,以谋求为这些古老家园安身于当代的良策;不少志愿者深入濒危的古村进行抢救性的考察和记录;一些地方政府在"古村落保护"上还做出可贵的尝试,比如山西晋中、江南六镇、江西婺源、皖南、冀北、桂北、闽西、黔东南以及云南和广东等地区。尽管有些尝试颇具创意,应被看好,但还只是地方个案性和个人自发性的努力,尚不能从根本上破解传统村落整体身陷的困局。

二〇一二年有了重大转机。

二〇一二年四月,由国家四部局——住房和城乡建设部、文化部、国家文物局、财政部联合启动了中国传统村落的调查,并把盘查家底列为工作之首要任务,表明了这一举国的文化举动所拥有的气魄、决心与科学的态度。这项工作推动得积极有力和富有成效。半年后,通过各省政府相关部门组织的专家调研与评审工作初步完成,全国汇总的数字表明我国现存的具有传统性质的村落近一万二千个。随即四部局成立了由建筑学、民俗学、规划学、艺术学、遗产学、人类学等专家组成的专家委员会,评审"中国传统村落名录"。进入名录的传统村落将成为国家保护的重点。评定的着眼点为历史建筑、选址与格局、非遗三个方面。

每一方面具体的评定标准都是经过专家研究确定的,其标准除去本身的专业性,还要兼顾整体性和全面性。比如,在乡土建筑与村落景观方面,不但要看其自身价值,还要注重地域个性与代表性,不能漏掉任何一种有鲜明地域个性的村落,以确保中华文化的多样并存。再比如,如果某个传统村落以非遗为主,其非遗首先必须已列入了"国家非物质文化遗产名录",以使国家非遗不受损失,不致"皮之不存,毛将焉附"那种毁灭性的悲剧发生。

由于传统村落保护与村落生产生活的发展密切相关,任何部门都无法独自解决,因而这次调查由四个相关的国家一级政府主管部门联合开展与实施——包括主管乡村建设与发展的住房和城乡建设部,分管着物质和非物质文化遗产的国家文物局与文化部,担负财政支持的财政部。四个国家主管部门联合推行,不但可以统筹全局,推动有力,而且使工作的落实从根本上得到保证。这是一个符合国情、符合实际的创造性的办法,它体现了国家保护传统村落的决心。这样，传统村落便从长期的困惑、无奈与乱象中走了出来。

它的一个重要标志是将原先习惯称呼的"古村落"，改名为"传统村落"。

"古村落"一称是模糊和不确切的，只表达了一种"历史久远"的时间性；"传统村落"则明确指出这类村落富有珍贵的历史文化的遗产与传统，有着重要的价值，必须保护。

传统村落一名表明着这项工作深远的意义——为了对文明传统的传承。

四、必须做好的事

当国家传统村落名录确定下来后，其保护的工作不是已经完成，而是刚刚开始。要防止以往申遗时出现的谬误——把申遗成功当作"胜利完成"。其实，正是历史文化遗产被确定之日，才是严格的科学的保护工作开始之时。尤其传统村落的保护是全新的工作，充满挑战，任重道远。

我以为，必须认真对待和做好下面几件事：

（一）建立法规和监督机制

传统村落保护必须有法律保证，有法可依，以法为据，立法是首要的；还要明文确定保护范围与标准，以及监督条例。管辖村落的地方政府必须签署保护承诺书，地方官员是指定责任人。同时，必不可少的是建立监督与执法的机制。

我国现在对物质文化遗产的保护有《中华人民共和国文物保护法》（一九八二年），其监督和执法机制比较健全；对非遗的保护有《中华人民共和国非物质文化遗产法》（二〇一一年），但缺乏监督和执法机制，问题较大。如果没有监督与执法，法律文件最终会成为一纸空文。由于传统村落依然是生活社区，处于动态的变化中，保护难度大，只有长期不懈的负责任的监督才能真正保护好。

（二）必须请专家参与

我国村落形态多，个性不同，在选址、建材、构造、形制、审美、风习上各不相同。因此，在保护什么和怎么保护方面必须听专家的意见。传统村落保护与发展应制定严格规划，由专家和政府共同研讨和制定，并得到上一级相关部门的认定与批准。传统村落能否保护好的关键之一，要看能否尊重专家和支持专家。只有专家才能真正提供专业意见和科学保障。

（三）传统村落的现代化

保护传统村落绝不是原封不动。村落进入当代，生产和生活都要现代化；村落的人们有享受现代文明和科技带来的便利与恩惠的当然的权利。村落的保护与发展完全可以做到两全其美。那种认为这两者的矛盾难以解决、非此即彼的观点，正是一脑门子赚钱发财所致。在这方面，希腊、法国、意大利等西方国家在城市历史街区保护中所采取的一些方法能给我们积极的启示。比如他们在不改变街区历史格局、尺度和建筑外墙的历史真实的前提下，改造内部的使用功能，甚至重新调整内部结构，使历史街区内的生活质量大大提高。民居不是文物性古建，保护方式应该不同，需要研究与尝试。传统村落的保护与发展不但不矛盾，反而可以和谐统一，互为动力。其原则是，尊重历史和创造性地发展，缺一不可。

只有传统村落生活质量得到提高，宜于人居，人们生活其中感到舒适方便，其保护才会更加牢靠。

（四）少数民族地区的村落保护

在少数民族地区，村落就是民族及其文化的所在地，其保护的意义与尺度应与汉族地区村落保护不同。对于少数民族一些根基性的原始聚居地与核心区域，应考虑成片保护，以及历史环境与自然生态环境的保护。

（五）可以利用，但不是开发

一些经典、有特色、适合旅游的传统村落可以成为旅游去处，但不能把旅游作为传统村落的唯一出路，甚至"能旅游者昌，不能旅游者亡"。传统村落是脆弱的，旅游要考虑游客人量过多的压力，不能一味追求收益的最大化，更不能为招徕游人任意编造和添加与村落历史文化无关的"景点"。联合国对文化遗产采取的态度是"利用"，而不是"开发"。利用是指在确保历史真实性和发挥其文化的精神功能与文化魅力的前提下获得经济收益；开发则是一心为赚钱而对遗产妄加改造，造成破坏。坦率地说，这种对遗产的"开发"

等同于"图财害命"，必须避免。

（六）细细搜寻，不能漏网

尽管全国村落的普查初步完成，但我国地广村多，山重水复之间肯定还会有一些富于传统价值的村落，没有被发现与认知，更细致的收寻有待进行。十多年来的非遗普查使我们明白，中国文化之富有表现在它总有许多珍存不为人知。我们不能叫于今尚存的任何一个有重要价值的传统村落漏失。

（七）推荐露天博物馆

在确定保护的较为完整的传统村落之外，还有些残破不全的古村虽无保护价值，却有一件两件单体的遗存，或院落、或庙宇、或戏台、或祠堂、或桥梁等，完好精美，颇有价值，但孤单难保，日久必毁。现今世界上有一种愈来愈流行的做法叫作"露天博物馆"，就是把这些零散而无法单独保护的遗存移到异地，集中在一起保护；同时，还将一些掌握着传统的手工艺人请进来，组成一个活态的"历史空间"——露天博物馆。近些年来，这种博物馆不仅遍布欧洲各国，亚洲国家如韩国、日本和泰国也广泛采用。露天博物馆是许多国家和城市重要的旅游景点。这种方式，可以使那些分散而珍贵的历史细节也得到妥善的保护与安置。

（八）提高村民的文化自觉与自信

传统村落的保护不能只停留在政府与专家的层面上，更应该是村民自觉的行动。

如果人们不知自己拥有的文化的价值，不认同，不热爱，我们为谁保护呢？而且这种保护也没有保证，损坏会随时发生。所以接下来一项根本的工作是提高人们的文化自觉和自信。就像在阿尔卑斯山地区那几个国家的山民家里，他们人人都会对来访的客人自豪地大谈家乡的山水花鸟和祖辈留下来的一砖一瓦，还穿上民族服装唱支山歌欢迎你。

文化首先被它的拥有者热爱才会得以传承。

提高村民的文化自觉是长期和深入的事，但如果只让人们拿着自己的"特色文化"去赚钱是不会产生文化自觉的。

在这方面，鼓励和支持志愿者和社会各界投入、参与和帮助传统村落保护，也是推动全民文化自觉的好办法。

现在可以说，中国传统村落从困境中走出来了。它独有的价值终于被我们所认识，并在物质文化遗产保护和非物质文化遗产保护之外另列一类，即"中国传统村落遗产保护"，纳进了国家的历史文化遗产的"谱系"中来。

十年前我国只有文物保护，经过近十年的努力，拥有了物质遗产、非物质遗产、村落遗产三大保护体系，从而使中华民族的历史财富得到全面和完整的保护。这是我们在文化建设上迈出的重大一步。

如今世界上还没有哪个国家对传统村落进行过全面盘点和整体保护。我们这样做，与我们数千年农耕历史是相衬的，也是必须的。它体现出我国作为东方一个文化大国深远的文化眼光和高度的文化自觉与自尊，以及致力坚守与传承中华文明传统的意志。

中华文明是人类伟大的文化财富之一。我们保护中华文明，也是保护人类的历史创造与文明成果。

当然，传统村落保护刚刚开始，它有待于系统化、法治化和科学化；它需要相关的理论支持和理论建设，需要全民共识和各界支持，需要知识界的创造性的奉献，以使传统村落既不在急骤的时代转型期间被甩落与扬弃，也不被唯利是图的市场开发得面目全非。我们要用现代文明善待历史文明，把本色的中华文明留给子孙，让千年古树在未来开花。

二〇一二年十一月二十七日

在湖南隆回居然还能看到完全采用传统工序制造的竹纸：纸色淡褐，字写上去，温润雄厚。

行动起来，盘点我们文明的家园

一

一个文化史上空前的文化行动今天在这里启动——我们将通过全国规模的田野调查，盘点我们文明的家园，为我国传统村落建立档案。

这一行动由中国文联的两大协会联合举行，即中国民间文艺家协会和中国摄影家协会。

从今天起，在未来的数年里，将有成千上万的文化学者和摄影家为这一重大的文化使命付出辛劳，贡献力量。

二

我国五千年历史基本上是农耕的历史。村落是我们最古老的家园。由于历史悠久，民族众多，地域多样，文化多元，我们的村落千姿万态，无比优美；更由于我们的文明最初是在村落里养育成的，我们中华文明的大树最绵长的根在村落里，我们难以数计的物质的非物质的文化遗产在村落里，少数民族的文化基本上都在村落里，中华民族文化的基因、根性和多样性在村落里。

有现代眼光的人都深知，传统村落的价值不只是历史价值，更重要的是它的未来的价值。

正是为了未来，我们保护我们的遗产，传承我们的文明。

三

近来，我国在国家层面上，表现出鲜明的高度的文化自觉。中央领导同志一系列重要讲话和政府文件，都深刻阐述到保护文化遗产与弘扬中华文明优秀传统密不可分的关系，明确强调保护传统村落是中国社会全面发展之必需。对于乡镇化的乡村，一句"要望得见山，看得见水，记得住乡愁"，切中了传统村落最深切的精神意义与存在价值，彰显了力保不失的决心，在社会上引起了强烈和热切的反响。

从国家文物局的"历史文化名村保护"，到二〇一二年住建部、文化部、国家文物局、财政部联合进行的"中国传统村落"和建立名录的项目，以及近期财政部公布将投入一百亿的专项基金支持传统村落的保护，都表现了国家对传统村落保护力度的日益加大、加强。

然而，必须看到，由于种种原因——片面追求经济效益，对传统村落价值的无知，缺乏法律化的保护制约，过度的旅游开发，还有自身的空巢化，致使传统村落仍在大量瓦解与消失。令人尤为担忧的是，遍布中华大地的村落一直没有科学、完整、详备的档案，致使在近十年中消失的近百万个村落中，究竟哪些村落具有重要价值，或者说究竟我们失去了哪些重要的有价值的村落无从得知，无人能说。

为此，盘清村落的文化家底，为传统村落建立档案——这个历史性的、紧迫的又是庞大的使命，就落到我们这一代人，这一代知识界的人的身上。

只有我们知识界文化界，能够科学地发现、判断、甄别、认定那些有价值、必须保护和传承的传统村落；只有我们能够对这些传统村落进行科学的调查、记录、整理与建档，从而使传统村落真正拥有确切的身份、履历和档案化的图文依据，使保护工作有所凭借，使国家确凿地掌握这一无比珍贵的历史遗产的文化存根。

四

这次田野调查将在全国各省各民族地区同时进行。中国民协的文化学者和专家与中国摄协的摄影家们将联合组成无数调查小组奔赴大地山川，入村进乡，进行田野调查与图文记录，一方面为列入国家的"中国传统村落名录"的传统村落建立档案；一方面去发现尚未列入名录的有重要历史文化价值的村落，向国家相关部门提供信息。

从今天开始，我们将工作多年。我们的足迹将踏遍祖国的山河大地。这次行动的规模之大，面对境况之复杂，问题之多，可以想象又难以想象。

为此，科学性、严谨性、精确性、规范化和有序的进行是我们要始终坚守不懈的。我们不能叫任何一个错误信息进入档案和数据库。对此，我们已经做了充分准备。

〇我们在两个协会专设了工作机构负责组织、协调和推动各方面工作。

〇我们成立了由文化学、建筑学、遗产学、人类学、历史学与摄影家组成的专家委员会，保证工作的科学性。

〇我们制定了此次调查各项工作具体内容与要求的表格与文件。编制了《田野调查手册》和工作计划。统一标准，统一要求，统一程序。

〇我们建立了工作网站——中国传统村落网，与广大调查人员保持密切的动态的联系。这个网站今天会上就要开通。

〇我们已经建立了"中国传统村落数据库"，并已进行信息的存储。

〇我们成立了中心工作室，负责图典编撰与数据库的建立。

我们的调查成果将归结为：

（一）《中国传统村落图典》；

这项工作由国家住建部委托编制。

（二）中国传统村落数据库。

具体的工作方法、程序与构想，今天下午另一个工作会议上，我会详细表述。

五

同志们，十二年前我们开启了中国民间文化遗产抢救工程，对中国民间文化进行全国普查与抢救，并帮助文化部与各级政府进行非遗名录的审定与整理，现在列入我国各级政府保护范畴的非遗已经超过万项，基本上盘清了非遗的家底。

十二年后的今天，我们又启动了更为广阔的文化行动——对我们农耕时代根性的家园全面地调查和立档。我们依旧激情不减，责任仍在肩上。

我要特别强调，此次建档，并非只是传统意义的文本档案，这次分外重视图像方式。摄影的记录性、直观性和见证性，将使我们的传统村落档案更加全面、具象、客观、确凿。王瑶主席带领的人才济济的中国摄影大军的加入，一定会大大加强我们的村落档案的质量、分量和水平；可以确信，我们将完成这样一份自己文明家园的图文档案，是世界上任何一个国家都没有的。

比起十二年前，我们有了更为强有力的支持。这包括国家高度文化自觉和明确的思想，政府相关部门的鼎力相助，中国文联各部门的坚强后盾，社会各界的热心参与。当今，全社会都愈来愈关注中华民族自己优秀的文化传统。

这些天，已有许多志愿者与我们联系，踊跃地要求加入到这一行动中来。为此，我们的网站已经专门设立与志愿者联通的热线。我们预料，行动全面展开后，一定会有愈来愈多的志愿者投身到这个事关自己文明家园兴亡的义举中来。

只有广大人民主动的参与，只有全民族的文化自觉，中华民族才能进入真正复兴的时代。

六

我们两大协会联合的超大规模的文化行动今天打响。

这项工作是前人没有做过的。它充满挑战性，需要开创性，也极其艰巨。

但我们是以中华文明为自豪的一代，是有文化良知和使命感的一代，是敢于担当的一代。

我们知道国家需要什么，民族需要什么。

伟大的中华文明源远流长。它的精髓是一代代生生不息的传承。

我们不能让传统村落——这祖国大地上灿烂的文明之花枯萎凋落，相反我们要让它们更加夺目，世世代代永远绽放。拿起我们的笔，背起我们的相机，行动吧。

在"留住乡愁——中国传统村落立档调查"项目启动仪式上的讲话，
二〇一四年六月十日　北京

关于传统村落保护需要国家作为的提案

传统村落（一称古村落）是指那些历史悠久、遗存雄厚、文化典型的村落。在漫长的历史变迁与现代化冲击下，这类村落正处于急速消失的过程中，但它们是中华民族决不能丢失、失不再来的根性的遗产，是蕴藏着我们民族基因与凝聚力的"最后的家园"，是五千年文明活态的人文硕果。为此，传统村落的存亡是当代中国的文化焦点之一。

近年，党和政府重视传统村落的保护。习近平总书记十分重视传统村落与民居的保护，指出"特别是古村落要保护好"。李克强总理和汪洋副总理也对传统村落的保护予以高度重视。二○一四年中央一号文件还明确提出要"制定传统村落保护发展规划，抓紧把有历史文化价值的传统村落和民居列入名录，切实加大投入和保护力度"。中央城镇化工作会议公报中的一句话"让居民望得见山，看得见水，记得住乡愁"，在广大人民中，产生了巨大的反响与社会呼应。

中央对传统村落保护的决心坚定不移，然而在贯彻和执行层面上显然大大滞后。虽然住建部、文化部和财政部公布了先后两批共一千五百六十一个村落被列入"中国传统村落名录"名单，但由于没有专项资金支持，没有必需的法律法规的制约，没有地方政府的承诺与落实；由于缺乏科学标准与认定，缺乏专家及专业人员投入，以及后续的规划制定等工作，由国务院新闻办发布的"中国传统村落名录"事与愿违地成为一种虚设与空名，丝毫不能改变这些传统村落正在瓦解和走向消亡的现实。

问题是谁来落实中央一号文件中对传统村落"切实加大投入和保护力度"？

亟需解决的问题是：

第一，传统村落保护与发展应是我国农村城镇化的一个特色。也是城镇化一个重要内容。应将传统村落保护列为城镇化重要目标之一。

第二，尽快建立传统村落保护法规及其监督与执法的部门机制。

第三，加快制定传统村落科学保护标准，对已列入"中国传统村落名录"的村落，应设定时间制定出保护与发展规划。在规划确定前，明令禁止继续破坏与开发。

第四，已列入"中国传统村落名录"之村落所在县、市政府是主要责任单位，应签署"保护承诺书"，保护不力与发生破坏应被问责和依法规处罚。

第五，鉴于传统村落内涵复杂，跨诸多领域与专业，在制定法规、保护标准和发展规划时，要依靠国家和各省大学、研究部门的专家学者，以保证其科学性。建议选择典型传统村落，先从试点入手，使其保护与发展尽快进入实际操作的进程。

第六，国家和各省市县都应设立专项保护资金。作为国家与民族财富的传统村落多数生产生活水平落后，更需要国家投入。十分遗憾的是中央财政对传统村落保护没有任何资金投入，也没有投入计划，致使传统村落陷入"没有人管"、完全没有保护的境地，故建议国家尽快设立财政专项资金。

在当前经济现代化和乡村城镇化的高速进程中，传统村落保护已是刻不容缓。传统村落保护的原则中央是明确的，关键是政府的作为。希望能切实抓住不可错过的时机，全力扼制中华民族这一重大文化遗产的再损失，使其在实现中华民族的伟大复兴中发挥无可替代的作用。

二〇一四年二月二十六日

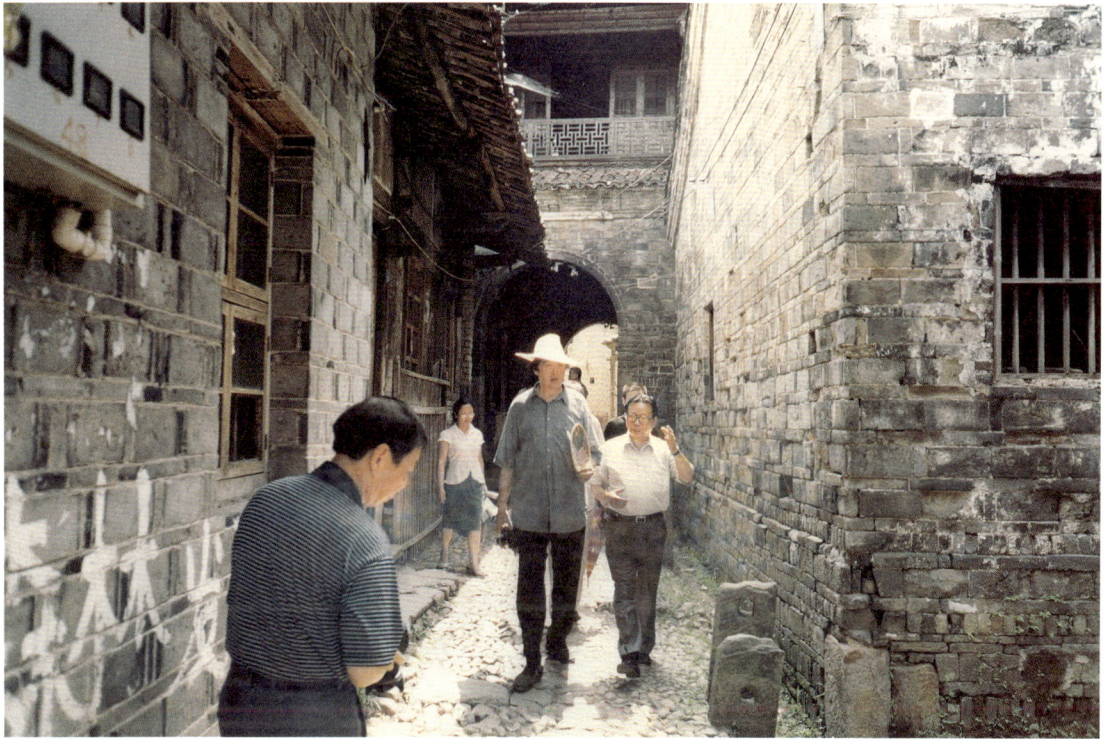

我喜欢这样走村串乡。

《中国传统村落立档调查田野手册》

目 录

一、到田野去，盘点我们文明的家园！（前言）

　　我国五千年历史基本是农耕的社会史与文明史。农耕的家园是村落。在漫长岁月中，我们的中华民族不仅生于斯，长于斯，创造于斯，也传承于斯。由于历史悠久，我们的村落底蕴深厚；缘自地域不同，我们的村落多彩多姿，文化灿烂丰富。我们村落之多样，世所罕见。不仅形态、风貌、景象彼此不同，物产、风俗、宗族、游艺、手艺，以及传习的仪规也自成一格。尤其是少数民族独有的文化大部分不在城市里，而在树拥山抱的村寨里。如果这些村落消失了，我们最古老的根、世世代代的家园和历史生活的见证，无数迷人和多样的文化则烟消云散。我们能看着它消亡吗？

　　然而，过去我们对传统村落这种根性的文化价值认知有限，大部分村落又没有村落志，所以在时代转型中，它们的消亡是无声无息的。近二十年，我们失去多少极其珍贵的村落遗产，谁能统计出来、说清楚？

　　这样重大的历史文化责任不应该由我们这一代文化人承担吗？

　　自二〇一二年国家启动了"中国传统村落"项目，由住建部、文化部和财政部联合启动与大力推动，一部分知识界各领域学者专家积极地参与进来。今年，经国务院新闻办发布，已有先后两批一千五百六十一个村落列入"中国传统村落名录"，从而成为我国物质和非物质文化遗产之外极为重要的另一类文化遗产，成为国家和政府必须保护的活态的历史财富。国家在相关文件中明确表述，在城镇化进程中，它们将是必须着力地、精心地、文明地面对的一部分。

　　对于城镇化中的乡村，一句"要望得见山，看得见水，记得住乡愁"，切中了传统村落最深切的精神意义与存在价值，以及力保不失的决心。

这体现了我们这个文明大国的国家的文化自觉和文明的高度。

那么进一步知识界应该做什么？

除去在传统村落的保护与发展中，我们要提供必不可少的科学的理念、规划、标准与试验，还有一项工作必不可少，即为国家确定的传统村落建立基础档案。这个工作的内容是：对传统村落进行全面的标准化的调查，盘清家底，以精确的图文结合方式将村落的各方面原生态的信息记录下来，为国家这一重大的历史文化资源与财富立档。

过去我们是没有完整确切的村落档案的。这次对自己的农耕家园进行全面的盘点与记录，应是历史上的首次。这是一种历史责任，也是一种时代的机遇与福气。

中国文联的两大专业的文艺家协会——中国民间文艺家协会、中国摄影家协会决定联合承担起这项工作。民间文化学者将拿起笔，摄影家们将背起相机，携手走进祖国的山水深处、田野腹地，共同完成时代赋予我们的文化使命。

十二年前，我们启动了全国民间文化遗产的抢救性调查，经过十余年艰辛与努力，完成了对中华大地民间文化的调查与盘点。十二年后的今天，我们又将开启另一项意义非凡的文化工作与文化行动——为中国传统村落立档。这次，由于国家住建部给予的全力支持，由于中国摄影家协会强大的精锐的摄影家队伍的加入与合作，我们对高质量完成这一工作充满信心。

这项工作，将使我们对传统村落真正心有底数，对其保护与发展有充分的图文依据，并将为历史存照，为未来留下这一巨型的历史文化财富确凿的文字记载与真实的完备的图像。

依照十多年来我们工作的方法，每一项全国性文化调查之前，必须制定一本工作手册，统一标准、规范和要求，以保证工作的有序与最终成果的科学与完整。

这本《田野手册》将在此次调查中人手一册，是工作必备的工具与指南。希望调查者在走入田野之前熟读它，研究它，并严格完成手册中的每一项要求。

工作的意义、性质、目标和方法明确了，我们已经把一件重大的任务心甘情愿压在自己的肩背上了。

我们的确在做一件大事情，为了国家民族，为了自己尊贵的历史，更为了后人与未来。

二〇一四年六月

二、说明

（一）　本手册专供此次田野调查的专业工作者使用。个人志愿者也可试用。

（二）　此次调查是为全国传统村落立档，必须严格按照统一标准的规范和要求。本手册正是提供这样的标准与要求。

（三）　此次调查是基础性的，不是村落志，调查内容为村落方方面面基本的信息；所需要的信息必须详实、真实、确凿。

（四）　本手册所开列的村落，皆为国家正式列入名录的"中国传统村落"，如调查中发现有名录之外具有较高历史文化价值的村落，也请另外填写图文表格。

（五）　调查顺序依照国家传统村落名录公布批次的先后。先调查和完成第一批，然后依序进行。

（六）　本次调查成果，立档之外，将编制大型图文档案《中国传统村落图典》。

三、立档调查体例

调查者须知

○　调查者应严格依照"立档调查体例"所制定的各项标准和要求，进行文字采集和图像拍摄。

○　调查结果应按要求填写"中国传统村落立档调查（文字信息）归档表"和"中国传统村落立档调查（图片）登记单"。

○　文字和图像（摄影）调查成果均采用电子文件形式。

○　文字要求客观、准确和简洁。图片要求自然、真实和清晰。图片应注重审美，但不要拍成唯美的风光片。

1. 文字内容、数量与要求

编号	分项	内容要求	字数
1	村名		
2	所属	_____ 省 _____ 市 _____ 县 _____ 乡	
3	名录批次	注明哪年列入哪批中国传统村落名录。名录之外新发现的也要注明	
4	年代	形成年代，依据	简要表述，字数自定
5	形成原因	迁徙	简要表述，字数自定
6	村落形状	圆形、方形、条状、不规则形状等	简要表述，字数自定
7	面积	平方公里	简要表述，字数自定
8	类型	山村、水乡、丘陵、平原等	简要表述，字数自定
9	地质	地质特征，地势	简要表述，字数自定
10	自然环境	山脉、河流、森林	简要表述，字数自定
11	民族	主要民族、民族村，多民族	简要表述，字数自定
12	姓氏	主要姓氏	简要表述，字数自定
13	人口	户籍人口	简要表述，字数自定
14	生产	产业类型，主要物业、副业、养殖等	简要表述，字数自定
15	生活	有地域特点的生活方式及相关器物，交通工具和服装等	简要表述，字数自定
16	历史见证物	碑石、文献、族谱、匾额等	简要表述，字数自定
17	物质文化遗产	主要的庙宇、祠堂、戏台、民居建筑的类型（窑洞、吊脚楼、竹楼、土楼、地坑院等）、建造年代、风格、形制、结构、材料等；古桥、古井、墓地等	简要表述，字数自定

编号	分项	内容要求	字数
18	非物质文化遗产	各类民俗、民间文艺、手艺与传承人	简要表述，字数自定
19	自然遗产	特殊的风物、景观	简要表述，字数自定
20	其他		简要表述，字数自定
21	村庄概况	该村落的自然环境、形成原故、历史嬗变，主要生产与物产，生活与民俗方式的地域特点，主要物质与非物质的历史文化遗存。（列入世界文化遗产及国家与省市县名录的文保单位与非遗要注明）	1000字左右

注：○省（自治区、直辖市）　○市（地区、州、盟）　○县（区、市、旗）

2.图片内容、数量与要求

请注意：

○一个村落所需图片内容，分为七部分：A.村落面貌 B.历史见证

　C.物质文化遗产 D.非物质文化遗产 E.民俗生活 F.生产方式

　G.人物；余列入其他。

○根据现已掌握信息，每个村落都有必须拍摄的内容，将另通知调查者。

○所列数量为最少者，多则不限，以尽量多留下村落的信息与原生形态。

拍摄分类	拍摄内容	拍摄范围提示	数量	要求	说明文提示
A.村落面貌	1.全貌	完整村落及边界	12张	○不同角度，不同侧面 ○标志物突出○注意村落形状	○标志物要注明名称 ○标明方向
	2.村落与自然关系	如：山脉、水系、森林、地质等	12张	○有名称的山峰和河流 ○本地有特点树种的森林 ○地貌 ○关系物，如桥梁	○标明河流与山峰的名称 ○如强调地质，标明地质名称 ○标明树种

拍摄分类	拍摄内容	拍摄范围提示	数量	要求	说明文提示
	3. 村落不同角度的景象	○从村落内部拍摄村落的不同景象○从村中望点拍摄	12 张	○以大中景为主○有人入镜和无人入镜照片各一组	○如拍摄区域有特定功能，要注明○如在望点拍摄，要注明
	4. 主要街巷	如: 传统轴线、主干道、商铺街	12 张	○注意街头、巷尾及重要节点。○历史街道（注意铺路材料）	○街道如有名称，要注明 ○注明商店及有价值的信息
	5. 重要公共空间	如：广场	数量自定	无则空项	○广场的位置、功能应注明
	6. 自然特色	有特色的自然风光、景观或名胜	数量自定	无则空项	○注意自然美
B. 历史见证	1. 村落历史见证	石碑、历史界石、古墓、古井、古桥、寨墙、堤坝、涵洞、码头驳岸、古树名木等	数量自定	有则必拍、无则空项	○见证物的历史、年代和功能等要写明
	2. 家族历史见证	如：族谱、祖宗像、祖宗轴、祖宗牌位等	数量自定	无则空项	○家族的姓氏和历史等应注明
	3. 文献	如: 方志、史籍、地契、分家契约与其他有人文价值的文书等	数量自定	有则必拍、无则空项	○方志和史籍的名称、版本，契约的类型、年代、人名都要注明
	4. 其他有年款的遗存	如：对联、匾额、家庭居室物品，如瓷器等	数量自定	无则空项	○对联的主人姓名、出处、年代、内容和书写者都要注明○有重要人文价值和地域特点的物品的名称和用处要写明
C. 物质文化遗产	1. 公共遗产	如：庙宇、祠堂、戏台、古桥、书院、鼓楼、历史遗址（包括各级文保单位）等	数量自定、力求丰富	○外部与内部景象○局部特写（注意特殊构造和年代感）○雕刻或彩绘图案	○属国家文保单位（各级）的物质文化遗产要注明○历史建筑的名称、年代、功能及其价值要写明

拍摄分类	拍摄内容	拍摄范围提示	数量	要求	说明文提示
	2.民居建筑	如：经典民居与普通民居	数量自定、力求丰富	○经典民居包括内部、外部、细节、建筑装饰构件。普通民居包括外部、内部、细节、建筑装饰等，如砖雕、石雕、木雕、灰塑等 ○注意地域建筑特征和材料特征 ○民居中不同功能的房屋 ○表现房屋的功能时，需有人物	○经典建筑要写明年代和历史、建造人（户主）、建筑规模、结构、特点与价值 ○有地域特征的建筑构造和材质要写明 ○有特点的民居要写明
	3.作坊	如：油坊、造纸坊、豆腐坊、染坊、陶瓷作坊、打铁铺等	每处10张	○作坊工序 ○作坊产品	○作坊的历史与特点及工艺的特殊性要写明
D.非物质文化遗产	1.列入国家与政府各级名录的非物质文化遗产	民间信仰、文学、戏剧、音乐、美术、曲艺、杂技、手艺、武术、医疗等	20张	○活态的非遗 ○器物与文献等历史见证物 ○制品（美术类） ○传承人	○凡列入国家和政府各级非遗都要注明 ○该村非遗的地域特征、民俗功能及传承人的小传都要写明
	2.未列入国家与政府名录的民间文化与艺术			○活态的非遗 ○器物与文献等历史见证物 ○制品（美术类） ○传承人	○未列入政府名录的非遗，即有地域特征的民俗世项与民艺都要注明
E.民俗生活	1.日常生活场景	如：生活在其中的人、生活物品、服装、生活方式等	12张	○注意人在其中的存在和地域特点	○有地域特点的生活方式、场景、服装都要注明
	2.礼俗生活场景	如：婚丧嫁娶、生育习俗；集市、岁时节会等场景	数量自定	○注意现场感、仪式感	○有地域特点的婚丧嫁娶和节令习俗都要用文字加以简要说明
	3.家居信仰	如：信仰偶像、行业神、保家仙	6张	○注意其摆放位置、相关器具及供品	○对该村由古代传承至今的民俗信仰的偶像要注明神名与神职
	4.交通工具	如：畜力牵引的各类车、轿子、滑竿、船、皮筏子、家畜等	10张	○注意地域特点	○各种地域性交通工具的名称和用途要做简要说明

拍摄分类	拍摄内容	拍摄范围提示	数量	要求	说明文提示
F. 生产方式	1. 日常生产场景	如：农、林、牧、副、渔等	12 张	○照片中要有人的因素、要表现生产内容、生产方式和物产	○当地特有的产业、生产方式和物业的名称要注明
	2. 生产工具	如：风车、水车、犁、耙、耧、牲口套具、水磨、辘轳，以及渔具、猎具等	12 张	○注意拍摄有特点的农具、渔具、猎具、进行畜牧业及副业生产的工具	○有地域特点的生产工具要注明名称
	3. 手工制品	乡土各类手工制品。用于生活应用、游艺、摆设等各类陶瓷、草编、布缝、木雕、石刻、纸扎等物品	10 张	○物品 ○制作中	○有地域特点的各种手工制品的名称和材料，以及游艺活动的时令功能要写明
G. 人物	1. 村民肖像	如男、女、老、少	自定	○注意人物形象和服装要有特点，可在环境中拍摄，包括个人、多人、家庭合影	○肖像写明人物的身份与年龄。 ○家庭照注明姓氏与人物相互的关系
	2. 历史上的重要人物肖像	历史上对本村有贡献或影响力的人物	无则空项	○照片、资料或画像，翻拍。 ○墓志铭，拍摄	○历史人物的简要小传。写明人物籍贯、姓名、生卒年代、身份和事迹
其他	调查者有发现的内容	如当地特有的动物	自定		○调查者斟酌注写

3. 图片拍摄技术标准

要 素	技 术 要 求
相机	专业单反数码相机、专业中画幅数码相机、专业胶片中画幅相机
照片像素	数码相机像素不低于 2000 万像素，分辨率 5000×4000 以上。反转片电分文件 135 底片每张 30 兆、120 底片每张 60 兆
图片格式	图片格式要求为 RAW ＋ JEPG，画质设置 JEPG 格式为最高质量（优）　胶片电分为 TIFF 格式

要素	技术要求
色彩空间	数码相机色彩空间 RGB 为 Adobe 1998、CMYK 为 Japan Colr 2001 Coated 标准、反转片电子分色为 CMYK 颜色，TIFF 格式
编号说明	图片要有编号，并写清楚图片的标题内容

四、工作程序

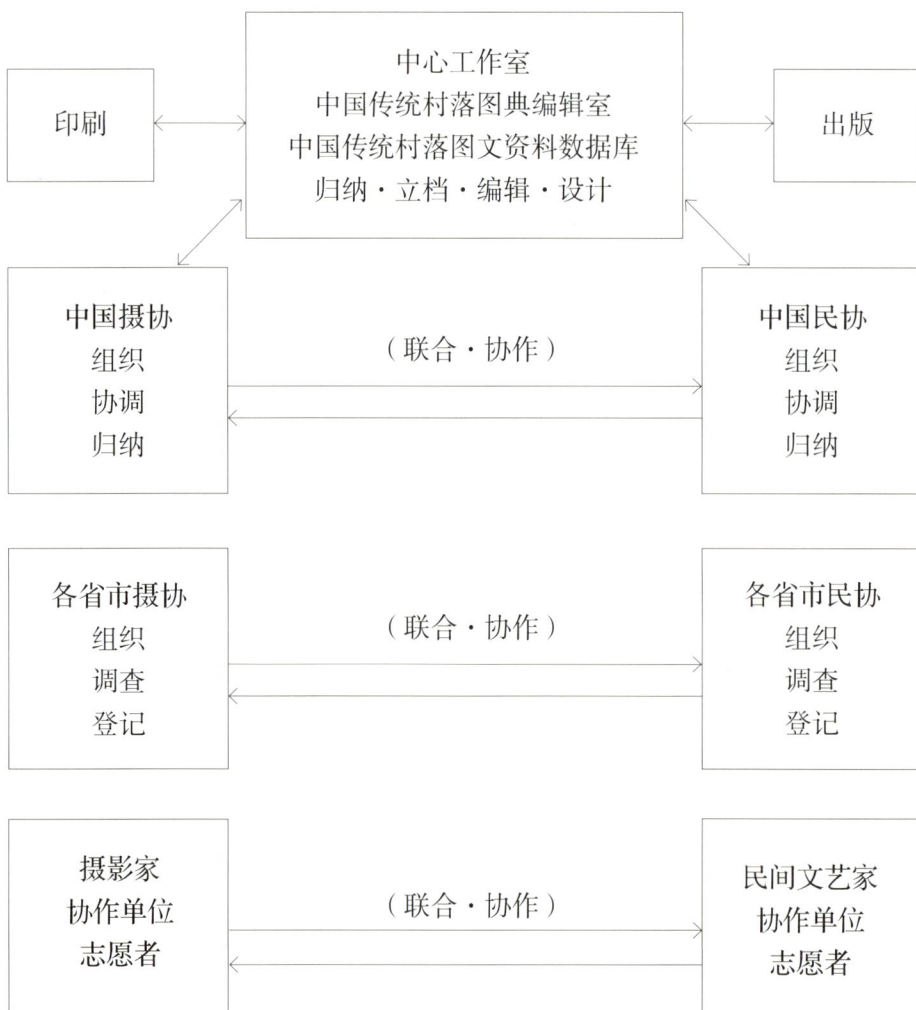

五、图片范例

○这里例举立档调查时必须完成的各部分图片。

○这里每部分的图片，不属于同一村落。

A. 村落面貌

    1. 后沟古村地貌及村落全貌。

    2. 大寀村远景，可以看到它所身处的自然（群山拥抱）的环境。

    3. 大寀村正面景象。村口的老槐树上依然悬挂着一口老钟。

    4. 郎德上寨民居依山而筑，为木质结构吊脚楼。有五条花街路通向寨中。

    5. 斯盛居，俗称千柱屋，位于诸暨市东白湖镇斯宅村螽斯畈自然村，由斯元儒在清嘉庆年间（一七九八年）建造，面积6850平方米。二〇〇一年六月被国务院公布为全国重点文物保护单位。

    6. 依山就势的村路。

    7. 福建培田村祠堂前的广场，是村民举行民俗活动的空间。

    8. 湖南高椅村的石板路。

B. 历史见证

    1. 高椅村中一件明代的遗物。

    2. 山西晋中张壁古堡下布满古代军事地道网。

    3. 青海年都乎村特有的门画与壁画。

    4. 在福建，旧时大户人家的厅堂都设有祖宗牌位和画像、照片。

    5. 年都乎村的古城墙。

    6. 山西张壁古堡内贾氏一家的"祖宗轴"。

    7. 浙江斯宅村的《斯宅宗谱》（六十九卷），现藏上海博物馆。

    8. 华国公别墅正厅两侧山墙内张贴的清代科举中试《捷报》。

C. 物质文化遗产

1. 年都乎寺位于同仁县城西北一公里处，由丹智钦建于明末，已有近四百年历史。寺内有明代绘制的大型精美壁画。

2. 至少二百年以上的古戏台。

3. 笔峰书院西侧的三层建筑为文昌阁，图为二楼。

4. 可汗庙后墙下的泥包铁铸佛像，年代不详。

5. 高椅村的民居。

6. 雕琢精致的建筑构件装饰。

7. 陕西尧头村最大的窑洞，原为村中的杜家祠堂。

8. 守门石猴。

D. 非物质文化遗产

1. 斗牛比赛完毕，苗家汉子吹起了欢快的芦笙。

2. 跳孔雀舞的苗族少女们。

3. 于田县图湾沙依拉村的买托哈提阿布都拉·阿瓦汗是传统手工制作煎服的传人。

4. 插口扦一般都在两腮各插一支，按老人说法，两支扦等于向神献祭两只山羊。也有插四支扦的，那是对祛病或消灾者还愿的施舍行为。

5. 八十三岁的胡巧双老人在做女红。

6. 青海年都乎村的於菟舞已于二〇〇六年列入国家第一批非物质文化遗产。

7. 杨柳青镇宫庄子年画艺人王学勤在作画。

E. 民俗生活

1. 尧头村村民杜百科老人葬礼上，亲戚、乡邻按当地习俗送来祭祀面花。

2. 寨子里有人家里添了小孩，办"三朝酒"而举办的宴席就在自己屋后的场院进行。娃娃外婆家的亲人们从几十公里外的寨子赶过来贺喜，席地围坐在一起唱歌喝酒。

3. 村民杨国大的孙子在他家的雕花木床上午睡。

4.大宋村二十世纪三十年代就有戏班，该村剧团八十年代曾参加盂县乡村戏剧汇演，获得第二名，九十年代后就没有再唱过了。目前大部分戏装、乐器已损坏，仅剩下的几件戏装，老人们还不时拿出来晾晒一下。

5.山西梁家寨乡的小庙。

6.架里村姑娘在民俗活动中相会意中人。

7.和田的艾提卡大巴扎上的剃头匠。

8.云南省怒江老母登村怒族的歌舞聚会上，人们在喝同心酒。

9.云南怒江峡谷——村民们传统的渡江方式——溜索。

F.生产方式

1.秋收，朗德上寨的粮食作物以稻谷和玉米为主。

2.一场雨后，羊倌赶着羊群穿过北门瓮城出堡牧羊。

3.手工编织花边。

4.编织竹篓的架里老人。当地男人有两大爱好，吸烟和养画眉鸟，画眉鸟用来打架。一只好的画眉鸟的价钱比当地的耕牛的价钱高。

5.在村中的作坊里烧制陶器。

6.自己磨面自家吃。

7.贡山县丙中洛乡一个从山里满载而归的年轻男子。

8.云南怒江本卓络乡狩猎的巴尼人。

G.人物

1.藏族小女孩。

2.架里的村妇。

3.留守老人合影。

4.身穿苗服的刺绣老人。

5.香格里拉的藏族小伙子。

6.香格里拉的姑娘。

7.一对云南藏族新婚夫妇。

8.陕北一家人冬天在火炕上猫冬。

六、调查对象：列入中国传统村落名录的村落名单

○列入"中国传统村落名录"的村落是此次立档对象。

○如有新的发现，也请填写本手册中的图文表格归档。

二〇一四年六月

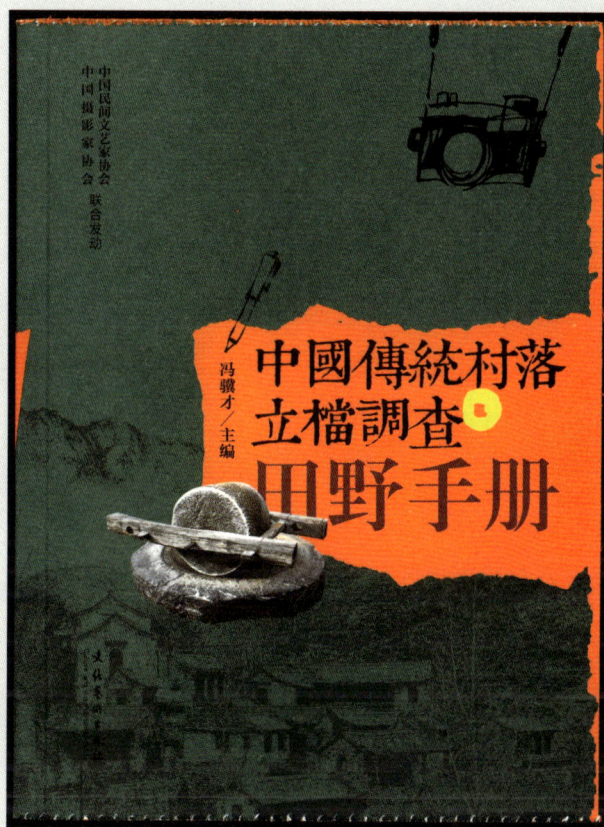

《中国传统村落立档调查田野手册》，二〇一四年文化艺术出版社出版。

传统村落保护的两种新方式

目前，我国对传统村落的保护是采用名录制，也可称作"名录保护"，即将传统形态完整、遗存丰富且具较高历史文化价值的村落，一个个甄选和认定下来，列入名录，加以保护。这种方式对传统村落保护来说无疑是最重要和最主要的。然而，只用这一种方式是否可以"包打天下"？还有没有"名录保护"不能企及的——需要其他方式来辅助？

随着人们文化自觉的不断提升，对传统村落价值认识的日益提高，并根据实际问题积极地寻求解决的良策，一些新的保护方式已悄然出现。值得关注的有两个方式，一是"古村落保护区"，一是"露天博物馆"。

一、古村落保护区

古村落保护区是指将一个区域内形态相同和人文相关的一些村落（古村落群）整体地保护起来。这些村落有的已列入国家传统村落名录，有的没有列入，但它们是一个家园化的历史群落，通常称为"古村落群"。

虽然，每个村落看上去都是个体，但实际上，村落之间的历史生命彼此相关。在一些地域内，往往相邻的村落在创建及发展过程中有着千丝万缕的关系。在共同的历史命运、自然变迁、族群演化中或分或合；在相同的气候条件、自然环境、民族背景和生活方式中，共享着一致的民俗文化。对这种"古村落群"采用单一的个体化的保护便会割开它们的历史脉络，使其人文变得孤立和单薄。相反，如果把这些相邻与相关的大大小小的村落作为一个整体对待，则有助于村落人文的相互支持，以及历史记忆与传统生命力的保持。我国非遗保护就确定了一些"文化生态保护区"，效果很好，避免单一的"名录保护"把非遗与其文化土壤割裂开来。同样，一刀切地将所有村落全都关上门孤立地"保护"起来，日久天长，就难免会走向标本化和景点化。

当然，决不是所有传统村落都要设保护区。保护区是指"古村落群"，其中：

（一）必须有列入国家名录的传统村落，一个或多个。这是重点。

（二）周围尚有一些村落，虽然未列入名录，但与列入保护国家名录的传统村落在历史人文上相互依存，文化生态保持较好。

这样的"古村落群"才适于建立保护区。

这些年，有些地方虽然没使用保护区的概念，但对这种"古村落群"已采取整体和连片的保护方式。比如江西的婺源地区、浙江的松阳地区和黔东南的一些苗寨侗寨等等，通过对一个"古村落群"集体的人文力量进行自我的凝聚、互补与强化，都取得显著成效，都是古村落保护的成功典范。

近日在河北省邢台市召开了全国传统村落立档调查会议。沙河市政府起草的一份"沙河古村落保护区"的计划书，引起我的兴趣。沙河地处太行东麓，依山建村，叠石为屋，民风质朴，人文醇厚，上世纪中期又是著名的抗战和红色革命根据地，村落间的命运攸关。沙河已有五个古村列入国家保护名录，还有一些村落虽未列席名录，却是这个农耕群落的重要成员。连片和整体保护非常必要。河北省保存较好的"古村落群"不止于沙河，还有涉县、井陉、蔚县等，也适合采用"保护区"方式。当然，这样的"古村落群"在我国其他省份与地区也都有，而且有些地方政府已经主动提出要建立古村落保护区了。

非群落的传统村落适于单体保护，"古村落群"则可采取保护区方式。

可以说，古村落保护区是地方政府的一种主动的创造，是文化自觉的一种表现，也是符合传统村落自身特点的科学的保护方式，应受到国家和社会各界的支持。

二、露天博物馆

露天博物馆是一种收藏和展示历史民居建筑及其生活方式的博物馆。

它出现在欧洲工业革命纵深发展的时代。那时人们的生活环境和方式发生急剧变化，城市与村落不断翻新，历史建筑被抛弃，民居首当其冲。有历史文化眼光的人开始搜集这些"行将灭亡"的老屋，作为先人的人文见证与历史财富，辟地重建，集中保护，世称"露天博物馆"。

最早的露天博物馆建于一百多年前（一八九一年），在瑞典斯德哥尔摩的吉尔卡登岛。近百座由各地迁移来的古代民居，被错落有致地陈放在一片草木丰盛的坡地上。今天，看上去很像一个古老的村镇，房舍、教堂、粮仓、杂货店、作坊、磨房、畜舍马厩应有尽有，室内还充盈着昔日特有的生活物品与细节。经过一个世纪，这里所有的树木都成了古木，浓郁的光影里已有历史的气息。一些建筑里还安排了古代手艺的活态演示，如陶艺、织布、木刻、食品制作等等，以展示他们祖先的生活情态。

这种露天博物馆的出现，立即唤起了人们保护传统民居的"文化自觉"，数年之后，丹麦人在其北部的奥胡斯、荷兰人在阿纳姆的郊区相继建成了展示自己先人生活景象与方式的露天博物馆。如今，世界上这种露天博物馆愈来愈多。从欧美到日韩，从俄罗斯苏兹达利的老木屋博物馆到泰国老屋博物馆。这种露天博物馆的意义是将最难保存的人类遗产——历史民居及生活细节保存了下来。

这种保护方式对于我们今天来说，就更加迫切和必需了。

为什么这么说呢？因为二〇一二年我国启动了传统村落名录的认定，这项工作对各地农耕家园的保护具有决定性的意义。但这项工作只是对历史遗存整体保存较好的村落而言。对于整体保存不好的村落，名录不收，不在保护之列。如果一个村落大部分民居都已翻新，却还残留着一座祠堂、一座戏台、两三座民居，又很经典，很有历史文化价值，怎么办？在一个已经"改天换地"的环境里，孤零零一两个老民居很难保存，最适合的方式是露天博物馆，就是把这些散落乡野的零散又珍贵的民居收集起来，集中保护与展示。

自本世纪以来，开始有人做这种尝试。比如晋中的王家大院和常家庄园，就是利用已经残缺的古代庄园为骨架，将周边地区零散的历史民居移入，集中而整体地加以保护。再比如私人出资建造的西安关中民居博物馆和蚌埠的民居博览园等，都是将散落四方、无人理睬、危在旦夕的民居收集起来，易地重建，精心修缮，达到很好的保存效果，同时供人欣赏传统和认识历史。当然，易地重建的原则有如文物的"落架重修"，必须坚持历史的原真性。虽然露天博物馆有很高的旅游价值，但不能只为旅游效应而妄加"改造"。

　　还必须强调的是，历史建筑只有在它的原址上才最有价值，不能为搜集它而搬走它。可是，如果它无法在原地保存，我们当然不能让它"坐以待毙"。采用露天博物馆方式集中保护起来，并加以利用，则是最佳的选择之一。

　　在我们一方面加紧传统村落的整体保护的同时，希望地方政府、社会各界和有识之士关注那些零散的历史民居的保存。

　　我们既不能失去一只只从历史飞来的美丽的大鸟，也不能丢掉从大鸟身上遗落的每一片珍贵的羽毛。

二〇一五年六月八日

传统村落保护

言论·报道

树立历史情怀 寻找远去家园

——著名作家冯骥才访谈录

香港凤凰卫视《寻找远去的家园》大型摄制车队已经上路。于二〇〇一年七月二日在凤凰卫视和天津电视台同时开播。这是继《千禧之旅》《欧洲之旅》及《穿越风沙线》之后，凤凰卫视推出的又一次大型汽车采访拍摄活动。这部意在呼吁保护家园、拯救文化村落的行动，有近十位著名社会学家、作家、教授担纲嘉宾主持。头棒嘉宾主持是著名作家、天津作协主席冯骥才先生。这位一直为阻止中国文化粗俗化呐喊的文化人在接受记者采访时，对此次大型采访活动有一番深刻独到的见解。

中华文化正在走向粗庸化

记者： 知道您是一个大忙人，在每天几乎超负荷的情况下，您是出于怎样的考虑担纲此行嘉宾主持？

冯骥才：一个多月前，当我从凤凰卫视中文台王纪言台长那里得知，凤凰卫视将拍《寻找远去的家园》的时候，脑子里第一个想法就是凤凰卫视真厉害，又要制造新闻了，准确说是创造新闻。凤凰卫视这几年有不少类似的大活动，我看过《千禧之旅》，看过杜宪和徐刚主持的《穿越风沙线》，这些行动一步步接近我的想法：千禧是人类文化的大背景，风沙线是以环保生态为背景，而寻找远去的家园仍是一个生态，主要是人文生态，当然也包含自然生态。

凤凰这次行动，与我多年来所关心、所奔走呼号的事情产生共振，我非常感动。它跟我的文化观念非常一致。我也在做几个大行动，我明年就要招研究生了。还有一个大事就是搞中华民俗调查，搞中华民俗的抢救、搜集和整理。

记者：　您每次说到中国文化走向粗俗化都痛心疾首，这来自怎样一种观察和思考？

冯骥才：　我们社会现在有一个很大的问题，就是轻视自己的文化，大家的眼光都向外看，不看自己，把自己快淡忘了。我一直在说，中华文化正在走向粗俗化，这是一个灾难性的问题。我们整个文化，无论从电视、报纸的语言，到我们生活文化、旅游文化全都如此。电视剧从乾隆皇帝到唐伯虎都披刀带剑上了房了。现在全国商店的名字、城市建筑西化了，把一个个城市老的街道非常好听的名字全改了（这些名字不仅好听），里面的历史、情感都丢掉了。中国人慢慢在这样粗俗化的文化里精神素质是会滑坡的。

面对我们现在整个文化粗浅化的状况，我们将带着我们的电视观众去寻找，去看看自己的精神文明家园。

电视不需要太深刻的东西

记者：　拍摄行动启动后，您对节目的构成有些什么样的建议？

冯骥才：　这部片子设计安排很好，线索由南到北，这样下来每个地方都待一段时间，把这个地方的精华捞出来，然后经过精致的编辑播出给观众看。我希望到一个地方找到最重要、最有特色的东西，也是最珍贵、最有文化和精神价值的东西，另外，也要反映现在这些地方的变化，从变化中发现一些问题，跟现实结合。

记者：　能不能谈谈作家、学者参与电视的问题？

冯骥才：　依我来看，电视是一个大众的快餐文化，是一个比较浅的文化。从学者来看，电视不需要太深刻的东西，太深一般观众受不了，反而没有兴趣了。但如果电视跟学者距离太远，就变成一个纯粹商业化快餐式的东西，长时间下来会影响整个社会和大众。所以有时候跟学者结合起来后，从学者那儿得到比较深入的东西对电视有好处。

记者： 您参加这次活动对自己有什么设计？

冯骥才： 我可能要讲一些对现在历史文化的看法，比如如何树立我们自己的历史情怀，如何找到我们一些历史的情感，应该珍爱我们历史的一些东西；另外我们怎么爱惜和保护这些东西，我可能要表达我的一些看法，一些我平常思考的东西，我要用最简明的话表达出来，因为电视里不能说太多的话。同时我们要给导演提一些建议，帮助他们去构想一些画面、镜头，提一些我的想法。

日新月异是非常可怕的事情

记者： 请概括一下此行的意义。

冯骥才： 凤凰这次电视行动，我从文化角度来看是一个文化行动，或者叫行动文化。组织这样大规模的行动，意义非同一般。这个行动是去探寻我们的民族文化，带领观众去深度地参观一下，我觉得这有非常深远的意义。因为我们的民族有多元的创造力，千百年来我们在各个地区有自己独有的文化，尤其是一个一个的村落，人们平常很少去，多喜欢去大都市，现在整个社会逐渐都市化，但是这些逐渐被遗忘的、远去的一些小村落保存着非常好的民俗特色，我们希望借着这种特色重温或者认识自己。

记者： 您很喜欢说的一句话是"小心翼翼地修改我们的城市"，主要基于什么样的思考？

冯骥才： 我一直呼吁人们关注、珍爱我们自己的历史空间，因为这样的历史空间实在不多了。如果再这么下去而不觉就更可怕了……有一次我看到一个报道说，北京一年换了六次地图，表明北京一个很大的进步。日新月异，我觉得是非常可怕的事情。我最近刚刚写了一篇关于巴黎的文章，巴黎是一个只修不改的城市，因为给巴黎一百多年前的地址发信，现在仍可以寄到。东西德统一以后，一些历史建筑要修建，一个组织的名字叫做"小心翼翼地修改城市基金会"，可以看出那种尊重自己历史的情怀。

记者：　有关此次寻找家园，您在节目样式上还有些什么建议？

冯骥才：　我在想，怎么能让电视观众看到这个节目时能喜欢？我想应该不是干巴巴地介绍，它跟《千禧之旅》不一样，《千禧之旅》看埃及是新鲜的，看希腊，看什么都是新鲜的，但是这个片子不一样。怎么从我们身边挖掘出它的魅力，不仅仅是一些外貌、建筑，恐怕还需要一些"软件"的东西，就是生活方式，独有的生活美、风俗，包括一些细节，深层的东西要挖掘出来。

每集里面它自己独自的主题应该不一样，比如我们拍流坑村，可以拍它独特的文化，可以谈它建筑的特点、建筑的风格，还可以谈古代的生活方式，谈民俗的魅力，专门谈我们对历史文化破坏的忧虑感等。有的地方，比如周庄我们可以谈谈旅游的破坏，旅游对周庄的压力。我认为我们现在对地球的破坏是四个方面，一个是建筑性的破坏，一个是旅游性的破坏，第三方面是休闲性破坏，第四是污染性破坏。目前，旅游性破坏已经排在了第二位，因为我们长假开始了，旅游景点不堪重负。这些都值得重视和呼吁。

二〇〇一年七月三日　《每日新报》马健龙

住房和城乡建设部
文化部
国家文物局 **文件**
财政部

建村〔2012〕58号

住房城乡建设部 文化部 国家文物局 财政部
关于开展传统村落调查的通知

各省、自治区、直辖市住房城乡建设厅（委、农委）、文化厅（局）、文物局、财政厅（局）：

　　为贯彻落实温家宝总理在中央文史馆成立60周年座谈会关于"古村落的保护就是工业化、城镇化过程中对于物质遗产、非物质遗产以及传统文化的保护"的讲话精神和加强保护工作的指示，摸清我国传统村落底数，加强传统村落保护和改善，住房城乡建设部、文化部、国家文物局、财政部决定开展传统村落

建议得到了国家的采纳。

中国古村落的"娘家"究竟在何方？

"中国古村落既不属于文物，也不属于非物质文化。中国古村落的归属究竟在哪里？"这是中国文联副主席、中国民间文艺家协会主席冯骥才先生二十七日在首届"中国古村落保护"（西塘）国际高峰论坛上对中国古村落现状提出的疑问。

随着中国经济的迅猛发展，"村落繁衍、男耕女织"的传统生活、生存方式已经发生了翻天覆地的变化，而以此为基础的村落文化正在渐渐地被现代文明蚕食。我国经历了五千到七千年悠久历史的农耕社会，目前全国有一万二千个行政村落，在数量如此庞大的村落中，古村落的数量从未统计、无人知晓。

冯骥才先生阐述了自己对"古村落"的理解，他认为古村落应该具备四个特点。"首先应该有悠久的历史；其次，较完整的文化生态体系也不可或缺；还必须有深厚的物质与非物质遗产；最后也应该有鲜明的地方特色。"这些蕴涵了独特民俗文化、民间艺术的非物质文明载体——中国古村落，不仅具备了学术研究、历史见证、文化欣赏和参观旅游的价值，更是传播精神价值最重要的发源地。

遗憾的是，古村落文化正在受到商业文化的严重冲击。冯骥才先生对中国古村落保护的现状用"悲观"一词来形容自己的感受，他说："在被商业文化主导的现代社会里，不存在卖点的东西就会被搁置、抛弃，甚至被摧毁。在我国城市改造二十年的时间里，很多留有深厚记忆和强烈文化色彩的特色城市都无情地被毁掉了。中华民族文化的多样性、主要非物质文化和民族文化的根源都在广大农村，一旦村落文化消失，人的精神情感也会荡然无存。"

当文化记忆和标志一起逝去的时候，当物质家园和精神家园身首异处的时候，我们也许会面对迈入现代化社会的同时却倒退回史前蛮荒时代的尴尬境地。一些多样的古村落虽然还被贫困、落后缠绕，但是它们是被遮掩的瑰宝，民族的深重感情是其中最深奥的精髓，农民的淳朴和古村落的风貌永远是血脉相承的。

在新农村建设的时代背景下，如何对待古村落和古村落文化是需要思考的问题。保护古村落是农村文化发展中走现代化与传统化相融合、经济与文化相统筹、自然与社会相和谐之路的一种可行模式，是文化农村的最佳选择。冯骥才先生还呼吁全国开展中国古村落及其文化的调查和普查工作，摸清文化家底，建立古村落名录，全面整理村落遗产，分类保护。

古村落旅游文化的兴起或多或少打扰了原本宁静的生活方式，但冯骥才先生认为，"不能完全否定旅游文化，因为古村落某种程度上也要靠'旅游'来养活，关键是把握'度'的问题。"在西塘这个典型的、充满生机的古镇里，每天的游客数量控制在四千人，这样就有效维持了当地百姓的生活规律，不至于让接踵而至的游人改变古镇原有的气息。

中国古村落的归属和保护如何进行？这是个有争议的问题，但保护古村落是大家的共识。给古村落寻找到"娘家"，让古村落的界定有章可循，让古村落的保护工作有法可依靠，我们在未来才有可能"阅读历史的记述"。

二〇〇六年四月二十八日　新华网　和苗　张乐

古村落保护应进入学术视野

　　九月九日至十一日，第二届中国"抢救·保护·开发民间文化遗产"县（市）长论坛在山西榆次举行。本次论坛的主题是古村落的抢救、保护和开发。

　　古村落、古民居是我国民间传统文化的集中体现，而现存的古村落大多被人们遗忘或忽视，处境不容乐观。中国文联副主席、中国民间文艺家协会主席冯骥才在开幕式上说，对古村落的保护和开发现在有很多做法，积累了一些经验。比如乌镇、晋中大院、丽江古城等都形成了各自的模式，但也面临很多难题。比如现在大多数古村落的"保护"实际上是"自然保留"，越穷的地区越留存得完好，不仅保留了民居，还保留了民风民俗。建筑学、民俗学、人类学都应该对古村落给予一定的关注，但古村落的保护一直没能进入学术视野。当前，古村落也面临着经济全球化和市场经济的冲击，一些开发较早的古村落正在变成纯粹的商品。这些都是我们应当高度重视的问题。

　　据悉，《中国民族民间传统文化保护法》有望在明年出台，相信届时古村落、古民居的保护和开发将会得到更为有力的法律支持与保障。

二〇〇五年九月二十九日　《文艺报》 纳杨

冯骥才阮仪三西塘疾呼：
保护古村落的工程，比万里长城还浩大

昨天，"中国古村落保护"国际高峰论坛在浙江西塘古镇召开，并形成了一份《中国古村落保护西塘宣言》。会上，我国民俗文化领域的两大专家冯骥才和阮仪三，不约而同地对目前古村落的保护现状表示担忧。冯骥才感叹："保护古村落是一个比万里长城还浩大的工程。"

冯骥才：文化遗产保护，我失败了

这几年，中国文联副主席冯骥才一直在为民族民间文化的保护奔走呼吁，但昨天在会上，冯骥才却悲观地表示，自己所做的文化保护工作从整体上来说是彻底失败的。唯一让冯骥才感到安慰的是，舆论环境稍微好了点。"现在保护的声音至少已经让大家听得进去了。而在十年前，当我提出要保护传统文化生活时，有媒体嘲讽我说，老百姓住在破旧的房子里受苦受难，冯骥才却站在门外带着欣赏的口吻赞美墙上的雕刻。"

如今几个比较有名的古村落都和旅游有着密不可分的关系。冯骥才说，他不反对搞旅游开发，事实上，世界上许多古城也都是靠旅游经费来保护的，而且纯粹的旅游景区的模式，比如乌镇、榆次，也未尝不是一种保护方式。

阮仪三：反对以赚钱为目的的保护

冯骥才觉得搞旅游未尝不可，但阮仪三在发言时却对旅游业深恶痛绝。"很

多世界遗产，批下来当天就开始破坏，保护过程中进行商业运作，把赚钱放在第一位，简直就是逼良为娼。"

几个知名的旅游景点都遭到了阮仪三的抨击。"四川乐山，一被批准为世界文化遗产，为了发展旅游业，就在旁边建了一尊八米大佛，把这个遗产都破坏掉了。""泰山建索道的问题，被黄牌警告过好几次，但他们不听，照样建起了索道。"之所以出现这样的局面，阮仪三认为，是因为现在的旅游还处于低层次的走马观花，而没有好好地领略其内在的文化。

二○○六年四月二十八日　《钱江晚报》记者 张瑜

温家宝同冯骥才对话古村落保护

在今天（六日）上午举行的纪念中央文史研究馆成立六十周年座谈会上，国务院总理温家宝同一直致力于民俗文化研究的国务院参事冯骥才共同对话古村落保护问题。

温家宝：骥才同志对保护物质遗产和非物质遗产历来高度重视，做了很多工作，他讲的古村落我相信是他关注的各种应该保护的遗产当中的一部分。我们听听他的发言。

冯骥才：总理，各位专家学者，我特意选择古村落作为今天的话题，是因为这件事有强烈的时间性，因为五千年历史留给我们的千姿万态的古村落的存亡，已经到了紧急关头……

擅长中国民间文化研究的冯骥才为古村落的消失而着急，他对总理道出了目前古村落的现状。

冯骥才：每座古村落都是一部厚重的书，可是没等我们去认真翻阅它、阅读它，在城市化和城镇化的大潮中就很快消失不见了。最近，我们对山东地区古村落做了一个调查，调查以后的结果非常吃惊，现今一座完整的原真的古村落也没有了。能想象齐鲁大地上找不到古村落吗？

冯骥才直面问题的症结，一个是商机，一个是不良政绩。他直言，一些地方正打着新农村和城镇化的幌子唯利是图。

冯骥才：所以我们的古村落现在空前地进入一个消亡的加速期。要不是发现一个开发一个，实际就是开发一个破坏一个；要不就是根本不遵从文化规律，而是从眼前的功利出发，改造得面目全非，把真的古村落搞成了假的古村落。

如何让城镇化使中华文化的传承不受损害，是当前一个重大的文化问题。冯骥才提出的问题，引起了温家宝总理的深思。他边听边认真记录，还不时紧锁眉头，好像在为古村落的遗失而焦虑。

温家宝：骥才同志刚才讲了古村落的保护，实际上我们把它扩大来看，就是工业化、城镇化过程中对于物质遗产、非物质遗产以及文化传统的保护。我觉得存在三个问题：

第一，就是现在有些地方不顾农民合法权益，搞强制拆迁，把农民赶上楼，丢掉的不仅是古村落，连现代农村的风光都没有了。农民失去的是土地，这件事情远远超过文化的保护。

第二，就是我们在城市建设中，从建国以来，我们应该吸取的一个很深的教训，就是拆了真的建了假的。大批真的物质遗产被拆毁，然后又花了很多的钱建了许多假的东西。

第三，就是城市的设计不是从这个地区文化的特点出发。这个问题恐怕要引起我们高度重视。

　　　　　　　　　　二〇一一年九月六日　中国广播网记者　冯悦

古村哀鸣我闻真声

巨木将倾谁还真生

快快救之我呼谁应

壬辰清明自豫至晋察看古村落行
至长治谢家大院有感 冯骥才

古村落考察中，有感而发的呼声。

冯骥才：抢救应该摆在研究之前

冯骥才二○一二年再次当选为中国民间文艺家协会主席，似乎是众望所归，而他本来的主要身份，是作家。

从二○○二年开始，冯骥才发起并主持了"中国民间文化遗产抢救工程"，被誉为"中国民间文化的守望者"。

冯骥才目前和将要积极奔走的工作包括：将中国五十六个民族的民间艺术进行"地毯式"的登记、拍照、录像；出版两千多个民俗县集本；出版一百二十卷中国民间美术全集；出版中国民俗民间艺术分布地图册；向联合国推荐一批文化遗产名单；命名一批文化艺术之乡……冯骥才表示，作为中国民间文艺家协会主席，他将和全国的民间文化工作者一道，共同将"中国民间文化遗产抢救工程"进行到底。

民间文化从整体上区分为民俗、民间文学、民间美术三个部分。民间文化是中国传统文化的一部分，可目前在国内，无论是生存环境还是研究环境都非常恶劣：存活这些民间艺术的县乡镇不关心，他们在意的是脱贫致富；在城市管理者看来，民间文化差不多等同农村习俗，他们想的是如何把城市建设得同国外一样；政府没有颁布任何法律保护民间文化，几十年里只是出台了一些规章制度；中国知识分子精英关心的多是如何同世界接轨，他们喜欢的差不多全部是西方外来的文化。

冯骥才打了个比方："如果说精英文化是父亲的文化，那么民间文化就是母亲的文化，它是母体，是民族的根。两部分同等重要，相互不能代替。"他具体阐述说，如果说我们民族的精神思想的传统在精英和典籍的文化里，那么我们民族的情感与个性便由民间文化鲜明而直接地表现出来。

由于种种原因，民间文化并没有处在与精英文化同等的位置上。它们大多凭借口传心授、以相当脆弱的方式代代相传。由于民间文化长期不被重视，也没有从文化上、从全球化的背景上来看待这个"中华文化的一半"，时至今日，我们对于民间文化的整体状况缺乏足够的了解，也没有完整的统计数字，国家也没有完整的档案库。

冯骥才认为，形成目前这种状况的主要原因，一是当前我们正经历工业化的转变，原来的传统文化正在失散；二是在目前的中西文化冲突中，一些国人缺少传统文化的自尊心和自信心。尽管民间文化是中国文化的重要组成部分，但普遍存在着对民间文化的一种轻视。三是我国目前还没有一部《文化保护法》。比如皇宫精美的建筑属于保护范围，而民居这类建筑却不在保护之列。

正是在这样的思考下，坐在书斋里的冯骥才心急如焚，再也忍不住，走到了现实世界里，为文化保护而奔走呼喊：从城市的建筑到乡间的民俗，由天津到全国，从中国到国外。

冯骥才认为，从目前的情况看，抢救应当摆在研究的前面，因为这些文化一旦消失了，就再也找不回来了！

法国在一九六四年马尔罗任文化部部长的时候搞过一次文化大普查，大到教堂，小到羹勺，悉数登记。在这个行动完成以后，法国人把每年六月的第二个星期日设为文化遗产日。继法国之后，欧洲其他的国家也设立了遗产日。

冯骥才说："在文化交流日益频繁的今天，我们不能把自己的文化封闭起来，但也不能因此丢掉自己的文化。我们所要做的就是要强化我们的文化主体，培育我们的民族精神。我想，这才是民间文化抢救工程的意义所在，我们把这一切都完成了，才能松一口气地说，我们把五千年先人创造的文化全部拥进怀中。如果我们没有做到，后人恐怕连其中的一半也不可能再见到。"

记者：　你如何看待目前的非物质文化遗产的保护现状？

冯骥才：　现在有一个很大的问题，我们现在有很多的文化遗产，在我们确定完非遗的传人之后，很多的传承人就去世了。比如说我们的剪纸，很重要的传承人库淑兰去世了，她是一个很重要的人物，这样的人很多，因为他们七老八十岁了。所以我现在有一个学生专门做八十岁以上的剪花娘子这个项目，因为他们是农耕时期最后一代人。

现在的情况是重申请，轻保护。前年我们国家有二十三项进入了世界非物质文化遗产，那我问你中国剪纸谁保护？用什么办法保护？中国年画，一级保护地是四十九个，二级是四十一个，加一百多个剪纸产地，谁统一保护？用什么办法保护？保护谁？标准是什么？谁检查？没有。中国书法进入了世界文化遗产了，谁保护？哪个部门保护？这些全部是空白，因为每一级政府完成政绩以后，就没人再管这事了。

记者：　文化政绩化，这是一个问题。比如说现在名人故里之争，包括曹操墓之争，孔子是哪里人，梁祝的故里在哪里，祭孔子、黄帝、神农，您怎么看？

冯骥才：　我觉得先不说解决，我先说它的危害。第一个危害我觉得它是反文化的，它是我们的文化，但不是作为我们国家民族的精神和灵魂而存在，而是为了一种利益服务。

第二个，我觉得它传布的是一种错误的价值观。我认为对一个社会来讲，政府的价值观和国家的价值观是非常重要的。像我们这个社会，如果要是说官员的价值观、政府的价值观是错误的话，对社会的影响，其负面性比一般的要大得多。

另外一个，就是让人们轻视我们的文化，对我们的文化没有一种尊崇感。我们的古代还是敬惜字纸啊，是吧，我们一张纸，字纸，一张写字的纸都不能随便往地下扔。一种反文化的价值观，对整个社会的精神，尤其对全民的气质、文明的品位，是一个很大的伤害。

记者：　中国有那么多大学、研究所、社科院，还有文化、宣传系统，那么多的专家学者，为什么没有介入到文化遗产保护中来，而是靠你这样一个作家在呼喊、行动？

冯骥才： 我觉得这方面国家没有计划，所以中国的民间文化，自己在慢慢瓦解。有一次在中宣部，我跟刘云山在一起谈话，我对他说：我负责任地讲一句话，现在非物质遗产有一千多项了，但是百分之八十的遗产后面，没有研究专家。比如说年画，目前是二十二个大产地，真正后面的专家也就是四五个。

没有专家，就没有研究标准。没有标准，就没有办法判断价值和意义。更别说那些少数民族地区的歌舞、音乐，那后面全都没有专家。这跟日本不一样，日本每一个文化产业后面都有一群专家。

比如中国的木版年画，我们这次出版了《俄罗斯木版年画集》，都是从俄罗斯找到的，俄罗斯收藏了将近八千张中国年画，比中国的收藏量还大。我们对俄罗斯的中国年画整个做了一个调查，这本书出版以后，俄罗斯已经发表了四篇俄罗斯学者写的文章，但中国国内没有一篇研究文章。

其实，这个东西很有学术价值，这是历史上第一次公之于世，但我们国内的学者，对它没有学术兴趣，因为他写这样的研究文章，没有多少人看，对他评职称也没有多少用。这也意味着这些东西在社会上没有价值，它没有一个架子可以摆你这个东西。

记者： 这是否说明我们不重视自己的文化，在制度上没有设计和安排？

冯骥才： 我觉得现在国家的文化结构、学术结构有问题。中国的传统文化，中国的民间文化，你没有学术的权威，你没有学术部门和学术机构，没有非常重要的刊物，没有一批非常好的专家为它去敬业地研究。在中国传统的文化领域里，我们看不见学术界。所以有一次在政协的会议上，我讲了一句话：我们现在还有学术界、有文化界吗？有哲学界吗？

我说还是我们自身的问题。时代的脊梁，不是国家给你创造条件，是你自己背负自己承担。我觉得还得有一批中国的知识分子，应该有一种承担的精神。但是很不幸，现在这样的人很少。

我这些年在中国民间文化领域做了太多的事情，一直想找时间在精英文化领域里做一点事情，特别是对于中国文化的整理上。从鸦片战争以来，开始是外国人打自己，后来"文革"时是自己打自己，一直打得自己体无完肤，甚至打到粉身碎骨的地步。然后又进入改革开放，商业文明、现代化、工业化、全球化又进来，我们自己的文化一直是一堆碎片，我们现在要找到自己。如果我们老找不到自己，我们在西方人眼里，就是个暴发户。

二〇一二年十二月十三日　《南方周末》 张英

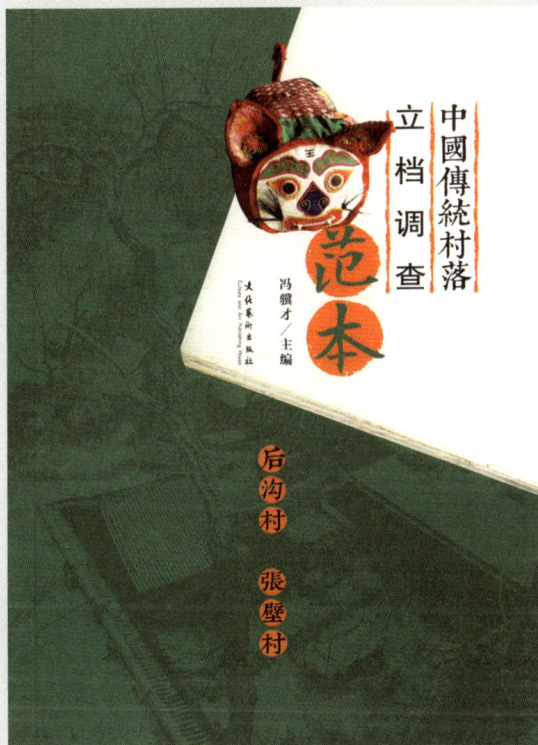

《中国传统村落立档调查范本》，二〇一四年文化艺术出版社出版。

《中国传统村落名录图典（样册）》，二〇一三年中国传统村落保护与发展研究中心编制。

留住生活的家园、精神的故园

——中国文联副主席、中国民协主席冯骥才谈传统村落保护

那些具有重要历史与文化价值的传统村落是我们无比宝贵与不可再生的文化遗产，也是中华文明接续不断的极为重要的传承载体。

城镇化不能只考虑经济，特别要考虑从农耕文明向城市文明的过渡。怎么过渡才能确保中间不出现文明的断裂、不丢掉原有的文明财富？

传统村落保护是有数量限制的，按照文化区域、民族、村落类型等，我觉得应该是三千到五千，进行一对一的保护。

村落作为中国人数千年的生活家园与社会构成，滋养了无数诗人的笔墨，翻看唐宋诗卷，孟浩然、范成大的田园诗几乎是在描摹二十世纪末的中国乡村；进入新世纪，一脉相承的传统村落文化仿佛突然遭遇了工业化、城镇化的突飞猛进，让农村社会的瓦解和传统村落的消亡成为一道严肃的问题摆在人们的面前。传统村落何去何从？中共中央总书记习近平七月二十二日在湖北鄂州市长港镇峒山村考察时说，农村绝不能成为荒芜的农村、留守的农村、记忆中的故园，要保护好古村落。习总书记的一席话道出了保护传统村落的现实性和紧迫性，中国文联副主席、中国民协主席冯骥才不久前接受记者采访时说，传统村落不能走向消亡，因为它们是中华文明接续不断的极为重要的载体。

"中华文明的多样性并不是在城市，主要还是在村落"

记者：　在城市成为主角的时代为什么还要倡导传统村落保护？村落的重要

性体现在哪些方面？

冯骥才：　首先我们应该明白这样一个事实：中华民族五千年历史基本上是农耕史。在农耕文明之前，人类是不种粮食的，捕鱼打猎、逐水草而居，没有固定居住的地方，聚落是迁徙的；进入农耕文明以后，人类开始种粮食，并定居下来，定居了之后就产生了村落，这对于人类文明而言非常重要的是文化就积累下来了。村落是人类最古老，也是中华民族最早的家园。一直到今天，一代一代人不断地把他们的精神、追求、向往、希望往这里放，经过村落的认同，形成了中华民族最稳定的东西，从这里我们可以找出民族最核心的价值。

因为自然条件、历史变迁不同，村落与村落各不相同，每个村落都有自己的特点；村落又是靠山吃山、靠水吃水，一切的风物都和自然条件分不开，在漫长的历史中，形成了自己独特的衣着、饮食、生活起居、建筑等形式，并因其各自的独特性，中华民族文化的多样性就产生了。可以说，中华文明的多样性并不是在城市，主要还是在村落。中华民族最遥远的根在村落里，那些具有重要历史与文化价值的传统村落是我们无比宝贵与不可再生的文化遗产，也是中华文明接续不断的极为重要的传承载体。

"城镇化不能只考虑经济，特别要考虑从农耕文明向城市文明的过渡"

记者：　国家统计局数据显示，我国的城镇化率前年就已经超过百分之五十，您如何看待城镇化与传统村落保护的关系？

冯骥才：　很不客气地说，我们的城镇化主要是为了拉动经济而搞的，带来了一系列经济和社会问题，从文化和历史的角度来思考，城镇化可能会带来某些永远的遗憾。在我个人看来，城镇化的最终目的还是人的现代化，而不是简单地把农民赶进城、赶上楼。农民原来在农村生活在农耕社会的环境里，他们跟农耕文明和农耕文化是熟悉的，现在忽然被裹挟着进入城市，他们对于城市文化完全不熟悉、不习惯，跟原有的东西纷纷断裂了联系，跟原有文化断裂、跟土地断裂、跟生产方式断裂、跟生活方式断裂、跟邻里关系断裂、跟土地里的人文断裂、跟记忆断裂。农村的文化空间也发生了巨大变化，传统村落里大量的优秀文化还没有来得及总结，就因为文化持有者的出走而濒临消失。

我国是农耕大国，我们国家一级的非遗是一千二百一十九项，省市一级的非遗有八千五百项，这么多的非遗项目大部分都在村落里，大规模城镇化之后原来的非遗怎么办？如果村落一旦瓦解，谁考虑过中华文明的延续源泉何在？这首先是政府应该考虑的，但在城镇化的过程中，政府却在文化上失语了。到现在都没有人为这些问题思考，可是城镇化照样进行，这恐怕更是问题的严重性所在。城镇化是大势所趋，但城镇化不能只考虑经济，特别要考虑从农耕文明向城市文明的过渡。怎么过渡才能确保中间不出现文明的断裂、不丢掉原有的文明财富？新世纪以来，随着城镇化的突飞猛进，平均每天消失几十个自然村落，五千年历史留给我们的千姿百态的古村落已经到了生死存亡的紧急关头，在数千年的兴衰嬗变中，原本有多少，无从得知；在近三十年前所未有的颠覆性的冲击下，保留下多少，无人知晓。我们以糊里糊涂的状态进入当前快速城镇化的热潮中，二十年前中国城市改造"千城一面"的文化悲剧，很可能在中华大地的广大农村中再次上演。

"保护传统村落关键是，一要发展生产，二要改善生活"

记者：　对于城市居民而言，那些风景秀美的偏远村落是他们的旅游目的地，但对于广大农民来说，他们宁愿蜗居在城市的一角。农村劳动力的四分之三已经进入城市，人烟渐少的村落怎么保护？

冯骥才：　现在我国农村的最大问题就是"空巢"，空了的原因是什么？其实大家都很清楚，为什么老百姓不愿意在里面生活了，因为农村的生活太苦太累。相比之下，城里的生活水平要好得多，他们肯定要选择城市的生活。空巢，在城乡发展差距如此大的情况下，是没有办法的事，让老百姓都回到村里显然也不现实。但对于那些确定要保护的传统村落，就必须要有人居住。要让村民留在那，就需要解决两个问题：第一，发展生产。村民有活可干，能赚到钱，这是最主要的，没活可干，留在那做什么呢？所以，村落保护不完全是文化遗产保护。这跟保护一门手艺、一支歌舞不一样。村落保护是整体保护。因为村落是农业社会生产、生活的一个基本单元。村落是在农耕的基础上产生的，保护村落，必须首先要有农林牧副渔。村落，既要保护，还要发展，村落的保护是和发展联系在一起的，尤其是发展生产。第二，改善生活。要把现代科技带来的方便注入村落，改善农民的生活条件。注入的方式很多，原则上是民居外表不动，村落肌理不动，最重要的文化核心都不动，比如庙宇、祠堂、桥梁、街道、墓地等，但内部涉及居民生活的可以改造升级，把自来水、宽带等引进室内。有些甚至是必须得改动的，比如，卫生间一定要和住房连接在一起，实际上现在农民自建的新房都已经非常讲究这一点了，不然半夜从热炕上爬起来出去上厕所，屁股冻得像冰镇西瓜似的，半天焐不暖和，谁愿意住这样的环境呢？以前因为嫌厕所有味，都远远地修建在角落里面，当然这也是个问题，跟住房一体化之后，就得更好地解决排污问题。我希望，由国家投钱，在南方、北方先找几个代表性的村落，先做几个保护样板出来，对众多传统村落的保护、改造起到示范作用。

"不能把旅游作为村落保护的初衷"

记者：　　　刚才您提到，保护村落的关键是增加农民收入、改善生活条件，能否通过旅游来实现这两点？现在很多村落其实都是在打旅游这张牌，您如何看待旅游和村落保护的关系？什么样的旅游是合适的？

冯骥才： 一个传统村落的价值被认识到了，并以传播这个村落所独有的个性与美为主要目的时，这样的旅游是可行的，那么游客来了，自然也会把钱留下、把风景带走。旅游盈利的方式是多样的，售票、购物、餐饮、住宿等——当然不能像凤凰那样把整个城都圈起来卖票，世界上没有人这么干的，谁也没有权力这么干。村落是村民祖祖辈辈建起来的，在尊重村民的生产生活和村落的文化空间的前提下，那么是可以开展旅游的，这里应注意到，是开展而不是开发。文化保护得越好，村落才会越有魅力，人们才愿意来，愿意消费，旅游的效益才好。反过来，村落旅游如果纯粹为了赚钱，企业化运作，追求利益最大化，这种旅游一定会对村落造成破坏，这样的例子也不少见。现在，旅游和文化的冲突不是来自文化，而来自旅游。如今的旅游，等于是拿文化作为一个赚钱的工具，这是旅游自身存在的问题。我觉得，搞旅游的人首先应该热爱文化，知道文化的价值。具体到村落，应该理解它作为农耕文明的载体的意义，来此旅游的主要目的是什么。做旅游的应该学习奥地利萨尔茨堡的做法，那儿的旅游做得太好了，就像莫扎特的音乐一样，时刻感动着你的心，让你觉得花多少钱都情愿，让你想把这种感情用一件特殊的纪念品作为载体带走。而我们的旅游就是宰客式的，而且胡乱开发。游客是自由的，哪里有风景，就会往哪里走；但旅游行业应该是有限制的，即使有旅游价值的村落也不一定是非开展旅游不可。如果发展旅游，也必须明确一点，不能把旅游作为村落保护的初衷，不能归旅游部门来开发。

"传统村落的情况非常复杂，我个人建议采取一对一的解决方案"

记者： 作为中国传统村落保护和发展专家委员会主任，请您谈谈今后在传统村落保护方面会采取什么措施，会有哪些模式。

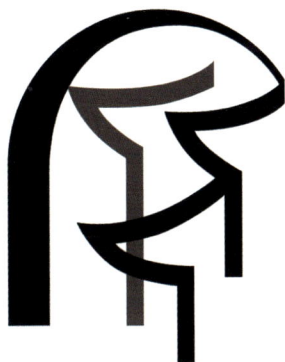

中国传统村落
保护与发展研究中心
China's Traditional Village Protection and Development Research Center

中国传统村落保护与发展研究中心 logo。

冯骥才：　去年夏天国务院决定由四部局（住建部、文化部、财政部和国家文物局）联合开展全国传统村落的普查和认定，第一批已经认定出来六百四十六个传统村落，正在认定第二批，最终要把全国的村落过一遍筛子，现在还有二百多万个村落，这是非常浩大的工程，在全世界都很罕见。在认定的基础上要做这样几件事：第一，制定保护的标准；第二，地方和专家对接，制定一对一的保护计划；第三，村落的法人要有承诺书，而且这个承诺要传承有序，不能"赖账"。今年六月四日，中国民协和天津大学共同成立了中国传统村落保护与发展研究中心，旨在为政府提供必不可少的学术支持与配合，比如，制定保护传统村落的标准，研究保护的方法，提供各种保护和交流的平台。

村落保护不同于以前的遗产保护，有着非常独特的一面，比如一个历史建筑，如果在城市里都不用动，可是在村庄里不行，再老的建筑老百姓也要在里面生活，不能让人什么都不动，村民觉得住得不舒服想动了就得动，因为村落是活态的、不断变化的。这些年来村落改造的时候也确实想了各式各样的办法，乌镇是景点式的，西塘保持原来的生态，有的地方采取分区的方式，原来的村庄开发旅游，所有村民迁到另一个地方，羌族村落因为地震则只能集体迁移……传统村落的情况非常复杂，我个人建议采取一对一的保护方案，因为不仅村落里的形态不一样，生活方式不一样，最重要的是生产也不一样，现状也不一样。有的村落里没剩多少人，大部分人都进城打工了，还有一些村落外来的人很多，所以我认为应该一对一地解决，首先把它的物质和非物质的遗存保护下来，这是决定这个村落是否能得到保护的关键，之后应该有一批专家到村落里，直接参与村落保护。传统村落保护是有数量限制的，按照文化区域、民族、村落类型等，我觉得应该是三千到五千，进行一对一的保护，这个数量也不小了。但是中国地大物博，村落形态各异，可能也有人觉得太少。

"我是一个失败者"

记者： 村落是许多中国人的生活家园，也是他们的精神故园，传统村落保护已经超越了一项文化行动，对于民族而言都具有深远意义。您如何评价自己所倾心的这项工作？

冯骥才： 保护中国传统村落，是我们这代人分内的事，但做这样事情的人是很孤单的，很弱势的，别看我说话说得很厉害，实际上是"外强中干"，人家可以听你的话，也可以完全不理你。从事民间文化遗产抢救多年，说起来好像做了很多事，其实我是一个失败者，所有想做的事情最后都消亡了，我看到的多少美好的东西最后都消失了。每年我都要去欧洲跑一跑，看看欧洲保护文化遗产的方法，但每次看了以后真是特别悲哀，特别自卑，人家的民族对自己的文化这么爱惜，我们为什么对于自己的文化无动于衷？面对着那么多美好的东西我们为什么那么麻木？我们看了一些农民丰收的时候跳那种舞蹈，单纯又美好，怎么那么多人都没有感觉呢？怎么就没有去保护传承的冲动呢？我们民族创造了非常灿烂的文化，但许多事实却似乎显示了，我们对自己的文化并不十分热爱，传统村落的遭遇便是如此。这话也许有很多人反对。我曾经想过，我们在创造光辉灿烂的文化方面确实是伟大的民族，但我们破坏自己文化的方面也是一等的民族。不信就跟意大利人比比，跟法国人比比，跟日本人比比，我们破坏自己的文化也是第一的。不关切文化，我们拿文化不当回事，何况现在进入了文化消费的时代，只有把文化拿来赚钱才当回事。有一部分人这样，只有文化能让自己玩一玩的时候才当回事，玩完就扔一边了，最后剩下的只是能玩的文化。

二〇一三年七月二十六日　《中国艺术报》记者　张志勇